Auxiliando a humanidade a encontrar a Verdade

OS ÚLTIMOS DIAS DE POMPÉIA

Edward George Bulwer-Lytton

OS ÚLTIMOS DIAS DE POMPÉIA
(Romance histórico)

© 2005 Conhecimento Editorial Ltda
Os Últimos Dias de Pompéia
Edward George Bulwer-Lytton

Todos os direitos desta edição reservados à
CONHECIMENTO EDITORIAL LTDA.
Caixa Postal 404 - CEP 13480-970 - Limeira-SP
Fone/Fax: 19 3451-5440
www.edconhecimento.com.br
conhecimento@edconhecimento.com.br

Nos termos da lei que resguarda os direitos autorais, é proibida a reprodução total ou parcial, de qualquer forma ou por qualquer meio — eletrônico ou mecânico, inclusive por processos xerográficos, de fotocópia e de gravação —, sem permissão, por escrito, do Editor.

Preparação de texto:
 Margareth Rose Fonseca Carvalho
 e Nelson Luís Barbosa
Colaborou nesta edição: Anna Maria Caetano Bubnys
Capa e projeto gráfico: Sérgio F. Carvalho

ISBN 85-7618-042-1 - 1ª EDIÇÃO — 2005

• Impresso no Brasil • Presita en Brazilo

Produzido no Departamento Gráfico de
CONHECIMENTO EDITORIAL LTDA
Rua Prof. Paulo Chaves, 276 - CEP 13485-150
Fone/Fax: 19 3451-5440 - Limeira - SP
grafica@edconhecimento.com.br

Dados Internacionais de Catalogação na Publicação (CIP)
(Câmara Brasileira do Livro, SP, Brasil)

Bulwer-Lytton, 1803-1873.

Os Últimos Dias de Pompéia (romance histórico) : / Edward George Bulwer-Lytton ; tradução Julieta Leite — 1ª ed. — Limeira, SP : Editora do Conhecimento, 2005.

Título original: The last day of Pompeii
ISBN 85-7618-042-1

1. Ficção inglesa I. Título.

05-6722	CDD - 823

Índices para catálogos sistemático:
 1. Ficção : Literatura inglesa   823

Edward George Bulwer-Lytton

OS ÚLTIMOS DIAS DE POMPÉIA
(Romance histórico)

Tradução
Julieta Leite

1ª edição – 2005

EDITORA DO
CONHECIMENTO

Edward George Bulwer-Lytton

OS ÚLTIMOS
DIAS DE POMPÉIA
(Romance histórico)

Tradução
Julieta Leite

1ª edição – 2005

EDITORA DO
CONHECIMENTO

SUMÁRIO

Livro I

Cap.		Pág.
1	Os dois cavalheiros de Pompéia	13
2	A florista cega e a bealdade da moda. A confissão do ateniense A apresentação de Arbaces do Egito ao leitor	16
3	A origem de Glauco. Descrição das classes de Pompéia. Festim típico	29
4	O Templo de Ísis e seu sacerdote. O caráter de Arbaces se revela	49
5	Mais sobre a florista. Progressos no amor	59
6	O caçador de aves selvagens torna a prender na armadilha o pássaro que acabara de escapar e prepara a rede para uma nova vítima	68
7	A vida alegre dos ociosos pompeianos Um retrato em miniatura dos banhos romanos	82
8	Arbaces prazerosamente trapaceia com os dados e ganha o jogo	93

Livro II

Cap.		Pág.
1	Uma taberna de Pompéia e alguns cavalheiros da arena clássica	111
2	Dois cidadãos respeitáveis	120
3	Glauco faz uma compra que depois lhe custa caro	126
4	O rival de Glauco avança impetuosamente na corrida	133
5	A pobre tartaruga. Novas mudanças para Nídia	146
6	A beldade feliz e a escrava cega	152
7	Ione cai na armadilha. O rato tenta roer a rede	159

8   A solidão e o solilóquio do egípcio. Análise do seu caráter 165
9   Ione na casa de Arbaces. O primeiro sinal de fúria do terrível adversário 176

Livro III
Cap.   Pág.
1   O fórum de Pompéia. A primeira e rudimentar estrutura em que a
    nova era do mundo foi forjada 189
2   Excursão vespertina pelos mares da Campânia 195
3   A congregação 206
4   A corrente do amor segue seu curso. Para onde? 216
5   Nídia encontra Júlia. Encontro da irmã pagã com o irmão convertido
    Noção de um ateniense acerca do cristianismo 228
6   O porteiro. A menina. O gladiador 235
7   O toucador de uma beldade pompeiana
    Importante conversa entre Júlia e Nídia 242
8   Júlia procura Arbaces. O resultado do encontro 249
9   Tempestade no Sul. A caverna da feiticeira 256
10 O Senhor do Cinturão Flamejante e seu instrumento
    O destino escreve suas profecias em letras vermelhas, mas quem as lerá? 268
11 O curso dos acontecimentos. A trama se complica
    A rede é tecida, mas muda de mãos 277

Livro IV
Cap.   Pág.
1   Reflexões sobre o zelo dos primeiros cristãos
    Dois homens chegam a uma perigosa decisão
    Paredes têm ouvidos, sobretudo paredes sagradas 289
2   Anfitrião, cozinheiro e cozinha clássicos
    Apecides procura Ione. Sua conversa 292
3   Reunião social e jantar elegante em Pompéia 304
4   A história se detém por um momento num episódio 322
5   O filtro. Seu efeito 327
6   Uma reunião com participantes incomuns
    Rios que fluem aparentemente separados correm para o mesmo golfo 332
7   Em que o leitor fica a par da situação de Glauco
    Amizade provada. Inimizade atenuada
    O amor é o mesmo, pois quem ama é cego 344
8   Um funeral clássico 355

8   Edward George Bulwer-Lytton

9 Em que Ione se vê diante de um imprevisto 364
10 Que aconteceu com Nídia na casa de Arbaces
   O egípcio sente pena de Glauco. A compaixão é quase sempre
   uma visita muito inconveniente para o culpado 367
11 Nídia se finge de feiticeira 372
12 Uma vespa arrisca-se nas teias da aranha 377
13 O escravo consulta o oráculo. Quem se deixa cegar pode ser logrado
   por um cego. Dois novos prisioneiros na mesma noite 382
14 Nídia conversa com Caleno 390
15 Arbaces e Ione. Nídia chega ao jardim
   Conseguirá escapar e salvar o ateniense? 393
16 O pesar de companheiros de farra por nossas angústias
   O cárcere e suas vítimas 401
17 Uma chance para Glauco 409

Livro V

Cap.   Pág.
1 O sonho de Arbaces. Uma visita e um aviso para o egípcio 427
2 O anfiteatro 437
3 Salústio e a carta de Nídia 453
4 Mais uma vez o anfiteatro 456
5 A cela do prisioneiro e o cubículo dos mortos
   Sensação instintiva de horror 465
6 Caleno e Burbo. Diomedes e Clódio. A moça do anfiteatro e Júlia 469
7 O avanço da destruição 474
8 Arbaces encontra Glauco e Ione 479
9 O desespero dos amantes. A condição do povo 483
10 A manhã seguinte. O destino de Nídia 488

Último capítulo
   Carta de Glauco para Salústio
   Dez anos depois da destruição de Pompéia 491
Glossário 496

Os Últimos Dias de Pompéia   9

LIVRO I

1
OS DOIS CAVALHEIROS DE POMPÉIA

– Salve, Diomedes, que bom encontrar-te! Vais cear na casa de Glauco hoje à noite? – indagou um rapaz de baixa estatura cuja túnica de pregas soltas e efeminadas indicava tratar-se de um cavalheiro, e de um presunçoso.

– Ai de mim, não! Caro Clódio, ele não me convidou – replicou Diomedes, um robusto homem de meia-idade. – Por Pólux, que lástima! Dizem que as ceias dele são as melhores de Pompéia.

– Muito boas, embora jamais haja vinho suficiente para mim. Não é o velho sangue grego que corre em suas veias, pois ele finge que o vinho o deixa entorpecido na manhã seguinte.

– Deve existir outra razão para tal parcimônia – observou Diomedes, erguendo as sobrancelhas. – Com toda sua reputação e extravagância, imagino que não seja tão rico como afeta ser e talvez prefira poupar mais suas ânforas do que o espírito.

– Mais um motivo para que ceemos em sua companhia, enquanto durarem seus sestércios. No próximo ano, Diomedes, teremos de procurar um novo Glauco.

– Ele é afeiçoado aos dados também, pelo que ouvi dizer.

– É afeiçoado a todos os prazeres; e enquanto apreciar o prazer de oferecer ceias, todos lhe seremos afeiçoados.

– Ha, ha, Clódio, muito bem dito! A propósito, já conheces minha adega?

– Creio que não, meu bom Diomedes.
– Nesse caso, precisas cear comigo qualquer noite dessas; tenho umas moréias razoáveis no meu tanque, e convidarei o edil Pansa para fazer-te companhia.
– Oh, nada de cerimônias! *Persicos odi apparatus,* eu sou fácil de contentar. Bem, o dia está passando, vou às termas, e tu?...
– Ao encontro do questor... negócios de Estado... e depois irei ao Templo de Ísis. *Vale!*
– Que sujeito ostentador, vulgar, mal-educado – resmungou Clódio consigo mesmo, afastando-se devagar. – Pensa que com festins e com sua adega nos fará esquecer que é filho de um liberto... e sem dúvida esqueceremos no dia em que lhe dermos a honra de pôr as mãos no seu dinheiro. Esses plebeus ricos são como uma seara para nós, nobres perdulários.

Assim monologando, Clódio chegou à Via Domiciana que, apinhada de transeuntes e carruagens, exibia toda a alegre e exuberante vida e movimento que encontramos hoje nas ruas de Nápoles.

Os sinos dos carros que deslizavam rapidamente passando uns pelos outros soavam festivamente, e Clódio, com sorrisos e meneios de cabeça, exibia familiaridade com todo veículo que fosse mais elegante ou excêntrico; de fato, não havia mandrião mais conhecido em Pompéia.

– E então, Clódio, como dormiste com tua sorte? – interpelou-o um rapaz com voz agradável e musical, do interior de uma carruagem do mais requintado e elegante modelo. Sobre sua superfície de bronze, viam-se relevos dos Jogos Olímpicos, laboriosamente cinzelados no estilo refinado do artesanato grego; os dois cavalos que puxavam o carro eram da raça mais rara de Pártia; seus membros esguios pareciam desdenhar o chão e cortejar o ar e, contudo, ao mais leve toque do cocheiro, que estava de pé atrás do jovem proprietário do veículo, quedavam-se imóveis, como se subitamente petrificados, inanimados, mas reais, como uma das maravilhas vivas de Praxíteles. Mesmo o proprietário era dotado daquela bela e esbelta simetria da qual os escultores de Atenas tiravam seus modelos; sua origem grega se traía nas madeixas claras e cacheadas, e na perfeita harmonia de seus traços. Ele não vestia toga, a qual, no tempo dos imperadores, tinha na verdade deixado de constituir a distinção geral dos romanos e era especialmente caricaturada pelos aspirantes à moda; mas sua túnica cintilava com os matizes ricos de púrpura do Tiro, e as *fibulae,* ou fivelas, que a prendiam reluziam com esmeraldas; ao redor do pescoço via-se uma corrente de ouro que, no centro do tórax, retorcia-se para assumir a forma de cabeça de serpente, de cuja boca pendia um anel com sinete do mais elaborado e requintado artesanato; as mangas da túnica eram soltas e com franjas de ouro na altura das mãos, e, em torno da cintura, uma faixa decorada com arabescos, do mesmo material das franjas, servia como substituto de bolsos para guardar o lenço e a bolsa, o estilo e as tábulas.

– Meu caro Glauco! – bradou Clódio. – Alegro-me ao ver que tua derrota pouco te afetou o semblante. Ora, pareces inspirado por Apolo, e teu rosto brilha de felicidade como uma glória; qualquer um te veria como o vencedor e eu, como o perdedor.

– E o que há na perda ou no ganho daquelas estúpidas moedas de metal que deva mudar o nosso espírito, meu caro Clódio? Por Vênus, enquanto jovens, podemos cobrir inteiramente as nossas madeixas com coroas; enquanto a cítara ainda soar em nossos insaciáveis ouvidos; enquanto o sorriso de Lídia ou de Cloé ainda incendiar as nossas veias por onde o sangue flui tão ligeiro; enquanto extrairmos prazer do ar fresco e ensolarado e transformarmos mesmo os momentos de tédio em tesouros da nossa alegria. Ceará comigo esta noite, como sabes.

– Quem poderia esquecer um convite de Glauco?

– Mas para onde estás indo agora?

– Bem, eu pensei em visitar as termas... mas ainda está um tanto cedo.

– Nesse caso, dispensarei a carruagem para fazer-te companhia. – Pronto, pronto, meu caro Filas – acariciando o cavalo mais próximo de si, que relinchou baixinho, e, com as orelhas para trás, aceitou alegremente a cortesia –, hoje lhe darei uma folga! Ele não é lindo, Clódio?

– Digno de Febo – concordou o nobre parasita –, ou de Glauco.

2

A FLORISTA CEGA E A BEALDADE DA MODA
A CONFISSÃO DO ATENIENSE
A APRESENTAÇÃO DE ARBACES DO EGITO AO LEITOR

Os dois rapazes passearam pelas ruas, tagarelando sobre mil assuntos. Encontravam-se agora numa área repleta das mais alegres lojas, cujas portas abertas exibiam interiores cada um mais radioso do que o outro, com afrescos de cores vistosas, mas harmoniosas, todos inacreditavelmente diferentes em decoração e extravagância. As fontes rutilantes, que em cada avenida espalhavam agradáveis borrifos no ar de verão; a multidão de transeuntes, ou antes, de desocupados, a maioria envolta em túnicas de púrpura do Tiro; os grupos alegres que se reuniam na frente dos estabelecimentos mais atraentes; os escravos que passavam de um lado para o outro equilibrando na cabeça recipientes de bronze dos mais graciosos formatos; as jovens camponesas postadas a intervalos regulares com cestas de frutas rubras e de flores mais sedutoras para os italianos de antigas gerações do que para os seus descendentes – para quem, de fato, *latet anguis in herba* (parecia que um perigo se ocultava sob cada violeta e rosa); os numerosos antros que tinham para aqueles desocupados a mesma função que os cafés e clubes têm hoje; as lojas, com prateleiras de mármore abarrotadas de jarros de vinho e azeite e diante de cujas soleiras assentos, protegidos do sol por toldos purpúreos, convidavam os fatigados a repousar e os indolentes a vagabundear; tudo compunha um cenário de tão coruscante e vivaz entusiasmo que podia ofertar ao espírito ateniense de Glauco uma desculpa perfeita para sua suscetibilidade à alegria.

– Não me fales mais sobre Roma – disse a Clódio. – O prazer é demasiado pomposo e maçante entre suas muralhas maciças. Mesmo nos recintos da corte, mesmo na Casa Dourada de Nero e nas glórias incipientes do palácio de Tito existe uma certa monotonia da magnificência: os olhos doem e o espírito se fatiga. Além disso, caro Clódio, sentimo-nos descontentes quando comparamos o imenso luxo e riqueza dos outros com a mediocridade da nossa própria condição. Mas aqui nos rendemos facilmente ao prazer e usufruímos brilho e luxo sem o fastio de sua pompa.

– Foi esse sentimento que te levou a escolher Pompéia para teu retiro de verão?

– Foi. Prefiro Pompéia a Baiae; reconheço-lhe os encantos, mas não me agradam os pedantes que a povoam no verão e que parecem avaliar seus prazeres em dracmas.

– Contudo, aprecias os letrados; e, quanto à poesia, tua casa é literalmente eloqüente com Ésquilo e Homero, a epopéia e o drama.

– Sim, mas esses romanos que imitam meus ancestrais atenienses tornam tudo tão tedioso. Até nas caçadas fazem os escravos carregarem Platão consigo; e, sempre que se perde um javali, prontamente sacam seus livros e papiros para evitar que o tempo seja igualmente perdido. Quando as dançarinas rodopiam diante deles, com todos os agrados ao estilo persa, algum liberto vadio, com face pétrea, lê para elas um trecho do *De Officiis*, de Cícero. Alquimistas incompetentes! Prazer e estudo não são elementos que se misturem desse modo. Devem ser fruídos separadamente; os romanos perdem ambos com essa pragmática afetação de refinamento e provam que não têm alma para nenhum dos dois.

Ah, caro Clódio, quão pouco os teus conterrâneos sabem da verdadeira versatilidade de um Péricles, das verdadeiras feitiçarias de uma Aspásia! Outro dia, fiz uma visita a Plínio. Encontrei-o sentado em sua casa de verão escrevendo, enquanto um infeliz escravo tocava tíbia. Seu sobrinho (oh! esses filósofos bufões me agridem!) lia a descrição da peste feita por

Os Últimos Dias de Pompéia 17

Tucídides e balançava a pequena e presunçosa cabeça no ritmo da música, enquanto seus lábios repetiam todos os odiosos detalhes daquele horrível quadro. O peralta não via nenhuma incongruência em decorar ao mesmo tempo uma cançoneta de amor e a descrição de uma praga.

— Ora, uma e outra são praticamente a mesma coisa! — retrucou Clódio.

— Foi o que comentei, dando-lhe uma desculpa para tal fanfarronice, mas o jovem fitou-me com ar de reprovação, sem entender a pilhéria, e respondeu que a música agradava apenas ao ouvido insensato, enquanto o livro (a descrição da peste, veja bem!) elevava o coração. "Ah!", exclamou o gordo tio arquejando, "meu menino é um verdadeiro ateniense, sempre combinando o útil ao agradável". Ó Minerva, como ri com meus botões! Enquanto permaneci ali, vieram avisar ao menino sofista que seu liberto favorito acabara de morrer de uma febre. "Morte inexorável!", bradou ele. "Apanhem meu Horácio. Quão lindamente o doce poeta nos consola no infortúnio!" Ah! Será que esses homens sabem amar, caro Clódio? Dificilmente, mesmo com os sentidos. É muito raro um romano ter coração. Ele só tem o mecanicismo do gênio; faltam-lhe os ossos e a carne.

    Embora secretamente se sentisse um tanto magoado com essas observações sobre seus patrícios, Clódio fingiu concordar com o amigo; em parte porque era um parasita por natureza, e em parte porque estava na moda, entre os dissolutos jovens romanos, afetar um certo desdém pela própria estirpe, o que, na realidade, tornava-os muito arrogantes. A moda era imitar os gregos e ao mesmo tempo rir da desajeitada imitação.

Assim conversavam quando seus passos foram interrompidos por uma multidão reunida numa espécie de praça onde três ruas se entrecruzavam; e, exatamente onde os pórticos de um pequeno e grácil templo projetavam sua sombra, estava uma moça com uma cesta de flores no braço direito e um pequeno instrumento musical de três cordas na mão esquerda, cujos sons baixos e suaves acompanhavam-na ao entoar uma área campesina e semi-selvagem. Em cada pausa da música, ela graciosamente sacudia a cesta de flores, convidando os transeuntes a comprar; e muitos sestércios foram atirados na cesta, fosse em cumprimento pela música fosse por compaixão pela cantora, que era cega.

Canção da florista cega

I
Comprem minhas flores – ó comprem, eu suplico!
A rapariga cega de longe vem;
E se a terra for bela como dizem,
Estas flores suas filhas são!
Elas lhe herdaram a beleza?
Elas têm o frescor de seu regaço, bem sei:
Pois as colhi profundamente adormecidas
Em seus braços uma hora atrás.
Com o ar que é seu hálito –
Seu suave e delicado hálito –
Sobre elas murmurando baixinho!

Em seus lábios doces beijos ainda perduram,
E suas faces ainda estão úmidas de suas lágrimas suaves.
Pois ela soluça – aqueles gentis soluços maternais –
(Como pela manhã e à noite sua vigilância ela mantém,
Com um coração anelante e um zelo apaixonado)
Para ver os jovens botões desabrocharem tão belos;
Ela soluça... por amor soluça;
E as gotas de orvalho são as lágrimas que derrama
Do poço do amor de mãe!

II
Vocês têm um mundo de luz,
Onde o amor se regozija nos amados;
Mas o lar da rapariga cega é a Casa da Noite,
E seus moradores são apenas vozes.
Como alguém de um reino inferior,
Quedo-me às margens do regato do infortúnio!
Ouço as vãs sombras deslizarem,
Sinto lhes o hálito suave junto a mim.
E tenho sede de ver as amadas faces,
E estendo meus braços amantes ao redor,
Mas só um som informe alcanço,
Pois fantasmas são os vivos para mim.

Venham comprar... comprar?
Ouçam! Como suspira tudo o que é doce
(Porque tem uma voz como a nossa),
O hálito da rapariga cega cerra
As folhas da rosas entristecidas –
Nós somos suaves – nós, filhos da luz,
Nós nos esquivamos dessa filha da noite;
Pois o toque da rapariga cega nos liberta –
Nós ansiamos por olhos que nos vejam –
Somos para a noite demasiado alegres,
Nos seus olhos nós contemplamos o dia –
Ó comprem, ó comprem as minhas flores!

– Desejo um ramalhete de violetas, meiga Nídia – disse Glauco, abrindo caminho por entre a multidão e derramando uma mancheia de moedinhas na cesta. – Tua voz está mais encantadora do que nunca.

A cega deu um salto à frente ao ouvir a voz do ateniense. Então, parou de súbito, enquanto o sangue tingia-lhe violentamente de rubro as faces, as têmporas e o pescoço.

– Então voltaste! – exclamou em voz baixa; e em seguida repetiu, em parte para si mesma: – Glauco voltou!

– Sim, criança, estou em Pompéia há bem poucos dias. Meu jardim precisa dos teus cuidados, como antes; irás visitá-lo, espero, amanhã. E cuida para que as guirlandas da minha casa não sejam tecidas por outras mãos que não as da bela Nídia.

A moça sorriu, contente, mas não respondeu. E Glauco, pondo no peito as violetas que escolhera, voltou alegre e descuidadamente para a multidão.

— Pelo que vejo, és uma espécie de freguês dessa menina — falou Clódio.

— Sou, sim. Viste como canta bem? Ela me interessa, a pobre escrava! Além disso, é da terra do monte dos deuses; o Olimpo franziu o cenho sobre o seu berço. Ela é da Tessália.

— A terra das feiticeiras.

— Verdade. Mas, de minha parte, acredito que todas as mulheres sejam feiticeiras. E em Pompéia, por Vênus!, até o ar parece impregnado da poção do amor, tão lindo é cada rosto sem barba que meus olhos vêem.

— Ora vejam! E um dos mais belos de Pompéia é o da filha de Diomedes, a rica Júlia! – replicou Clódio quando uma jovem dama, com o rosto coberto por um véu e acompanhada por duas escravas, aproximou-se deles, a caminho das termas.

— Bela Júlia, nossas saudações! – cumprimentou-a Clódio.

Júlia ergueu parcialmente o véu, num gesto galante, para exibir um atrevido perfil romano, brilhantes olhos negros e um semblante em que a natureza mostrou-se tão primorosa que empalideceria a mais bela e suave das rosas.

— E Glauco também regressou! – exclamou, relanceando os olhos significativamente para o ateniense. – Terá ele esquecido – acrescentou, quase num murmúrio – os amigos do ano passado?

— Bela Júlia! Mesmo o próprio Letes, quando desaparece em alguma parte da Terra, reergue-se em outra. Júpiter jamais nos permite esquecer por mais do que um momento; mas Vênus, ainda mais severa, não nos concede nem sequer um instante de olvido.

— A Glauco nunca faltam belas palavras.

— A quem faltariam, quando seu objeto é tão belo?

— Em breve vos veremos ambos na vila de meu pai – disse Júlia, voltando-se para Clódio.

— Marcaremos o dia da visita como uma data muito especial – retrucou o jogador.

Júlia baixou o véu lentamente, de tal modo que seu último

olhar, no qual se liam afeto e censura, pousou no ateniense com fingida timidez e verdadeiro atrevimento.
Os amigos seguiram adiante.
– Júlia é indiscutivelmente linda – observou Glauco.
– No ano passado, tu terias feito essa declaração num tom mais caloroso.
– Verdade; senti-me deslumbrado num primeiro momento e acreditei ser pedra preciosa o que não passava de hábil imitação.
– Não – rebateu Clódio –, todas as mulheres são iguais no coração. Feliz daquele que desposar um rosto bonito e um grande dote. O que mais se poderia desejar?
Glauco suspirou.

Estavam agora numa rua menos apinhada que as outras, no final da qual descortinavam o vasto e adorável mar, que, naquelas deliciosas praias, parecia ter renunciado à sua prerrogativa de terror – tão suaves eram os ventos vivificantes que pairavam sobre seu regaço, tão coruscantes e variados os matizes que extraía das róseas nuvens, tão fragrantes os perfumes que a brisa da terra espalhava pelas suas profundezas. De um mar assim poder-se-ia bem acreditar que Afrodite se erguera para assumir o império da Terra.

– Ainda é cedo para os banhos – disse o grego, sempre movido pelo impulso poético. – Afastemo-nos desta área movimentada e vamos contemplar o mar enquanto o sol do meio-dia ainda sorri sobre suas ondas.

– Concordo inteiramente – disse Clódio. – E ademais, a baía é sempre o lugar mais animado da cidade.

Pompéia constituía uma miniatura da civilização da época. Dentro dos limites estreitos de suas muralhas estava contido, na verdade, um espécime de cada oferenda do luxo para o poder. Em suas lojas pequenas, mas resplandecentes, em seus diminutos palácios, suas termas, fórum, teatro, circo – na energia, a despeito da corrupção, e no refinamento, a despeito dos vícios de seu povo —, via-se uma amostra de todo o Império. Era um divertimento, um brinquedo, um palco de espetáculos onde parecia aprazer aos deuses manter a representação da grande monarquia da Terra, a qual depois ocultariam do tempo para expor ao assombro da posteridade... a moral da máxima que afirma não existir nada de novo sob o Sol.

Para os prazeres dos cidadãos ricos, amontoavam-se na baía cristalina vasos mercantes e galeotas douradas. Os barcos dos pescadores deslizavam velozmente de um lado para o outro; e ao longe avistavam-se os altos mastros da frota sob o comando de Plínio. Na praia, via-se sentado um siciliano que, com gestos veementes e rosto expressivo, narrava para um grupo de pescadores e camponeses uma estranha história sobre marinheiros naufragados e amistosos golfinhos... história que ainda hoje se ouve no cais de Nápoles.

Arrastando o companheiro para longe da multidão, o grego desviou seus passos para um trecho solitário da praia e os dois amigos, sentados num pequeno rochedo que se erguia por entre seixos polidos, inalaram a brisa voluptuosa e refrescante que, dançando por sobre as águas, mantinha a música com seus pés invisíveis. Havia, talvez, algo no cenário que convidava ao silêncio e ao devaneio. Clódio, protegendo do sol escaldante os olhos, calculava os ganhos da última semana; e o grego, com a cabeça apoiada nas mãos, sem esquivar-se do sol, deus tutelar do seu país, de cuja fluente luz de poesia, alegria e amor suas próprias veias estavam cheias, contemplava o vasto horizonte, talvez invejando o vento que batia suas asas na direção das costas da Grécia.

– Dize-me, Clódio – o grego indagou, por fim –, alguma vez te enamoraste?

– Sim, muitas vezes.

– Aquele que muitas vezes amou – replicou Glauco – jamais amou. Só existe um Eros, embora existam muitas imitações.

– Até que as imitações não são maus deuses, considerando tudo – Clódio retrucou.

– Concordo – assentiu o grego. – Eu venero até mesmo a sombra do Amor. Mas venero muito mais o próprio amor.

– Devo então concluir que estás sincera e completamente apaixonado? Que nutres aquele sentimento descrito pelos poetas, um sentimento que nos faz negligenciar nossas ceias, rejeitar o teatro e escrever elegias? Jamais pensei que isso fosse possível. Dissimulas bem.

– Não cheguei assim tão longe – retorquiu Glauco, sorrindo –, ou melhor, digo como Tibulo: "Aquele que ama as regras, qualquer que seja o seu caminho, anda são e salvo". Na verdade, não estou enamorado; mas poderia ficar se houvesse ocasião de ver o objeto da paixão. Eros acenderia sua tocha, mas os sacerdotes não lhe deram óleo.

– Posso dar um palpite sobre o objeto da tua afeição? Não é a filha de Diomedes? Ela te adora e não parece esconder isso; e, por Hércules!, afirmo de novo e de novo: a moça é tão bela quanto rica e guarnecerá os umbrais da porta de seu marido com filetes de ouro.

– Não, eu não quero vender-me. A filha de Diomedes é bonita, reconheço; e houve um momento em que eu, não fosse ela neta de um liberto, poderia ter... Mas não... toda a sua beleza se concentra no rosto; seus modos não são dignos de uma donzela e sua mente não contém outra cultura que não a do prazer.

– És um ingrato. Dize-me, quem é a afortunada virgem?

– Já saberás, caro Clódio. Há vários meses estive de vilegiatura em Nápoles, cidade muito cara ao meu coração, pois que reteve os modos e a estampa de sua origem grega e ainda merece o nome de Partênope, por seus deliciosos ares e suas lindas praias. Certo dia, entrei no Templo de Minerva para fazer minhas preces, menos por mim mesmo do que pela cidade onde Palas não mais sorri. O santuário estava vazio, deserto. As recordações de Atenas surgiram céleres e amontoadas sobre mim. Então, imaginando-me ainda sozinho e absorto com a sinceridade da minha devoção, deixei que a prece me escapasse da mente para os lábios e solucei ao rezar. Contudo, fui surpreendido no meio da minha devoção por um suspiro profundo; de imediato, olhei em torno, e atrás de mim estava uma mulher. Ela havia erguido o véu e também orava e, quando nossos olhos se encontraram, pareceu-me que um raio celestial arremessou-se daquelas escuras e benévolas órbitas e atingiu-me diretamente na alma. Jamais, caro Clódio, vira eu um rosto mortal mais delicadamente moldado: uma certa melancolia suavizava, mas também elevava, sua expressão. Havia um inexprimível quê, brotado da alma (e que os nossos escultores imprimiram à aparência de Psique), que conferia à sua beleza um caráter não sei se nobre ou divino. Lágrimas deslizavam-lhe pelas faces. Imaginei de pronto que ela também fosse de linhagem ateniense, e que, em minhas preces por Atenas, o coração dela tivesse se juntado ao meu. Eu lhe indaguei, embora com a voz embargada: "Também és ateniense, ó bela virgem?". Ao som da minha voz, ela enrubesceu e cobriu parcialmente o rosto com o véu. "As cinzas dos meus antepassados", respondeu, "repousam nas águas do Ilisso. Meu nascimento aconteceu em Nápoles, mas meu coração, assim como a minha linhagem, é ateniense". E eu retruquei: "Nesse caso, façamos juntos as nossas oferendas"; e, como nesse momento o sacerdote apareceu, nós o acompanhamos lado a lado na oração ritual; juntos tocamos o joelho da deusa e depositamos nossas guirlandas de oliveira no altar.

Eu senti a estranha emoção de uma ternura quase sagrada naquele companheirismo. Nós, estrangeiros vindos de uma terra perdida e distante, ficamos juntos e sós naquele templo da divindade da nossa pátria. Não era natural que meu coração anelasse pela minha patrícia, pois sem dúvida podia chamá-la assim? Era como se a conhecesse havia anos. E aquela cerimônia singela pareceu engendrar, como por milagre, afinidades e vínculos ao mesmo tempo. Silenciosamente deixamos o santuário e eu estava prestes a perguntar-lhe onde morava e se me seria permitido visitá-la, quando um jovem, em cujas feições havia um ar de parentesco com ela e que permanecera nos degraus do templo, tomou-a pela mão. Ela se virou e me acenou um adeus.

A multidão nos separou... nunca mais tornei a vê-la. Ao

chegar à minha casa, encontrei cartas que me obrigaram a partir para Atenas, pois meus parentes ameaçavam colocar em litígio a minha herança. Quando o processo se encerrou de modo favorável para mim, regressei a Nápoles; inquiri por toda a cidade, mas jamais descobri uma pista da minha desaparecida patrícia, e, na esperança de esquecer na boemia as lembranças de tão bela aparição, sem demora vim mergulhar-me nos luxos de Pompéia. Essa é toda a história. Não estou enamorado; mas trago recordações e pesar.

Clódio já ia replicar quando passos lentos e majestosos aproximaram-se, e, ao ouvir o ruído que provocavam nos seixos, os dois se viraram e reconheceram o recém-chegado.

Era um homem que mal chegara aos quarenta anos, de estatura alta e compleição esguia, mas musculosa e rija. Sua pele, trigueira e bronzeada, traía-lhe a origem oriental. Os traços tinham algo de grego em seu contorno (principalmente no queixo, nos lábios e na fronte), com exceção do nariz, um tanto levantado e aquilino; e os ossos, rígidos e visíveis, impossibilitavam aquele contorno carnudo e ondulado que na fisionomia grega preservava, mesmo nos homens adultos, as belas curvas da juventude. Seus olhos, grandes e negros como a mais profunda noite, luziam com um brilho fixo e indefinido.

Uma profunda, pensativa e quase melancólica serenidade parecia inalteravelmente fixada em seu olhar imponente e autoritário. Seus passos e porte eram peculiarmente calmos e altivos, e algo de estrangeiro em seus modos e nos sóbrios tons de seus trajes suntuosos acrescentava-se ao efeito impressivo de seu semblante tranqüilo e sua postura hierática. Cada um dos rapazes, ao cumprimentá-lo, fez mecanicamente e com cuidado, para que ele não visse, um gesto ou sinal ligeiro com os dedos, pois supunha-se que Arbaces, o egípcio, possuísse o dom letal do mau-olhado.

– É preciso um cenário deveras belo – observou Arbaces com um sorriso frio, embora cortês –, para atrair o alegre Clódio e Glauco, o admirado por todos, tirando-os das atividades ruidosas da cidade.

– A natureza é normalmente tão pouco atraente? – indagou o grego.

– Para os dissipados... sim.
– Uma resposta austera, mas dificilmente sábia. O prazer reside nos contrastes. É na dissipação que aprendemos a apreciar a solitude e é na solitude que aprendemos a apreciar a dissipação.
– Assim pensam os jovens filósofos do Jardim – retrucou o egípcio. – Eles confundem lassidão com meditação e imaginam que, por se sentirem saciados uns dos outros, conhecem as delícias da solidão. Mas, em tão desgastado meio, a natureza não pode despertar o entusiasmo que, por si só, extrai de sua casta reserva toda a indizível beleza; ela exige de nós não a exaustão da paixão, mas todo o fervor pelo qual apenas buscamos, ao adorá-la, uma libertação. Quando, jovem ateniense, a Lua se revelou em visões de luz a Endimião, ela o fez depois de passar um dia não entre os antros febris dos homens, mas nas tranqüilas montanhas e nos solitários vales do caçador.
– Bela analogia! – exclamou Glauco. – Porém de aplicação incorreta. Exaustão! Essa palavra é para a velhice, não para a juventude. Jamais conheci um momento de saciedade.

Novamente o egípcio sorriu, mas seu sorriso era tão frio e agourento que até o pouco imaginativo Clódio gelou. Ele, contudo, não replicou à apaixonada exclamação de Glauco. Mas após uma pausa, disse, em voz suave e melancólica:
– Afinal de contas, estás certo em aproveitar o momento enquanto este te sorri. A rosa cedo fenece, o perfume cedo se dissipa. E a nós, ó Glauco! Estrangeiros nesta terra e distantes das cinzas dos nossos ancestrais, o que restou além de prazer e nostalgia? Para ti o primeiro, para mim talvez o último.

Os olhos brilhantes do grego inundaram-se subitamente de lágrimas.
– Ah! Não fales, Arbaces! – rogou. – Não fales de nossos ancestrais. Esqueçamos que já existiram regalias que não as de Roma! E Glória! Oh, invocaríamos teu fantasma em vão nos campos de Maratona e de Termópilas!
– Teu coração te censura mesmo enquanto falas – ripostou o egípcio –, e no teu festim desta noite teu pensamento se voltará mais para Lena do que para Laís. Adeus!

Assim dizendo, ele arrepanhou suas vestes e lentamente

Os Últimos Dias de Pompéia 27

se afastou.

– Respiro mais livremente – comentou Clódio. – Imitando os egípcios, às vezes introduzimos um esqueleto em nossos banquetes. Na verdade, a presença desse egípcio como uma sombra furtiva seria um espectro capaz de azedar o mais precioso vinho de Falerno.

– Que homem estranho! – replicou Glauco, divertido.

– Embora insensível, ele parece capaz de deleitar-se e, embora frio diante das coisas do mundo, a maledicência o desmente. Em suma, sua casa e seu coração podem contar histórias diferentes.

– Ah! Existem insinuações sobre orgias outras que não as de Osíris em sua lúgubre mansão. Ele é rico, pelo que dizem. Nós podíamos trazê-lo para o nosso meio e ensinar-lhe a arte dos dados, que te parece? Prazer dos prazeres! A febre da esperança e do medo! Indizível e inexaurível paixão! Quão ferozmente bela é a tua arte, ó jogo!

– Muito inspirado, muito inspirado! – aprovou Glauco, rindo. – O oráculo declama poesia por intermédio de Clódio. Qual será o próximo milagre?!

Edward George Bulwer-Lytton

3
A ORIGEM DE GLAUCO
DESCRIÇÃO DAS CLASSES DE POMPÉIA
FESTIM TÍPICO

Os Céus outorgaram a Glauco todas as bênçãos, exceto uma: concederam-lhe beleza, saúde, fortuna, intelecto, antepassados ilustres, um coração de fogo e engenho poético. Entretanto, negaram-lhe a dádiva da liberdade, pois que nasceu em Atenas sob o domínio de Roma. Beneficiado muito cedo com uma rica herança, entregou-se à inclinação para viagens, tão natural entre os jovens, e embriagou-se com o intoxicante vinho do prazer por entre os luxos magnificentes da corte imperial. Era um Alcebíades sem ambição. Era o que um homem de imaginação, juventude, fortuna e talentos logo se torna quando privado da inspiração da glória. Sua casa em Roma se convertera em ponto de encontro de libertinos, mas também de amantes da arte – e os escultores da Grécia compraziam-se em empregar sua habilidade para adornar os pórticos e êxedras de um ateniense. Seu retiro em Pompéia, que pena!... suas cores acham-se agora fanadas, as paredes, despidas das suas pinturas. Fora-se sua principal beleza – o acabamento gracioso e os ornamentos elaborados. Contudo, no momento em que mais uma vez se expuseram à luz do dia, que louvores, que assombro provocaram sua minuciosa e rutilante decoração, seus afrescos, mosaico! Por ser apaixonadamente aficionado por poesia e drama, que lhe recordavam o espírito e o heroísmo de sua raça, Glauco animou sua bela mansão com representações de Ésquilo e Homero. E os antiquários, que transformam bom gosto em comércio e tratam o freguês como se fosse um mestre no assunto, ainda convencionaram (embora hoje se tenha reconhecido o erro) chamar – como primeiro chamaram, num evidente equívoco – a casa do ateniense Glauco de "A casa do poeta trágico".

Antes, porém, de descrevermos essa casa, convém darmos uma noção geral das residências de Pompéia, que o leitor achará muito assemelhadas às plantas de Vitrúvio, embora com todas as diversidades de detalhes, de capricho e de bom gosto, que, sendo naturais para a humanidade, sempre intrigaram os antiquários. Esforçaremo-nos para tornar a descrição a mais clara e menos rebuscada possível.

Em geral, entrava-se nessas edificações por uma pequena passagem, chamada de *vestibulum*, que, por vezes, conduzia a um saguão, embora não tão freqüentemente ornamentado com colunas. Ao longo de três lados desse saguão, encontravam-se portas que se comunicavam com os vários quartos (dentre estes o do criado principal), dos quais o melhor usualmente

Um corte logitudinal nos dá uma idéia de como o luxuoso interior da "casa do poeta trágico" deve ter sido: uma típica casa de Pompéia do período imperial, decorada com paredes e mosaicos e magníficas pinturas murais.

destinava-se aos hóspedes. Nas grandes vivendas, existiam nas extremidades direita e esquerda do saguão duas pequenas celas, menores que os quartos, geralmente reservadas às damas da mansão. No centro do piso do saguão, que era em moisaico, construía-se invariavelmente uma cisterna quadrada e rasa (classicamente chamada de implúvio) para a água da chuva, coletada por meio de uma abertura no teto, a qual era coberta por um toldo, quando assim desejado. Perto desse implúvio, dotado de uma aura peculiar aos olhos dos anciãos, havia às vezes (em Pompéia, todavia, mais raramente do que em Roma) imagens dos deuses da casa – a lareira da hospitalidade, mencionada com freqüência pelos poetas romanos e consagrada aos Lares e que, em Pompéia, era quase sempre formada por um braseiro móvel. Em algum canto da casa, normalmente no lugar de maior destaque, colocava-se uma grande arca de madeira, decorada e reforçada com faixas de bronze ou ferro e presa por grandes ganchos a um pedestal de pedra – e com tal firmeza que era como se desafiasse as tentativas de qualquer ladrão de tirá-la de sua posição. Supõe-se que essa arca fosse uma caixa, ou cofre, onde o dono da casa guardava seu dinheiro. Contudo, como não se encontrou nenhum dinheiro em nenhuma das arcas descobertas em Pompéia. É provável que seu propósito fosse mais ornamental do que prático.

Nesse saguão (ou átrio, para ser clássicos), geralmente recebiam-se os clientes e visitantes de posição social inferior. Nas residências dos mais "respeitáveis", havia invariavelmente um *atriensis*, ou seja, um escravo especialmente devotado ao serviço do átrio, o qual desfrutava de superioridade hierárquica e prestígio entre seus companheiros. A cisterna pode ter sido um ornamento um tanto perigoso, mas o centro do saguão, que mais parecia o gramado de uma universidade, era área proibida para os transeuntes, que se viam obrigados a transitar pelo amplo espaço existente nas margens.

No extremo oposto à entrada, do outro lado do saguão, havia um aposento (*tablinum*) cujo piso era adornado com ricos mosaicos e as paredes recobertas com elaboradas pinturas. Aí costumavam guardar os registros da família, ou os de qualquer repartição pública, de propriedade do dono da casa. Num lado do salão, se assim podemos chamá-lo, geralmente situava-se a sala de jantar, ou triclínio. Do outro lado, encontrava-se o que talvez chamássemos hoje de sala do tesouro, onde se conservavam curiosidades tidas como raras e de valor. Havia uma pequena passagem para que os escravos alcançassem os pontos mais distantes da casa, sem cruzar as mencionadas salas que davam, todas, para uma colunata quadrada ou oblonga, tecnicamente chamada de peristilo.

Se o prédio fosse pequeno, sua área terminaria nessa colunata e, nesse caso, seu centro, embora diminuto, era comumente usado como jardim, enfeitado com vasos de flores colocados sobre pedestais. Sob a colunata, dos lados direito e esquerdo, havia portas para os quartos, para um segundo triclínio ou refeitório (pois os antigos geralmente destinavam, no mínimo, dois aposentos para esse propósito: um para o verão e outro para o inverno; ou, talvez, um para uso diário e outro para ocasiões festivas); e, se o proprietário fosse afeito às letras, um gabinete dignificado pelo nome de biblioteca – na verdade, mesmo um quarto bastante pequeno bastaria para abrigar os poucos rolos de papiros que os antigos consideravam como uma notável coleção de livros.

No final do peristilo, geralmente localizava-se a cozinha. Supondo-se que fosse grande, a casa não terminaria no peristilo e seu centro, então, não seria ocupado pelo jardim, mas talvez fosse adornado com uma fonte, ou um tanque de peixes, e seu final, na extremidade oposta ao *tablinum*, normalmente consistia em outra sala de refeições. Dos dois lados ficavam os quartos e possivelmente um salão de quadros, ou pinacoteca. Também nesse caso, esses apartamentos se comunicavam com um espaço quadrado ou oblongo, em geral ornamentado em três dos seus lados com uma colunata como o peristilo, com o qual se parecia bastante, diferindo deste apenas por ser quase sempre mais comprido. Esse era o *viridarium*, ou jardim, comumente ornamentado com uma fonte ou estátuas e uma profusão de flores exuberantes. Em sua extremidade, localizava-se a casa do jardineiro. Dos dois lados, sob a colunata, às vezes havia alguns aposentos, se a extensão da família assim o exigisse.

Em Pompéia, um eventual segundo ou terceiro andar raramente exercia alguma função importante, sendo construído sobre uma pequena parte da casa apenas e contendo quartos para os escravos – diferindo, nesse aspecto, dos edifícios mais magnificentes de Roma, que de modo geral abrigavam a principal sala de refeições (ou *caenaculum*), no segundo piso. Na maioria das vezes, os aposentos em si eram pequenos, pois, naqueles ares deliciosos, costumava-se receber, mesmo quando se tratava de um número extraordinário de convidados, no peristilo (ou pórtico), no saguão ou no jardim. E até as salas de banquete, a despeito de elaboradamente adornadas e bem cuidadas, tinham proporções diminutas, pois os intelectuais da Antigüidade, gostando de companhia, mas não de multidões, raramente davam banquetes para mais de nove pessoas, de modo que grandes salas de jantar não eram tão necessárias para eles, como o são para nós.

Mas o conjunto de salas avistáveis da entrada tinha de causar grande efeito: viam-se de uma só vez o saguão ricamente pavimentado e pintado – o *tablinum* –, o gracioso peristilo e, no lado oposto (se a casa se estendesse mais), a sala de banquete e o jardim, que encerrava o panorama com uma fonte jorrante ou uma estátua de mármore.

O leitor agora tem uma noção razoável das habitações de Pompéia, as quais, sob alguns aspectos, lembravam as da Grécia, embora se assemelhassem mais ao estilo de arquitetura doméstica de Roma. Evidentemente, de uma para outra, notavam-se diferenças nos detalhes, mas todas apresentavam a mesma estrutura básica. Em todas, havia o saguão, o *tablinum* e o peristilo, que se intercomunicavam. Em todas, encontravam-se paredes ricamente pintadas. Em todas, a evidência de pessoas habituadas às refinadas elegâncias da vida. A pureza do gosto dos pompeianos na decoração era, porém, questionável: apreciavam as cores mais espalhafatosas e os desenhos extravagantes. Freqüentemente pintavam a parte inferior das colunas de vermelho vivo, deixando o resto sem cor, e, quando o jardim era pequeno, muitas vezes pintavam o muro de modo a enganar o olho em relação à sua extensão, imitando árvores, pássaros, templos etc. em perspectiva – um ardil vulgar que o gracioso pedantismo do próprio Plínio adotou, em sua ingenuidade, com complacente orgulho.

   Mas a casa de Glauco era a um só tempo a menor e a mais adornada e bem acabada de todas as mansões particulares de Pompéia (atualmente constituiria o modelo da casa de "um homem solteiro de May Fair" – a inveja e o desespero dos celibatários compradores de marchetaria e damasquinaria).

   Adentrava-se a casa por um vestíbulo comprido e estreito, em cujo piso havia um mosaico com a imagem de um cão, acompanhado da bem conhecida inscrição *Cave canem*, isto é, "Cuidado com o cachorro".

   Em cada lado, havia uma sala de proporções razoáveis, pois, como o interior da casa não era grande o suficiente para apresentar a divisão entre alas sociais e privadas, ambas as salas eram reservadas para as visitas cuja posição social ou grau de familiaridade não permitissem a admissão na área íntima da vivenda.

   Avançando pelo vestíbulo chegava-se ao átrio, que, quando desencavado, revelou-se rico em quadros que, em expressividade, não seriam indignos de Rafael. Podemos vê-los transplantados para o Museu de Nápoles. Tais quadros, que ainda causam a admiração dos críticos, reproduzem a separação de Aquiles e Briseida. Quem não se extasiaria com a força, o vigor e a beleza com que foram delineadas as formas e as faces de Aquiles e da escrava imortal?

   Num dos lados do átrio, uma pequena escada conduzia às dependências dos escravos, localizadas no segundo andar. Havia também duas ou três pequenas alcovas, cujas paredes retratavam *O rapto de Europa*, *A batalha das amazonas* etc.

   Chegava-se então ao *tablinum*, ao longo do qual, de qualquer dos lados, pendiam ricas cortinas de púrpura do Tiro, repuxadas até a metade. Nas paredes, estava retratado um poeta lendo seus versos para os amigos e, no piso, havia um pequeno, mas primoroso, mosaico, com uma clássica cena de um diretor teatral orientando seus atores.

   Atravessando-se esse salão entrava-se no peristilo – e aqui (como anteriormente comentei que era o comum nas casas menores de Pompéia) a mansão se findava. De cada uma das sete colunas que adornavam essa galeria, pendiam festões de guirlandas: o centro, fazendo as vezes de jardim, vicejava com as flores mais raras plantadas em vasos de mármore branco, colocados sobre pedestais. No lado esquerdo desse pequeno jardim, havia um diminuto templo dedicado aos Penates que lembrava uma daquelas pequenas capelas construídas à margem das estradas em países católicos. Em frente, via-se uma trípode de bronze; à esquerda da colunata, havia dois pequenos cubículos, ou quartos; e à direita, localizava-se o triclínio, onde Glauco e seus convidados estavam agora reunidos.

Esse aposento era geralmente chamado pelos antiquários de Nápoles de "Alcova de Leda", e no belo trabalho de *sir* William Gell o leitor encontrará uma gravura – que deu nome ao aposento – dessa muito delicada e graciosa pintura de Leda apresentando seu recém-nascido ao marido.

Esse encantador aposento se abria para o fragrante jardim. Ao redor da mesa de tuia, muito bem polida e delicadamente ornamentada com arabescos de prata, foram colocados três divãs, ainda mais comuns em Pompéia do que o assento semicircular que, havia pouco, entrara na moda em Roma. Esses divãs de bronze, tacheados com os metais mais ricos, eram forrados com acolchoados finamente bordados que cediam voluptuosamente à pressão.

– Bem, devo admitir – disse o edil Pansa – que a tua casa, embora pouco maior do que o estojo de uma *fibula*, é uma jóia de igual estirpe. Que beleza aquela pintura de Aquiles e Briseida! Que estilo! Que bustos! Ah-ham!

– Os elogios de Pansa nessa área são deveras

Vista da casa, a partir da entrada, mostrando claramente o perfeito alinhamento axial dos sucessivos volumes arquitetônicos.

Os Últimos Dias de Pompéia

preciosos – observou Clódio em tom circunspecto. – Ora, as pinturas das suas paredes! Ah! Há ali a mão de um Zêuxis!
– Tu me envaideces, caro Clódio. Realmente me envaideces – replicou o edil, que era famoso em toda a cidade por exibir em sua casa os mais desagradáveis quadros do mundo, pois, por ser patriota, não prestigiava ninguém, exceto os pompeianos. – Tu me envaideces, mas tenho sim algo muito bonito... Aedepol, sim... nas cores, para não mencionar o desenho. E na cozinha, meus amigos... Ah! Isso foi um capricho meu.

Leda and Tyndareu (Prancha XLVIII). *Pompeiana* de William Gell (ed. de 1832).

– O que é o desenho? – indagou Glauco. – Eu ainda não vi a sua cozinha, embora tenha com freqüência testemunhado a excelência de seus pratos.

– Um cozinheiro, meu caro ateniense, um cozinheiro sacrificando os troféus do seu talento no altar de Vesta, com uma bela moréia (roubada à vida) num espeto, a certa distância. Há alguma inventividade aí!

Nesse instante, surgiram escravos trazendo bandejas com os *initia,* as iguarias de entrada do festim. Por entre deliciosos figos, ervas frescas salpicadas de neve, enchovas e ovos foram colocadas pequenas taças de vinho diluído e levemente temperado com mel. Depois que os acepipes foram arranjados sobre a mesa, os jovens escravos colocaram ao lado dos cinco convidados (pois não havia mais do que cinco) bacias de prata com água perfumada e toalhinhas em cuja borda havia uma franja púrpura. O edil, que ostentosamente trouxera de casa sua própria toalhinha – que não era, na verdade, do mais fino linho, mas cuja franja tinha o dobro do tamanho da franja das de

Glauco –, enxugou as mãos com o alarde de um homem que notoriamente exigia a admiração de todos.

– Esplêndida toalhinha a tua! – exclamou Clódio. – Veja, a franja é larga como um cinturão!

– Uma insignificância, caro Clódio, uma insignificância! Dizem que esse barrado é a última moda em Roma. Glauco, entretanto, entende mais dessas coisas do que eu.

– Favoreça-nos, ó Baco! – bradou Glauco, inclinando-se em reverência diante de uma bela imagem do deus colocada no centro da mesa (nos cantos havia os Lares e os saleiros). Os convidados seguiram-no na saudação e depois, espargindo vinho sobre a mesa, executaram as libações de praxe.

Isso feito, os convivas reclinaram-se nos divãs e deram início ao festim.

– Que seja esta a minha última taça! – exclamou o jovem Salústio quando a mesa, já esvaziada dos primeiros estimulantes, mostrava-se repleta com a parte substancial do entretenimento e o escravo que os servia trouxe-lhe um cíato cheio até a borda.

– Seja esta a minha última taça, mas este é o melhor vinho que já bebi em Pompéia!

– Traze a ânfora aqui – ordenou Glauco –, e lê a data e a procedência.

O escravo apressou-se a informar ao grupo que o pergaminho preso na rolha proclamava seu nascimento em Quíos e sua idade de maduros cinqüenta anos.

– Quão deliciosamente a neve o resfriou! – comentou Pansa. Ficou na temperatura certa.

– É como a experiência de um homem que arrefeceu seus prazeres o suficiente para torná-los duplamente saborosos.

– É como o "não" de uma mulher – acrescentou Glauco – que nos esfria só para inflamar-nos ainda mais.

– Quando será a próxima luta com animais selvagens? – Clódio indagou a Pansa.

– O torneio está marcado para o nono ido de agosto – comunicou Pansa –, o dia seguinte às Vulcanais. Contaremos com um leão jovem e adorável nesse evento.

– Quem lhe daremos para comer? – inquiriu Clódio. – Que pena! Há uma grande escassez de criminosos. Positivamente

Os Últimos Dias de Pompéia

deves encontrar um inocente ou outro para condená-lo ao leão, Pansa!

– Na verdade, nesses últimos tempos, tenho refletido seriamente a esse respeito – replicou o edil com gravidade. – Que infame é a lei que nos proíbe entregar nossos escravos aos animais selvagens. Não nos deixa fazer o que bem entendermos com o que nos pertence. Isso é o que chamo de desrespeito ao direito de propriedade.

– Não era assim nos bons velhos tempos da República – suspirou Salústio.

– E essa falsa piedade para com os escravos constitui um desapontamento para os pobres. Como gostam de assistir a uma emocionante e dura batalha entre um homem e um leão! E agora serão privados desse entretenimento inocente (se os deuses não nos enviarem logo um criminoso), em conseqüência dessa maldita lei!

– Pode haver pior política – interveio Clódio, de modo sentencioso – do que interferir nos prazeres viris do povo?

– Bem, graças a Júpiter e às Parcas, não temos atualmente nenhum Nero – disse Salústio.

– Ele foi, de fato, um tirano. Fechou o nosso anfiteatro por dez anos.

– Não imagino como isso não provocou uma rebelião – retrucou Salústio.

– Pois quase provocou – retorquiu Pansa, com a boca cheia de carne de javali.

Aqui a conversa foi interrompida durante um instante por um floreio de flautas e por duas escravas que entraram trazendo um único prato.

– Ah!, que surpresa nos reservaste, caro Glauco? – inquiriu o jovem Salústio, com os olhos brilhando.

Salústio contava apenas vinte e quatro anos, mas não cultivava outros prazeres na vida que não o de engolir tudo o que lhe surgisse pela frente – talvez houvesse esgotado todos os demais, embora dispusesse de algum talento e de um excelente coração.

– Estou reconhecendo este prato, por Pólux! – entusiasmou-se Pansa. – É cabrito ambraciano. Ei! – estalou os dedos, no sinal costumeiro para os escravos. – Devemos preparar uma nova libação em homenagem à iguaria recém-servida.

– Eu tive a esperança – revelou Glauco em tom melancólico – de conseguir-vos algumas ostras da Bretanha, mas fomos impedidos de obtê-las pelos mesmos ventos que foram tão cruéis com César.

– Elas são mesmo deliciosas? – perguntou Lépido, afrouxando sua túnica desprovida de cinto, a fim de torná-la ainda mais voluptuosamente confortável.

– Ora, na verdade, suspeito que seja a distância o que lhes confere sabor! Falta-lhes a riqueza das ostras de Brindisi. Mas, em Roma, nenhuma ceia é considerada completa sem elas.

– Pobres bretões! Têm algo de bom, afinal – comentou Salústio. – Eles nos enviam ostras.

– Eu bem que gostaria que nos enviassem um gladiador – replicou o edil, cuja mente próvida entretinha-se com as necessidades do anfiteatro.

– Por Palas! – exclamou Glauco, enquanto sua escrava favorita adornava-lhe as madeixas onduladas com uma nova coroa. – Eu até que aprecio esses espetáculos selvagens em que duas feras se enfrentam. Mas quando um homem, um homem de ossos e sangue como nós, é friamente colocado numa arena e dilacerado membro a membro, o sentimento que me invade é o de horror: fico nauseado, perco o fôlego, anseio por correr a defendê-lo. Os gritos do populacho parecem-me mais horrendos do que as vozes das Fúrias ao perseguir Orestes. Regozijo-me que seja pequena a possibilidade de ocorrer exibição tão sangrenta em nosso próximo torncio!

O edil sacudiu os ombros. O jovem Salústio, que era considerado o homem de melhor natureza em Pompéia, fitou-o com surpresa. O gracioso Lépido, que raramente falava por medo de afear seu rosto, proferiu "Hércules!". O parasita Clódio murmurou "Aedepol!", e o sexto conviva, que era a sombra de Clódio e cujo dever consistia em fazer eco a seu rico amigo, quando não lhe era possível elogiá-lo – o parasita de um parasita – também murmurou "Aedepol!".

– Bem, vós, romanos, estais habituados a esses espetáculos. Nós, gregos, somos mais compassivos. Ah, sombra de Píndaro! O êxtase de um verdadeiro jogo grego! A disputa entre dois homens, a contenda generosa, o triunfo algo pesaroso, tão orgulhoso de bater-se com um antagonista nobre, tão triste por vê-lo derrotado! Mas vós não me compreendeis.

– O cabrito está excelente – declarou Salústio. – Esse escravo, cujo dever é trinchar e que preza a sua ciência, acabou de executar sua nobre tarefa com o cabrito ao som de boa música, sua faca seguindo o compasso, começando com um tenor mais grave e executando a árdua proeza de acordo com um magnificente diapasão.

– O teu cozinheiro certamente é da Sicília – falou Pansa.

– Sim, de Siracusa.

– Pois vou disputá-lo contigo – desafiou-o Clódio. – Faremos um jogo entre um prato e outro.

– Certamente os dados são preferíveis à luta com animais. Contudo, não posso colocar o meu siciliano em jogo, pois não tens nada tão valioso para apostar em contrapartida.

– A minha Fílida, minha bela dançarina!

– Jamais compro mulheres – ripostou o grego, ajeitando descuidadamente a coroa.

Instalados do outro lado do pórtico, os músicos, que haviam iniciado seu ofício quando o cabrito foi servido, agora atacaram uma melodia de estilo mais alegre, embora talvez mais cerebral, e cantaram a canção de Horácio que começava com *Persicos odi* etc., impossível de se traduzir e que eles imaginavam adequada para a ceia – um repasto que, por requintado que pareça para nós, era na verdade bastante singelo, considerando-se as suntuosas orgias da época. O que ora testemunhamos é apenas uma refeição doméstica, não principesca, o entretenimento de meros cavalheiros, não de um imperador ou senador.

– Ah, o nosso velho Horácio! – exclamou Salústio, compassivamente. – Cantava bem sobre festins e mulheres, mas não tão bem quanto os nossos poetas modernos.

– O imortal Fúlvio, por exemplo – lembrou Clódio.

– Ah, Fúlvio, o imortal! – ecoou sua sombra.

– E Spuraena e Caio Múcio, que escreveram três épicos num ano? Poderia Horácio fazer o mesmo? Ou Virgílio? – questionou Lépido. – Todos esses poetas antigos incorreram no erro de copiar a escultura, em vez da pintura. Simplicidade e repouso eram o que lhes interessava. Mas nós, modernos, temos fogo e paixão... e energia. Nunca dormimos, imitamos as cores da pintura, sua vida e seu movimento. Imortal Fúlvio!

– A propósito – disse Salústio –, já vistes a nova ode de Spuraena, em homenagem à nossa egípcia Ísis? É magnífica! O verdadeiro fervor religioso.

– Ísis parece ser a divindade favorita de Pompéia – observou Glauco.

– Sim! – concordou Pansa. – Sua reputação é imbatível no momento. Sua estátua tem proferido os mais notáveis oráculos. Não sou supersticioso, mas devo confessar que, com seus conselhos, mais de uma vez ela me auxiliou materialmente na minha magistratura. Seus sacerdotes são tão pios, tão pios! Bem diferentes dos alegres e orgulhosos ministros de Júpiter e Fortuna: andam descalços, jejuam e dedicam a maior parte da noite à devoção solitária.

– Um verdadeiro exemplo para os nossos sacerdotes. Infelizmente, o Templo de Júpiter precisa de reformas – assentiu Lépido, que era um grande reformador de tudo, menos de si mesmo.

– Dizem que Arbaces, o egípcio, revelou alguns segredos importantes aos sacerdotes de Ísis – Salústio comentou. – Ele se ufana de descender da dinastia dos Ramsés e declara que sua família entesoura segredos da mais remota antigüidade.

– O homem certamente possui o dom do mau-olhado – retrucou Clódio. – Se eu deparasse com essa Medusa, sem antes fazer um esconjuro, tenho certeza de que perderia meu cavalo favorito ou obteria o lance do cão nove vezes seguidas.

– O que seria um verdadeiro milagre – volveu Salústio em tom grave.

– O que quiseste dizer com isso, Salústio? – interpelou-o o jogador, enrubescendo.

– Quis referir-me ao que me restaria, se jogasse sempre dados contigo. Em outras palavras: nada.

A única resposta de Clódio foi um sorriso desdenhoso.

– Se Arbaces não fosse tão rico – disse Pansa com ar pomposo –, eu estenderia minha autoridade um pouco e investigaria o que há de verdadeiro nos relatos que o apontam como astrólogo e feiticeiro. Agripa, quando era edil de Roma, baniu todos esses terríveis cidadãos. Mas um homem rico... é dever de um edil proteger os ricos.

– O que achas dessa nova seita, que, conforme me disseram, conta com alguns prosélitos em Pompéia, esses seguidores do deus hebreu... o Cristo?

– Ah, meros especulativos visionários! – respondeu Clódio. – Não há um único cavalheiro entre eles. Trata-se de indivíduos pobres, insignificantes e ignaros!

– Que, entretanto, deveriam ser crucificados por blasfêmia, pois negam Vênus e Júpiter! – exclamou Pansa com veemência. – Nazareno não é senão um sinônimo de ateu. Se apanho algum desses!...

O segundo prato se acabara. Os comensais refestelaram-se em seus divãs. Fez-se uma pausa enquanto escutavam as suaves vozes sulistas e a música da flauta rústica. Glauco era o mais enlevado e o menos inclinado a romper o silêncio, mas Clódio já começava a impacientar-se com o desperdício de tempo.

– *Bene vobis* (a tua saúde), caro Glauco! – bradou, sorvendo uma taça para cada letra do nome do grego, com a desenvoltura de quem tinha grande prática na arte de beber. – Não desejas ir à forra pela má sorte de ontem? Vê, os dados nos estão cortejando!

– Como quiseres – disse Glauco.

– Dados no verão... eu sou edil! – objetou Pansa em tom autoritário. – É contra todas as leis.

– Não na tua presença, insigne Pansa – retrucou Clódio, sacudindo os dados numa caixa oblonga. – A tua presença coíbe o abuso: não é a coisa em si, mas seu excesso, que prejudica.

– Quanta sabedoria! – murmurou a sombra.

– Bem, eu olharei para o outro lado – aquiesceu o edil.

– Ainda não, bom Pansa. Esperemos até o final da ceia – replicou o anfitrião.

Clódio relutantemente cedeu, disfarçando seu aborrecimento com um bocejo.

– Ele escancara a boca para devorar o ouro – cochichou Lépido para Salústio, citando a *Aulularia*, de Plauto.

– Ah! Conheço bem esses tentáculos, que prendem tudo o que tocam – respondeu Salústio, no mesmo tom e citando a mesma peça.

O terceiro prato, que consistia numa variedade de frutas, pistácios, doces cristalizados, tortas e biscoitos retorcidos em milhares de fantásticos e pomposos formatos, foi posto na mesa e os *ministri*, ou servos, também pousaram ali o vinho (que até então fora servido a cada convidado individualmente), em grandes jarros de vidro, cada um exibindo um rótulo que informava sua idade e casta.

– Prova este de Lesbos, caro Pansa – propôs Salústio. – É excelente.

– Não é muito velho – comentou Glauco –, mas tornaram-no precoce, como nós, colocando-o no fogo: o vinho para as chamas de Vulcano e nós, para as de sua esposa, em cuja homenagem derramo esta taça.

– É delicado – sentenciou Pansa –, mas talvez haja qualquer ínfima partícula de resina a mais em seu sabor.

– Que bela taça! – exclamou Clódio, erguendo uma de cristal transparente cujas asas eram adornadas com gemas e retorcidas em forma de serpente, a moda predileta em Pompéia.

– Este anel – disse Glauco, tirando uma jóia cara da primeira falange de seu dedo e dependurando-a na asa da taça – confere-lhe um aspecto mais rico e a torna menos indigna da tua aceitação, caro Clódio. Que os deuses te abençoem com saúde e fortuna para coroar esta taça, repleta freqüente e prolongadamente até a borda!

– É muita generosidade, Glauco – o jogador agradeceu, entregando a taça para seu escravo –, e teu afeto dobra-lhe o valor.

– Esta taça para as Graças – disse Pansa, e esvaziou três vezes sua taça. Os demais convivas seguiram-lhe o exemplo.

– Não indicamos ninguém para presidir este festim – advertiu Salústio.

– Então lancemos os dados para escolhê-lo – propôs Clódio, sacudindo a caixa.

– Não! – exclamou Glauco. – Entre nós não há um banal e frio presidente, não há ditador do banquete, não há *rex convivii*. Vós, romanos, não jurastes jamais obedecer a um rei? Acaso deveríamos ser menos livres do que os vossos ancestrais? Ah,

Os Últimos Dias de Pompéia   43

músicos, toquem a canção que compus na outra noite! Tem um verso sobre esse tema: o hino báquico das horas.

Os músicos tocaram em seus instrumentos uma arrebatada ária iônica, enquanto as vozes jovens do coro entoavam – em palavras gregas, como se fossem números – a seguinte melodia:

Hino do entardecer das horas

I
Pelo dia estival, pelo dia tedioso,
Nós deslizamos.
Ao acorrermos para a noite por seu portal umbroso,
Saúde-nos com música!
Com música, com música,
Com u'a vivaz e alegre música;
Como aquela da donzela de Creta,
Que o crepúsculo torna mais impudente,
Que lá no alto à sombra da hera desperta,
Quando primeiro a conforta o deus do vinho,
Dos silenciosos céus que respiram baixinho,
Semicerrados pousam seus olhos, as estrelas,
E em toda a parte ao redor,
Com um adorável soar,
As ondas do Egeu movem-se furtivamente:
No regaço dela jaz a cabeça do lince.
E é o tomilho silvestre o seu leito nupcial.
E para sempre em cada ínfimo espaço,
No verde abraço do vinhedo verde
Os Faunos espreitam secretamente...
Os Faunos, os indiscretos Faunos...
Os maliciosos, risonhos Faunos...
Os Faunos espreitam secretamente!

II
Por abatidos e frágeis que estejamos
Com nosso incessante vôo,
E por exaustiva que seja a nossa jornada
Pelo reino da noite,
Banhe-nos, ó banhe-nos, as fatigadas asas
Na onda púrpura, que vigorosamente esparge

Nas suas taças raios da fonte da luz
Da fonte da luz, da fonte da luz,

Pois então, quando o sol desceu para a noite,
Aí no bojo nós o encontramos.
A videira é o poço desse sol estival,
Ou o regato que ele contempla
Até deixar atrás de si sua alma,
Como a juventude de Téspis,
Enquanto contempla.

III
Uma taça a Júpiter e uma taça ao amor,
E uma taça ao filho de Maia;
E honra às três, o trio livre de vestes
O trio da fulgurante Aglae.
Mas como cada botão da grinalda do prazer
Devemos todos à irmã Hora,
Nenhuma parca taça, numa dose comedida,
A lei do Bromio torna nossa.
Muito nos homenageia quem muito nos dá
E alardeia, com um honesto alarde báquico,
Que jamais fará conta do tesouro.
Velozmente voamos, então paralisamos as asas
E mergulhamos nas profundezas de reverberantes regatos.
E sempre, ao emergirmos com a plumagem gotejando,
Espargimos as gotas ao redor dos botões da guirlanda;
E resplandecemos, resplandecemos,
Vejam, quando as jovens das águas orientais
Carregaram certa vez com um grito à caverna de cristal
A recompensa do misiano Hilas,
Mesmo assim... mesmo assim,
Nós prendemos o jovem deus num cálido abraço
Nós o apressamos em nossa risonha corrida;
Nós o apressamos, com um brado e uma canção,
Os rios enevoados de noite adentro,
Ho, ho! Nós te capturamos, Psilas!

Os convivas aplaudiram estrepitosamente. Quando o poeta é o anfitrião, sem dúvida seus versos serão aclamados.

– Profundamente grego – disse Lépido. – A veemência, a força e a energia desse idioma... é impossível imitá-las na poesia romana.

– Faz mesmo um grande contraste – concordou Clódio com ironia em seu coração, mas não no semblante – com a antiga e delicada simplicidade da ode de Horácio que ouvimos antes. A área é lindamente iônica... e essa palavra me deixa inclinado a erguer um brinde. Companheiros, à bela Ione!

– Ione! O nome é grego – observou Glauco com suavidade. – Eu bebo com prazer à sua saúde. Mas quem é Ione?

– Ah! Mal chegaste a Pompéia, senão merecerias o ostracismo por tua ignorância – retrucou Lépido em tom presunçoso. – Não conhecer Ione é não conhecer o principal encanto da nossa cidade.

– É a beleza mais rara – declarou Pansa. – E que voz!

– Ela deve alimentar-se apenas com línguas de rouxinóis – disse Clódio.

– Línguas de rouxinóis! Belo pensamento! – suspirou a sombra.

– Dizei-me tudo, suplico-vos – volveu Glauco.

– Pois sabe então... – Lépido começou.

– Deixa-me falar – interpôs-se Clódio. – Tua fala é tão arrastada como se as palavras fossem tartarugas.

– E as tuas são pedras – resmungou o presunçoso ao tornar a sentar-se desdenhosamente no divã.

– Sabe então, caro Glauco – volveu Clódio – que Ione é uma estrangeira que chegou recentemente a Pompéia. Canta como Safo canções de sua própria autoria. Quanto à tíbia, à cítara e à lira, não sei em qual desses instrumentos ela excede mais as musas. Sua beleza é estonteante. Sua casa é perfeita. Tanto bom gosto!... que pedras preciosas, que bronzes! Ela é tão rica quanto generosa.

– Seus amantes, é claro – disse Glauco – cuidam para que nada lhe falte. E o dinheiro que se ganha com facilidade é gasto com prodigalidade.

– Seus amantes... Ah! Existe aí um enigma! Ione tem apenas um defeito: é casta. Tem toda Pompéia a seus pés, mas nenhum amante. Nem sequer pretende se casar.

– Nenhum amante! – espantou-se Glauco.
– Não. A donzela tem alma de vestal e cintura de Vênus.
– Que expressões refinadas! – elogiou a sombra.
– Um milagre! – exclamou Glauco. – Não podemos vê-la?
– Eu te levarei até ela esta noite – prometeu Clódio. – Mas antes... – e tornou a sacudir a caixa de dados.
– Estou por tua conta! – aquiesceu o condescendente Glauco. – Pansa, vira a cabeça para o outro lado!
Lépido e Salústio passaram a jogar par ou ímpar sob o olhar da sombra, enquanto Glauco e Clódio se absorviam cada vez mais nos dados.
– Por Pólux! – bradou Glauco. – Esta é a segunda vez que me sai o lance mais baixo, o lance do cão.
– Agora, que Vênus me ampare! – suplicou Clódio, sacudindo a caixa várias vezes. – Ó alma Vênus, é a própria Vênus!
– exclamou ao obter o lance mais alto, que recebia o nome da deusa a quem os que ganham dinheiro costumam agradar.
– Vênus é ingrata comigo – retrucou Glauco jocosamente.
– Sempre ofereci sacrifícios em seu altar.
– Aquele que joga com Clódio – sussurrou Lépido –, como o Curcílio, de Plauto, logo colocará seu manto em jogo.
– Pobre Glauco! É tão cego quanto a própria Fortuna – replicou Salústio no mesmo tom.
– Não jogarei mais – disse Glauco. – Já perdi trinta sestércios.
– Lamento... – começou Clódio.
– Quanta amabilidade! – murmurou a sombra.
– Não lamentes! – interrompeu-o Glauco. – O prazer que sinto com a tua vitória compensa o pesar pela minha derrota.

A conversa então se tornou generalizada e animada. O vinho circulava mais livremente, e Ione mais uma vez foi objeto dos louvores dos convidados de Glauco.

– Em vez de contemplar de longe as estrelas, visitemos uma cuja beleza as faz empalidecer – propôs Lépido.

Clódio, que não via oportunidade de retornar aos dados, apoiou a proposta. E Glauco, embora como bom anfitrião instasse seus convivas a prosseguir o banquete, não conseguiu esconder deles que sua curiosidade fora aguçada pelos elogios a

Ione. Assim, todos (com exceção de Pansa e da sombra) resolveram dirigir-se à casa da bela grega. Então, beberam à saúde de Glauco e à de Tito – executando a última libação –, tornaram a calçar as sandálias; desceram as escadas; cruzaram o átrio iluminado e passaram apressadamente pelo cão feroz pintado na soleira. Enfim encontraram-se sob a luz da Lua recém-nascida, nas ruas animadas e ainda apinhadas de Pompéia. Atravessaram o quarteirão dos joalheiros, que resplandecia com as luzes apreendidas e refletidas pelas gemas dispostas nas lojas, e chegaram finalmente à porta de Ione. O vestíbulo refulgia sob fileiras de lâmpadas. Cortinas púrpuras bordadas pendiam de cada abertura do *tablinum*, cujas paredes e piso de mosaico cintilavam com as cores mais vivas do artista, e, sob o pórtico que rodeava o fragrante *viridarium*, encontraram Ione, cercada por convidados que a aplaudiam e adoravam.

– Disseste que ela era ateniense? – cochichou Glauco ao avançar para o peristilo.

– Não, é de Nápoles.

– Nápoles! – ecoou Glauco. E naquele momento o grupo, dividindo-se em dois, um de cada lado, concedeu a seus olhos a visão daquela luminescente beleza de ninfa que, por meses, refulgira nas águas de sua memória.

4

O TEMPLO DE ÍSIS E SEU SACERDOTE
O CARÁTER DE ARBACES SE REVELA

Aqui a história retorna ao egípcio. Nós o deixamos junto ao mar por volta do meio-dia, depois de se separar de Glauco e seu acompanhante. Quando se aproximou da parte mais povoada da baía, Arbaces fez uma pausa e contemplou o animado cenário com os braços cruzados e um sorriso amargo no rosto sombrio.

– Ingênuos, simplórios, tolos, é o que sois! – resmungou consigo mesmo. – Não importa o que busqueis, negócios ou prazer, comércio ou religião, sois igualmente ludibriados pelas paixões que deveríeis dominar. Como eu poderia abominar-vos, se já não vos odiasse... sim, odiasse! Gregos ou romanos, foi de nós, dos conhecimentos secretos do Egito, que roubastes o fogo que vos dá ânimo. Vossa erudição, vossa poesia, leis, artes, vosso bárbaro domínio da guerra (tudo tão insípido e mutilado quando comparado com o rico original!), roubastes de nós como um escravo rouba os restos do banquete. E vós, arremedos de um imitador... Romanos, sem dúvida! Horda crescente de ladrões! Sois nossos governantes! As pirâmides não mais contemplam a estirpe dos Ramsés, a águia paira sobre a serpente do Nilo. Nossos governantes... não, não meus. Minha alma, pelo poder de sua sabedoria, vos controla e agrilhoa, embora com grilhões invisíveis. Enquanto a astúcia conseguir dominar a força, enquanto a religião dispuser de uma gruta onde os oráculos possam lograr a humanidade, os sábios manterão seu domínio sobre a Terra. Até dos vícios Arbaces destila seus prazeres... prazeres não profanados por olhos vulgares... prazeres vastos, refinados, inexauríveis, que a mente fraca de todos vós, em sua sensualidade desprovida de imaginação, nem sequer pode conceber ou sonhar! Cambaleai, arrastai-vos, tolos ambiciosos e avarentos! Vossa insignificante sede por *fasces* e questuras e toda a pantomima do poder servil provocam-me riso e desdém. Meu poder tem o condão de estender-se até onde o homem acredita. Eu controlo as almas que o véu púrpura oculta. Tebas pode ter caído, e Egito ser apenas um nome: o próprio mundo fornece vassalos a Arbaces.

Assim dizendo, o egípcio caminhou lentamente e, ao entrar na cidade, seu vulto alto destacou-se acima da multidão aglomerada no fórum e avançou na direção do pequeno e gracioso templo consagrado a Ísis.

Esse edifício era, na época, uma construção recente. O antigo santuário havia desmoronado durante um terremoto dezesseis anos antes e o novo prédio se tornara tão em voga entre os versáteis pompeianos quanto pode tornar-se entre nós uma igreja nova ou um novo pregador. Os oráculos da deusa em Pompéia eram de fato notáveis, não só pela língua misteriosa em que eram proferidos, como também pela credibilidade atribuída a seus conselhos e previsões, os quais, se não eram ditados por uma divindade, eram ao menos concebidos com um conhecimento profundo da humanidade. Aplicavam-se com exatidão às circunstâncias peculiares de cada indivíduo e faziam um marcante contraste com as vagas e indefinidas generalidades de seus templos rivais.

Quando Arbaces chegou à balaustrada que separava as áreas profana e sagrada, uma multidão, composta por gente de todas as classes, mas principalmente por comerciantes, reuniu-se, arfante e reverente, ante os muitos altares que se erguiam no amplo átrio. Nas paredes do templo, ao longo de sete degraus de mármore de Paros, viam-se várias estátuas abrigadas em nichos. Essas paredes eram ornamentadas com romãs ofertadas a Ísis. Um pedestal oblongo ocupava o interior da edificação, na qual havia duas estátuas – uma de Ísis e a outra representando o silente e místico Órus. Mas esse santuário acolhia muitas outras divindades que compunham a corte das deidades egípcias: seu aparentado Baco, conhecido também por diversas outras denominações, a cipriota Vênus – seu disfarce grego – erguendo-se do banho, o deus com cabeça de cão, Anúbis, e o boi Ápis e vários ídolos egípcios de formas insólitas e nomes estranhos.

Não devemos, entretanto, supor que, nas cidades da magna Grécia, Ísis fosse reverenciada sob as formas e com as cerimônias a que tinha direito. As mestiças e modernas nações do Sul, com um misto de arrogância e desconhecimento, confundiam os cultos de todas as regiões e eras. E os profundos mistérios do Nilo eram degradados por uma centena de amálgamas frívolos e espúrios de credos de Céfiso e Tíbur. O Templo de Ísis, em Pompéia, era servido por sacerdotes romanos e gregos, igualmente ignorantes em relação à língua e aos costumes dos antigos devotos da deusa. E o descendente dos temíveis reis egípcios, sob a aparência de reverente temor, secretamente escarnecia das pantomimas sem sentido que imitavam o culto solene e típico de sua ardente pátria.

Usando vestes brancas, a multidão que viera presenciar o sacrifício estendia-se agora de cada lado dos degraus, enquanto no cimo da escada perfilavam-se dois sacerdotes inferiores, um segurando um ramo de palma e o outro, um delgado feixe de trigo. Na estreita passagem, em frente, acotovelava-se a platéia.

– E qual – cochichou Arbaces para um dos espectadores, um mercador que atuava no comércio alexandrino (comércio que provavelmente tinha sido o primeiro a introduzir em Pompéia o culto à deusa egípcia) –, qual é a cerimônia que agora vos reúne diante dos altares da venerável Ísis? Parece-me, a julgar pelas vestes brancas do grupo à minha frente, que será feito um sacrifício. Essa assembléia de sacerdotes indica que estais aguardando algum oráculo. Para que pergunta aguardais uma resposta?

– Nós somos comerciantes – informou o espectador (que não era outro senão Diomedes) no mesmo tom –, e viemos saber que destino aguarda os nossos navios que partirão amanhã para Alexandria. Estamos prestes a oferecer um sacrifício e implorar a orientação da deusa. Eu não estou entre os que rogaram ao sacerdote para celebrar o sacrifício, como o senhor bem pode deduzir pelos meus trajes, mas tenho algum interesse no sucesso da frota... por Júpiter! Sim. Sou dono de um próspero negócio. De outra forma, como poderia eu viver nestes árduos tempos?

O egípcio replicou com gravidade:

– Embora seja a deusa da agricultura, Ísis é igualmente padroeira do comércio... – então, virando a cabeça para o Oriente, Arbaces pareceu absorto numa silenciosa oração.

Nesse momento, no centro da escada surgiu um sacerdote todo de branco, com um véu aberto no alto da cabeça. Dois novos sacerdotes substituíram os que até então se haviam mantido de cada lado, ambos de torso nu e o resto do corpo envolto em túnicas brancas e soltas. Num ato simultâneo, um sacerdote, sentado no degrau mais baixo, iniciou uma melodia solene num longo instrumento musical de sopro. No meio da escada, postara-se outro flâmine, segurando numa das mãos uma coroa votiva e, na outra, um bordão branco. Compondo o cenário pitoresco daquela cerimônia oriental, um imponente íbis (pássaro sagrado no culto egípcio) ora observava o ritual silenciosamente do alto da parede ora pousava na base da escada, ao lado do altar.

Nesse altar, agora se encontrava o flâmine sacrificador.

Quando os arúspices inspecionaram as entranhas do sacrificado, o semblante de Arbaces pareceu perder toda a rígida calma habitual, contraindo-se com uma piedosa ansiedade, e

depois regozijar-se e iluminar-se quando os sinais foram declarados favoráveis e o fogo começou a flamejar e consumir visivelmente a porção sagrada da vítima por entre os odores de mirra e olíbano. Foi então que um silêncio mortal abateu-se sobre a multidão até então murmurante e os sacerdotes reuniram-se em torno do santuário. Um outro sacerdote, praticamente nu, a não ser por uma faixa ao redor da cintura, avançou impetuosamente e, dançando com movimentos selvagens, suplicou uma resposta à deusa. Por fim, deteve-se, exausto, e ouviu um sussurro vindo do interior do corpo da estátua: três vezes a cabeça moveu-se e os lábios se separaram e então uma voz cava proferiu as palavras místicas:

> Há ondas que, cómo cavalos de batalha, fulgem ao se chocar.
> Há sepulturas prontas escavadas nas rochas abaixo,
> Na face do futuro o perigo espreita ameaçador,
> Mas abençoados serão vossos barcos nas horas temíveis.

A voz cessou, a multidão respirou mais livremente, os mercadores se entreolharam.
– Nada poderia ser mais claro – murmurou Diomedes.
– Haverá uma tormenta no mar, o que é muito freqüente no começo do outono, mas os nossos navios serão salvos. Ó benévola Ísis!
– Louvada eternamente seja a deusa! – bradaram os mercadores. – O que poderia ser mais inequívoco do que a sua predição?
Erguendo a mão para pedir silêncio ao povo – pois os rituais de Ísis impunham o que, para os animados pompeianos, constituía uma suspensão intolerável do uso das cordas vocais –, o sacerdote-chefe realizou sua libação no altar e, depois de uma breve oração de encerramento, a cerimônia terminou e a congregação se retirou. O egípcio aguardou junto da balaustrada que a multidão se dispersasse e, quando o espaço se tornou razoavelmente livre, um dos sacerdotes, aproximando-se dele, saudou-o aparentando amistosa familiaridade.
O rosto do sacerdote era singularmente pouco simpático. Seu crânio raspado era tão baixo e estreito na fronte que qua-

se se aproximava da conformação do crânio de um selvagem africano, exceto nas têmporas – área relativa à cobiça, de acordo com os discípulos de uma ciência moderna no nome, mas na prática bem conhecida (como suas esculturas nos ensinam) entre os antigos –, onde duas imensas e quase sobrenaturais protuberâncias distorciam ainda mais a cabeça disforme. Ao redor das sobrancelhas, a pele era franzida numa teia de profundas e emaranhadas rugas. Os olhos, escuros e pequenos, rolavam em turvas e amareladas órbitas. O nariz, curto e tosco, distendia-se em narinas, como as dos sátiros. Os lábios grossos e pálidos, os proeminentes ossos malares e os tons lívidos e variegados que se embatiam na pele de pergaminho completavam a fisionomia que ninguém podia fitar, a não ser com repugnância, e poucos sem terror e desconfiança – quaisquer que fossem os desejos daquela mente, sua estrutura animal era bem apropriada para realizá-los. Os músculos vigorosos da garganta, o peito amplo, as mãos nervosas e os braços magros e macilentos, que estavam nus acima do cotovelo, indicavam uma compleição capaz igualmente de um grande e ativo esforço e de uma passiva resistência.

– Caleno – disse o egípcio a esse fascinante flâmine –, acatando a minha sugestão, aperfeiçoaste a voz da estátua. E teus versos estão excelentes. Sempre profetiza boa fortuna, a menos que exista uma absoluta impossibilidade de sua concretização.

– O engenhoso é que – replicou Caleno –, se a tempestade acontecer e se destruir os malditos navios, acaso não foi isso que profetizamos? E os barcos não seriam abençoados por encontrar descanso no fundo do mar? Por descanso, oram os marinheiros do mar Egeu, ou ao menos assim diz Horácio. Podem os marinheiros encontrar repouso maior no mar do que em suas profundezas?

– É verdade, Caleno. Eu gostaria que Apecides aprendesse com a tua sabedoria. Mas preciso falar-te a respeito dele e de outros assuntos. Poderias receber-me num aposento menos sagrado?

– Certamente – aquiesceu o sacerdote, conduzindo-o a uma das pequenas câmaras que circundavam o portão aberto. Sentaram-se a uma pequena mesa fornida com pratos contendo frutas, ovos e várias carnes frias, além de jarros de um excelente vinho. Os dois compartilharam o repasto, enquanto uma cortina que fechava a comunicação com o átrio escondia-os dos olhares alheios, mas também os advertia, com sua fina espessura, a falar baixo ou a não trocar segredos. Então escolheram a primeira sugestão.

– Como sabes – disse Arbaces numa voz que mal agitava o ar, tão suave e abafado era seu tom –, unir-me aos jovens sempre foi meu preceito. De suas mentes flexíveis e ainda não-formadas posso desencavar minhas melhores ferramentas. Eu os teço... tramo, moldo, como bem entendo. Dos homens, faço simplesmente seguidores ou servos. Das mulheres...

– Amantes – completou Caleno, com um sorriso lívido a lhe distorcer os traços rudes.

– Sim, não escondo, a mulher é o meu principal objetivo, o maior apetite da minha alma. Do mesmo modo como tu dás alimento às vítimas dos sacrifícios, apraz-me criar as sacerdotisas do meu prazer. Adoro treiná-las, amadurecer-lhes a mente, desvendar o doce regaço de suas paixões ocultas... enfim, preparar o fruto para saboreá-lo. Odeio as cortesãs que já conhecem bem o seu ofício. É na delicada e inconsciente transformação da inocência em desejo que encontro o verdadeiro encanto do amor. É assim que desafio a saciedade e, na contemplação do frescor de outros, mantenho o frescor das minhas próprias sensações. Do jovem coração das minhas vítimas, extraio os ingredientes para o caldeirão no qual me rejuvenesço.

Mas já basta desse assunto! Passemos ao tema do momento. Sabes que há algum tempo, em Nápoles, conheci os irmãos Apecides e Ione, filhos de um ateniense estabelecido em Nápoles. A morte dos pais, que me conheciam e estimavam, tornou-me guardião das crianças. Eu me mostrei digno dessa confiança. O rapazinho, dócil e manso, cedeu prontamente à impressão que busquei imprimir-lhe. Além das mulheres, meu outro prazer são as velhas lembranças da minha terra ancestral. Adoro mantê-las vivas, propagar em plagas distantes (cujo povo a cultura da minha antiga pátria talvez ainda colonize) seus sombrios e místicos credos. Pode ser que me agrade iludir a humanidade, enquanto desse modo sirvo às divindades. Para Apecides, eu ensinei a fé solene em Ísis. Revelei-lhe algumas das sublimes alegorias que se escondem por trás do seu culto. Instiguei numa alma peculiarmente inclinada ao fervor religioso o entusiasmo que a imaginação provoca na fé. Coloquei-o entre vós; ele é um dos vossos.

– Assim é – concordou Caleno. – Contudo, ao estimular-lhe assim a fé, roubaste-lhe a sabedoria. Ele está tão horrorizado que já não nos é possível enganá-lo. Nossos sábios engodos, nossas estátuas falantes e escadas secretas o afligem e revoltam. Ele se debilita, definha, resmunga consigo mesmo e se recusa a participar das nossas cerimônias. Sabemos que freqüenta a companhia de homens que suspeitamos tenham aderido ao novo credo ateísta, que nega todos os nossos deuses e qualifica os nossos oráculos como inspirações do espírito malévolo de que fala a tradição oriental. Nossos oráculos... ai de nós! Sabemos bem de quem são inspirações!

– Isso é o que passei a temer – replicou Arbaces, pensativo –, depois de ouvi-lo censurar-me várias vezes em nosso último encontro. Esse rapaz está a desviar-se dos meus passos. Preciso vê-lo, preciso prosseguir com as lições, preciso conduzi-lo ao Sacrário da Sabedoria. Tenho de ensinar-lhe que são dois os estágios da santidade: o primeiro é a *fé*; o segundo, a *ilusão*. O primeiro para a ralé; o segundo para os sábios.

– Eu jamais ultrapassei o primeiro – disse Caleno. – Tampouco tu, creio eu, caro Arbaces.

– Estás enganado – retrucou o egípcio com gravidade. – Hoje, na verdade, acredito não no que ensino, mas no que não ensino. A natureza tem uma santidade contra a qual não posso (nem quero) firmar convicção. Creio no meu próprio conhecimento e no que ele me revelou... mas não importa! Voltemos a assuntos mais mundanos e atraentes. Se eu assim tracei meus objetivos para Apecides, qual foi o meu projeto para Ione? De certo, já sabes que a reservei para minha rainha... minha noiva... a Ísis do meu coração. Nunca, até que a vi, eu soube de quanto amor a minha natureza é capaz.

– Eu ouvi de mil lábios que ela é uma segunda Helena – observou Caleno, estalando os lábios... se em razão da idéia ou do vinho, não é fácil determinar.

– Sim, Ione é dona de uma beleza que nem a própria Grécia jamais excedeu – replicou Arbaces. – Mas isso não é tudo; ela também possui uma alma digna de fazer par com a minha. E tem um intelecto superior ao de qualquer mulher: perspicaz, intrépido, fascinante. De sua boca fluem espontaneamente a poesia e a verdade (que sua mente sempre apreende e comanda, por mais intrincada e profunda que seja). Em Ione, a imaginação e a razão não entram em conflito, mas se harmonizam e dirigem seu curso como os ventos e as ondas conduzem uma imponente embarcação. Dessa forma, seu pensamento combina ousadia e independência. Ela pode ser tão corajosa quanto gentil. Esse é o caráter que busquei a vida inteira numa mulher e até então jamais havia encontrado. Ione tem de ser minha! Ela desperta-me uma dupla paixão: almejo desfrutar a beleza de seu espírito tanto quanto a de suas formas.

– Ainda não a tiveste, então? – indagou o sacerdote.

– Não. Ela me estima como amigo. Ama-me, mas apenas com a mente. E aprecia em mim as virtudes reles que tenho a grande coragem de desdenhar. Mas analisemos a sua história. Os dois irmãos eram jovens e ricos: Ione é ambiciosa e orgulhosa do próprio intelecto, da magia de sua poesia, do encanto de sua conversa. Quando o irmão me deixou e ingressou no vosso templo, ela também se mudou para Pompéia, para ficar perto dele. Ione tem exibido seus talentos para o conhecimento de todos. Reúne multidões em suas festas; e a todos sua voz seduz e sua poesia subjuga. Ela se delicia em ser considerada a sucessora de Erina.

– Ou de Safo?

– Mas Safo sem amor! Eu a incentivei nessa audaciosa atividade... nessa concessão à vaidade e ao prazer. Adorei mergulhá-la na dissipação e nos luxos desta cidade devassa. Entenda-me, Caleno! Desejava enfraquecer-lhe a mente, que era demasiado pura para receber sequer um sopro do que quero não transmitir-lhe, mas ardentemente corroer, espelhar. Eu a queria rodeada de amantes fúteis, vaidosos e frívolos (que sua natureza deve desprezar), para que sentisse o desejo de amar. Então, nesses interlúdios de lassidão que sucedem à excitação...

eu posso urdir meus encantamentos... estimular-lhe o interesse, atrair-lhe a paixão... e apoderar-me do seu coração. Pois não é a juventude, nem a beleza nem a alegria, o que fascinaria Ione; sua imaginação deve ser conquistada e a vida de Arbaces tem sido uma história de triunfo sobre a imaginação dos seus semelhantes.

– Então não temes os rivais? Os galanteadores da Itália são talentosos na arte de seduzir.

– Não temo nenhum! Sua alma grega despreza os bárbaros romanos e desdenharia a si mesma se admitisse um pensamento de amor por alguém dessa raça de novos-ricos.

– Mas és egípcio, não grego!

– O Egito – volveu Arbaces – é a mãe de Atenas. Sua protetora, Minerva, é uma divindade nossa. E seu fundador, Cécrope, era um foragido da egípcia Sais. Tudo isso eu já ensinei a Ione, que venera em meu sangue as dinastias mais antigas da Terra. Contudo, devo admitir que ultimamente uma suspeita perturbadora cruzou-me a mente. Ela anda mais silenciosa do que o habitual; passou a ouvir música melancólica e suave; suspira sem nenhuma causa aparente. Isso pode ser o início do amor... ou da necessidade de amar. Seja como for, é tempo de eu começar a manipular suas fantasias e seu coração. No primeiro caso, para desviar seu amor para mim; no segundo, para despertá-lo. Foi para isso que vim procurar-te.

– E como posso ajudar-te?

– Estou prestes a convidá-la para um banquete em minha casa. Quero deslumbrar... aturdir... inflamar seus sentidos. Devemos empregar as nossas artes... as artes nas quais o Egito treinou seus jovens noviços. E, sob o véu dos mistérios da religião, desvendar-lhe-ei os segredos do amor.

– Ah, agora entendo! Um dos seus voluptuosos festins que, a despeito dos nossos rígidos votos de mortificada frugalidade, nós, sacerdotes de Ísis, temos partilhado em sua casa!

– Não, não! Por acaso pensas que seus olhos castos estão preparados para tais cenas? Não. Primeiro, temos de apanhar o irmão numa armadilha. Uma tarefa fácil. Escuta as instruções que te darei.

5
MAIS SOBRE A FLORISTA
PROGRESSOS NO AMOR

O Sol brilhava alegremente naquele lindo aposento da casa de Glauco que, conforme aqui comentado, é hoje chamado de "Alcova de Leda". Os raios matinais entravam pelas fileiras de pequenos caixilhos, na parte mais alta do quarto, e pela porta que se abria para o jardim – o qual cumpria, para os habitantes das cidades sulistas, a mesma função das nossas estufas –, cujo tamanho o tornava inadequado para os exercícios físicos. Entretanto, as variegadas e fragrantes plantas que o ornamentavam tornavam agradável a indolência tão cara aos habitantes de regiões ensolaradas. E agora seu perfume, impelido por uma brisa suave proveniente do mar próximo, espalhava-se pela alcova, cujas paredes exibiam cores ricas como as das flores mais resplandecentes.

Além da preciosidade do aposento, da pintura de Leda e Tíndaro, no centro de cada seção das paredes havia outros quadros de rara beleza. Num deles, via-se Cupido reclinado sobre os joelhos de Vênus. Em outro, Ariadne dormindo na praia, inconsciente da perfídia de Teseu. Os raios de sol brincavam, felizes, de um lado para o outro, no mosaico do piso e nas paredes resplandecentes – com maior felicidade ainda os raios da alegria invadiam o coração do jovem Glauco.

– Enfim eu a vi – disse consigo mesmo, andando pelo quarto estreito. – Eu a ouvi... Mais do que isso: falei com ela novamente, escutei sua música, sua canção sobre a glória e sobre a Grécia. Reencontrei a deusa dos meus sonhos, que por tanto tempo procurei. E, como o escultor cipriota, inspirei vida às minhas fantasias.

Mais longo, talvez, teria sido o enamorado solilóquio de Glauco, mas nesse momento uma sombra escureceu a soleira da alcova e uma jovem, uma criança pela idade, rompeu sua solidão. Vestida simplesmente com uma túnica branca que lhe ia do pescoço ao tornozelo, trazia sob o braço uma cesta de flores e, na outra mão, um vaso de bronze com água. Seus traços, mais marcados do que o habitual em sua idade, tinham um contorno suave e feminino, e, sem ser realmente bonitos, assim o pareciam em razão da beleza de sua expressão. Em seu semblante, a moça possuía um quê de inefável delicadeza e, dir-se-ia, de paciência. Um ar de resignada tristeza, de resistência tranquila, banira o sorriso, mas não a doçura dos seus lábios. Algo de tímido e cauteloso em seus passos... algo de errático em seus olhos sugeria a calamidade que a atingira desde o nascimento: ela era cega. Mas nas órbitas não havia nenhum defeito visível; sua luz reprimida e melancólica era clara, sem nuvens e serena.

– Disseram-me que Glauco está aqui – ela falou. – Posso entrar?

– Ah, cara Nídia – saudou-a o grego –, és tu! Eu sabia que não recusarias meu convite.

– Glauco não fez senão justiça a si mesmo – replicou Nídia, enrubescendo –, pois foi sempre bondoso com essa pobre cega.

– Quem não o seria? – retrucou Glauco com suavidade e num tom de irmão indulgente.

Nídia suspirou e fez uma pausa antes de falar, sem responder ao comentário.

– Chegaste recentemente?

– Este é o sexto sol que brilha sobre mim em Pompéia.

– E tens passado bem? Ah! Não preciso perguntar, pois como poderia quem vê a terra, que me dizem ser tão bela, estar doente?

– Estou bem. E tu, Nídia... como cresceste! No próximo ano, estarás pensando em que respostas dar aos namorados.

Um novo rubor perpassou as faces da moça, que dessa vez franziu o cenho enquanto corava.

– Trouxe-te algumas flores – anunciou, esquivando-se da observação que parecia tê-la melindrado. E, tateando pelo quarto até encontrá-la, pousou a cesta na mesa diante de Glauco. – São modestas, mas recém-colhidas.

– É como se viessem da própria Flora – disse ele amavelmente. – E eu renovo as minhas juras às Graças de jamais usar outras guirlandas, enquanto as tuas mãos puderem tecer-me iguais a estas.

– E como encontraste as flores do *viridarium* na tua volta? Vicejando?

– Lindamente! Os próprios Lares devem ter cuidado delas.

– Ah! Agora me proporcionaste um grande prazer, pois, na tua ausência, sempre que pude roubar alguns momentos do trabalho para o meu lazer, vim regá-las e tratar delas.

– Como posso agradecer-te, bela Nídia? – replicou o grego. Glauco nem sonhava que havia deixado em Pompéia alguém tão zeloso com suas flores.

A mão da garota tremeu e seu seio arfou sob a túnica. Ela se virou para o outro lado, constrangida.

– O sol hoje está demasiado quente para as pobrezinhas – observou –, e elas talvez tenham sentido a minha falta, porque estive doente e já fazia nove dias que não as visitava.

– Doente, Nídia! Contudo, tuas faces têm mais cor do que no ano passado.

– Sinto-me indisposta com freqüência – revelou a garota num tom comovente –, e quanto mais cresço mais me ressinto da cegueira. Mas agora, voltemos às flores! – assim dizendo, ela fez uma ligeira reverência com a cabeça e, passando para o *viridarium*, ocupou-se em molhar as plantas.

"Pobre Nídia!", pensou Glauco, contemplando-a. "Como é triste a sua sina! Não enxergar a terra, nem o sol, nem o oceano, nem as estrelas e, pior que tudo, não poder fitar Ione."

A esse último pensamento, sua mente recuou até a noite anterior e foi pela segunda vez interrompida em suas divagações pela entrada de Clódio. A prova de que bastara uma única noite para aumentar e apurar o amor do grego por Ione era que, conquanto tivesse confidenciado a Clódio o segredo do seu primeiro encontro com ela e o efeito que nele provocara, agora sentia uma invencível aversão até mesmo em pronunciar seu nome para o amigo. Ele vira Ione, resplandecente, pura, imaculada, cercada pelos mais alegres e devassos galanteadores de Pompéia, antes encantando do que impondo respeito aos mais atrevidos e mudando a própria natureza dos mais sensuais e menos espirituais – como se, com seus refinados encantos intelectuais, invertesse a fábula de Circe e transformasse os animais em homens. Eles, que não tinham capacidade para entender-lhe a alma, foram espiritualizados pela magia de sua beleza; eles, que não tinham coração para poesia, tinham ouvidos, ao menos, para a melodia de sua voz.

Ao vê-la assim rodeada, purificando e abrilhantando todas as coisas com a sua presença, Glauco, pela primeira vez, quase sentiu a nobreza de seu próprio caráter e compreendeu quão indignos da deusa dos seus sonhos haviam sido seus companheiros e suas atividades. Era como se tivesse sido levantado um véu dos seus olhos; via a imensurável distância entre si e seus companheiros, que as enganadoras brumas do prazer haviam até então ocultado; foi purificado pela consciência da própria coragem ao desejar Ione. E entendeu que daí em diante seu destino seria olhar para o alto e planar nas alturas. Já não lhe era possível pronunciar aquele nome, que soava aos ouvidos de sua ardente fantasia como algo sagrado e divino, ante ouvidos lúbricos e vulgares. Já não se tratava de uma linda jovem que vira uma vez e de quem se recordara com paixão: tratava-se da senhora, da divindade de sua alma. Esse sentimento... quem nunca o experimentou? Se jamais o experimentaste, caro leitor, jamais amaste.

Assim, quando Clódio lhe falou com afetado arrebatamento sobre a beleza de Ione, Glauco sentiu apenas ressentimento e desgosto por tais lábios ousarem elogiá-la. Respondeu com frieza, e o romano imaginou que a paixão do amigo estivesse curada e não intensificada. Clódio mal lamentou o fato, pois ansiava que Glauco desposasse uma herdeira com mais opulento dote – Júlia, filha do abastado Diomedes, cujo ouro o jogador imaginava desviar facilmente para seus próprios cofres. A conversa dos rapazes não fluiu com a facilidade usual e, nem bem Clódio o deixou, Glauco tomou o rumo da casa de Ione. Ao cruzar a soleira, tornou a encontrar Nídia, que terminara sua delicada tarefa. Ela reconheceu seus passos no mesmo instante.

– Vais sair cedo? – indagou.

– Sim, pois os céus de Campânia censuram o mandrião que os negligencia.

– Ah, pudesse eu vê-los! – murmurou a cega, mas tão sussurrado que Glauco não escutou o queixume.

A tessaliana demorou-se na porta alguns momentos e, então, guiando os passos com o auxílio de um longo cajado – que usava com grande destreza –, tomou o caminho de sua casa. Não tardou para que se afastasse das ruas mais elegantes e entrasse num bairro da cidade pouco apreciado pelos decorosos e pelos sóbrios. Mas seu infortúnio, a cegueira, ao menos servia para poupá-la dos grosseiros e abjetos indícios do vício ao seu redor. E, àquela hora, as ruas estavam tranqüilas e silenciosas, de modo que seus jovens ouvidos não se chocaram com os sons que freqüentemente irrompiam dos obscenos e obscuros antros que ela triste e pacientemente percorria.

Nídia bateu na porta dos fundos de uma espécie da taverna. A porta se abriu e uma voz rude ordenou-lhe que prestasse contas dos sestércios. Antes que ela pudesse responder, porém, outra voz, menos vulgar, interveio:

– Não faças questão de lucros tão insignificantes, caro Burbo. Logo tornarão a sentir falta da voz da menina nos festins do nosso rico amigo. E, como bem sabes, ele paga regiamente por seus rouxinóis.

– Ah, espero que não... acredito que não! – chorou Nídia, tremendo. – Esmolarei do raiar do dia ao crepúsculo, mas não me mandeis mais lá.

– Por que não? – indagou a mesma voz.

– Porque... porque sou jovem e nasci com uma constituição frágil, e as companhias femininas que encontrei lá não são adequadas para alguém que... que...

– Que é escrava na casa de Burbo – volveu a voz ironicamente e com uma risada rouca.

A tessaliana pousou as flores e, cobrindo o rosto com as

mãos, chorou silenciosamente.

Entrementes, Glauco encaminhou-se à casa da bela napolitana. Encontrou-a sentada entre as servas que trabalhavam ao seu redor, tendo ao lado a harpa abandonada – pois a própria Ione estava inusitadamente ociosa, talvez inusitadamente pensativa, naquele dia. Ele a achou ainda mais bela à luz da manhã e em trajes simples do que sob lâmpadas flamejantes e ornada com jóias caras, como na noite anterior; não menos bela com a palidez que se abatera sobre os matizes diáfanos de sua cútis, não menos bela com o súbito rubor que lhe tingiu as faces ao vê-lo aproximar-se.

Acostumado a lisonjear, os galanteios morreram-lhe nos lábios quando se dirigiu a Ione. Parecia-lhe indigna dela a homenagem que em cada olhar lhe prestava. Conversaram sobre a Grécia. Esse era um tema sobre o qual Ione preferia ouvir a discorrer; era um tema sobre o qual o grego podia eternamente manifestar-se com eloqüência. Glauco descreveu-lhe os olivais prateados que ainda cobriam as margens do Ilisso, e os templos, agora despojados da metade de suas antigas glórias – mas como eram belos em sua decadência! Ele reviu a melancólica cidade de Harmódio, o Livre, e de Péricles, o Magnífico, com o distanciamento da memória, que suavizava numa luz indistinta todas as sombras mais escuras e ásperas – havia conhecido a terra da poesia na idade poética do começo da juventude. Assim, à cumplicidade gerada pelo patriotismo somaram-se a exuberância e o vigor da vida.

Ione o escutava, absorta e muda; mais caros lhe eram aquele tom e aquelas descrições do que toda a pródiga adulação dos seus incontáveis adoradores. Seria pecado amar o compatriota? Amava Atenas por intermédio de Glauco – os deuses da sua raça, a terra dos seus sonhos, todos lhe falavam por meio de sua voz! A partir daí, passaram a ver-se diariamente. No frescor da tarde, faziam excursões pela placidez do mar. À noite, tornavam a encontrar-se nos pórticos e salões de Ione. Seu amor brotou repentino, mas intenso, e se tornou uma fonte de vida para o casal. Coração, cérebro, sentidos, imaginação, esses eram os seus ministros e sacerdotes. Quando se remove qualquer obstáculo que possa separar dois objetos que se atraem mutuamente, ambos se encontram e se unem de imediato – o que os intrigava era como haviam conseguido viver longe um do outro por tanto tempo. E era natural que assim se amassem. Jovens, belos e prendados, com a mesma ascendência e a mesma alma, havia poesia na própria união em si. Eles imaginavam que os Céus sorriam diante do seu afeto. Como os perseguidos buscam refúgio nos santuários, assim eles viam no altar do seu amor um asilo que os protegia das tristezas do mundo; cobriam-no com flores; ignoravam as serpentes que se enroscavam embaixo delas.

Certa tarde, a quinta depois do primeiro encontro em Pompéia, Glauco e Ione, com um pequeno e seleto grupo de amigos, regressavam de uma excursão ao redor da baía. Seu barco deslizava ligeiro pelas águas crepusculares, cujo espelho translúcido só era rompido pelos gotejantes remos. Enquanto os demais conversavam alegremente entre si, Glauco descansava aos pés de sua amada. Bem que gostaria de erguer a cabeça para fitá-la, mas não ousava fazê-lo! Ione rompeu a pausa entre eles.

– Meu pobre irmão! – suspirou. – Como teria apreciado este passeio!

– Teu irmão! – exclamou Glauco. – Ocupado contigo, nem pensei em mais nada, ou teria perguntado se era teu irmão o jovem que te acompanhou depois que nos despedimos no Templo de Minerva, em Nápoles.

– Era sim.

– E ele está aqui?

– Está.

– Em Pompéia! E não ficam juntos todo o tempo? Impossível!

– Meu irmão tem outros deveres – respondeu Ione com

tristeza. – Ele é sacerdote de Ísis.

– Mas tão jovem! E esse sacerdócio é tão severo, ao menos em suas leis! – observou o caloroso e bondoso grego, com surpresa e pena. – Que o induziu a isso?

– Ele sempre foi entusiástica e fervorosamente devotado à religião. Além disso, a eloqüência do egípcio, nosso amigo e guardião, despertou-lhe o piedoso desejo de consagrar sua vida à mais mística das nossas divindades. É possível que, em razão de seu profundo zelo, tenha sido exatamente a severidade desse peculiar sacerdócio o que o atraiu de modo especial.

– E ele não se arrependeu da escolha? Acreditas que seja feliz?

Ione suspirou profundamente e desceu o véu sobre os olhos.

– Eu gostaria – disse, após uma pausa – que ele não tivesse agido de forma tão precipitada. Talvez, como todos os que nutrem demasiadas expectativas, meu irmão se decepcione com igual facilidade.

– Então ele não está feliz em sua nova condição. E esse egípcio, também era sacerdote? Estava interessado em aliciar jovens para o ofício sagrado?

– Não. Seu principal interesse era a nossa felicidade. Ele acreditou estar promovendo a do meu irmão. Nós ficamos órfãos.

– Como eu – disse Glauco, com uma tonalidade grave na voz.

Ione baixou os olhos e prosseguiu:

– E Arbaces procurou ocupar o lugar dos nossos pais. Precisas conhecê-lo. Ele gosta de pessoas inteligentes.

– Arbaces! Eu já o conheço; pelo menos nos falamos quando nos encontramos. Contudo, em respeito a ti, não tecerei comentários sobre ele. Geralmente, meu coração se inclina prontamente para a maioria dos meus semelhantes, mas esse sombrio Arbaces, com seu semblante sempre anuviado e seus gélidos sorrisos, parece-me entristecer o próprio Sol. Poder-se-ia supor que, como Epimênides, o Cretense, ele viveu quarenta anos numa caverna e desde então passou a ver algo de sobrenatural na luz do dia.

– Contudo, como Epimênides, ele é bom, é sábio e gentil – replicou Ione.

— Oh, feliz é ele que conta com teu elogio! Não precisa de outras virtudes para que eu o estime.

— Sua calma, sua frieza — volveu Ione evasivamente, prosseguindo no tema —, talvez sejam apenas a exaustão de sofrimentos antigos, assim como aquela montanha — ela apontou para o Vesúvio — que vemos escura e tranqüila a distância, já alimentou fogos para sempre extintos.

Ambos olharam para a montanha quando Ione proferiu essas palavras. O resto do céu tingira-se de suaves tonalidades róseas; porém, acima do cume cinzento, erguendo-se por entre as florestas e vinhedos que, na época, iam até o meio da encosta, havia uma agourenta nuvem escura, o único esgar da paisagem. Uma súbita e inexplicável melancolia abateu-se sobre os dois enquanto a fitavam. E, nessa solidariedade que o amor já lhes havia ensinado, e que os levava, nas mais leves sombras de emoção, no mais leve pressentimento do mal, a buscar refúgio um no outro, seus olhos no mesmo momento deixaram a montanha e, cheios de inimaginável ternura, encontraram-se. Que necessidade tinham de palavras para confessar que se amavam?!

6

O CAÇADOR DE AVES SELVAGENS TORNA A PRENDER NA ARMADILHA O PÁSSARO QUE ACABARA DE ESCAPAR E PREPARA A REDE PARA UMA NOVA VÍTIMA

Na história que relato, os eventos são numerosos e rápidos como os de um drama. Escrevo sobre uma época em que bastavam dias para amadurecer os frutos produzidos em anos. Nos últimos tempos, Arbaces não freqüentara muito a casa de Ione, e, nas vezes em que a visitou, não encontrou Glauco. Desse modo, ainda não tomara conhecimento do amor que desabrochara tão repentinamente, interpondo-se entre ele e seus projetos. Além disso, em seu interesse por Apecides, fora forçado, por algum tempo, a deixar de lado o interesse por Ione. Seu orgulho e egoísmo estavam açulados e alarmados com a súbita mudança que se operara no espírito do rapaz. Tremia de medo diante da possibilidade de perder um discípulo dócil, e Ísis, um servidor fervoroso. Apecides cessara de procurá-lo ou de consultá-lo. Era difícil encontrá-lo; evitava o egípcio com mau humor... pior do que isso, fugia quando o via a distância. Arbaces era um desses altivos e poderosos espíritos acostumados a comandar os outros e agastava-o a idéia de que alguém sobre quem já lançara as garras pudesse escapar. Jurou intimamente que Apecides não lhe fugiria.

Foi com essa resolução que se embrenhou no denso arvoredo que se estendia entre a sua casa e a de Ione, para onde se encaminhava. E aí deparou com o jovem sacerdote de Ísis, recostado numa árvore e contemplando o chão, e aproximou-se dele sem que o percebesse.

– Apecides! – exclamou, pousando a mão afetuosamente no ombro do rapaz.

O sacerdote assustou-se. E pareceu que sua primeira e instintiva reação foi tentar fugir.

– Meu filho – disse o egípcio –, que aconteceu para que desejes afastar-te de mim?

Apecides permaneceu em silêncio, carrancudo, fitando a terra enquanto seus lábios tremiam e seu peito arfava agitado.

– Fala comigo, meu filho! – prosseguiu o egípcio. – Fala! Há alguma coisa oprimindo teu espírito. O que tens para me contar?

– A ti... nada.

– E por que é só comigo que te mostras tão desconfiado?

– Porque passaste a ser meu inimigo.

– Vamos conversar – propôs Arbaces, em voz baixa. E, dando o braço ao relutante sacerdote, conduziu-o a um dos bancos espalhados pelo pequeno bosque onde se sentaram, e naqueles vultos sombrios havia certa semelhança com as sombras e a solitude do lugar.

Embora na flor da idade, Apecides parecia mais exaurido pela vida do que o egípcio: seus traços delicados e regulares mostravam-se desgastados e sem cor; seus olhos estavam encovados e cintilavam com um brilho febril; o corpo encurvara-se prematuramente e, em suas mãos, que eram quase afeminadas de tão pequenas, as veias azuladas e dilatadas indicavam a lassidão e a debilidade das fibras flácidas. Via-se em seu rosto uma grande semelhança com Ione, mas a expressão era totalmente diferente da calma majestosa e espiritual que imprimia um ar de divino e clássico repouso à beleza de sua irmã.

Nela, o entusiasmo era visível, mas parecia sempre reprimido, contido, e isso lhe dava encanto e sentimento ao semblante. Ansiava por despertar o espírito que descansava, mas evidentemente não dormia. Em Apecides, o aspecto todo indicava o fervor e a paixão do seu temperamento. E a parte intelectual de sua natureza, pelo fogo selvático dos olhos, pela grande largura das têmporas, quando comparada à altura das sobrancelhas, pela trêmula inquietude dos lábios, parecia ser dominada e tiranizada pelo imaginativo e pelo ideal.. No caso da irmã, a fantasia detivera-se repentinamente diante da meta dourada da poesia. No caso do irmão, menos feliz e menos reprimido, vagueou em visões mais intangíveis e incorpóreas. E as faculdades que favoreciam o intelecto dela eram, para ele, um presságio de loucura.

– Disseste que sou teu inimigo – falou Arbaces. – Conheço a causa dessa injusta acusação: eu te coloquei entre os sacerdotes de Ísis... e estás revoltado com os truques e com a impostura deles; achas que também eu te ludibriei. A pureza da tua mente ofendeu-se, imaginas que sou um dos enganadores...

– Sabias das trapaças desse ímpio ministério – interrompeu-o Apecides –, por que as escondeste de mim? Quando estimulaste meu desejo de devotar-me ao culto cujas vestes agora uso, falaste-me de uma vida santificada de homens que se dedicavam ao conhecimento. Entretanto, deste-me por companheiros um bando ignorante e lúbrico que não tem conhecimento algum, exceto o das fraudes mais grosseiras. Falaste-me de homens que sacrificavam seus prazeres terrenos ao sublime cultivo da virtude... e me colocaste entre indivíduos que exalam toda a sordidez imunda do vício. Falaste-me de amigos, de guias para nosso povo simples... mas só vejo trapaceiros e burlões! Oh! Que ignomínia! Roubaste-me a glória da juventude, das convicções da virtude, da santificadora sede de conhecimentos. Jovem como era, rico, ardoroso, os radiosos prazeres mundanos diante de mim, de tudo abri mão sem um queixume... mais do que isso, com felicidade e exultação, certo de que desistia em favor dos abstrusos mistérios do conhecimento divinatório, do convívio com os deuses, das revelações do Paraíso... e agora... agora...

Soluços convulsivos embargaram a voz do sacerdote. Cobriu o rosto com as mãos, e lágrimas grossas lhe escorreram por entre os dedos magros, descendo em profusão pelas suas vestes.

– O que te prometi agora te darei, meu amigo, meu discípulo. Tudo isso não passou de um teste da tua virtude e serviu para abrilhantar-te o noviciado. Não penses mais nesses engodos estúpidos... não te mistures mais àqueles lacaios da deusa, guardiões do seu vestíbulo. Mereces ingressar na *penetralia*. Doravante, serei teu sacerdote e guia, e tu, que agora amaldiçoas minha amizade, viverás para abençoá-la.

O rapaz ergueu a cabeça e pousou no egípcio um olhar atônito e inexpressivo.

– Ouve-me! – prosseguiu Arbaces, num tom grave e solene, depois de olhar em torno para certificar-se de que ainda estavam sós. – Do Egito veio todo o conhecimento do mundo. Do Egito vieram a erudição de Atenas e a profunda sagacidade de Creta. Do Egito vieram as primeiras e misteriosas tribos que (muito antes das hordas de Rômulo se espalharem pelas planícies da Itália e, num ciclo incessante de acontecimentos, devolverem a civilização à barbárie e às trevas) dominavam todas as artes da sabedoria e a graça da vida intelectual. Do Egito vieram os ritos e a grandeza do solene Cairo, cujos habitantes ensinaram a seus ferrenhos conquistadores romanos tudo o que sabiam de mais elevado em religião e de mais sublime em rituais. E como imaginas, meu rapaz, que o Egito, mãe de incontáveis nações, conquistou tamanha grandeza e elevou-se à sua transcendente eminência de sabedoria? Tal conquista resultou de uma profunda e sacrossanta perspicácia. As nações modernas devem sua grandeza ao Egito... e o Egito deve sua grandeza aos sacerdotes. Extasiados consigo mesmos, ambicionando ascendência sobre o que o homem tem de mais nobre, ou seja, sua alma e sua crença, aqueles antigos ministros de deus eram inspirados pelos mais grandiosos pensamentos que um dia enobreceram os mortais. Nas revoluções das estrelas, nas estações da Terra, no imutável círculo dos destinos humanos, eles divisavam uma venerável alegoria; tornaram-na grosseira e palpável para a plebe por meio dos símbolos de deuses e deusas. E chamaram de Religião o que era na realidade Governo. Ísis é uma fábula, em que a deusa é não só um símbolo, mas uma realidade, um ser imortal... Ísis não é nada! Não te espantes! A natureza representada por ela, essa sim, é a mãe de todas as coisas... sombria, antiga, inescrutável, exceto para alguns privilegiados.

"Nenhum entre os mortais jamais ergueu-me o véu", assim disse a Ísis que adoras. Contudo, para os sábios, esse véu foi

Edward George Bulwer-Lytton

removido e nós nos vimos face a face com o solene encontro da natureza. Os sacerdotes de então eram os benfeitores, os civilizadores da humanidade. É fato que também eram embusteiros e impostores, se quiseres vê-los assim. Mas pensas, caro jovem, que, se não tivessem iludido seus seguidores, poderiam ter-lhes sido úteis? A plebe, ignorante e servil, deve ter os olhos vendados para seu próprio bem. Eram pessoas simples que não acreditariam num aforismo, que veneravam um oráculo. O imperador de Roma governa as vastas e variadas tribos da Terra, harmonizando elementos conflitantes e desunidos. Desse modo, obtêm-se a paz, a ordem, a lei, as bênçãos da vida. Acaso pensas que é o homem, o imperador, quem assim governa? Não, é a pompa, a reverência, a majestade que o cercam; estas são suas imposturas, seus embustes. Nossos oráculos e nossas profecias, nossos ritos e cerimônias são os meios e instrumentos de que se valem nossa soberania e nosso poder. São os mesmos meios para os mesmos fins: o bem-estar e a harmonia da humanidade. Vejo que me escutas absorto e concentrado. A luz começa a fazer-se em ti.

Apecides continuou calado, mas as mudanças que rapidamente perpassaram por seu rosto traíam o efeito produzido pelas palavras do egípcio – palavras dez vezes mais eloqüentes graças ao tom de voz, ao aspecto e modos do homem.

– Então – retomou Arbaces –, embora desenvolvessem desse modo os primeiros elementos que lhes possibilitavam destruir o caos, quais sejam: a obediência e a reverência das multidões para com alguns poucos, nossos pais do Nilo extraíram de suas majestáticas e elevadas meditações uma sabedoria que não era ilusória; eles inventaram os códigos e a imutabilidade da lei... as artes e glórias da existência. Pediram fé; retribuíram a dádiva com civilização. Não fossem seus engodos uma virtude! Crê em mim, seja quem for o ser que, do alto dos distantes Céus, contemple o mundo aqui embaixo, se tiver a natureza benevolente de um profeta, sem dúvida sorri com aprovação diante da sabedoria que alcançou tais objetivos. Mas queres que eu aplique essas considerações gerais ao teu caso específico. Apresso-me a satisfazer-te a vontade. Os altares da deusa da nossa antiga fé devem ser servidos, mas não por coisas impassíveis e inanimadas, iguais aos cabides e ganchos onde dependuramos nossa faixa e nossa veste. Lembra-te de dois adágios de Sextus, o Pitagórico, adágios emprestados da sabedoria do Egito! O primeiro é "Não fale de deus para a multidão" e o segundo é "O homem digno de deus é um deus entre os homens". Assim como foi o intelecto que permitiu aos ministros do Egito conceber os rituais, somente por meio do intelecto será possível restabelecer a força de um império que, nos últimos tempos, deteriorou-se de forma tão assustadora.

Eu vi em ti, Apecides, um discípulo digno dos meus ensinamentos, um ministro digno dos grandes propósitos que ainda podem ser realizados. Tua energia, teus talentos, a pureza da tua fé, a seriedade do teu entusiasmo, tudo te torna a pessoa certa para esse chamado que exige qualidades tão imperiosamente ardentes e elevadas. Então, instiguei teus desejos sagrados e estimulei-te a dar o passo que deste. Mas agora me culpas por eu não ter-te revelado a pequenez da alma e os truques de prestidigitação dos teus companheiros. Se o tivesse feito, Apecides, teria frustrado meu próprio objetivo, pois teu nobre caráter se teria revoltado imediatamente e Ísis teria perdido o seu sacerdote.

Apecides gemeu alto. O egípcio continuou, ignorando a reação do jovem:

– Assim sendo, coloquei-te no templo sem nenhuma preparação. Deixei-te abruptamente, para que descobrisses por conta própria todas aquelas pantomimas que deslumbram o rebanho. Eu queria que percebesses como funcionam essas artimanhas para que pudesses fazer jorrar a fonte que refresca o mundo. Essa é a prova imposta desde os tempos antigos a todos os nossos sacerdotes. Os que se habituam a lograr a plebe, continuarão a fazer isso... Para homens como tu, cuja natureza superior demanda uma busca mais transcendente, a religião descerra os segredos mais divinos. Apraz-me encontrar em ti o caráter que eu esperava. Fizeste os votos... não podes retroceder. Prossegue! Serei teu guia.

– E que me ensinarás, ó homem singular e temível? Novos engodos, novos...

– Não. Eu te atirei no abismo da descrença. Agora devo conduzir-te à eminência da fé. Seguiste falsos símbolos; agora é hora de aprender as realidades que representam. Não existe sombra, Apecides, sem sua substância. Vem ver-me esta noite. Dá-me tua mão.

Impressionado, excitado, confuso com a linguagem do egípcio, Apecides deu-lhe a mão, e mestre e discípulo se separaram.

Era verdade que para Apecides não havia como retroceder. Fizera os votos de celibato: devotara-se a uma vida que, naquele momento, parecia-lhe possuir todas as austeridades do fanatismo, sem nenhum dos consolos da fé. Era natural que se agarrasse a um ansioso desejo de reconciliar-se com uma carreira irrevogável. A mente poderosa e penetrante do egípcio ainda dominava sua jovem imaginação, instigava-o com vagas conjecturas e mantinha-o vibrando alternadamente entre esperança e medo.

Enquanto isso, Arbaces dirigiu seus lentos e imponentes passos para a casa de Ione. Ao entrar no *tablinum*, ouviu uma voz vinda dos pórticos além do peristilo, que, embora musical, soou-lhe desagradável aos ouvidos: era a voz do jovem e belo Glauco. Pela primeira vez, um frêmito involuntário de ciúme agitou-lhe o peito. Ao entrar no peristilo, encontrou Glauco sentado ao lado de Ione. A fonte no perfumado jardim lançava seu jato prateado no ar e mantinha um delicioso frescor no calor do meio-dia. Sentadas a uma pequena distância estavam as criadas que, quase invariavelmente, acompanhavam Ione – pois, a despeito do seu estilo livre de vida, ela preservava o mais estrito recato. Aos pés de Glauco, jazia a lira em que ele executara para sua amada uma das árcas de Lesbos. O cenário, o grupo diante dos olhos de Arbaces, era marcado por aquela peculiar e refinada idealização da poesia que nós ainda imaginamos, erroneamente, ser o traço distintivo dos antigos: as colunas de mármore, os vasos de flores, a estátua, alva e tranqüila, encerrando a paisagem e, acima de tudo, as duas formas vivas, das quais um escultor poderia ter extraído inspiração ou desespero.

Arbaces parou por um momento e contemplou o par com uma fisionomia da qual a inflexível serenidade habitual sumira: recompôs-se com esforço e aproximou-se deles devagar, com passos tão leves e silenciosos que nem as criadas o ouviram, muito menos Ione e seu amado.

– E contudo – dizia Glauco –, é somente antes de amar que imaginamos que os nossos poetas descreveram fielmente a paixão. No instante em que o Sol se ergue, todas as estrelas que brilharam na sua ausência desvanecem-se no ar. Os poetas existem apenas na noite do coração. Eles nada são para nós quando sentimos a plenitude da glória do deus.

– Uma imagem delicada e ardente, nobre Glauco.

Ambos se espantaram e avistaram, atrás da cadeira de Ione, o frio e sarcástico rosto do egípcio.

– Que visita inesperada! – replicou Glauco, levantando-se com um sorriso forçado.

– Como deve ser a visita dos que se sabem sempre bem-vindos – retrucou Arbaces, sentando-se e, com um gesto, indicando a Glauco que o imitasse.

– Alegro-me – disse Ione – por enfim ver-vos juntos, pois combinais um com o outro; nascestes para ser amigos.

– Devolve-me uns quinze anos de vida – respondeu o egípcio –, antes de igualar-me a Glauco. Feliz seria eu por receber sua amizade, mas que lhe poderia dar em troca? Posso fazer-lhe as mesmas confidências que ele acaso me confiasse... sobre banquetes e coroas, sobre corcéis de Pártia e as possibilidades nos dados? Esses prazeres são próprios da idade dele, da sua natureza, do seu estilo de vida; não são para mim.

Assim dizendo, o astuto egípcio olhou para baixo e suspirou, mas, com o canto do olho, fitou Ione furtivamente para ver como reagia às suas insinuações acerca do visitante. O semblante da moça não lhe agradou. Glauco, corando ligeiramente, apressou-se a responder em tom jocoso. Talvez não lhe faltasse o desejo de desconcertar e constranger o egípcio.

– Tens razão, sábio Arbaces! Podemos estimar um ao outro, mas não podemos ser amigos. Aos meus banquetes falta aquele sal secreto que, conforme os rumores, confere aos teus um sabor especial. E, por Hércules!, possivelmente, quando chegar à tua idade, se chegar, assim como tu, considerarei sábio buscar prazeres adultos e como tu reagirei com sarcasmo às galanterias da juventude.

O egípcio ergueu os olhos para Glauco num rápido e penetrante relance.

– Não te compreendo – redargüiu com frieza –, mas costuma-se considerar que a prudência reside na obscuridade – ele se voltara para Glauco enquanto falava, com um tom quase imperceptível de desprezo, e, após uma pausa, dirigiu-se a Ione:
– Não fui abençoado, bela Ione, com a sorte de encontrar-te em casa nas últimas duas ou três vezes em que estive em teu vestíbulo.
– A suavidade do mar me tem atraído para fora de casa – respondeu ela com certo embaraço.
Esse embaraço não escapou a Arbaces, que, sem dar mostras de tê-lo percebido, retorquiu com um sorriso:
– Sabes o que diz o velho poeta: "As mulheres deveriam ficar dentro de suas portas, e aí conversar".
– Esse poeta era um cínico – intrometeu-se Glauco –, e odiava as mulheres.
– Apenas expressava os costumes do país dele... país que é a tua decantada Grécia.
– Para diferentes períodos, diferentes costumes. Tivessem os nossos ancestrais conhecido Ione, sem dúvida fariam uma lei diferente.
– Aprendeste esses belos galanteios em Roma? – indagou Arbaces, com mal contida agitação.
– Certamente ninguém iria procurar galanteios no Egito – retrucou Glauco, brincando negligentemente com sua corrente.
– Vamos, vamos! – Ione apressou-se a interferir numa conversação que ela via, para seu grande desgosto, ter pouca probabilidade de consolidar a intimidade que desejara entre Glauco e seu amigo. – Arbaces, não sejas tão severo com tua pobre discípula! Órfã, criada sem os cuidados de mãe, sou eu a responsável pelo independente e quase masculino estilo de vida que adotei. Contudo, a minha liberdade não é maior do que aquela a que as romanas estão habituadas... não é maior do que a liberdade que as gregas devem usufruir... Que pena! É só entre os homens que liberdade e virtude podem unir-se? Por que deveria a escravidão que vos destrói ser considerada o único método para proteger-nos? Ah! Crede-me, este tem sido o grande erro dos homens (erro que teve amarga influência no

seu destino): imaginar que a natureza das mulheres é... (não direi inferior, embora infelizmente seja o que acontece) tão diferente da sua; conceber leis desfavoráveis ao nosso progresso intelectual. Assim procedendo, não fizeram leis contra seus filhos, que são educados pelas mulheres? E contra os maridos, de quem as esposas devem ser não só amigas, mas também conselheiras?

Ela deteve-se subitamente, com o rosto coberto por fascinante rubor. Temia que seu entusiasmo a tivesse levado longe demais. Contudo, temia menos o austero Arbaces do que o cortês Glauco, porque amava este último e não era costume entre os gregos conceder às mulheres – ao menos àquelas que eles respeitavam – a mesma liberdade e a mesma posição desfrutada pelas mulheres da Itália. Foi, pois, com um arrepio de prazer que ouviu Glauco replicar com fervor:

– Que penses sempre assim, Ione, que teu coração puro seja teu guia infalível! Feliz teria sido a Grécia se tivesse dado às virtuosas os mesmos encantos intelectuais tão celebrados entre as menos dignas de suas filhas. Ninguém se desmerece com a liberdade, com o conhecimento. Ao contrário, somente quando livre o sorriso feminino logra incentivar os sábios.

Arbaces manteve-se em silêncio, porque não lhe cabia nem sancionar o sentimento de Glauco nem condenar o de Ione. De qualquer forma, após um curto e constrangido diálogo, Glauco despediu-se da amada.

Depois que ele saiu, Arbaces, aproximando sua cadeira da de Ione, disse-lhe, no tom suave e contido com que tão bem sabia ocultar a habilidade de confundir e a ferocidade do seu caráter:

– Não penses, minha doce pupila, se assim te posso chamar, que é meu desejo impedir essa liberdade que tornas bela ao assumi-la, mas que, como corretamente observaste, se não for maior do que a das romanas, deve ao menos ser acompanhada por grande circunspeção quando arrogada por uma jovem solteira. Continua a atrair aos teus pés multidões de pessoas alegres e interessantes, até mesmo de sábios. Continua a encantá-los com a conversa de uma Aspásia, com a música de uma Erina. Mas reflete, ao menos, sobre as línguas severas que podem bem facilmente arruinar a frágil reputação de uma donzela. E, enquanto provocas admiração, eu te suplico: não permitas que a inveja triunfe.

– Que queres dizer, Arbaces? – inquiriu Ione com voz trêmula e alarmada. – Sei que és meu amigo, que desejas apenas proteger a minha honra e o meu bem-estar. Que estás insinuando?

– Teu amigo... Ah, com que sinceridade! Posso então falar como amigo, sem reserva e sem medo de magoar-te?

– Rogo-te que assim o faças.

– Esse jovem devasso, esse tal de Glauco, como o conheceste? Costumas vê-lo com freqüência? – enquanto falava, Arbaces contemplava-a fixamente, como se buscasse penetrar-lhe a alma.

Recuando diante daquele olhar, tomada por um medo estranho e inexplicável, a napolitana respondeu, confusa e hesitante:

– Ele foi trazido à minha casa como um compatriota de meu pai, e meu também, posso dizê-lo. Só o conheci na semana passada. Mas, por que tantas perguntas?

– Perdoa-me! – respondeu Arbaces. – Julguei que o conhecesses há mais tempo. Não passa de um vil intrigante!

– Como? Que queres dizer? Por que usaste esses termos?

– Não importa; permite-me não despertar tua indignação contra alguém que não merece tamanha honra.

– Imploro-te que fales. Que foi que Glauco insinuou? Ou antes, em que erro achas que ele incorreu?

Sufocando o ressentimento causado pela última pergunta de Ione, Arbaces prosseguiu:

– Sabes quais são suas ocupações, quem são seus companheiros, quais são os seus hábitos? O *comissatio* e o *alea* (o festim e o jogo de dados) são suas principais atividades. E, entre os parceiros de vício, como pode ele pensar em virtude?

– De novo falas enigmaticamente. Pelos deuses! Rogo-te, conta-me logo o pior!

– Bem, nesse caso, cara Ione... que assim seja! Ainda ontem Glauco se vangloriava abertamente do teu amor por ele... sim, nos banhos públicos... Disse que se divertia tirando proveito disso. Mas devo fazer-lhe justiça: louvou a tua beleza.

Quem poderia contestá-la? Mas riu desdenhosamente quando um dos amigos, Clódio, ou Lépido, perguntou-lhe se te amava o suficiente para desposar-te, e quando pretendia enfeitar seus umbrais com flores.

– Impossível! Como ouviste essa infame calúnia?

– Não, achas que te relataria todos os comentários daqueles janotas insolentes que fizeram a história circular por toda a cidade? Estejas certa de que, em princípio, eu mesmo não acreditei. Mas agora, com dor no coração, fui enfim convencido pelas inúmeras testemunhas que ouviram as declarações que relutantemente acabei de contar-te.

Ione recostou-se e seu rosto estava mais branco do que a pilastra na qual se apoiara.

– Confesso que me aborreceu... irritou-me ouvir teu nome assim levianamente pronunciado de boca em boca com reputação igual à de uma reles dançarina. Esta manhã, apressei-me a procurar-te para advertir-te. Encontrei Glauco aqui. A aflição me fez perder a compostura. Não consegui esconder meus sentimentos; pior, fui descortês na tua presença. Podes perdoar teu amigo, Ione?

Ione pousou a mão na dele, mas não respondeu.

– Não penses mais nisso – disse ele. – Mas que te sirva de advertência para dizer-te quanta prudência tua condição exige. Isso não pode magoar-te por nem um momento sequer; uma coisa imoral como essa jamais deveria merecer um único pensamento sério de Ione. Insultos como esse só ferem quando vindos de alguém que amamos; bem diferente, na verdade, será aquele que a altiva Ione se dignar a amar.

– Amar! – murmurou Ione com um riso convulsivo. – Sim, amar!

Não deixa de ser interessante observar que, naqueles tempos remotos e sob um sistema social tão diferente do nosso, os mesmos pequenos motivos, tão comuns em nossos dias, perturbavam e interrompiam o "curso do amor" – o mesmo ciúme inventivo, a mesma calúnia ardilosa, as mesmas histórias solertes, inventadas a partir de mexericos banais, que hoje com tanta freqüência bastam para romper os laços do mais verdadeiro amor e mudar o rumo de circunstâncias que parecem ser as mais propícias.

Conta-nos a fábula que quando o barco singra águas mais serenas, um peixe minúsculo pode prender-se à quilha e interromper-lhe o avanço. Assim acontece sempre com as grandes paixões da humanidade; e retrataríamos mal a vida se, mesmo nos tempos mais pródigos em romance, e em romance do qual todos nos beneficiamos amplamente, não descrevêssemos o mecanismo dessas triviais e comezinhas fontes de maldade que a cada dia vemos em nossos salões e em nossas famílias. É nelas, nas menores intrigas da vida, que mais nos sentimos à vontade com relação ao passado.

Muito astutamente, o egípcio valera-se da principal fraqueza de Ione: com grande perícia, cravara a seta envenenada em seu orgulho. Acreditou ter conseguido acabar com o que desejava; pelo pouco tempo que Ione conhecia Glauco, tudo não passava de uma fantasia incipiente. Apressando-se a mudar de assunto, levou-a então a falar de seu irmão. A conversa não durou muito. Deixou-a decidido a não voltar a ausentar-se, mas a visitá-la para vigiá-la diariamente.

Mal a sombra do egípcio sumiu da sua presença, o orgulho da mulher – dissimulação do sexo feminino – abandonou sua pretensa vítima, e a altiva Ione irrompeu em lágrimas apaixonadas.

7

A VIDA ALEGRE DOS OCIOSOS POMPEIANOS
UM RETRATO EM MINIATURA DOS BANHOS ROMANOS

Quando se despediu de Ione, Glauco sentia-se como se caminhasse no ar. No encontro com que acabara de ser agraciado, pela primeira vez deduzira claramente que seu amor era bem recebido e não deixaria de ser retribuído por ela. Essa esperança enchia-o de tal arrebatamento que céu e terra pareciam pequenos demais para dar-lhe vazão.

Inconsciente do inesperado inimigo que deixara atrás de si, e esquecido não só do seu escárnio, mas da própria existência dele, Glauco atravessou as ruas animadas repetindo consigo mesmo, em sua enorme alegria, a melodia apaixonada da ária que Ione tinha escutado com tanta atenção; e então entrou na Rua da Fortuna, com sua calçada elevada, suas casas de fachadas coloridas e portas abertas que deixavam à vista os cintilantes afrescos em seu interior. As extremidades da rua eram enfeitadas com um arco triunfal; e quando Glauco chegou diante do Templo de Fortuna, o pórtico saliente do belo santuário (que se supõe ter sido construído por alguém da família de Cícero, talvez pelo próprio orador) conferia um aspecto digno e venerável ao cenário que, caso contrário, teria um caráter mais esfuziante do que majestoso.

Aquele templo era um dos mais graciosos espécimes da arquitetura romana. Erguia-se num pódio algo grandioso e, entre dois lances de escada que levavam a uma plataforma, ficava o altar da deusa. Dessa plataforma, outro lance de largos degraus conduzia ao pórtico, no alto de cujas colunas caneladas pendiam festões das mais ricas flores. Nas extremidades do templo, em ambos os lados, viam-se primorosas estátuas de artistas gregos e, a pouca distância da construção, erguia-se o arco triunfal encimado por uma estátua eqüestre de Calígula, flanqueada por troféus de bronze. No espaço diante do templo, reunia-se animada multidão – homens sentados nos bancos e discutindo a política do Império, ou conversando sobre o próximo espetáculo no anfiteatro. Um grupo de jovens elogiava uma nova beldade; outro grupo discutia os méritos da última peça teatral; um terceiro grupo, mais avançado em idade, especulava sobre as chances de comércio com Alexandria, e entre eles achavam-se inúmeros mercadores em trajes orientais, cujas roupas soltas e peculiares, chinelos coloridos e cravejados de pedras preciosas, semblantes compostos e sérios, formavam um notável contraste com as túnicas e a animada gesticulação dos italianos. Pois aquele povo impaciente e jovial tinha, como hoje, uma linguagem diferente da fala – uma linguagem de sinais e gestos, indescritivelmente significativa e animada. Seus descendentes a preservaram e o erudito Jório escreveu uma interessante obra sobre essa espécie de gesticulação hieroglífica.

Perambulando por entre a multidão, Glauco logo se viu no meio de um grupo dos seus risonhos e dissipados amigos.

– Ah! – exclamou Salústio. – Faz um lustro que não te vejo.

– E como passaste esse qüinqüênio? Que novas iguarias inventaste? – gracejou Glauco.

– Dediquei-me a experiências científicas – replicou Salústio. – Fiz algumas experiências com a alimentação das lampréias. Confesso que desisti de elevá-las à perfeição atingida por nossos ancestrais romanos.

– Pobre homem! Mas por quê?

– Porque – explicou Salústio com um suspiro – há muito a lei não permite dar-lhes um escravo para comer. Muitas vezes me vem a tentação de agarrar um *carptor* (mordomo) muito gordo que possuo e atirá-lo às escondidas no tanque. Ele daria ao peixe um sabor muito mais oleaginoso! Mas os escravos atualmente não são mais escravos e não têm a menor solidariedade para com os interesses de seus donos... Caso contrário, Davus se sacrificaria espontaneamente para agradar-me!

– Quais são as novas de Roma? – indagou Lépido, ao juntar-se languidamente ao grupo.

– O imperador ofereceu uma ceia esplêndida aos senadores – respondeu Salústio.

– Ele é uma boa criatura – retorquiu Lépido. – Dizem que nunca deixa de atender aos pedidos dos que o procuram.

– Talvez ele me deixasse matar um escravo para o meu tanque – retrucou Salústio avidamente.

– Não é improvável – interveio Glauco –, pois aquele que faz um favor a um romano deve sempre fazê-lo à custa de outrem. Estejas certo de que para cada sorriso que Tito provocou cem olhos choraram.

– Longa vida a Tito! – bradou Pansa, ao ouvir o nome do imperador, enquanto abria caminho com ar de superioridade por entre a multidão. – O imperador prometeu a meu irmão um cargo de questor, pois ele deu cabo de sua fortuna.

– E agora quer enriquecer às expensas do povo, caro Pansa – disse Glauco.

– Exatamente – respondeu o edil.

– Assim se dá alguma utilidade ao povo – comentou Glauco.

– Sem dúvida alguma! – concordou Pansa. – Bem, devo ir e cuidar do erário... que está um pouco fora de controle – e, seguido por um longo cortejo de clientes que se distinguiam do resto da multidão pelas togas que envergavam (pois as togas, outrora um sinal da liberdade do cidadão, eram agora usadas como insígnia do servilismo a um patrão), o edil afastou-se afobada e espalhafatosamente.

– Pobre Pansa! – exclamou Lépido. – Nunca tem tempo para os prazeres. Graças aos Céus não sou edil!

– Ah, Glauco! Como vais? Alegre como sempre? – saudou Clódio, juntando-se ao grupo.

– Vieste para o sacrifício à Fortuna? – perguntou Salústio.

– Ofereço-lhe um sacrifício todas as noites – replicou o jogador.

– Não duvido. Nenhum homem tem feito tantas vítimas.
– Por Hércules, que observação mordaz! – exclamou Glauco, rindo.
– A inscrição que alerta sobre o cachorro jamais sai da tua boca, Salústio – ripostou Clódio, zangado. – Estás sempre latindo.
– Pois faço muito bem em manter essa inscrição na boca, já que sempre que jogo dados contigo cai-me das mãos o lance do cão – retrucou Salústio.
– Silêncio! – interveio Glauco, apanhando uma rosa de uma florista que parara ao seu lado.
– A rosa é o símbolo do silêncio – replicou Salústio –, mas só gosto de vê-la sobre a mesa de jantar. Por falar nisso, Diomedes dará um grande banquete na próxima semana. Foste convidado, Glauco?
– Sim, recebi o convite esta manhã.
– Eu também – disse Salústio, retirando um pedaço quadrado de papiro do cinturão. – Vejo que ele pede que cheguemos uma hora mais cedo do que o habitual, sinal de alguma coisa suntuosa.
– Oh, ele é rico como Creso – comentou Clódio –, e seus cardápios são longos como uma epopéia!
– Bem, vamos aos banhos! – disse Glauco. – Esta é a hora em que se pode encontrar todo mundo lá. E Fúlvio, que tanto admiras, prometeu ler-nos sua mais recente ode.
Os rapazes concordaram prontamente com a proposta e saíram na direção das termas.
Embora instituídas mais para os cidadãos pobres do que para os abastados (pois estes dispunham de meios para banhar-se em suas próprias casas), para as multidões de todas as posições sociais que as freqüentavam, as termas públicas, ou banhos, eram o lugar favorito para conversas e para o ócio indolente, tão apreciado por pessoas alegres e despreocupadas. Quanto à sua construção, os banhos de Pompéia diferiam, claro, das vastas e complexas termas de Roma e, de fato, parecia que em cada cidade do Império havia sempre alguma ligeira modificação quanto à disposição da arquitetura geral dos banhos públicos. Isso intriga os estudiosos – como se os arquitetos e a

moda não se tivessem dado a caprichos antes do século XIX!

O nosso grupo entrou pelo pórtico principal, na Rua da Fortuna. Junto ao pórtico ficava o zelador, sentado diante de duas caixas: uma para o dinheiro recebido e a outra para as entradas que entregava aos banhistas. Inúmeras pessoas de todas as classes sociais ocupavam os bancos ao redor das paredes do pórtico, enquanto outras, conforme receitado pelos médicos, andavam energicamente de um lado para o outro, parando de vez em quando para olhar os diversos anúncios de espetáculos, jogos, vendas, exibições, que estavam pintados ou escritos nas paredes. O tema geral das conversas era, contudo, o espetáculo anunciado no anfiteatro, e cada recém-chegado era logo cercado por um grupo ansioso para saber se Pompéia tivera a sorte de gerar algum perverso criminoso, algum caso afortunado de sacrilégio ou assassinato, que permitiria aos edis proporcionar um homem para as mandíbulas do leão – todas as exibições mais triviais pareciam-lhes enfadonhas e insípidas quando comparadas à possibilidade dessa feliz ocorrência.

– De minha parte – disse um homem com aspecto folgazão, que era ourives –, penso que o imperador, que dizem ser tão bom, devia enviar-nos um judeu.

– Por que não um membro dessa nova seita de nazarenos? – sugeriu um filósofo. – Não sou cruel, mas um ateu, alguém que renega o próprio Júpiter, não merece piedade.

– Não me importo com o número de deuses em que um homem goste de acreditar – replicou o ourives –, mas é monstruoso renegar todos.

– Imagino, contudo – interveio Glauco –, que essas pessoas não sejam completamente atéias. Disseram-me que elas acreditam num deus... mais do que isso, numa vida futura.

– Grande engano, meu caro Glauco! – disse o filósofo. – Eu conversei com eles... riram de mim quando falei de Plutão e Hades.

– Ó deuses! – horrorizou-se o ourives. – Há algum miserável desses em Pompéia?

– Sei que existem alguns poucos, mas se reúnem tão secretamente que é impossível descobrir quem são.

Quando Glauco se afastou, um escultor, que era grande

entusiasta de sua arte, seguiu-o com os olhos, com ar de admiração.

– Ah! – exclamou. – Se pudéssemos colocá-lo na arena... que grande modelo seria! Que membros! Que cabeça! Esse rapaz deveria ser um gladiador. Seria um tema... um tema... digno da nossa arte. Por que não ofertá-lo ao leão?

Entrementes, Fúlvio, o poeta romano declarado imortal por seus contemporâneos – e de quem, não fosse por esta história, jamais teríamos ouvido falar em nossa negligente era – aproximou-se ansiosamente de Glauco.

– Ó caro ateniense, vieste ouvir minha ode! É realmente uma honra. Tu, um grego... para quem até a linguagem da vida comum é poesia. Como te agradeço! É uma insignificância... mas, se eu conseguir tua aprovação, talvez possa conseguir uma apresentação a Tito. Ó Glauco, poetas sem benfeitores são como ânfora sem rótulo: o vinho poder ser bom, mas ninguém o louvará! E o que diz Pitágoras? "Olíbano para os deuses e elogios para o homem." Um benfeitor, pois, é o sacerdote do poeta: arranja-lhe o incenso e consegue-lhe adoradores.

– Mas toda Pompéia te patrocina e cada pórtico é um altar em teu louvor.

– Ah! Os pobres pompeianos são muito corteses... gostam de honrar o mérito. Mas não passam de habitantes de uma cidadezinha sem importância... *spero meliora*! Vamos entrar?

– Certamente. Desperdiçamos tempo enquanto não ouvirmos teu poema.

Nesse instante, umas vinte pessoas correram dos banhos para o pórtico, e um escravo, parado na porta de um pequeno corredor, abriu passagem para o poeta, para Glauco, Clódio e um bando de amigos do bardo.

– Que lugar medíocre este, comparado com as termas de Roma! – disse Lépido com desdém.

– Há, contudo, certo bom gosto no teto – disse Glauco, que estava disposto a gostar de tudo, apontando para as estrelas que o salpicavam.

Lépido sacudiu os ombros, apático demais para replicar.

Entraram então numa câmara relativamente espaçosa, usada como *apodyterium* (isto é, local onde os banhistas se preparavam para suas voluptuosas abluções). O teto abobadado erguia-se de uma cornija, vivamente colorido com pinturas policrômicas e grotescas. O próprio forro era composto de painéis brancos orlados de vermelho vivo; o chão imaculado e brilhante era pavimentado de mosaicos brancos e, ao longo das paredes, estavam dispostos bancos para acomodar os preguiçosos. Essa sala não possuía as numerosas e amplas janelas com que Vitrúvio caracterizou seu mais magnificente *frigidarium*. Os pompeianos, como todos os italianos do Sul, gostavam de evitar a luz que vinha de seus escaldantes céus e juntavam, em suas lascivas associações, a idéia de luxo com sombra. Só duas janelas de vidro deixavam entrar raios suaves e velados – e a peça em que uma delas estava instalada era adornada com um extenso relevo da destruição dos Titãs.

Com ar magistral, Fúlvio sentou-se nessa sala e seus ouvintes o rodearam incentivando-o a iniciar o recital.

Não precisaram insistir; o poeta retirou da veste um rolo de papiro e, depois de pigarrear três vezes, para pedir silêncio e ao mesmo tempo para clarear a voz, principiou a maravilhosa ode, da qual, para grande mortificação do autor desta história, sequer um único verso pôde ser encontrado.

Pelos aplausos que recebeu, era sem dúvida digna de sua fama; e Glauco foi o único ouvinte a não achar que superasse as melhores odes de Horácio.

Concluído o poema, os que só tomavam banho frio começaram a despir-se; dependuraram as roupas em ganchos presos à parede e, recebendo mantos leves das mãos dos escravos – de sua propriedade ou das termas, dependendo da sua condição social –, retiraram-se para o gracioso prédio circular que ainda existe, para vergonha da posteridade do Sul, pouco afeita a banhos.

Os mais abastados saíam por outra porta para o *tepidarium*, lugar voluptuosamente aquecido, em parte por uma lareira móvel, mas principalmente por um pavimento suspenso, sob o qual era conduzido o calor do *laconicum*.

Aqui, o grupo dos que pretendiam banhar-se, depois de despir-se, demorava por algum tempo desfrutando da tepidez artificial do lascivo ar. E esse aposento, como convinha à sua importante posição social durante o longo processo de ablução, era mais rica e elaboradamente decorado do que os outros. O teto abobadado era lindamente entalhado e pintado; as janelas no alto, de vidro fosco, só deixavam passar raios vagos e errantes. Abaixo das maciças cornijas, havia fileiras de figuras em alto relevo. As paredes pintadas de vermelho brilhavam e o piso era habilmente marchetado em mosaicos brancos.

Aqui, os banhistas habituais, homens que se banhavam sete vezes por dia, deixavam-se ficar num estado de deprimida e muda lassidão, fosse antes ou (na maioria das vezes) depois do banho. E muitas dessas vítimas da perseguição à saúde voltavam os apáticos olhos para os recém-chegados, cumprimentando os amigos com um aceno de cabeça, mas evitando a fadiga das conversas.

A partir desse lugar, conforme as preferências, uns se dirigiam para o *sudatorium*, que correspondia aos nossos banhos de vapor, e daí para o banho quente propriamente dito; os mais afeitos a exercícios e capazes de prescindir de um modo tão vulgar de cansar-se iam logo para o *calidarium*, ou banho de água.

A fim de completar o quadro e dar ao leitor uma noção mais aproximada das termas, principal luxo da Antigüidade, acompanharemos Lépido, que regularmente se submetia ao processo todo – com exceção do banho frio, que acabara de

Os Últimos Dias de Pompéia 89

sair de moda.

Sendo então gradualmente aquecido no *tepidarium*, que acabamos de descrever, os delicados passos do elegante pompeiano se encaminharam para o *sudatorium* (deixaremos por conta da imaginação do leitor a representação do processo gradativo do banho de vapor, acompanhado pela inalação de perfumes com aromas fortes). Depois de passar por essa operação, nosso banhista foi agarrado por suas escravas – que sempre o aguardavam nas termas –, e as gotículas de seu suor foram removidas com o auxílio de uma espécie de esfregão, que, aliás, um viajante moderno declarou com a maior seriedade ser usado apenas para remover a sujeira, da qual nenhuma partícula poderia permanecer na pele lustrosa do experiente banhista. Daí, um tanto refrescado, passou para o banho de água profusamente aromatizado com essências e, ao emergir no lado oposto da sala, um chuveiro frio jorrou-lhe sobre a cabeça e o corpo. Então, envolvendo-se num manto leve, retornou mais uma vez para o *tepidarium*, onde encontrou Glauco, que não tinha enfrentado o *sudatorium*.

Agora começava o prazer supremo e a maior extravagância do banho. Escravos massageavam os banhistas com os mais raros ungüentos provenientes dos quatro cantos do mundo, acondicionados em frascos de ouro, de alabastro ou de cristal, adornados com pedras preciosas. O número de ungüentos usados pelos ricos preencheria um volume moderno, principalmente se publicado por uma editora de moda, *Amaracinum, Megalium, Nardum – omne quod exit in um* –, enquanto tocava-se música suave num aposento adjacente, e os que se tinham banhado com moderação, refrescados e revigorados pela agradável cerimônia, conversavam com todo o entusiasmo e frescor da vida rejuvenescida.

– Abençoado seja quem inventou os banhos! – exclamou Glauco, espreguiçando-se num daqueles assentos de bronze (então forrados com almofadas macias) que o visitante de Pompéia pode ver hoje no mesmo *tepidarium*. Quer seja Hércules quer seja Baco, mereceu ser divinizado.

– Mas dize-me – pediu um cidadão corpulento que gemia e arfava, submetido à esfregadura –, dize-me, ó Glauco! Má sorte para tuas mãos, ó escravo! Por que tanta força? Dize-me... ui... Os banhos em Roma são mesmo tão esplêndidos?

Glauco virou-se e reconheceu Diomedes, embora não sem alguma dificuldade, tão vermelhas e inflamadas estavam as bochechas do bom homem, por causa do sudatório e da recente fricção.

– Imagino que sejam muito melhores do que estes, não?

Reprimindo um sorriso, Glauco respondeu:

– Imagina a cidade inteira de Pompéia convertida em balneário e terás uma noção do tamanho das termas imperiais de Roma. Mas apenas uma noção do tamanho. Imagina cada entretenimento para o corpo e para a mente... enumera todos os jogos atléticos que nossos pais inventaram... repete tudo o que está escrito nos livros da Itália e da Grécia... supõe lugares para todos esses jogos, admiradores para todas essas atividades... acrescenta a isso banhos das mais vastas dimensões e da mais complicada construção... entremeia com jardins, teatros, pórticos, escolas... Resumindo, imagina uma cidade dos deuses composta apenas de palácios e prédios públicos e terás uma pálida idéia das glórias dos grandes banhos de Roma.

– Por Hércules! – exclamou Diomedes, arregalando os olhos. – Ora, um homem levaria a vida toda para banhar-se!

– É o que acontece com freqüência em Roma – retrucou Glauco em tom grave. – Existem muitos que passam a vida nos banhos. Chegam lá na primeira hora, quando as portas são abertas, e ficam até à hora em que são fechadas. Parecem não conhecer o resto da cidade, parecem desprezar qualquer outro modo de vida.

– Por Pólux! Deixaste-me estupefato.

– Mesmo os que se banham apenas três vezes por dia conseguem consumir a vida nessa ocupação. Fazem exercícios na quadra de tênis ou nos pórticos, para se preparar para o primeiro banho; descansam no teatro, para se refrescar. Almoçam sob as árvores e pensam no segundo banho. Até este estar preparado, o almoço foi digerido. Saindo do segundo banho passeiam pelos peristilos, para ouvir a declamação de algum novo poeta, ou vão para a biblioteca, para dormir sobre a obra de algum poeta antigo. Então chega a hora da ceia, que para eles ainda faz parte do banho. E consideram a terceira vez em que se banham como o melhor momento para conversar com os amigos.

– Por Hércules! Mas nós temos em Pompéia quem os imite.

– Sim... e sem as desculpas deles. Os solenes apreciadores dos banhos de Roma são felizes; só vêem grandiosidade e esplendor. Não visitam as áreas miseráveis da cidade, não sabem que existe pobreza no mundo. A natureza toda lhes sorri e sua única expressão carrancuda é a última, a que os envia para o banho em Cocito. Creia-me, eles são os teus únicos verdadeiros filósofos.

Enquanto Glauco assim conversava, Lépido, com os olhos cerrados e a respiração quase imperceptível, submetia-se a todas as operações místicas, nenhuma das quais permitira que suas atendentes omitissem. Depois dos perfumes e dos ungüentos, espalharam-lhe profusamente sobre o corpo um pó que prevenia contra qualquer eventual acesso de calor. Quando este desapareceu, friccionado com a superfície lisa da pedra-pomes, ele começou a vestir, não os trajes que despira anteriormente, mas outros, mais festivos, chamados de *synthesis*, com os quais os romanos demonstravam seu respeito pela cerimônia da ceia que se avizinhava e que talvez, pela hora (três horas, de acordo com o nosso sistema de mensurar o tempo), poderia ser mais adequadamente denominada jantar. Isso feito, Lépido finalmente abriu os olhos e deu sinais de voltar à vida.

No mesmo instante, com um prolongado bocejo, Salústio também deu mostras de que estava vivo.

– É hora da ceia – declarou o epicurista. – Vós, Glauco e Lépido, vinde cear comigo.

– Lembrai-vos de que os três prometeram ir à minha casa na próxima semana – bradou Diomedes, que se orgulhava imensamente das suas relações com homens da moda.

– Ah! Nós nos lembramos – disse Salústio. – A sede da memória, caro Diomedes, certamente situa-se no estômago.

Passando novamente para o ar mais fresco, e daí para a rua, nossos elegantes desse dia concluíram a cerimônia de um banho pompeiano.

8

ARBACES PRAZEROSAMENTE TRAPACEIA COM OS DADOS E GANHA O JOGO

A noite caía sobre a irrequieta cidade quando Apecides tomou o rumo da casa do egípcio. Evitava as ruas mais movimentadas e iluminadas, e enquanto avançava, com a cabeça enterrada no peito e os braços cruzados sob a veste, havia algo assustador no contraste entre seu semblante grave e seu vulto lúgubre e o rosto despreocupado e o ar animado de quem ocasionalmente passava por ele. Finalmente, porém, um homem de ar mais sóbrio e sério, que passara por ele duas vezes com um olhar que expressava um misto de curiosidade, tocou-lhe o ombro.

– Apecides! – disse, e fez um rápido sinal com as mãos: era o sinal da cruz.

– Nazareno – replicou o sacerdote, empalidecendo ainda mais –, que desejas?

– Nada – respondeu o desconhecido. – Não quis interromper tua meditação. Mas, na última vez em que nos encontramos, creio que não fui tão mal acolhido.

– Não és indesejável, Olinto, mas estou triste, cansado e sem condições de discutir os temas que te são caros.

– Ó hesitante coração! – exclamou Olinto com amargo fervor. – E te dizes triste e cansado, mas voltas as costas para o regato que poderia refrescar-te e curar-te!

– Ó terra! – gemeu o jovem sacerdote, batendo no peito apaixonadamente. – De que regiões meus olhos deveriam abrir-se para o verdadeiro Olimpo, onde teus deuses realmente moram? Devo acreditar, como esse homem, que de fato nenhum dos deuses a quem por tantos séculos meus ancestrais adoraram tem vida ou nome? Devo rejeitar, como algo blasfemo e profano, até os altares que considerei mais sagrados? Ou devo pensar como Arbaces? Que fazer? – calou-se e afastou-se depressa, com a impaciência de alguém que se esforça por fugir de si mesmo.

Mas o nazareno era um desses homens intrépidos, vigorosos e entusiásticos, por intermédio dos quais Deus, em todos os tempos, promoveu mudanças radicais na Terra e, principalmente, na instituição e reforma da Sua própria religião – homens especialmente talhados para converter, porque criados para resistir. São indivíduos de tal índole que ninguém consegue desencorajar e que nada logra abater; no fervor de sua crença, são inspirados e inspiram. Sua razão primeiro incendeia a paixão, mas a paixão é o instrumento de que se valem para abrir à força o caminho para o coração dos homens, enquanto parecem apenas apelar para o raciocínio deles. Nada é tão contagioso quanto o entusiasmo; ele é a verdadeira alegoria da lenda de Orfeu: move pedras, seduz os brutos. O entusiasmo é a alma da sinceridade, e a verdade não conquista vitórias sem ele. Olinto não permitiria que Apecides lhe escapasse facilmente. Assim, alcançou-o e disse-lhe:

– Não me admira, Apecides, que eu te perturbe, que eu sacuda todos os elementos da tua mente, que estejas perdido em dúvidas, que te desvies aqui e ali no vasto oceano da incerteza e do pensamento primitivo. Nada disso me admira, mas tolera-me um instante; vigia e ora: as trevas se desvanecerão, a tempestade se aplacará e o próprio Deus, como veio outrora sobre águas de Samaria, caminhará sobre as vagas amainadas para libertação da tua alma. A nossa religião é zelosa nas suas exigências, mas quão infinitamente pródiga nas suas dádivas! Perturba-te por uma hora, mas recompensa-te com a imortalidade!

– Tais promessas – disse Apecides tristemente – são as artimanhas com que o homem é sempre enganado. Oh, gloriosas eram as promessas que me conduziram ao Santuário de Ísis!

– Mas – volveu o nazareno – pergunta à tua razão: pode ser justa essa religião que ultraja a moralidade? Ensinaram-te a adorar seus deuses. Que são esses deuses, mesmo segundo o que pensas? Quais são as suas ações, os seus atributos? Não são todos apresentados como os mais terríveis criminosos? Contudo, te pedem que os cultues como as mais sagradas divindades. O próprio Júpiter é parricida e adúltero. E que são as divindades maiores senão imitadoras dos vícios dele? Ensinaram-te a não matar, mas adoras assassinos. Ensinaram-te a não cometer adultério, e diriges tuas preces a um adúltero! Oh! O que é isso senão um deboche para com a parte mais sagrada da natureza humana, que é a fé? Volta-te agora para Deus, o único, o verdadeiro Deus, a cujo santuário eu te conduzirei! Se Ele te parecer demasiado sublime, demasiado hermético para essas relações humanas, essas comoventes conexões entre Criador e criatura, às quais o coração fraco se aferra, contempla-O em Seu Filho, que assumiu a mortalidade como um de nós. Sua mortalidade não se expressa, como a dos teus deuses fictícios, mediante os vícios da natureza humana, mas pela prática de todas as suas virtudes. A mais austera moralidade e as mais ternas afeições n'Ele se harmonizam. Se fosse apenas um simples homem, Ele seria digno de tornar-se um deus. Reverencias Sócrates, que tem sua seita, discípulos, escolas. Mas quais são as dúbias virtudes do ateniense diante da rutilante, incomparável, ativa, imorredoura santidade de Cristo? Falo-te agora somente de Sua condição humana. Ele veio assim como o modelo para as eras futuras, para mostrar-nos a virtude que Platão ansiava por ver encarnada. Esse foi o verdadeiro sacrifício que Ele fez pelo homem. E o halo que envolveu a hora da Sua morte não apenas iluminou a Terra, mas expôs-nos a visão do Paraíso! Estás emocionado... comovido. Deus está agindo em teu coração. Seu espírito está contigo. Vem, não resistas ao impulso sagrado, vem logo, sem hesitar! Alguns dos nossos estão agora reunidos para interpretar a palavra de Deus. Vem, deixa-me guiar-te até eles! Estás triste, cansado. Escuta, então, as palavras de Deus: "Vinde a mim", disse Ele, "vós que estais cansados e sobrecarregados, e eu vos aliviarei".

– Agora não posso – disse Apecides. – Outra hora...
– Agora... Agora! – exclamou Olinto resolutamente, agarrando-o pelo braço.

Apecides, porém, ainda despreparado para renunciar à sua crença, àquela vida pela qual tanto sacrificara, e ainda obcecado pelas promessas do egípcio, livrou-se dele à força, e, sentindo ser necessário certo esforço para vencer a indecisão que a eloqüência do cristão começara a provocar em sua mente febril, arrepanhou a veste e afastou-se com uma velocidade que desafiava qualquer perseguição.

Sem fôlego e exausto, chegou por fim a um ponto remoto e isolado da cidade e se achou diante da solitária casa do egípcio. Quando parou para recuperar as forças, a Lua emergiu de uma nuvem prateada e iluminou em cheio as paredes da misteriosa habitação.

Não havia nenhuma outra casa por perto. Videiras sombrias estendiam-se por toda a frente do prédio, e, atrás dele, erguia-se um bosque de árvores imponentes, adormecidas sob o melancólico luar. Além, estendia-se o indistinto contorno de colinas distantes, entre elas o sereno cume do Vesúvio, na época não tão majestoso como hoje o considera o viajante.

Apecides passou pelas videiras arqueadas e chegou ao amplo e espaçoso pórtico. Diante dele, em cada lado da escada, repousava uma imagem da esfinge egípcia, e o luar conferia uma serenidade ainda mais solene aos traços fortes, harmoniosos e impassíveis em que os escultores daquele símbolo de sabedoria uniram tamanha graça e temeroso respeito. A meio caminho do topo da escada, destacava-se o verde escuro e maciço da folhagem de aloés, e a sombra da palmeira oriental lançava parte de suas folhas longas e imóveis na direção da superfície de mármore dos degraus.

Havia algo na quietude do lugar e no estranho aspecto das esfinges esculpidas que fez gelar o sangue do sacerdote com um medo indefinível e fantasmagórico, e ele ansiava por ouvir pelo menos um eco dos seus passos silenciosos enquanto subia até a entrada da casa.

Bateu na porta, sobre a qual havia uma inscrição em caracteres que não lhe eram familiares. A porta abriu-se sem ruído e um alto escravo etíope, sem perguntas ou saudações, fez-lhe sinal para que entrasse.

O amplo saguão era iluminado por magníficos candelabros de bronze lavrado, e nas paredes estavam inscritos imensos hieróglifos em cores escuras e solenes que contrastavam estranhamente com os tons vivos e as formas graciosas com que os habitantes da Itália decoravam suas residências. Na extremidade do saguão, um escravo que, embora não sendo africano, tinha a pele de uma tonalidade mais escura do que era comum no Sul, adiantou-se para recebê-lo.

– Procuro Arbaces – disse o sacerdote, e sua voz soou-lhe tremida aos próprios ouvidos.

O escravo curvou a cabeça em silêncio e conduziu-o para fora do saguão, tomando uma escada estreita e atravessando a seguir vários aposentos nos quais a rígida e meditativa beleza da esfinge continuava a ser o principal e mais impressionante objeto da atenção do sacerdote. Por fim, Apecides viu-se numa sala pouco iluminada, na presença do egípcio.

Arbaces estava sentado diante de uma mesinha sobre a qual estavam estendidos rolos de papiro, estampados com os mesmos caracteres vistos sobre a porta da mansão. A pouca distância, havia uma pequena trípode queimando incenso, cuja fumaça subia lentamente. Perto dela, havia um grande globo com a representação dos signos celestes, e sobre outra mesa viam-se vários instrumentos de curiosos e exóticos formatos, cujo uso era desconhecido para Apecides. A extremidade mais afastada da sala estava oculta por uma cortina, e a clarabóia oblonga no teto deixava entrar os raios de luar, que se juntavam melancolicamente à luz da única lâmpada que ardia no recinto.

– Senta-te, Apecides! – disse o egípcio, sem levantar-se.

O rapaz obedeceu.

– Tu me pediste – prosseguiu Arbaces, após uma breve pausa, durante a qual pareceu absorto em pensamentos –, me pediste, ou gostarias de ter pedido, os segredos mais grandiosos de que a alma do homem tem condições de participar; é o enigma da própria vida que queres que eu resolva. Colocados como crianças no escuro, por um instante apenas, nesta sombria e confinada existência, criamos nossos fantasmas na escuridão. Nossos pensamentos ora voltam a mergulhar dentro de nós horrorizados ora se lançam desvairadamente e sem rumo na escuridão, tentando adivinhar o que nela se esconde; estendendo nossas mãos desamparadas aqui e ali, temendo que, às cegas, possamos tropeçar em algum perigo oculto, sem saber onde acabam os limites da nossa fronteira, ora sentindo que eles nos sufocam e comprimem ora vendo-os estender-se ao longe, até sumir na eternidade. Nesse estado, toda a sabedoria consiste na resposta a duas perguntas: "Em que devemos acreditar?" e "Que devemos rejeitar?". E queres que eu responda a essas duas perguntas.

Apecides inclinou a cabeça assentindo.

– O homem deve ter alguma crença – prosseguiu o egípcio em tom de pesar. – Deve depositar sua esperança em alguma coisa: é nossa essência comum que herdamos quando, consternados e aterrorizados ao ver arrasado aquilo em que nos ensinaram a acreditar, flutuamos num mar sombrio e infindo de incertezas e gritamos por socorro, pedimos uma tábua para agarrar-nos, algum pedaço de terra, mesmo que obscuro e distante, que possamos alcançar. Pois bem, não esqueceste nossa conversa de hoje?

– Esquecer!

– Confessei-te que aquelas divindades por quem tantos altares ardem não passam de invenções. Confessei-te que nossos ritos e cerimônias são apenas pantomimas, para iludir e atrair o rebanho para seu próprio bem. Expliquei-te que desses embustes surgiam os laços da sociedade, a harmonia do mundo, o poder do sábio; esse poder reside na obediência do povo. Então prossigamos com esses salutares engodos... se o homem deve ter alguma crença, que continue a ser a que seus pais lhe ensinaram a amar, e que os costumes santificam e fortalecem. Ao buscarmos uma fé mais sutil, nós que temos uma percepção demasiado espiritual para ficar com uma crença comum, deixemos que os outros se sustentem com nossas migalhas. Isso é sábio... é benevolente.

– Isso estabelecido – retomou o egípcio –, deixando intactos, para quem estamos prestes a abandonar, os velhos símbolos, preparamo-nos para agir e partir rumo a novas regiões da fé. Tira da cabeça, de uma vez por todas, tuas lembranças, tuas idéias, tudo em que antes acreditaste. Imagina tua mente como um rolo de papiro em branco, pronto para receber as primeiras inscrições. Olha o mundo ao redor, observa sua ordenação, sua regularidade, seu plano. Algo deve tê-lo criado. Mas que algo é esse? Um deus, dirias. Espera... nada de nomes que só servem para confundir. Nada sabemos, nem podemos saber, a respeito do que criou o mundo, exceto os seguintes atributos: poder e regularidade invariável; severa, esmagadora, inexorável regularidade, que não leva em consideração casos individuais... rolando... arrastando... queimando; não importa que corações dispersos, afastados da massa comum, tombem e sejam esmagados sob suas rodas.

 A mistura do mal com o bem, a existência de crime e castigo, tem confundido sábios de todas as eras. Eles criaram um deus... imaginaram-no benevolente. Como então surgiu o mal? Para explicar isso, os persas criaram um segundo espírito, cuja natureza é má e pressupõe uma contínua luta entre ele e o deus do bem. Em nosso sombrio e terrível Tífon, os egípcios retratam um demônio semelhante. Erro desconcertante que nos confunde ainda mais! Tolice que surge da vã ilusão que transforma esse poder desconhecido em coisa palpável, corpórea, em ser humano... que reveste o Invisível com atributos e natureza semelhantes aos do Visível. Não! Chamemos o projetista por um nome que não nos inspire desconcertantes associações e o mistério se torna mais claro. Esse nome é Necessidade, dizem os gregos, move os deuses. Então, para que deuses? Sua intervenção torna-se dispensável; rejeita-os logo. A Necessidade rege tudo o que vemos... poder, regularidade, são as duas características que constituem sua natureza.

 Gostarias de fazer alguma pergunta? Não se pode absolutamente saber... se é eterna, se obriga a nós, suas criaturas, a novas existências depois das trevas a que chamamos morte. Não sabemos dizê-lo. Aí deixamos de lado esse antigo, invisível, insondável poder e nos dirigimos ao que, a nosso ver, é o grande agente das suas funções. Com esse, podemos trabalhar mais, podemos aprender mais: sua evidência está ao redor de nós, seu nome é Natureza. O equívoco dos sábios tem sido dirigir suas pesquisas para os atributos da Necessidade, na qual tudo é escuridão e cegueira. Tivessem eles limitado suas pesquisas à Natureza, quanto conhecimento já não teríamos acumulado? Aqui, paciência e investigação jamais são infrutíferas. Vemos o que exploramos; nossa mente galga uma escada palpável de causas e efeitos. A Natureza é o grande agente do universo exterior, e a Necessidade impõe-lhe as leis segundo as quais ela age, e concede-nos faculdades por meio das quais investigamos; essas faculdades são a curiosidade e a memória; sua união é o raciocínio; sua perfeição, a sabedoria.

Pois bem, com a ajuda dessas duas faculdades eu investigo então a inexaurível Natureza. Esquadrinho a terra, o ar, o oceano, o céu; descubro que todos têm uma afinidade mística uns com os outros... que a Lua influencia as marés... que o ar preserva a Terra, e é agente de vida e do sentido das coisas... que por meio do conhecimento dos astros calculamos os limites da Terra, dividimos os períodos do tempo... que pela sua pálida luz somos conduzidos ao caos do passado... que por meio da sua grandiosa ciência vislumbramos o futuro. E assim, embora não saibamos o que é a Necessidade, pelo menos ficamos a par das suas decisões. E agora, que lição moral nos sobra dessa religião? Pois que é uma religião. Eu acredito em duas divindades: Natureza e Necessidade; reverencio a última por respeito, a primeira por investigação. Qual é a moral que a minha religião ensina? Esta: todas as coisas estão apenas sujeitas a regras gerais; o Sol brilha para a alegria de muitos... pode trazer aflição para uns poucos; a noite faz o sono descer sobre a multidão, mas encobre tanto o assassinato como o repouso; as florestas enfeitam a Terra, mas abrigam a serpente e o leão; o oceano acolhe mil barcos, mas também os traga. Assim, é para o bem comum, mas não universal, que a Natureza age e a Necessidade avança em sua marcha espantosa. Essa é a moralidade das temíveis forças naturais do mundo; é a minha, que sou criatura delas.

Hei de preservar os embustes dos astutos sacerdotes, pois são benéficos à multidão! Hei de partilhar com a humanidade as artes que descubro, as ciências que aperfeiçôo! Hei de acelerar o longo curso dos conhecimentos civilizadores. Com isso, sirvo às massas, cumpro a lei universal, ponho em prática a grande moral que a Natureza prega. Quanto a mim, reivindico uma exceção individual; reivindico-a para o sábio... contentando-me em saber que minhas ações nada representam no grande equilíbrio entre o bem e o mal; satisfeito por saber que o fruto do meu conhecimento pode proporcionar às massas benefícios maiores do que o mal que meus desejos possam causar a poucos (já que os benefícios podem estender-se às mais remotas regiões e humanizar nações que ainda estão por nascer), proporciono ao mundo sabedoria, e a mim, liberdade. Ilumino a vida dos outros, desfruto a minha. Sim, nossa sabedoria é eterna, mas nossa vida é breve: extrai dela o melhor, enquanto durar. Dedica tua juventude ao prazer, e teus sentidos ao deleite. Logo chega a hora em que a taça de vinho se estilhaça e as guirlandas começam a perder o viço. Aproveita enquanto podes!

Neste fragmento de afresco, um ator com uma coroa na cabeça está colocando uma máscara trágica.

Apecides, meu discípulo e seguidor, acalma-te! Eu te ensinarei como funciona a Natureza, seus mais obscuros e ardentes segredos, a ciência que os tolos chamam de magia, e os vastos segredos das estrelas. Com isso, cumprirás teu dever para com o povo; com isso, esclarecerás tua raça. Mas também te iniciarei em prazeres com que o homem comum não sonha; e a cada dia que dedicares à humanidade, seguir-se-á uma deliciosa noite que concederás a ti mesmo.

Os Últimos Dias de Pompéia

Quando o egípcio se calou, elevou-se ao redor, de cima a baixo, a mais suave música que a Lídia uma vez ensinara e a Jônia aperfeiçoara. Surgiu como um regato sonoro, banhando inesperadamente os sentidos; enfraquecendo-os, subjugando-os deliciosamente. Soava como melodia de espíritos invisíveis, como a que o pastor deve ter ouvido na idade do ouro, flutuando através dos vales da Tessália, ou em noites de luar nas veredas de Pafos. As palavras que tinham afluído aos lábios de Apecides, em resposta aos sofismas do egípcio, desvaneceram-se hesitantes. Parecia-lhe uma profanação interromper aquela melodia arrebatadora. A suscetibilidade do seu temperamento excitado, a grega delicadeza e o ardor do seu espírito reservado tinham sido dominados e capturados de surpresa. Afundou na cadeira com os lábios entreabertos e o ouvido sequioso, enquanto um coro de vozes, brandas e ternas como as que despertaram Psique na alcova do amor, entoou esta canção:

O hino de Eros

Pelas frias margens onde o suave Céfiso serpenteia,
Uma voz flutuava trêmula pelas ondas do ar abaixo;
Mais brilhantes coraram as folhas da rosa de Teia,
Em seu refúgio estival esconderam-se as pombas, a ofegar;

Enquanto de suas mãos as florzitas lilases caíam,
As risonhas Horas puseram-se a escutar o céu;
Da verde caverna de Pã até a assombrada cela de Egle,
Arfava a encantada terra num delicioso suspiro.

Amem, filhos da terra! Eu sou o Poder do Amor!
O mais velho de todos os deuses, do Caos nascido;
Meu sorriso espalha luz pelas cortes acima,
Meus beijos descerram as pálpebras da Manhã.

Minhas são as estrelas... lá, sempre que as fitares,
Encontrarás a profunda magia dos meus inolvidáveis olhos;
Minha é a luz... e pesaroso sem seus raios,
Quando ela se demora onde seu Cário jaz
As flores são minhas... os rubores da rosa,
A violeta... atraindo Zéfiro para seu matiz;

Minha é a luz veloz que nos raios de maio refulge,
E meu é o devaneio na solitária clareira.

Amem, filhos da terra... pois o amor é a sua doce sabedoria,
Olhem para onde quiserem... pois a terra transborda de Mim.
Aprendam com as ondas que sempre beijam a praia,
E com os ventos que se aninham no mar arfante.

"Tudo ensina o amor!" A voz terna, como num sonho,
Dissolvida em luz. E serenos os ares sussurrantes,
Os ondulantes juncos e o riacho rumorejante,
E a farfalhante e verde floresta, todos murmuraram "Amor!".

Quando as vozes silenciaram, o egípcio pegou a mão de Apecides e conduziu-o, trôpego, inebriado, embora meio relutante, pela sala, na direção da cortina, atrás da qual de repente pareceram surgir mil estrelas cintilantes, e ela própria, até então escura, agora iluminada por aquelas chamas atrás de si, tinha uma suave tonalidade azul celeste. Ela representava o próprio céu, um céu como o que, nas noites de junho, deveria ter-se refletido nas águas da Costália. Aqui e ali, estavam representadas nuvens róseas e etéreas, onde sorriam, por artes do pintor, rostos da mais divinal beleza, com traços com os quais Fídias e Apeles sonhavam. E as estrelas que salpicavam o azul translúcido giravam rapidamente, cintilando, enquanto a música, que de novo despertara com um som mais vivo e mais brilhante, pareciam imitar a melodia das vivazes esferas.

– Oh! Que milagre é esse, Arbaces? – disse Apecides, gaguejando. – Após ter negado os deuses, vais revelar-me...

– Os seus prazeres! – interrompeu-o Arbaces, num tom tão diferente da sua frieza habitual e do seu tranqüilo equilíbrio, que Apecides estremeceu, achando que o próprio egípcio se transformara.

E agora, ao se aproximarem da cortina, uma melodia arrebatada... forte... exultante irrompeu atrás dela. Com esse som, a cortina dividiu-se em dois – abriu-se –, pareceu desvanecer-se no ar, e um cenário que jamais um sibarita conseguiu imitar surgiu diante do olhar maravilhado do jovem sacerdote. Um vasto salão de banquete estendia-se à frente, resplandecente com luzes incontáveis, que enchiam o ar tépido com aromas de olíbano, jasmim, violeta, mirra; tudo o que as mais olorosas flores, tudo o que as mais caras especiarias pudessem destilar parecia reunido numa única inefável e divina essência; das delicadas colunas que se elevavam até o fantástico teto pendiam cortinas brancas, salpicadas de estrelas douradas. Nas extremidades do salão, dois chafarizes jorravam, e seus borrifos, captando os raios da luz rosada, brilhavam como inúmeros diamantes.

Quando entraram no salão, no centro dele, surgindo do chão, ergueu-se lentamente, ao som de invisíveis menestréis, uma mesa com todas as iguarias que os sentidos alguma vez sonharam, e vasos do extinto artesanato de Mirra, tão brilhantes em seu colorido, tão transparentes em seu material, coroados com exóticas flores orientais. Os divãs, dispostos ao redor da mesa, eram forrados com tapeçarias em azul e ouro; e, de canos invisíveis, desciam do teto abobadado chuviscos de água perfumada que refrescavam magnificamente o ar e competiam com as lâmpadas, como se os espíritos da água e do fogo discutissem qual dos elementos fornecia o aroma mais delicioso. E agora, de trás das alvas cortinas, surgiram silhuetas como as que Adônis contemplou deitado no regaço de Vênus; aproximaram-se, algumas com guirlandas, outras com liras; cercaram o jovem; guiaram seus passos para o banquete; espalharam grinaldas ao seu redor, formando correntes de rosas. A Terra – a noção de Terra – apagou-se em seu espírito. Imaginou-se num sonho, e conteve a respiração temendo acordar cedo demais; os sentidos, aos quais jamais se entregara até agora, vibravam-lhe no pulso ardente e confundiam sua aturdida e oscilante visão. E enquanto estava assim, estupefato e perdido, de novo, mas num andamento animado e báquico, elevou-se a mágica canção:

Anacreôntico

Nas veias do cálice borbulha e reluz
O sangue do espumante vinho,
Mas oh! Na jarra da Juventude cintila
Um vinho de Lesbos, mais divino!
Reluz, reluz,
Como a líquida luz,

Suas ondas por entre tuas pálpebras cintilam!

Enche a taça, enche-a até a borda espumante,
Com a seiva do jovem Lieu;
A uva é a chave que a ele devemos,
Do cárcere do mundo, para nos libertar.
Bebe, bebe!
Por que precisamos encolher-nos
Quando só os cordeiros podem ver-nos?

Bebe, bebe, como sorvo dos teus olhos
O vinho da videira mais suave.
Dá sorrisos ao deus da uva – teus suspiros,
Meu amado, dá-os a mim,
Vem, vem,
Meus olhos ardem
Sedentos do teu olhar!

Quando a canção acabou, um grupo de três donzelas, entrelaçadas por uma corrente de flores, e que, conquanto as imitassem, poderiam envergonhar as Graças, avançou na sua direção, na deslizante cadência da dança jônia: como as Nereidas cingidas de luar nas areias amareladas do Egeu... como ensinou Citera a suas criadas na festa de casamento de Psique com seu filho.

Aproximando-se, agora, puseram-lhe na cabeça suas grinaldas; depois, ajoelhando-se, a mais jovem das três apresentou-lhe uma taça na qual o vinho de Lesbos espumava e borbulhava. O jovem não resistiu mais, agarrou a taça inebriante; o sangue fervia-lhe furiosamente nas veias. Afundou no seio da ninfa que se sentara ao seu lado e, voltando-se com o olhar inquieto para procurar Arbaces, de quem se tinha esquecido em meio ao turbilhão de suas emoções, viu-o sentado sob um dossel, na extremidade mais elevada da mesa, olhando para ele com um sorriso que o incitava a entregar-se ao prazer. Viu-o, mas não como até então, com vestes negras e tenebrosas, com o semblante taciturno e grave – um manto que ofuscava a vista, tão crivada estava sua alva superfície com ouro e pedrarias, resplandecia-lhe sobre a figura imponente; rosas brancas, entremeadas com esmeraldas e rubis, formando uma tiara, coroavam seus cabelos negros e lustrosos. Como Ulisses, parecia ter alcançado a glória de uma segunda juventude: seus traços pareciam ter trocado a reflexão pela beleza, e ele pairava sobre os encantos que o rodeavam com toda a radiosa e branda condescendência de um deus do Olimpo.

– Bebe, regala-te, ama, caro discípulo! – disse ele. – Não te envergonhes por ser apaixonado e jovem! O que és, sentes em tuas veias; o que serás, vê!

Dizendo isso, apontou para um nicho, e os olhos de Apecides, acompanhando-lhe o gesto, viram sobre um pedestal, colocado entre as estátuas de Baco e Idália, um esqueleto.

– Não te assustes – continuou o egípcio –, esse amistoso conviva nos adverte sobre a brevidade da vida. De suas mandíbulas, ouço uma voz que nos incita a gozar.

Enquanto falava, um grupo de ninfas rodeou a estátua e depôs grinaldas no seu pedestal, e, enquanto as taças eram esvaziadas e tornavam a ser enchidas até a borda, as ninfas entoaram o seguinte cântico:

Hinos báquios à imagem da morte

I
Tu estás na terra do sombrio Anfitrião,
Tu que bebeste e amaste:
À margem do Rio Solene, um fulgurante espírito,
Mas teus pensamentos nos pertencem!
Se a memória ainda pode voar,
De volta para o dourado céu,
E chorar os prazeres perdidos!
Junto do salão em ruínas essas flores pousamos,
Onde tua alma antes mantinha seu palácio;
Quando a rosa para teu olfato e visão era alegre,
E o sorriso estava no cálice,
E a voz da cítara
Podia encher-te o coração de júbilo
Quando a noite eclipsava o dia.

Aqui um novo grupo surgiu e transformou o andamento da música em acordes mais acelerados e alegres.

II
Morte, morte é a sombria praia
Para onde todos velejamos...
Suave, suave teu reluzente remo:
Sopra com suavidade, vento tempestuoso!
Prende com grinaldas vivazes as Horas.
Vítimas se todas, um dia,
Entre música e flores,
As vítimas devessem tombar!

Após uma pausa, a cadência da música foi ficando cada vez mais rápida.

Como a Vida é muito curta, viveremos para rir,
Ah! Que não se desperdice um minuto!
Se a taça da juventude pudermos ainda encher,
Seja o amor a pérola em seu interior!

Um terceiro grupo agora se aproximou com taças borbulhantes, que foram derramadas em libação diante do estranho altar. E mais uma vez, lenta e solene, ergueu-se a inconstante melodia:

III
Tu és bem-vinda, Convidada da sombra,
Vinda do longínquo e temível mar!
Quando a última rosa derramar seu viço,
Nossa mesa para ti se estenderá!
Nós te saudamos, soturna Convidada!
Quem faria apelo mais justo
De ser nosso Conviva bem-vindo,
Como fizeste tu, cujo solene salão
Por fim nos banqueteará a todos
Na penumbrosa e lúgubre costa?
Longa vida tenhamos nós, Anfitriões!
E tu, sombra Morta, tu,
Embora sem alegria seja o teu semblante,
Tu és... nossa efêmera Convidada!

Nesse instante, a ninfa sentada ao lado de Apecides continuou a canção:

IV
Feliz é contudo a nossa sina,
A terra e o sol nos pertencem!
E longe da temível tumba
Voam os ventos das róseas Horas...
Doce é para ti a taça,
Doces são tuas faces, meu amor.
Eu vôo para a tua terna alma,
Como um pássaro para a sua fêmea!
Toma-me, ah, toma!
Agarrado ao teu peito guardião,
Suave deixa-me imergir para repousar:
Mas desperta-me, ah, desperta!
E dize-me com palavras e suspiros,
Mas mais com teus enternecedores olhos,
Que meu sol ainda não se pôs...
Que a Tocha ainda não se apagou na Urna,
Que nós amamos, e respiramos, e ardemos,
Dize-me... que ainda me amas!

LIVRO II

1

UMA TABERNA DE POMPÉIA
E ALGUNS CAVALHEIROS DA ARENA CLÁSSICA

Transportamo-nos agora para um dos pontos de Pompéia habitados não pelos senhores do prazer, mas por suas amantes e vítimas; antro de gladiadores e pugilistas, de viciados e mendigos, de bárbaros e depravados, o Alsatia, esconderijo de criminosos de uma antiga cidade.

Era um grande salão, que se abria diretamente para um beco apinhado e sem saída.

Diante da porta, estava um grupo de homens cujos músculos de ferro, bem treinados, pescoços curtos e hercúleos, traços marcados e embrutecidos, denotavam campeões da arena. Numa prateleira do lado de fora da loja, enfileiravam-se jarros de vinho e azeite, e, logo acima dela, pintado na parede, havia um quadro tosco mostrando gladiadores bebendo – tão antigo e respeitável é o hábito dos anúncios! Dentro do salão, viam-se várias mesinhas dispostas mais ou menos no estilo dos "reservados", e ao redor delas agrupavam-se muitos homens, uns bebendo, outros jogando dados, outros empenhados num jogo mais engenhoso, chamado *duodecim scriptae*, que alguns estudiosos equivocados confundiram com o xadrez, embora talvez se parecesse mais com o gamão, e normalmente era jogado, se bem que não obrigatoriamente, com o auxílio de dados.

Eram as primeiras horas da manhã, e talvez nada mostrasse mais a costumeira indolência dos ociosos freqüentadores da taverna do que aquele horário extemporâneo.

No entanto, apesar da sua localização e da espécie de freqüentadores, a casa não aparentava aquela miséria sórdida característica de um antro como aquele, numa cidade moderna. A alegre disposição dos pompeianos, que procuravam gratificar os sentidos na mesma proporção em que negligenciavam a mente, era caracterizada pelas cores vistosas que decoravam as paredes, e pelas formas fantásticas, mas não deselegantes, das lâmpadas, dos copos e dos utensílios domésticos mais corriqueiros.

– Por Pólux! – disse um dos gladiadores, encostando-se na soleira da porta. – O vinho que nos vendeste, velho Sileno – e, ao falar, deu um tapa nas costas de um sujeito corpulento –, é capaz de diluir o melhor dos sangues que circule nas veias de alguém.

O homem cumprimentado com tamanha gentileza e cujos braços nus, avental branco, chaves e toalhinha enfiados de qualquer jeito no cinturão, indicavam ser o dono da taberna, já tinha entrado no outono da existência; sua compleição, porém, ainda era tão robusta e atlética que poderia humilhar até os vigorosos tipos que lá estavam, só que, gordo como estava, seus músculos tinham perdido a elasticidade, suas bochechas estavam intumescidas e volumosas, e o estômago, cada vez mais dilatado, salientava-se mais do que o peito enorme e possante que se erguia acima dele.

– Nada de fanfarronices insolentes comigo! – rosnou o taberneiro, com um delicado rugido de tigre ferido. – Meu vinho é muito bom para uma carcaça que logo vai mergulhar na poeira do *spoliarium*.

– Pára de agourar, velho corvo! – retrucou o gladiador, rindo com desdém. – Viverás para enforcar-te de raiva quando me vires ganhar a coroa da vitória; e quando eu receber o prêmio no anfiteatro, como sem dúvida receberei, meu primeiro juramento a Hércules será repudiar-te, a ti e às tuas bebidas ordinárias.

– Ouvi... ouvi o modesto Pirlogoponices! Sem dúvida, serviu sob o comando de Bombochides Cluninstaridysarchides! – exclamou o taberneiro. – Sporo, Níger, Tetraídes, ele garante que vos arrebatará o prêmio. Ora essa, pelos deuses! Um dos vossos músculos tem força suficiente para esmagar-lhe o corpo todo, ou nada entendo de arena!

– Ah! – exclamou o gladiador, com o rosto vermelho, numa fúria crescente. – Nosso lanista contaria uma história diferente.

– Que história poderia contar a meu respeito, pretensioso Lidon? – perguntou Tetraídes, franzindo o cenho.

– Ou sobre mim, que venci quinze lutas? – perguntou o gigantesco Níger, aproximando-se altivamente do gladiador.

– Ou sobre mim? – grunhiu Sporo, com os olhos em fogo.

– Ora! – disse Lidon, cruzando os braços e encarando os rivais com imprudente ar de desafio. – A hora da prova se aproxima; até lá, refreai vossa valentia.

– Isso mesmo! – disse o rude taberneiro. – E se eu erguer meu polegar para salvar-te, que as parcas cortem o fio da minha vida!

– A corda, queres dizer – zombou Lidon. – Eis aqui um sestércio para que compres uma!

O possante taberneiro agarrou a mão que se estendia para ele e apertou-a com tamanha raiva que o sangue esguichou da ponta dos dedos sobre a roupa dos espectadores.

Estes explodiram num riso selvagem.

– Vou ensinar-te, jovem fanfarrão, a bancar o macedônio comigo! Não sou nenhum persa insignificante, garanto-te! Ora, homem! Então eu não lutei durante vinte anos na arena, e jamais baixei meus braços uma vez sequer? E não recebi o bastão do próprio organizador, como sinal de vitória e como um privilégio para aposentar-me em plena fama? E agora vou ser ofendido por um pirralho? – assim falando, soltou-lhe a mão com desprezo.

Sem mover um músculo, com o mesmo rosto sorridente com que há pouco tinha zombado do taberneiro, o gladiador agüentou o doloroso aperto a que fora submetido. Mal, porém, sua mão ficou livre, arqueando-se como um gato bravio, podiam-se ver os fios de cabelo e da barba eriçando-se. Com um berro furioso e estridente, ele se arremessou sobre a garganta do gigante com um ímpeto que o desequilibrou, enorme e robusto que era, e ele caiu com o estrondo de uma rocha desabando, ao mesmo tempo que seu feroz inimigo se atirava em cima dele.

Nosso taberneiro talvez não precisasse da corda que Lidon tão gentilmente lhe recomendara, caso permanecesse por mais de três minutos naquela posição. Mas, chamada em seu auxílio pelo barulho da queda, uma mulher, que até então se mantivera no interior da casa, irrompeu no cenário da batalha. Essa nova aliada era uma adversária à altura do gladiador: era alta, magra, com braços capazes de qualquer coisa, menos de abraços carinhosos. Realmente... a gentil esposa de Burbo, o taberneiro, como ele lutara nas liças, e até na presença do imperador. E o próprio Burbo – o imbatível na arena, conforme se dizia –, vez por outra, rendia-se à meiga Estratonícia. A doce criatura, assim que percebeu o perigo iminente que ameaçava sua pior metade, e sem outras armas a não ser as que a natureza lhe proporcionara, arremessou-se no chão sobre o gladiador e, agarrando-o pela cintura com seus braços compridos e serpeantes, puxou-o com violência de cima do corpo do marido, deixando-lhe só as mãos ainda agarradas ao pescoço do adversário.

Lidon parecia um cachorro arrastado pelas patas traseiras, engalfinhado com um rival ciumento; parecia que metade dele estava no ar, inerte e inofensiva, enquanto a outra metade – cabeça, dentes, olhos, unhas – estava mergulhada e engolfada no inimigo lacerado e prostrado. Enquanto isso, os gladiadores lambiam os beiços, deleitavam-se, empanturravam-se com sangue, amontoados ao redor dos contendores – narinas dilatadas, dentes arreganhados, olhos com maligna satisfação fixos na garganta sangrenta de um e nas garras serrilhadas do outro enfiadas nela.

– *Habet*! (perdeu!) *habet*! – gritaram numa espécie de urro, esfregando as mãos musculosas.

– *Non habeo*, seus mentirosos! Não perdi! – gritou o taberneiro, quando, com enorme esforço, se livrou daquelas mãos implacáveis e levantou-se ofegante, arquejando, ferido, sangrando, e, enfrentando com os olhos embaçados o olhar feroz e os dentes arreganhados do seu atarantado adversário, agora se debatendo (mas se debatendo humilhado) nas garras da afoita amazona.

– Jogo limpo! – gritaram os gladiadores. – Um contra um.

E, reunindo-se em torno de Lidon e da mulher, afastaram nosso afável taberneiro do seu amável freguês.

Mas Lidon, sentindo-se vexado com a situação, e lutando em vão para livrar-se do abraço da valente matrona, enfiou a mão no cinto e sacou um punhal. Tão ameaçador era seu olhar, tão ofuscante reluzia a lâmina, que Estratonícia, acostumada só ao estilo de luta que nós modernos chamamos de pugilística, recuou assustada.

– Ó deuses! – gritou. – Bandido! Ele tem armas escondidas! Isso é limpo? É coisa de cavalheiro, de gladiador? Não, claro que não! Desprezo esse tipo de gente!

Com isso, voltou-lhe as costas desdenhosamente e correu para examinar as condições do marido.

Mas ele, tão habituado a exercícios físicos quanto um buldogue inglês treinado para lutar com um adversário mais manso, já se havia recuperado. O tom vermelho tinha diminuído no rosto, as veias da testa tinham voltado ao normal. Sacudiu-se com um grunhido complacente, satisfeito por estar ainda vivo, e então, medindo o inimigo dos pés à cabeça com um ar de aprovação que jamais lhe concedera antes, disse:

– Por Castor! És mais forte do que eu imaginava! Vejo que és um homem de valor e coragem; dá-me a mão, meu herói!

– Grande velho Burbo! – gritaram os gladiadores, aplaudindo. – Leal até a medula dos ossos. Dá-lhe a mão, Lidon!

– Oh, com certeza! – disse o gladiador. – Mas agora que provei seu sangue, quero bebê-lo todo.

– Por Hércules! – retrucou o taberneiro, totalmente impassível. – Esse é o verdadeiro sentimento de um gladiador. Pólux! E pensar no que um bom treinamento pode fazer com um homem. Ora, uma fera não seria mais violenta!

— Uma fera! Ó estúpido! Nós massacramos as feras! — exclamou Tetraídes.

— Bem, bem — disse Estratonícia, empenhada agora em alisar o cabelo e ajeitar o vestido —, já que todos voltamos a ser bons amigos, recomendo que fiqueis calmos e comportados, pois alguns jovens nobres, vossos patrocinadores e apostadores, mandaram avisar que virão hoje aqui visitar-vos. Querem ver-vos mais à vontade do que nos treinos, antes de fazer suas apostas para a grande luta no anfiteatro. Eles sempre vêm à minha casa com esse objetivo. Sabem que só recebemos os melhores gladiadores de Pompéia; nossa clientela é muito seleta. Louvados sejam os deuses!

— Sim — continuou Burbo, bebendo de um gole só uma tigela, ou melhor, um balde de vinho —, um homem que ganhou os louros que ganhei só pode incentivar os bravos. Lidon, meu jovem, bebe! Que tenhas uma velhice honrada como a minha!

— Vem cá! — disse Estratonícia, puxando o marido pelas orelhas afetuosamente, com aquele carinho que Tíbulo tão bem descreveu. — Vem cá!

— Não com tanta força, sua loba! És pior do que o gladiador — murmuraram as enormes mandíbulas de Burbo.

— Cala-te! — disse ela, cochichando-lhe: — Caleno acabou de entrar, escondido, pela porta dos fundos. Espero que tenha trazido os sestércios.

— Ho! Ho! Vou falar com ele — disse Burbo. — Enquanto isso, ouve bem, fica de olho nos copos, presta atenção nas contas. Não deixes que te logrem, mulher; são heróis, sem dúvida, mas são refinados trapaceiros. Perto deles, Caco é nada.

— Não te preocupes comigo, idiota! — foi a resposta da esposa, e Burbo, satisfeito com a firmeza da amada, atravessou o salão e dirigiu-se à *penetralia* da casa.

— Então os bondosos patrocinadores virão examinar nossos músculos... — disse Níger. — Quem mandou avisar-te, cara senhora?

— Lépido. Trará com ele Clódio, o maior apostador de Pompéia, e Glauco, o jovem grego.

— Apostemos na aposta — disse Tetraídes. — Clódio apostará em mim, vinte sestércios! Que dizes, Lidon?

– Ele apostará em mim! – respondeu Lidon.

– Não, em mim! – grunhiu Sporo.

– Imbecis! Achais que ele vai preferir um de vós a Níger? – disse o atleta, referindo-se a si próprio tão modestamente.

– Bem, bem – disse Estratonícia, enquanto abria uma enorme ânfora para seus fregueses, agora sentados ao redor de uma das mesas –, importantes e valentes como vos considerais, qual de vós lutará com o leão númida, caso não seja encontrado um malfeitor para privar-vos dessa opção?

– Eu, que escapei dos teus braços, brava Estratonícia – disse Lidon. – Acho que posso enfrentar o leão sem riscos.

– Mas dize-me – perguntou Tetraídes –, onde está aquela vossa bela e jovem escrava... a ceguinha de olhos brilhantes? Há tempos não a vejo.

– Oh! Ela é delicada demais para ti, caro filho de Netuno – disse a taberneira –; e acho que até é boa demais para nós, que a mandamos para a cidade vender flores e cantar para as damas. Ela nos garante mais dinheiro do que se estivesse vos servindo. Além do mais, muitas vezes tem outras ocupações que se ocultam sob as rosas.

– Outras ocupações! – exclamou Níger. – Ora, ela é muito jovem para isso.

– Cala essa boca, imbecil! – disse Estratonícia. – Achas que não existem outros prazeres além dos corintos? Se Nídia tivesse o dobro da idade que tem hoje, seria igualmente digna de Vesta... pobre menina!

– Mas, ouve, Estratonícia – disse Lidon –, como conseguiste uma escrava tão meiga e delicada? Ela ficaria melhor como criada de uma rica matrona de Roma do que tua.

– É verdade! – retrucou Estratonícia. – E qualquer dia desses ficarei rica vendendo-a. Perguntaste como consegui Nídia?

– Sim.

– Ora, vê, minha escrava Estáfila... Lembras-te de Estáfila, Níger?

– Claro! Uma camponesa de mãos grandes, com um rosto igual a uma máscara cômica. Como poderia esquecê-la, por Plutão!, a quem agora sem dúvida deve estar servindo!

– Cala-te, estúpido! Bem, um dia Estáfila morreu, me fez muita falta e eu fui ao mercado comprar outra escrava. Mas, pelos deuses!, o preço tinha subido tanto desde que comprei a pobre Estáfila, e o dinheiro era tão escasso, que eu estava quase saindo desanimada quando um mercador puxou-me pelo manto e disse:

"Senhora, se quiserdes uma escrava barata, tenho uma menina à venda... uma pechincha. É quase uma criança, na verdade, mas é inteligente e discreta, dócil e esperta, canta bem e tem boa índole; garanto-vos".

"De que país?", perguntei-lhe.

" É da Tessália".

Eu sabia que as tessalianas eram inteligentes e dóceis; então disse que queria vê-la. Ela era praticamente como é hoje, um pouquinho menor e com uma aparência ligeiramente mais jovem. Parecia paciente e perfeitamente resignada, com as mãos cruzadas no peito e de olhos baixos. Perguntei ao mercador qual era o preço; era módico, comprei-a imediatamente. O mercador trouxe-a aqui em casa, e desapareceu em seguida.

Bem, meus amigos, imaginem meu espanto quando descobri que ela era cega. Ha! Ha! Sujeito esperto aquele mercador! Recorri aos magistrados, mas o patife já tinha saído de Pompéia. Então, fui obrigada a voltar para casa com péssimo humor, garanto-vos!; e a pobre menina sofreu os efeitos disso. Mas ela não tinha culpa de ser cega, já nascera assim. Aos poucos, nos conformamos com nossa compra. É verdade que ela não tinha a força de Estáfila, e pouca utilidade tinha quanto aos afazeres domésticos, mas logo descobriu o caminho para a cidade, tão bem como se tivesse os olhos de Argos. E certa manhã, quando nos trouxe um punhado de sestércios que disse ter ganho vendendo algumas flores que colhera em nosso pobre jardinzinho, achamos que os deuses a tinham enviado.

Assim, desde então, deixamos que ela saia quando quer, com a cesta cheia de flores que entrelaça em guirlandas à moda da Tessália, como os elegantes apreciam; e as pessoas generosas parecem gostar dela, pois sempre lhe pagam mais do que às outras floristas, e ela traz tudo para nós, o que é muito mais do que qualquer outro escravo faria. Então, eu trabalho aqui sozinha, mas logo poderei, com o que ela ganha, comprar uma segunda Estáfila. Sem dúvida, o seqüestrador tessaliano roubou a menina de alguma família nobre. Além da sua habilidade com as guirlandas, ela canta e toca cítara, o que também dá dinheiro, e ultimamente... mas isso é segredo!

– Segredo! Como? – gritou Lidon. – Será que te transformaste em esfinge?

– Esfinge, não! Por que esfinge?

– Chega de conversa fiada, boa senhora, traze-nos comida... estou com fome – disse Sporo com impaciência.

– Eu também – imitou-o o feroz Níger, afiando a faca na palma da mão.

A amazona rumou altivamente para a cozinha e logo voltou com uma bandeja cheia de grandes nacos de carne malpassada – porque, então, como agora, os heróis lutadores procuravam o que melhor lhes sustentaria a bravura e a ferocidade. Avançaram para a mesa com olhos de lobos esfaimados; a carne sumiu, o vinho correu abundante. Deixemos, então, esses importantes personagens, com seu estilo próprio de vida, para seguir os passos de Burbo.

Os Últimos Dias de Pompéia 119

2

DOIS CIDADÃOS RESPEITÁVEIS

Nos primórdios de Roma, o sacerdócio era uma profissão honrosa, mas não lucrativa. Profissão que era abraçada pelos cidadãos mais nobres, e vedada aos plebeus. Mais tarde, e bem antes dos nossos dias, foi permitida a todas as classes sociais; pelo menos a parte da profissão que dizia respeito aos flâmines, ou sacerdotes, não da religião em geral, mas de determinados deuses em particular. Mesmo o sacerdote de Júpiter (o *Flamen Dialis*), precedido por um lictor e autorizado pela sua função a entrar no senado, que a princípio era um dignitário especial dos patrícios, posteriormente passou a ser escolhido pelo povo. As divindades menos nacionais e menos cultuadas eram habitualmente servidas por ministros plebeus; e muitos abraçavam a profissão, como agora os cristãos católicos romanos entram em congregações monásticas, menos levados pela devoção do que pelas propostas de uma pobreza interesseira.

Assim Caleno, o sacerdote de Ísis, era da mais baixa origem. Seus parentes, mas não seus pais, eram libertos. Deles recebeu uma educação liberal e, do pai, um pequeno patrimônio, que logo dissipou. Abraçou o sacerdócio como último recurso para fugir aos apuros. Quaisquer que fossem os emolumentos oficiais da sagrada profissão, que naquela época provavelmente eram pequenos, os ministros de um templo popular jamais poderiam queixar-se das vantagens do seu ofício. Não há profissão mais lucrativa do que a que explora a superstição do povo.

Caleno tinha um único parente vivo em Pompéia, e era Burbo. Vários laços sombrios e escusos, mais fortes do que os laços de sangue, uniam seus corações e interesses. E freqüentemente o ministro de Ísis afastava-se disfarçado e furtivamente da suposta austeridade de suas devoções, e, deslizando pela porta dos fundos do gladiador aposentado, homem abjeto, tanto pelos vícios como pela profissão, regozijava-se em abandonar os últimos vestígios de uma hipocrisia que, por imposição da avareza, sua paixão dominante, a custo reprimia um caráter demasiado grosseiro até para um arremedo de virtude.

Envolto num daqueles mantos que passaram a ser usados pelos romanos à medida que deixavam de lado a toga, cujas amplas dobras dissimulavam bem a silhueta, e em que uma espécie de capuz (preso a ele) proporcionava igual proteção ao rosto, Caleno estava agora sentado no pequeno e afastado compartimento da adega, que, por um pequeno corredor, comunicava-se diretamente com a porta dos fundos, como acontecia em quase todas as casas de Pompéia.

Diante dele, sentara-se o robusto Burbo contando meticulosamente, numa mesa que ficava entre os dois, uma pequena pilha de moedas que o sacerdote acabara de tirar da bolsa – pois as bolsas eram tão comuns então como agora, com uma diferença: eram geralmente mais bem providas!

– Podes ver – disse Caleno – que te pagamos generosamente, e deves agradecer-me por recomendar-te um negócio tão lucrativo.

– Eu te agradeço, meu primo, eu te agradeço – respondeu Burbo cordialmente, enquanto punha as moedas num saquinho de couro que depois guardou no cinturão, puxando a fivela em torno da vasta cintura com mais força do que costumava fazer nas horas descuidadas de suas ocupações domésticas.
– E, por Ísis, Písis e Nísis!, ou todas as outras divindades que possam existir no Egito, minha pequena Nídia é uma verdadeira Hespéride... um jardim de ouro para mim!

– Ela canta bem, e toca qual verdadeira musa – comentou Caleno. – Essas são qualidades que a pessoa que me emprega sempre paga com liberalidade.

– Ele é um deus – disse Burbo, entusiasmado. – Todo homem rico que é generoso merece ser venerado. Mas vamos, toma uma taça de vinho, velho amigo! Fala-me mais sobre o assunto. O que ela faz? Está assustada, fala no seu juramento e nada revela.
– Nem eu revelarei, pela minha mão direita! Eu também fiz o terrível juramento de silêncio.
– Juramento! Que são juramentos para homens como nós?
– Quando se trata de juramentos comuns... mas este! – e o decidido sacerdote sacudiu os ombros ao falar. – No entanto – continuou, esvaziando uma enorme taça de vinho puro –, devo confessar-te que não é tanto o juramento que me assusta, mas a vingança de quem o impôs. Pelos deuses! Ele é um grande feiticeiro e poderia arrancar da própria Lua uma confissão que me atrevesse a fazer-lhe. Não falemos mais nisso. Por Pólux! Por mais fantásticos que sejam os banquetes com que me delicio na casa dele, nunca me sinto completamente à vontade lá. Gosto muito mais, meu caro, de uma boa hora na tua companhia e na de uma daquelas moças simples, risonhas, sem sofisticação, que encontro nesta sala, por mais enfumaçada que esteja, do que das noitadas naquelas esplêndidas orgias.
– Oh! Assim o dizes! Amanhã à noite, se aprouver aos deuses, faremos uma boa farra.
– Com todo prazer – disse o sacerdote, esfregando as mãos e aproximando-se mais da mesa.
Nesse momento, ouviram um leve ruído na porta, como se alguém tateasse a maçaneta. O sacerdote baixou o capuz sobre a cabeça.
– Ora! É só a ceguinha – murmurou o taberneiro quando Nídia abriu a porta e entrou.
– Ei, menina, que foi que aconteceu? Estás pálida... ficaste até tarde na farra? Não importa, jovens devem sempre ser jovens – disse Burbo, em tom de incentivo.
A menina não respondeu, mas deixou-se cair numa cadeira com ar de cansaço. Seu aspecto mudou de repente; batia os pés no chão com impaciência, e subitamente ergueu o rosto e disse decidida:

— Patrão, podeis matar-me de fome se quiserdes, podeis bater-me, podeis ameaçar-me de morte, mas não irei mais àquele lugar medonho!

— Como! Sua tola! – disse Burbo furioso, e suas sobrancelhas espessas juntaram-se sobre os olhos ferozes e injetados. – Que é isso, estás te rebelando? Toma cuidado!

— Já falei – disse a pobre moça, cruzando as mãos no peito.

— O quê? Minha modesta e doce vestal, não irás mais! Muito bem, serás carregada.

— Acordarei a cidade com meus gritos – disse Nídia exaltada, e seu rosto corou.

— Cuidaremos disso também; serás amordaçada.

— Então, que os deuses me ajudem! – disse ela levantando-

se. – Apelarei para os magistrados.

– Lembra-te do teu juramento! – interveio uma voz cava, quando Caleno interferiu pela primeira vez no diálogo.

A essas palavras, um tremor sacudiu o corpo da infortunada menina; ela juntou as mãos numa súplica.

– Como sou infeliz! – exclamou, rompendo em incontidos soluços.

Se foi ou não o som daquele choro veemente que atraiu a meiga Estratonícia, o fato é que sua figura medonha naquele instante entrou no aposento.

– Que foi agora? Que estás fazendo com minha escrava, animal? – perguntou zangada a Burbo.

– Sossega, mulher! – respondeu ele, em tom meio zangado, meio tímido. – Queres cintos novos e roupas finas, não queres? Então toma conta da tua escrava, ou continuarás querendo. *Voe capiti tuo...* a vingança caia sobre tua cabeça, miserável!

– Que significa isso? – perguntou a megera, olhando de um para o outro.

Como se empurrada por súbito impulso da parede na qual estava encostada, Nídia caiu aos pés de Estratonícia, abraçou-lhe os joelhos, erguendo para ela os olhos cegos e comoventes.

– Ó minha senhora, sois mulher! – soluçou. – Deveis ter irmãs... fostes jovem como eu, tende pena de mim, salvai-me! Não irei mais àqueles horríveis festins!

– Tolices! – disse a feiticeira, puxando-a bruscamente por uma das delicadas mãos que não tinham sido talhadas para trabalhos mais árduos do que o de entretecer flores que eram seu prazer e seu meio de vida. – Tolices! Esses delicados escrúpulos não são para escravos.

– Ouve! – disse Burbo, puxando a bolsa e fazendo tinir seu conteúdo. – Ouve esta música, mulher, por Pólux! Se não trouxeres essa potrinha com rédea curta, não voltarás a ouvi-la.

– A menina está cansada – disse Estratonícia, fazendo um sinal com a cabeça para Caleno. – Estará mais dócil quando precisares dela de novo.

– O senhor! O senhor! Quem está aqui? – gritou Nídia, rolando os olhos pelo aposento numa inspeção tão pavorosa e tensa que Caleno levantou da cadeira assustado.

– Aqueles olhos devem estar enxergando! – murmurou.
– Quem está aqui? Responde, em nome dos Céus! Ah, se fosses cego como eu, serias menos cruel! – disse Nídia, e de novo explodiu em lágrimas.
– Leva-a daqui! – disse Burbo com impaciência. – Detesto lamúrias.
– Vem! – disse Estratonícia, empurrando a pobre criança pelos ombros. Nídia esquivou-se, com um ar a que a resolução conferia dignidade.
– Ouçam-me! – falou. – Eu vos tenho servido com fidelidade, eu que fui criada... Ah! minha mãe, minha pobre mãe! Será que um dia pensaste que eu chegaria a isto? – enxugando as lágrimas, continuou: – Mandai-me fazer qualquer outra coisa, eu obedecerei; mas digo-vos agora, por mais severos, inflexíveis, inexoráveis que sejais, digo-vos que não irei mais lá; ou, se a isso for forçada, pedirei clemência ao próprio pretor... eu vos garanto. Ouvi-me, pelos deuses, eu juro!

Os olhos da megera abrasaram-se; com uma das mãos agarrou a menina pelos cabelos, e ergueu a outra, aquela formidável mão direita, cuja mínima pancada parecia capaz de esmagar o frágil e delicado corpo que tremia em suas garras. O mesmo pensamento parece ter-lhe ocorrido, porque deteve o golpe e, mudando de idéia, arrastou Nídia até a parede, apanhou uma corda pendurada num gancho, já muitas vezes usada – pobre menina! – com a mesma finalidade, e logo a seguir os gritos pungentes e desesperados da ceguinha ecoaram lancinantes pela casa toda.

3

GLAUCO FAZ UMA COMPRA QUE DEPOIS LHE CUSTA CARO

– Olá, bravos rapazes! – disse Lépido, curvando a cabeça ao passar pelo vão da porta baixa da casa de Burbo. – Viemos ver qual de vós mais honra seu lanista.

Os gladiadores ergueram-se da mesa em sinal de respeito aos três cavalheiros, conhecidos como os mais alegres e ricos dos jovens de Pompéia, e cuja opinião, portanto, influía na reputação dos que atuavam no anfiteatro.

– Que belos animais! – disse Lépido a Glauco. – Dignos de ser gladiadores!

– Pena que não sejam guerreiros! – retrucou Glauco.

Coisa singular era observar o caprichoso e exigente Lépido, a quem num banquete uma réstea de luz do dia parecia cegar... a quem, no banho, um sopro da brisa parecia derrubar... em quem a natureza parecia desvirtuada e pervertida em cada impulso natural, e estagnada num produto dúbio de efeminação e arte... coisa singular era ver aquele Lépido, agora todo atividade, energia e vida, dando tapinhas nos ombros largos dos gladiadores com sua mão branca e feminina, apertando-lhes com afetação os músculos rijos e férreos, completamente perdido em interessada admiração diante da masculinidade que cuidadosamente, a vida toda, se esforçara por banir de si próprio.

Assim vemos hoje, os imberbes e agitados freqüentadores dos salões de Londres acotovelando-se em volta dos heróis das quadras de basquete... assim os vemos admirando-os, contemplando-os, fazendo apostas... assim encontramos reunidos, numa assembléia ridícula e melancólica, os dois extremos da sociedade civilizada... os patrocinadores do prazer e seus escravos – os mais vis de todos os escravos –, ferozes e mercenários ao mesmo tempo; machos prostitutos que vendem sua força como as mulheres sua beleza; feras nas ações, porém mais abjetos do que as feras nos motivos, pois estas, pelo menos, não se estraçalham por dinheiro.

– Ah! Níger, como vais lutar? – perguntou Lépido. – E com quem?

– Sporo me desafiou – respondeu o feroz gigante. – Lutaremos até a morte, espero.

– Ah! Podes ter certeza – rosnou Sporo, piscando o olho. – Ele usará a espada, eu, a rede e o tridente. Será uma luta curiosa. Espero que o sobrevivente receba o suficiente para manter a dignidade da coroa.

– Não temas, encheremos a bolsa, caro Heitor! – disse Clódio. – Deixe-me ver... vais lutar contra Níger? Glauco, uma aposta... fico com Níger.

– Eu lhe disse – gritou Níger, exultando. – O nobre Clódio me conhece; considera-te morto desde já, caro Sporo.

Clódio apanhou sua tabuleta.

– Uma aposta... dez mil sestércios. Que dizes?

– Que seja! – disse Glauco. – Mas quem temos ali? Nunca vi esse herói antes – e olhou para Lidon, cujos membros eram

mais esguios do que os de seus companheiros, e que tinha certa graça, até mesmo certo ar de nobreza que sua profissão ainda não tinha apagado de todo.

– É Lidon, um novato, até agora só treinou com a espada de madeira – respondeu Níger, com ares condescendentes.
– Mas tem puro sangue nas veias, e desafiou Tetraídes.
– Quem me desafiou foi ele – disse Lidon. – Eu aceitei o desafio.
– E como lutas? – perguntou Lépido. – Ora, meu rapaz, espera um pouco mais antes de enfrentar Tetraídes.

Lidon sorriu com arrogância.
– Ele é cidadão ou escravo? – perguntou Clódio.
– Cidadão... aqui todos somos cidadãos – respondeu Níger.
– Estende o braço, caro Lidon – disse Lépido, com ares de entendido.

O gladiador, com um olhar significativo para os companheiros, esticou um braço que, embora não tão exageradamente grosso como o de seus camaradas, era tão firme em seus músculos, tão magnificamente simétrico em suas proporções, que os três visitantes, ao mesmo tempo, expressaram sua admiração.

– Bem, homem, qual é a tua arma? – perguntou Clódio, com a tabuleta na mão.
– Primeiro vamos lutar com o *cestus*; depois, se ambos sobrevivermos, com espadas – informou Tetraídes abruptamente, com uma carranca invejosa.
– Com o *cestus*! – exclamou Glauco. – Estás cometendo um erro, Lidon. O *cestus* é uma modalidade grega, conheço-o bem. Precisarias ter mais carnes para essa luta; és magro demais para isso. Evita o *cestus*.
– Não posso – disse Lidon.
– E por quê?
– Já disse... porque ele me desafiou.
– Mas ele não poderá impor-te rigorosamente as armas.
– Minha honra me impõe! – retrucou Lidon com altivez.
– Aposto em Tetraídes, dois contra um, no *cestus* – disse Clódio. – Aceitas Lépido? Faço a mesma aposta com as espadas.
– Mesmo que me desses três contra um, não aceitaria a

vantagem – disse Lépido. – Lidon jamais chegará às espadas. És muito gentil.

– E tu, Glauco, que dizes? – perguntou Clódio.

– Aceito a vantagem, três contra um.

– Dez mil contra trinta mil sestércios.

– Sim.

Clódio anotou a aposta na tabuleta.

– Perdão, nobre patrocinador! – falou Lidon em voz baixa para Glauco. – Quanto achais que o vencedor ganhará?

– Quanto? Ora, talvez sete mil sestércios.

– Tendes certeza de que será tudo isso?

– No mínimo. Mas que é isso? Um grego pensaria na honra, não no dinheiro. Ó italianos! Sois italianos em tudo!

O rosto bronzeado do gladiador ficou vermelho.

– Nobre Glauco, não me julgueis mal! Penso em ambos, mas jamais seria gladiador se não fosse pelo dinheiro.

– Mesquinho, que percas! Um ganancioso jamais pode ser herói.

– Não sou ganancioso – disse Lidon com altivez, e retirou-se, indo para o outro lado do salão.

– Mas não vejo Burbo. Onde está Burbo? Preciso falar com ele – gritou Clódio.

– Está lá dentro – disse Níger, apontando para a porta no fundo do salão.

– E Estratonícia, a velha valentona, onde está? – perguntou Lépido.

– Ora, estava aqui pouco antes de chegardes, mas ouviu lá dentro qualquer coisa que não lhe agradou, e sumiu. Pólux! Quem sabe o velho Burbo agarrou alguma mocinha no quarto dos fundos. Ouvi uma voz feminina gritando; a velhota é ciumenta como Juno.

– Oh! Excelente! – exclamou Lépido, rindo. – Vem, Clódio, vamos partilhar com Júpiter; talvez ele tenha apanhado uma Leda.

Nesse momento, um grito forte de dor e medo fez o grupo sobressaltar-se.

– Oh, poupai-me! Não me castigueis! Sou apenas uma criança, sou cega... isso já não é castigo suficiente?

– Ó Palas, conheço essa voz, é minha pobre florista! – exclamou Glauco, correndo na direção de onde viera o grito.

Arrombou a porta; viu Nídia debatendo-se nas garras da megera enfurecida. A corda, já manchada de sangue, estava erguida no ar quando lhe foi subitamente arrebatada.

– Fúria! – gritou Glauco, e com a mão esquerda arrancou-lhe Nídia. – Como ousas fazer isso com uma menina, uma criatura do teu sexo, uma criança! Minha Nídia, minha pobre menina!

– Oh! És tu... é Glauco? – perguntou a florista, num tom quase extasiado, e as lágrimas pararam de correr-lhe pelo rosto. Ela sorriu, encostou-se no peito dele, beijou-lhe a roupa.

– E como te atreves, estranho insolente, a intrometer-te entre uma mulher livre e sua escrava? Pelos deuses! Apesar da tua bela túnica e dos teus asquerosos perfumes, duvido que sejas um cidadão romano, meu boneco!

– Vê como falas... vê como falas! – disse Clódio, entrando agora com Lépido. – Esse aí é meu amigo e meu irmão de fé, e deve ser resguardado da tua língua, doçura, pois dela chovem pedras!

– Devolve minha escrava! – berrou a valentona, pondo as garras possantes no peito do grego.

– Nem que todas as tuas irmãs Fúrias corram em teu auxílio – respondeu Glauco. – Não temas, doce Nídia, um ateniense jamais desampara uma infeliz!

– Epa! – disse Burbo, levantando-se a contragosto. – Por que tanto barulho em torno de uma escrava? Solta o cavalheiro, mulher... solta-o! Em consideração a ele, essa criatura insolente desta vez será poupada – assim falando, empurrou, ou melhor, arrastou para fora sua feroz companheira.

– Parece-me que quando entrei havia outro homem aqui – disse Clódio.

– Foi embora.

Pois o sacerdote de Ísis, na verdade, achara conveniente desaparecer.

– Oh, era um amigo meu! Companheiro de copo, cão manso que não gosta de rosnados – comentou Burbo negligentemente. – Mas vai, criança, acabarás estragando a túnica do cavalheiro se continuares agarrada nele desse jeito. Vai, estás perdoada!

— Oh, não... não me deixes! — bradou Nídia, agarrando-se ainda mais ao ateniense.

Comovido pela sua lamentável situação, pelo seu apelo, por suas inúmeras e encantadoras qualidades, o grego sentou-se numa cadeira tosca, acomodou-a sobre os joelhos, limpou-lhe o sangue dos ombros com seus cabelos longos, beijou as lágrimas de suas faces e murmurou-lhe mil palavras das que se usam para acalmar a dor de uma criança. Tão delicado se revelava em seu generoso e confortador empenho, que até o duro coração de Estratonícia se comoveu. Sua presença parecia iluminar aquele antro vil e obsceno — jovem, belo, glorioso, ele era o símbolo de todos os que a terra torna felizes, quando consolam a quem o mundo abandonou!

— Bem, quem poderia imaginar que Nídia, a cega, mereceria tal distinção! — disse Estratonícia, enxugando a testa suada.

Glauco olhou para Burbo.

— Meu bom homem — disse-lhe —, ela é tua escrava; canta bem, está acostumada a lidar com flores... quero dar uma escrava assim de presente para uma dama. Queres vendê-la?

Quando falava, sentiu todo o corpo da menina estremecer de alegria. Ela se levantou, afastou dos olhos os cabelos desgrenhados, olhou ao redor como se, pobrezinha, conseguisse enxergar!

— Vender nossa Nídia? Não, de jeito nenhum — disse Estratonícia asperamente. Nídia recuou com um longo suspiro e de novo agarrou-se à túnica do seu protetor.

— Tolice! — disse Clódio em tom autoritário. — Deveis obsequiar-me. Que é isso, homem? Que é isso, velha? Ofendam-me e vosso negócio estará arruinado. Burbo não é cliente de meu parente Pansa? Eu não sou o oráculo do anfiteatro e de seus heróis? Se eu falar, podeis quebrar vossos jarros de vinho... não vendereis mais nada. Glauco, a escrava é sua!

Burbo coçou a enorme cabeça, com evidente constrangimento.

— A menina vale seu peso em ouro para mim.

— Qual é o preço? Sou rico — disse Glauco.

Os Últimos Dias de Pompéia

Os antigos italianos eram iguais aos modernos, não havia nada que não vendessem, muito menos uma pobre menina cega.

– Paguei seis mil sestércios por ela; agora ela vale doze mil – resmungou Estratonícia.

– Recebereis vinte mil. Vamos já aos magistrados e depois à minha casa para apanhar o dinheiro!

– Eu não venderia essa querida criança por cem, mas vendo-a para obsequiar o nobre Clódio – disse Burbo, lamuriando-se. – E falarás com Pansa sobre o cargo de *designator* no anfiteatro, nobre Clódio? Ele me seria bem conveniente.

– Será teu – respondeu Clódio, acrescentando em voz baixa: – Esse grego pode fazer tua fortuna; o dinheiro escorre-lhe das mãos como de uma peneira; marca bem este dia, caro Príamo.

– *An dabis?* – falou Glauco, fazendo a pergunta formal do comprador ao vendedor.

– *Dabitur* – respondeu Burbo.

– Então, então, devo ir contigo... contigo? Ah, que felicidade! – murmurou Nídia.

– Sim, minha linda; e daqui por diante teu trabalho mais pesado será cantar teus hinos gregos para a mais encantadora dama de Pompéia.

A menina fugiu do seu abraço. Uma mudança ocorrera em seu rosto, que pouco antes estava iluminado. Ela respirou fundo e então, segurando-lhe de novo a mão, disse:

– Pensei que iria para tua casa.

– E por enquanto irás. Vamos, estamos perdendo tempo!

4

O RIVAL DE GLAUCO AVANÇA IMPETUOSAMENTE NA CORRIDA

Ione era uma dessas pessoas brilhantes que só uma vez ou duas aparecem de repente em nossa existência. Reunia, com a máxima perfeição, os dons terrestres mais raros: inteligência e beleza. Jamais alguém possuiu qualidades intelectuais superiores, sem percebê-las; a aliteração de modéstia e mérito é muito bonita, mas, onde o espírito é grande, o véu da modéstia que admiramos jamais esconde do possuidor toda sua extensão. É a altiva consciência de determinadas qualidades que não se podem revelar no convívio cotidiano que dá ao gênio o ar discreto, reservado, perplexo, que nos confunde e encanta quando o encontramos.

Ione, então, reconhecia sua inteligência, mas, com a encantadora versatilidade que por direito pertence às mulheres; ela possuía a faculdade – a que tão poucos do sexo menos maleável, com inteligência semelhante, podem fazer jus – de adaptar e moldar seu gracioso intelecto a todos que encontrava. A fonte borbulhante lançava sua água igualmente sobre a praia, a caverna, as flores; refrescava, sorria e deslumbrava em toda parte. Aquele orgulho, resultado inevitável da superioridade, ostentava-o de modo natural – no seu coração concentrava-se sob a forma de independência. Assim seguia seu próprio caminho, brilhante e solitário. Não pedia a nenhuma matrona idosa que a dirigisse e orientasse; avançava só, sob a luz da tocha da sua inflexível pureza. Não obedecia a costumes tirânicos e autoritários. Moldava-os à sua vontade, mas com tanta delicadeza e tamanha graça feminina, tão perfeitamente isenta de erro, que não se poderia dizer que afrontava os costumes, mas sim que os dominava. O tesouro dos seus dons era inexaurível – ela embelezava a mais comum das ações. Uma palavra, um olhar seu pareciam mágicos. Amá-la era entrar num mundo novo, deixar para trás esta terra banal e corriqueira, viver num mundo onde os olhos enxergariam tudo por intermédio de magia. Na sua presença, nos sentiríamos como se ouvíssemos a mais delicada música; mergulharíamos num sentimento que tem tão pouco de terrestre, e que a música tão bem inspira – a embriaguez que refina e exalta, que arrebata, é verdade, os sentidos, mas também os espiritualiza.

Ela era, pois, peculiarmente talhada para dominar e fascinar os tipos de homem mais refinados e ousados; amá-la era unir duas paixões: a do amor e a da ambição, que acometiam quem a adorasse. Não era de admirar que tivesse acorrentado e subjugado completamente a misteriosa e ardente alma do egípcio, homem em quem habitavam as mais violentas paixões. Tanto sua beleza como seu espírito o fascinavam.

Afastado ele próprio do mundo comum, amava aquela intrepidez de caráter que também fazia dele uma criatura isolada, entre as outras. Não via, ou não queria ver, que aquele mesmo isolamento afastava-a ainda mais dele do que das pessoas comuns. Distantes como os pólos, distantes como a noite do dia, sua solidão era diferente da solidão dela. Ele era solitário em razão dos seus obscuros e graves vícios – ela, por suas belas fantasias e por sua virtuosa pureza.

Se não era de estranhar que Ione tivesse de tal forma subjugado o egípcio, menos estranho era o fato de ter arrebatado, tão repentina como irrevogavelmente, o brilhante e radioso coração do ateniense. A alegria de um temperamento que parecia tecido de raios de luz levara Glauco aos prazeres. Enquanto se entregava às dissipações da sua época, Glauco não obedecia tanto aos ditames viciosos, e sim aos apelos estimulantes do vigor e da juventude. Lançava a animação do seu temperamento sobre todo abismo e caverna por onde passava. Sua imaginação deslumbrava-o, mas seu coração jamais se corrompeu. Muito mais perspicaz do que suspeitavam seus companheiros, sabia que eles pretendiam explorar-lhe a riqueza e a mocidade, mas desprezava o dinheiro, exceto como meio de prazer, e a juventude era a única afinidade que os unia.

Sentia, é bem verdade, um incitamento a pensamentos mais nobres e objetivos mais elevados do que os que lhe eram proporcionados pelo prazer. Mas o mundo era uma enorme prisão, da qual o soberano de Roma era o carcereiro imperial, e as mesmas virtudes que nos dias de liberdade de Atenas o teriam tornado ambicioso, na escravidão do globo terrestre faziam-no ocioso e indolente. Pois, naquela sociedade afetada e enfatuada, tudo o que fosse digno de ser imitado era proibido. A ambição, em países de corte despótica e epicurista, não passa de uma disputa entre lisonja e astúcia. A avareza passara a ser a única ambição – os homens desejavam pretorias e províncias apenas como permissão para pilhagem, e governar era apenas um pretexto para roubar.

É nos pequenos estados que a honra é mais vigorosa e pura; quanto mais confinados os limites do círculo, mais ardente é o patriotismo. Nos pequenos estados, a opinião é concentrada e firme – todos os olhos vêem as ações alheias –, os motivos públicos confundem-se com as obrigações particulares... cada canto do pequeno mundo de cada um está apinhado de vultos familiares desde a infância... o aplauso dos cidadãos é igual aos afagos dos amigos. Nos grandes estados, porém, a cidade é a corte: as províncias desconhecidas para nós, estranhas em seus hábitos, talvez até na linguagem – não exigem nosso patriotismo, os antepassados de seus habitantes não são os nossos. Na corte, ansiamos por prazeres em vez de glória; longe dela, a opinião pública se afasta e o interesse pessoal fica sem contrapeso.

Itália, Itália, enquanto escrevo, teus céus estão sobre mim, teus mares ondulam aos meus pés – não dês ouvidos à política cega que pretende unir todas as tuas altivas cidades, de luto por suas repúblicas, num único império; pérfido e fatal engano! Tua única esperança de restauração está na divisão. Florença, Milão, Gênova podem voltar a ser livres, se cada uma delas for livre. Mas não sonhes com liberdade para o todo, enquanto escravizares as partes; o coração deve ser o centro do sistema, o sangue deve circular livremente por toda a parte; e nas grandes comunidades vemos somente um gigante débil e vaidoso, cujo cérebro é imbecil, cujos membros estão inertes, e que, com doença e enfraquecimento, é castigado por transcender às proporções naturais de saúde e vigor.

Assim, arremessadas de volta contra si mesmas, as mais ardentes qualidades de Glauco não encontravam outra saída a não ser a transbordante imaginação que dava encanto ao prazer e poesia ao pensamento. Viver no ócio era menos abjeto do que competir com parasitas e escravos, e o luxo ainda podia ser refinado, embora não se pudesse enobrecer a ambição. Mas tudo que de melhor e mais radioso existia em sua alma despertou assim que viu Ione. Ali estava um império a ser conquistado, digno de semideuses; ali estava uma beleza que a negra fumaça de uma sociedade sórdida não conseguiria macular ou embaçar. O amor, em todos os tempos, em todas as situações, pode assim encontrar espaço para os seus áureos altares. E dizei-me se alguma vez, mesmo em épocas mais propícias à glória, poderia haver triunfo mais sublime e grandioso do que a conquista de um coração nobre?

Se, talvez, porque esse sentimento o inspirasse, suas idéias brilhavam com mais intensidade, seu espírito parecia mais vivo e mais claro na presença de Ione. Se era natural que a amasse, era natural que ela lhe retribuísse o amor. Jovem, brilhante, eloqüente, apaixonado e ateniense, Glauco representava para ela a encarnação da poesia da terra de seu pai. Eles não pareciam criaturas de um mundo onde discórdia e tristeza são os principais elementos; eram como coisas que só são vistas nos dias festivos da natureza, tão esplêndidos e florescentes eram sua juventude, sua beleza e seu amor. Pareciam deslocados no impiedoso universo cotidiano; pertenciam, por direito, à idade do ouro e aos sonhos de semideuses e ninfas. Era como se a poesia da vida neles se reunisse e deles se nutrisse e em seus corações se concentrassem os derradeiros raios do sol de Delfos e da Grécia.

Mas se Ione era independente em sua opção de vida, seu

recatado orgulho era proporcionalmente vigilante, sobressaltando-se com facilidade. A mentira do egípcio fora inventada com base no profundo conhecimento do seu caráter. A história da vulgaridade, da grosseria de Glauco, feriu-a profundamente. Considerou-a uma censura ao seu caráter e ao seu modo de vida, e principalmente uma falta de consideração para com seu amor. Pela primeira vez, percebeu como se entregara tão repentinamente àquele amor. Corou de vergonha diante da sua fraqueza, diante de cuja extensão ficou assustada – supôs que aquela fraqueza provocara o desdém de Glauco. Ione suportou o pior tormento para as almas nobres: a humilhação! Seu amor talvez estivesse tão perturbado como seu orgulho. Se num momento murmurava censuras contra Glauco, se o rejeitava, quase o odiava, no momento seguinte explodia em lágrimas ardentes; o coração rendia-se à sua doçura e ela exclamava no amargor da angústia: "Ele me despreza... ele não me ama".

A partir do momento em que o egípcio a deixou, Ione se retirou para o seu aposento mais isolado, fechou a porta às criadas, negou-se a receber as inúmeras visitas que se aglomeravam diante de sua casa. Glauco foi rejeitado, como os outros. Perguntava-se por que, mas não imaginava o motivo. Jamais atribuiria à sua Ione... sua rainha... sua deusa... aquele capricho feminino de

Esta cópia em mármore do *Portador de Lança* de Policleto é considerada universalmente como a mais próxima do original grego, pelo qual o artista, um grego clássico, já era considerado famoso na Antiguidade.

Os Últimos Dias de Pompéia

que os poetas galantes da Itália tão incessantemente se queixavam. Imaginava-a, na majestade da sua candura, acima de todas as artimanhas que torturam. Ficou perturbado, mas sua esperança não se toldou, pois já sabia que amava e era amado; que mais poderia desejar como amuleto contra o medo?

E então, na calada da noite, quando as ruas estavam silenciosas e só a Lua no alto testemunhava seu devotamento, rumava para o templo do seu coração: a casa dela. Fazia-lhe a corte conforme o belo costume da sua pátria: cobria-lhe a soleira da porta com as mais ricas guirlandas, em que cada flor era uma perfumada declaração de amor; encantava a longa noite de verão com o som do alaúde lídio e com versos que compunha na inspiração do momento.

Mas a janela não se abria; nenhum sorriso tornava mais sagrada a noite enluarada. Tudo era silêncio e escuridão. Não sabia se seus versos eram bem-vindos e seus rogos tinham sido ouvidos.

Ione, porém, não dormia nem se recusava a ouvir. Aqueles acordes suaves subiam até seu quarto; lisonjeavam-na, subjugavam-na. Enquanto escutava, não acreditava em nada que depusesse contra seu amado. Mas finalmente o último acorde cessava, o encanto terminava; e, na amargura da sua alma, quase via, na delicada homenagem, um novo insulto.

Eu disse que ela se afastou de todos, mas havia uma exceção, uma pessoa que não admitia ser rejeitada e que assumia sobre seus atos e sua casa uma autoridade quase paternal. Arbaces exigia para si uma exceção ao distanciamento imposto aos outros. Entrava na casa com a desenvoltura de quem se sente privilegiado e à vontade. Dirigia-se ao refúgio de Ione com o ar tranqüilo de quem não deve explicações, pois considerava ser seu direito incontestável. Apesar de toda a independência do seu caráter, o coração de Ione permitira que o egípcio conseguisse um controle secreto e intenso sobre sua mente. Ela não conseguia livrar-se dele; às vezes, queria fazê-lo, mas nunca lutava energicamente contra ele. Estava enfeitiçada por seu olhar de serpente. Ele a atraía, dominava-a com sua mente há muito acostumada a atemorizar e subjugar.

Totalmente inconsciente do seu verdadeiro caráter ou do

seu amor secreto, tinha por Arbaces o respeito que o gênio tem pela sabedoria, e a virtude, pela santidade. Via-o como um daqueles grandes sábios da Antigüidade, que alcança os mistérios do conhecimento superando as humanas paixões. Mal considerava-o um ser terrestre, como ela; quase o via como um oráculo, enigmático e sagrado ao mesmo tempo. Não gostava dele, mas temia-o. Sua presença era-lhe indesejável; ofuscava-lhe o espírito até quando sua disposição era das mais animadas; com seu ar altivo e frio, parecia-lhe uma espécie de eminência que lançava uma sombra sobre o sol. Mas jamais pensou em proibir-lhe as visitas. Ficava submissa sob a influência que lhe provocava no peito não repugnância, mas algo semelhante à imobilidade do terror.

Quanto a Arbaces, agora resolvera valer-se de todas as suas artimanhas para possuir aquele tesouro que tão ardentemente ambicionava. Sentia-se encorajado e eufórico pela sua vitória sobre o irmão dela. A partir do momento em que Apecides sucumbiu ao voluptuoso encantamento daquele festim que descrevemos, sentiu garantido e triunfante seu domínio sobre o jovem sacerdote. Sabia não existir vítima mais completamente subjugada do que um homem jovem e ardente pela primeira vez entregue à escravidão dos sentidos.

Quando Apecides, ao amanhecer, despertou do sono profundo que sucedeu ao delírio de êxtase e prazer, estava, na verdade, envergonhado, apavorado, estarrecido. Seus votos de austeridade e celibato ecoavam-lhe nos ouvidos; sua sede de santidade ter-se-ia extinguido em águas tão profanas? Mas Arbaces conhecia bem os meios que corroborariam seu triunfo. Das artes do prazer, imediatamente guiou o jovem sacerdote para as artes da sua misteriosa sabedoria. Desvendou aos seus olhos deslumbrados os segredos iniciáticos da obscura filosofia do Nilo – segredos tirados das estrelas, e a química fantástica que, naqueles tempos, quando a própria razão era instrumento da imaginação, bem poderia passar por ciência de um mago adivinho.

Aos olhos inexperientes de Apecides, ele parecia um ser superior aos mortais, e dotado de dons sobrenaturais. O ansioso e intenso desejo de saber que não era deste mundo – e que desde a infância ardia no coração do sacerdote – deslumbrava-o a ponto de confundir e dominar suas mais nítidas percepções. Entregou-se às artimanhas que assim estimulavam ao mesmo tempo as duas mais fortes paixões humanas: o prazer e o conhecimento. Relutava em acreditar que alguém tão sábio pudesse errar, que alguém tão eminente pudesse rebaixar-se a enganar os outros. Emaranhado na obscura trama de metafísicos ensinamentos morais, agarrou-se à desculpa pela qual o egípcio transformava o vício em virtude. Seu orgulho estava sendo lisonjeado, sem que o percebesse, pelo fato de Arbaces ter-se dignado a elevá-lo ao seu nível, a isentá-lo das normas que regiam os outros, a transformá-lo em respeitável participante, tanto dos seus estudos místicos como das mágicas seduções do seu isolamento.

Os ensinamentos puros e severos do credo a que Olinto tentara convertê-lo tinham sido varridos da sua memória pelo dilúvio das novas paixões. E o egípcio, que era versado nos preceitos daquela genuína fé, e que logo ficou a par do efeito produzido sobre ele pelos seguidores, procurou, com muita habilidade, anulá-lo, usando argumentos meio sarcásticos e meio sérios ao mesmo tempo.

– Essa doutrina – disse ele – não passa de um plágio de uma das muitas alegorias inventadas por nossos antigos sacerdotes. Observa – acrescentou, apontando para um rolo de pergaminho cheio de hieróglifos –, repara nessas figuras antigas a origem da Trindade cristã. Aqui também estão três deuses: a Divindade, o Espírito e o Filho. Observa que o epíteto do Filho é "Salvador"; vê que o símbolo que caracteriza suas qualidades humanas é a cruz. Repara aqui, também, a história mística de Osíris: como morre, como jaz na tumba e como, tendo cumprido assim uma solene expiação, ressuscita de entre os mortos! Nessas histórias, pretendemos apenas esboçar uma alegoria das atividades da natureza e da evolução das eternas esferas celestes. Mas, ignorada a alegoria, os próprios símbolos forneceram aos povos crédulos material para inúmeras crenças. Percorreram as vastas planícies da Índia; misturaram-se às visionárias especulações da Grécia. Tornando-se mais vulgarizados e corporificados à medida que emergiam cada vez mais distantes do abrigo da sua antiga origem, assumiram uma forma humana e palpável nessa nova fé; e os crentes da Galiléia são apenas repetidores inconscientes de uma das superstições do Nilo.

Esse foi o argumento decisivo que venceu completamente o sacerdote. Era-lhe necessário, como o é para todos, acreditar em alguma coisa; e sem sentir-se dividido, e finalmente sem relutar, rendeu-se à crença exposta por Arbaces. E tudo o que há de humano nas paixões, tudo o que há de lisonjeiro na vaidade, tudo o que há de atraente no prazer, contribuía para atraí-lo e confirmar a nova crença.

Realizada tão facilmente sua conquista, o egípcio agora podia entregar-se por completo à realização de um objetivo muito mais importante e precioso, e comemorou, no seu sucesso com o irmão, um presságio de triunfo sobre a irmã.

Visitara Ione no dia seguinte ao festim que testemunhamos e que fora também o dia imediato ao que lhe tinha envenenado a mente contra seu rival. Visitou-a também no dia posterior, e no outro, e mais vezes. E a cada vez agia com refinada habilidade, em parte para confirmar suas impressões contra Glauco, mas principalmente para prepará-la para as idéias que queria que ela aceitasse.

A orgulhosa Ione esforçava-se por esconder a angústia que a afligia; e o orgulho feminino tem uma hipocrisia que consegue enganar os mais perspicazes e confundir os mais astutos. Mas Arbaces não era menos cauteloso, e evitava tocar num assunto que lhe parecia ser mais prudente tratar como se fosse de somenos importância. Sabia que, ao insistir muito em apontar os defeitos do rival, só o valorizava aos olhos da amada. A atitude mais sábia é não odiar declaradamente nem menosprezar com rancor. O plano mais sábio consiste em rebaixá-lo, falando dele com indiferença, como se nem sonhássemos que ele pudesse ser amado. A segurança reside em esconder as feridas impostas ao nosso orgulho e, sem que o percebam, agravar as do árbitro, cujo voto é decisivo. Essa, ao longo dos tempos, tem sido a tática de quem conhece a ciência do sexo – e agora era a tática do egípcio.

Não voltou, portanto, a se referir à presunção de Glauco; mencionava seu nome, mas não com mais freqüência do que citava o de Clódio ou de Lépido. Fingia agrupá-los todos na categoria de criaturas de espécie inferior e efêmera – criaturas iguais às borboletas, exceto quanto à inocência e à graça. Às vezes, mencionava por alto alguma orgia por ele engendrada, da qual dizia terem participado. Às vezes, citava-os como antípodas das nobres e espirituais naturezas a que Ione pertencia. Ofuscado pelo orgulho de Ione e, talvez, pelo seu próprio, não imaginava que ela já amava; mas temia que ela pudesse ter desenvolvido por Glauco as primeiras palpitantes simpatias que levam ao amor. E, secretamente, rangia os dentes com raiva e ciúme quando pensava na juventude, no encanto e na inteligência do temível rival que fingia subestimar.

Haviam decorrido quatro dias desde a data de conclusão do livro anterior, e Arbaces e Ione estavam sentados ao ar livre.

– Usas o véu em casa – disse o egípcio –, não é gentil para com as pessoas a quem honras com tua amizade.

– Mas para Arbaces – respondeu Ione, que na verdade tinha baixado o véu sobre o rosto para esconder os olhos vermelhos de tanto chorar –, para Arbaces, que só olha para a mente, que importa que a face esteja oculta?

– De fato, só olho a mente – replicou o egípcio. – Mostra-me então teu rosto, assim poderei olhar para ele.

– Estás ficando galanteador com os ares de Pompéia – disse Ione, com forçado tom de alegria.

– Achas, bela Ione, que só em Pompéia aprendi a apreciar-te? – a voz do egípcio tremeu, ele parou por um momento, depois continuou:

– Existe um amor, bela grega, que não é igual ao amor dos jovens e levianos... há um amor que não enxerga com os olhos, não escuta com os ouvidos, mas em que a alma se enamora de outra alma. O compatriota dos teus ancestrais, o meditativo Platão, sonhava com um amor assim; seus seguidores tentaram imitá-lo, mas é um amor que não é aceito pelas pessoas comuns... é um amor que só espíritos nobres e elevados conseguem entender... nada tem em comum com afinidades e laços de sentimentos vulgares... rugas não lhe repugnam... rostos feios não o fazem desistir; ele exige juventude, é verdade, mas só no vigor das emoções; pede beleza, é verdade, mas a beleza do pensamento e do espírito. Esse amor, ó Ione, é a única oferta digna de ti vinda de um homem frio e austero! Austero e frio me julgas, mas assim é o amor que me atrevo a depor no teu altar; podes recebê-lo sem corar.

– E seu nome é amizade! – replicou Ione. Era uma resposta inocente, embora soasse como uma censura de alguém consciente da intenção do interlocutor.

– Amizade! – exclamou Arbaces com veemência. – Não! Essa é uma palavra aviltada com demasiada freqüência para aplicar-se a um sentimento tão sagrado. Amizade! É um laço que amarra devassos e idiotas. Amizade! É o vínculo que une os corações frívolos de um Glauco e de um Clódio! Amizade! Não, esse é um sentimento mundano, de hábitos vulgares e sórdidas afinidades; o sentimento de que falo é tomado de empréstimo aos astros... faz parte do místico e inefável desejo que sentimos ao contemplá-los... queima, mas purifica... é a candeia de nafta num vaso de alabastro, ardendo com aromas fragrantes, mas brilhando só nos recipientes mais límpidos. Não, não é amor nem é amizade o que Arbaces sente por Ione. Não lhe dês um nome porque na Terra não há nome para ele... ele não é deste mundo. Por que aviltá-lo com epítetos e associações mundanas?

Jamais Arbaces se atrevera a ir tão longe, embora reconhecesse o terreno passo a passo – sabia estar usando uma linguagem que, se nesta nossa época de afetado platonismo soaria inequivocamente aos ouvidos de uma bela mulher, naquele tempo era estranha e desconhecida, à qual não poderia acrescentar nenhuma definição exata, e na qual poderia avançar imperceptivelmente, ou retroceder, conforme a ocasião o exigisse, conforme a esperança o encorajasse ou o receio o dissuadisse.

Ione tremia, embora não soubesse por quê. O véu ocultava-lhe o rosto e encobria uma expressão que, se vista pelo egípcio, o teria desiludido e enraivecido ao mesmo tempo. Na verdade, nunca Arbaces lhe parecera tão desagradável. A harmoniosa modulação da voz, tão persuasiva, que sempre disfarçava pensamentos ímpios, chegava-lhe dissonante aos ouvidos. Toda sua alma estava tomada pela imagem de Glauco, e o tom carinhoso de outrem só lhe provocava repulsa e aflição. No entanto, não imaginava que qualquer paixão mais ardente do que o platonismo que expressara se ocultasse sob as palavras de Arbaces. Pensava que ele, na verdade, falasse apenas de afeição e afinidades espirituais. Mas aquela afeição e aquelas afinidades não eram exatamente parte essencial dos sentimentos que nutria por Glauco? E poderiam outros passos que não os dele aproximar-se do recôndito santuário do seu coração?

Ansiosa por mudar logo o rumo da conversa, replicou, pois, num tom frio e indiferente:

– Quem quer que Arbaces honre com sua estima, é natural que sua elevada sabedoria dê a esse sentimento um colorido próprio; é natural que sua amizade seja mais pura do que a de outros, de cujas buscas e enganos ele não queira participar. Mas, dize-me Arbaces, tens visto meu irmão ultimamente? Há vários dias ele não vem me ver, e, quando o vi pela última vez, seu comportamento perturbou-me e inquietou-me muito. Temo que se tenha precipitado demais na grave escolha que fez e esteja arrependido de uma resolução irrevogável.

– Anima-te, Ione! – replicou o egípcio. – É verdade que há bem pouco tempo ele andava perturbado e triste; as dúvidas que o assaltaram, assaltariam qualquer um com o mesmo temperamento ardente que flui e reflui sem cessar, e vibra entre a excitação e a exaustão. Mas ele, Ione, ele me expôs suas ansiedades e aflições; buscava alguém que se compadecesse dele e que o amasse. Acalmei-lhe o espírito, afastei suas dúvidas e, do limiar, levei-o para o interior do Templo da Sabedoria; e diante da majestade da deusa, sua alma aquietou-se e apaziguou-se. Não temas, ele não se arrependerá; quem confia em Arbaces jamais se arrepende, por um momento sequer.

– Tu me alegras – disse Ione. – Meu querido irmão! Estou feliz com seu contentamento.

A conversa então derivou para assuntos mais leves; o egípcio esforçava-se por agradá-la, dignou-se até a distraí-la; a imensa diversidade de conhecimentos tornava-o capaz de embelezar e iluminar qualquer assunto que abordava. E Ione, esquecendo o desagradável efeito das suas primeiras palavras, estava empolgada, a despeito da sua tristeza, pela magia do intelecto de Arbaces. Seus gestos tornaram-se mais naturais e sua conversa mais fluente; e Arbaces, que havia aguardado uma oportunidade, apressou-se a agarrá-la.

– Nunca viste minha casa por dentro – disse ele –, talvez gostasses de vê-la. Há nela algumas salas que podem mostrar-te o que muitas vezes me pediste para descrever: o estilo de uma casa egípcia. Na verdade, não poderás perceber, nas exíguas proporções da arquitetura romana, a solidez, o enorme espaço, a gigantesca magnificência, e mesmo a estrutura interna dos palácios de Tebas e Mênfis, mas aqui e ali alguma coisa pode dar-te certa noção daquela antiga civilização que harmonizou o mundo. Dedica, pois, ao austero amigo da tua juventude uma dessas radiosas tardinhas de verão e permite que me orgulhe por minha pobre morada ser honrada com a presença da estimada Ione.

Ignorando a sujeira daquela casa, o perigo que a aguardava, Ione prontamente aceitou o convite. A visita foi marcada para o entardecer do dia seguinte, e o egípcio, com uma expressão serena e o coração batendo com arrebatada e profana alegria, partiu. Mal tinha saído quando outro visitante pediu para ser recebido... mas agora voltamos a Glauco.

5

A POBRE TARTARUGA
NOVAS MUDANÇAS PARA NÍDIA

O sol da manhã brilhava sobre o pequeno e perfumado jardim no interior do peristilo da casa do ateniense. Este, triste e apático, estava deitado na relva macia que fazia divisa com o *viridarium*, e um leve toldo estendido acima dele abrigava-o dos ardentes raios do sol de verão.

Quando essa encantadora mansão foi desenterrada, encontrou-se no jardim a carapaça de uma tartaruga que tinha vivido lá. Aquele animal, estranho elo da Criação, ao qual a natureza parece ter negado todos os prazeres da vida, exceto o de observá-la passiva e sonhadoramente, era hóspede da casa havia anos, antes de Glauco comprá-la, anos que, na verdade, ultrapassavam a memória do homem, e que a tradição situa numa época quase incrível.

A casa tinha sido construída e reconstruída; seus donos tinham mudado e variado; gerações tinham florescido e empobrecido, e a tartaruga continuara a arrastar-se em sua lenta e solitária existência. No terremoto, que dezesseis anos antes desmoronara muitos prédios públicos da cidade e afugentara os apavorados habitantes, a casa que Glauco então ocupava havia sido terrivelmente danificada. Os proprietários abandonaram-na por muitos dias; ao regressar, limparam os escombros que atravancavam o *viridarium* e encontraram a tartaruga, ilesa e sem tomar conhecimento da destruição ao redor. Parecia possuir algum feitiço no sangue indolente e nos movimentos imperceptíveis. No entanto, não era tão preguiçosa como parecia, seguia um trajeto regular e monótono: centímetro a centímetro, percorria o pequeno âmbito do seu domínio, levando meses para dar uma volta completa. Era uma viajante incansável, aquela tartaruga!

Pacientemente, e com esforço, cumpria as jornadas que se autoprescrevia, sem mostrar nenhum interesse pelas coisas ao seu redor – uma filósofa concentrada em si mesma. Havia algo de solene em seu solitário egoísmo! – o sol, sob o qual lagarteava... as águas, que todo dia respingavam sobre ela... o ar, que insensivelmente inalava, eram seus únicos e inexauríveis prazeres. As amenas mudanças de estação, naquele clima adorável, não a afetavam. Abrigava-se na sua carapaça como o santo na sua piedade, como o sábio no seu saber, como o apaixonado na sua esperança.

Era impermeável aos abalos e mutações do tempo – era a personificação do tempo: lenta, constante, perpétua, alheia às paixões que se agitavam ao redor, ao desgaste e ruína dos mortais. Pobre tartaruga! Positivamente, só a erupção de vulcões, as convulsões do mundo a destroçar-se, conseguiria apagar a indolente centelha que a animava! A Morte inexorável, que não poupa luxo nem beleza, passava indiferente por uma criatura à qual a morte traria apenas mudanças insignificantes.

O ativo e ardente grego via naquele animal todas as maravilhas e qualidades do contraste. Passava horas acompanhando seu lento avanço, fazendo reflexões morais sobre seu mecanicismo. Quando alegre, desprezava-a; quando infeliz, invejava-a.

Observando-a agora, enquanto estava deitado no gramado, seu vulto achatado movendo-se, embora parecendo imóvel, o ateniense murmurou consigo mesmo:

– A águia deixou cair de suas garras uma pedra, achando que quebraria tua carapaça; a pedra esmagou a cabeça de um poeta. Essa é a alegoria do destino! Criatura sem graça! Tiveste pai e mãe; talvez em épocas passadas tenhas tido uma companheira. Teus pais amaram, ou tu amaste? Teu sangue lerdo circulava mais alegremente quando te arrastavas ao lado da tua amada? Foste capaz de sentir emoções? Ficavas angustiado quando ela não estava perto de ti? Percebias quando ela estava presente? O que não daria para saber a história do teu peito abrigado sob essa carapaça, para observar o mecanismo dos teus vagos desejos, para distinguir a tênue diferença que separa tua tristeza da tua felicidade! No entanto, parece-me que saberias se Ione estivesse aqui! Sentirias sua aproximação como uma brisa propícia, como um Sol muito brilhante. Invejo-te agora, pois não sabes que ela está ausente; e eu... eu gostaria de ser como tu, nos intervalos em que não a vejo! Que dúvidas, que pressentimentos me perseguem! Por que ela não me recebe? Já se passaram dias sem ouvir a sua voz. Pela primeira vez, a vida me parece monótona. Sinto-me como alguém que está sozinho num banquete, as luzes apagadas e as flores murchas. Ah! Ione, se soubesses como te adoro!

A entrada de Nídia interrompeu-lhe os apaixonados devaneios. Vinha com passo leve e cauteloso sobre o mármore do *tablinum*. Atravessou o pórtico e parou perto das flores, na borda do jardim. Trazia na mão o regador, e molhava as sequiosas plantas, que pareciam avivar-se à sua chegada. Inclinava-se para inalar seu perfume. Tocava-as tímida e carinhosamente, passava a mão nas hastes para sentir se alguma folha seca ou inseto rastejante lhes empanavam a beleza. Enquanto andava de flor em flor, com seu jeito diligente e juvenil e movimentos graciosos, não se poderia imaginar uma auxiliar mais apropriada para a deusa do jardim.

– Nídia, minha menina! – disse Glauco.

Ao som da sua voz, ela parou de repente, escutando, corando, ofegante; com os lábios entreabertos, o rosto erguido para captar a direção do som, pousou o regador e correu para ele; e era assombroso ver com que firmeza seguia seu escuro caminho por entre as flores, e, pelo atalho mais curto, aproximou-se do seu novo senhor.

– Nídia – disse Glauco, afagando-lhe ternamente os longos e belos cabelos –, já faz três dias que estás aqui sob a proteção dos meus deuses Lares. Têm eles se mostrado propícios? Estás feliz?

– Ah! Muito feliz! – suspirou a escrava.

– E agora – prosseguiu Glauco – que te recobraste um pouco das odiosas recordações da vida que levavas; agora que te vestiram (tocou na sua túnica bordada) com trajes mais adequados ao teu corpo delicado; agora, meiga criança, que te acostumaste à felicidade (que os deuses te conservem para sempre!) estou prestes a pedir-te uma dádiva.

– Oh! Que posso fazer por ti? – perguntou Nídia, juntando as mãos com os dedos entrelaçados.

– Ouve – disse Glauco –, embora tão jovem, serás minha confidente! Alguma vez ouviste falar em Ione?

A jovem cega fez um esforço para respirar, e, ficando tão pálida como as estátuas que brilhavam acima deles no peristilo, respondeu com esforço e após um instante de pausa:

– Sim! Ouvi dizer que é de Nápoles, e bela.

– Bela! Sua beleza é algo capaz de ofuscar o dia! Nápoles! Não, grega é sua origem; só a Grécia poderia gerar formas como as dela. Nídia, eu a amo!

– Foi o que pensei – replicou Nídia calmamente.

– Amo-a, e tu lhe dirás isso. Em breve, te enviarei para ela. Feliz Nídia, entrarás em seu quarto... te deleitarás com o luminoso ar da sua presença!

– Que! Queres mandar-me para longe de ti?

– Irás para Ione – respondeu Glauco, num tom que significava "Que mais podes desejar?".

Nídia desatou a chorar.

Erguendo-se, Glauco puxou-a

para si com afagos de um irmão, procurando tranqüilizá-la.

– Minha menina, minha Nídia, choras por não perceber a felicidade que estou te proporcionando. Ela é gentil, meiga e doce como a brisa da primavera. Será uma companheira para a tua mocidade, apreciará teus belos predicados, amará teus singelos encantos como ninguém o faria, pois são semelhantes aos dela. Ainda choras, querida tolinha? Não te forçarei, minha menina. Não queres fazer-me esse favor?

– Bem, se posso ajudar-te, ordena! Vê, não estou mais chorando... estou calma.

– Esta é a minha Nídia – prosseguiu Glauco, beijando-lhe a mão. – Vai, então, para ela; se ficares decepcionada, se te enganei, volta quando quiseres. Não estou te dando a outrem; só estou emprestando. Minha casa será sempre teu refúgio, querida. Ah! Que ela possa sempre abrigar todos os desprotegidos e aflitos! Mas, se meu coração está falando a verdade, minha menina, logo te chamarei de volta. Minha casa e a de Ione serão a mesma, e viverás conosco.

Um calafrio passou pelo corpo franzino da ceguinha, mas ela não chorava mais; estava resignada.

– Vai então, minha Nídia, para casa de Ione; indicar-te-ão o caminho. Leva-lhe as mais lindas flores que conseguires colher; eu te darei o vaso no qual as colocarás; deves pedir-lhe que releve sua insignificância. Leva contigo também o alaúde que te dei ontem e cujo encantador espírito tão bem soubeste despertar. Além disso, lhe entregarás esta carta na qual, após centenas de esforços, consegui dar uma certa organização aos meus pensamentos. Que teus ouvidos captem cada inflexão, cada modulação da sua voz, e, quando voltarmos a nos encontrar, me digas, pela sua entonação, se posso alimentar esperanças ou devo desanimar. Faz alguns dias, Nídia, que Ione não me recebe em sua casa; há algo de misterioso nessa rejeição. Estou perplexo, com dúvidas e temores. Descobre, pois és perspicaz, e tua estima por mim multiplicará por dez tua sagacidade... Descobre o motivo desse tratamento cruel; fala de mim sempre que puderes; faz que meu nome esteja sempre em teus lábios. Em vez de afirmar, insinua-lhe o quanto eu a amo; observa se ela suspira enquanto falas, se reage bem às tuas palavras; ou, se as reprova, em que tom faz sua reprovação. Sê minha amiga, defende a minha causa. E... oh! que imenso favor me farás em troca do pouco que fiz por ti! Compreendeste, Nídia... ou será que falei mais do que consegues entender?

– Não.

– E vais me ajudar?

– Sim.

– Volta aqui quando tiveres colhido as flores e te darei o vaso de que falei; procura-me na alcova de Leda. Querida, agora não estás mais triste, não é?

– Glauco, eu sou uma escrava; que tenho a ver com tristeza ou alegria?

– Por que falas assim? Não, Nídia, sê livre. Concedo-te a liberdade; desfruta-a como quiseres, e perdoa-me por ter achado que quisesses ajudar-me.

– Estás ofendido? Oh! Não quero, por algo que nenhuma liberdade pode dar... não quero ofender-te, Glauco. Meu guardião, meu salvador, meu protetor, perdoa a pobre ceguinha!

– Que os deuses abençoem esse coração agradecido! – disse Glauco, muito comovido; e, inconsciente do fogo que avivava, deu-lhe vários beijos na testa.

– Tu me perdoaste – disse ela –, e não voltes a falar em liberdade. Minha felicidade é ser tua escrava; prometeste que jamais me darás a outra pessoa...

– Prometi.

– Agora, então, vou colher as flores.

Silenciosamente, Nídia tomou da mão de Glauco o rico vaso incrustado de pedras preciosas, no qual as flores rivalizavam entre si em cor e fragrância. Sem lágrimas, recebeu as últimas recomendações. Parou um momento, quando a voz dele se calou – não confiava em si mesma para responder. Tomou-lhe a mão, levou-a aos lábios, baixou o véu sobre o rosto e afastou-se. Parou de novo ao chegar à soleira da porta, estendeu as mãos e murmurou:

– Três dias felizes... dias de indizível encanto vivi desde que te transpus... abençoado limiar! Que a paz more para sempre aqui quando eu me for! E agora até meu coração chora por ti, e a única coisa que me grita é: morre!

6

A BELDADE FELIZ E A ESCRAVA CEGA

Uma escrava entrou na alcova de Ione. Uma mensageira de Glauco desejava ser recebida.

Ione hesitou um instante.

– A mensageira é cega – disse a escrava –, não quer dar seu recado a ninguém, só a ti.

Mesquinho é o coração que não respeita a atribulação! No momento em que ouviu que a mensageira era cega, Ione sentiu que não era possível responder com frieza. Glauco tinha escolhido uma mensageira realmente sagrada, mensageira que não podia ser repelida.

– Que pode ele querer de mim? Que mensagem terá enviado? – e o coração de Ione bateu apressado.

O reposteiro diante da porta estava repuxado; percebiam-se passos leves e silenciosos no chão de mármore, e Nídia, guiada por uma das criadas, entrou com seu valioso presente.

Ficou imóvel por um momento, como se procurasse ouvir algum som que pudesse orientá-la.

– Será que a nobre Ione – disse ela em tom suave e baixo – se dignaria a falar, para que eu possa saber aonde devo dirigir estes passos que as trevas cercaram e para depositar minha oferenda aos seus pés?

– Bela criança! – disse Ione, comovida e brandamente. – Não te dês ao trabalho de atravessar esses pisos escorregadios.

Minha serva me entregará o que tens para ofertar-me – e fez um sinal à criada para que apanhasse o vaso.

– Só posso entregar este vaso a ti – disse Nídia, e, guiada pela audição, caminhou lentamente até o lugar onde Ione estava sentada. Ajoelhando-se quando chegou diante dela, ofereceu-lhe o vaso.

Ione tomou-o das suas mãos e colocou-o sobre a mesa, ao seu lado. Então levantou-a delicadamente e queria sentá-la no divã, mas, recatadamente, a menina resistiu.

– Ainda não me desincumbi da minha missão – disse Nídia, e tirou da veste a carta de Glauco. – Isto talvez explique por que aquele que me enviou escolheu tão modesta mensageira para Ione.

A napolitana pegou a carta com uma das mãos, cujo tremor Nídia sentiu, e suspirou ao senti-lo. De braços cruzados e olhos baixos, ficou de pé diante da altiva e imponente silhueta de Ione, não menos altiva, talvez, em sua atitude submissa. A um aceno de Ione, as criadas se retiraram. Então ela olhou de novo para a jovem escrava, com surpresa e comovente compaixão. A seguir, afastou-se dela um pouco, abriu e leu a seguinte carta:

> Glauco escreve a Ione mais do que ousaria falar. Ione está doente? Tuas escravas me dizem "não", e essa resposta me conforta. Teria Glauco ofendido Ione? Ah! Não posso perguntar isso a elas. Há cinco dias tenho sido banido da tua presença. O Sol tem brilhado? Não sei. Não sei. O céu tem sorrido? Para mim não sorriu. Meu sol e meu céu são Ione. Estou te ofendendo? Estou sendo demasiado atrevido? Estarei dizendo na tábula o que minha língua hesitou em pronunciar? Pobre de mim! É na tua ausência que mais sinto os encantos com que me subjugaste. E a ausência, que me priva da alegria, dá-me coragem. Não queres ver-me; baniste também os habituais galanteadores que flanavam ao teu redor. Será que me confundes com eles? Não é possível! Sabes muito bem que não sou um deles, que não sou feito do mesmo barro. Pois, embora eu seja do mais humilde molde, a fragrância da rosa impregnou-me, e a essência da tua natureza penetrou no meu íntimo, para embalsamar, santificar, inspirar. Será que me caluniaram perante ti, Ione? Não deves acreditar neles. Se o próprio

oráculo de Delfos me afiançasse seres indigna, eu não acreditaria; e sou menos incrédulo do que tu. Penso na última vez em que nos encontramos, na canção que cantei para ti... e no olhar que em troca me deste. Disfarça, se quiseres, Ione, mas existe alguma afinidade entre nós, e nossos olhos a percebem, embora nossos lábios se calem.

Digna-te a receber-me, a ouvir-me, e depois rejeita-me, se assim quiseres. Não pretendia dizer tão cedo que te amo, mas essas palavras afluíram ao meu coração... precisam expressar-se. Aceita, pois, minha homenagem e minhas juras. Nosso primeiro encontro foi no Templo de Palas; não poderíamos encontrar-nos diante de um altar mais antigo e mais benigno?

Bela! Adorada Ione! Se minha ardente juventude e meu sangue ateniense me desencaminharam e me iludiram, também me ensinaram, em minhas divagações, a apreciar o resto – o céu que alcançaram. Depus minhas roupas molhadas no santuário do deus do Mar. Escapei do naufrágio. Encontrei-te! Ione, digna-te a receber-me; és gentil com estranhos, serias menos indulgente com alguém da tua própria terra?

Aguardo tua resposta. Aceita as flores que envio: seu doce aroma tem uma linguagem mais eloqüente do que as palavras. Elas recebem do Sol o perfume que nos devolvem; são o símbolo do amor que recebe e retribui decuplicado; símbolo do coração que sorveu teus raios e que deve a ti o germe dos tesouros que oferta ao teu sorriso. Envio-as por alguém a quem acolherás em consideração a ela própria, se não em consideração a mim. Ela, como nós, é estrangeira; as cinzas de seus pais repousam sob céus mais luminosos. Mas, menos feliz do que nós, ela é cega e escrava. Pobre Nídia! Tento, na medida do possível, compensar-lhe as crueldades da natureza e do destino, ao pedir permissão para que a recebas em tua casa. Ela é gentil, inteligente e dócil. Tem talento para música e canto, e é uma verdadeira Clóris para as flores. Ela acha, Ione, que gostarás dela; se não gostares, manda-a de volta para mim.

Mais uma palavra: permite-me ser atrevido, Ione! Por que tens por aquele egípcio sombrio tamanha consideração? Ele não tem a aparência de um homem honesto.

Nós, gregos, estudamos a humanidade desde o berço; não somos menos profundos, embora não afetemos um semblante grave; nossos lábios sorriem, mas nossos olhos são sérios... eles observam... reparam... estudam. Arbaces não é alguém em quem se possa confiar credulamente; será que ele me caluniou diante de ti? Penso que sim, pois deixei-o na tua companhia; viste como minha presença o afligiu; desde então, não me recebeste mais. Não acredites em nada que ele possa ter dito contra mim; se já acreditaste, dize-me logo, pois isso Ione deve a Glauco. Adeus! Esta carta toca tua mão; estas letras encontram-se com teus olhos... sejam elas mais afortunadas do que seu autor. Mais uma vez, adeus!

Quando leu a carta, Ione sentiu-se como se uma névoa tivesse se dissipado diante dos seus olhos. Qual fora a suposta ofensa de Glauco? Não amá-la realmente? E agora, em termos inequívocos, ele confessava seu amor. A partir daquele momento, seu domínio estava totalmente recuperado. A cada palavra terna daquela carta, tão repleta de romântica e esperançosa paixão, o coração de Ione batia mais forte. E ela duvidara da sua fidelidade e acreditara em outro! E não lhe negara até mesmo o direito que todo réu tem de saber qual o seu crime e pleitear sua defesa? Lágrimas rolaram-lhe pelas faces; beijou a carta e guardou-a no seio. Voltando-se então para Nídia, que continuava de pé no mesmo lugar e com a mesma postura, disse:

– Senta-te, minha criança, enquanto escrevo a resposta!
– Então vais escrever! – disse Nídia com frieza. – Bem, a escrava que me acompanhou levará tua resposta.
– Quanto a ti – disse Ione –, fica comigo, teus serviços serão leves.

Nídia baixou a cabeça.

– Como te chamas, linda criança?
– Chamam-me Nídia.
– Tua pátria?
– A terra do Olimpo... Tessália.
– Serás uma amiga para mim – disse Ione carinhosamente –, já que és quase minha compatriota. Enquanto isso, rogo-te, não continues de pé nesses mármores lisos e frios. Isto, aqui! Agora que estás sentada, posso deixar-te por um instante para escrever um bilhete.

Cumprimentos de Ione para Glauco. Vem ver-me, Glauco; vem ver-me amanhã. Talvez tenha sido injusta contigo, mas pelo menos te direi qual a falta que te imputaram. Não temas o egípcio, de hoje em diante; não temas ninguém. Disseste que te expressaste demais... ai de mim! Nestas apressadas palavras, acabei de fazer a mesma coisa. Adeus!

Quando Ione reapareceu com a carta, que não ousou ler depois de escrita (Ah! a conhecida precipitação, a habitual timidez do amor!), Nídia ergueu-se da cadeira.

– Escreveste para Glauco?
– Sim, escrevi.
– E ele agradecerá ao mensageiro que lhe entregar tua carta?

Ione esqueceu que sua companheira era cega; corou da testa ao pescoço, e ficou calada.

– O que quero dizer – acrescentou Nídia num tom mais calmo – é que a mínima palavra de frieza vinda de ti o entristecerá... a menor palavra amável o deixará feliz. Se for a primeira hipótese, pede ao escravo que leve tua resposta; se for a segunda, deixa que eu vá... regressarei ao entardecer.

– E por que – perguntou Ione, evasiva – queres ser portadora da minha carta?

– Então é isso! – exclamou Nídia. – Ah! Como poderia ser de outra forma; quem conseguiria ser indelicado com Glauco?

– Minha criança – disse Ione, um pouco mais reservada do que antes –, falas com muito arrebatamento... então Glauco, a teu ver, é amável?

– Nobre Ione, Glauco tem sido para mim o que nem a sorte nem os deuses foram: um amigo.

A tristeza, associada à dignidade, com que Nídia proferiu aquelas singelas palavras comoveu a bela Ione. Ela então se inclinou e beijou-a.

– És grata, e com razão; por que deveria eu corar ao afirmar que Glauco merece tua gratidão? Vai, Nídia, entrega-lhe pessoalmente esta carta, mas volta. Se eu não estiver em casa quando voltares, pois talvez hoje à noite não estarei, teu quarto estará arrumado, ao lado do meu. Nídia, não tenho irmã, queres ser uma irmã para mim?

No primeiro plano da cena de banquete, vê-se uma mesa com um elegante aparelho, de jantar de prata. Dois pares estão reclinados nos divãs. A casa tem o nome de "A casa dos castos amantes" porque um dos casais reclinados beija-se ternamente.

A tessaliana beijou a mão de Ione, depois disse, meio constrangida:

– Um favor, bela Ione... posso atrever-me a pedir-te?

– Só não podes pedir o que eu não possa cumprir – respondeu a napolitana.

– Dizem-me que tua beleza transcende as maravilhas terrestres. Ai de mim! Não posso ver o que embeleza o mundo. Será que me permites passar a mão em teu rosto? É o meu único padrão de julgamento da beleza, e eu geralmente acerto.

Não esperou pela resposta de Ione, e, enquanto falava, passou delicada e lentamente a mão pelo rosto inclinado e meio afastado da grega – rosto que só uma imagem no mundo ainda consegue reproduzir e lembrar: essa imagem é a da mutilada, mas surpreendente estátua em sua cidade natal, sua Nápoles, o rosto de uma nativa de Paros, diante da qual toda a beleza da Vênus florentina é medíocre e comum; aquele semblante tão pleno de harmonia, de juventude, de espírito, que os críticos modernos julgaram ser a representação de Psique.

Sua mão demorou-se sobre os cabelos trançados e a testa acetinada, sobre as suaves e róseas faces, sobre os lábios bem torneados e o níveo pescoço de cisne.

– Agora sei que és bela – disse –, e poderei, de hoje em diante, reproduzir-te em minhas trevas, e para sempre!

Quando Nídia saiu, Ione mergulhou num profundo e delicioso devaneio. Glauco a amava, então; ele o confessara. Sim, ele a amava. Tornou a ler a querida confissão; detinha-se em cada palavra, beijava cada linha. Não se perguntou por que ele tinha sido caluniado, apenas tinha certeza de que o fora. Indagava-se como pudera acreditar numa única sílaba contra ele; perguntava-se como o egípcio conseguira exercer algum poder contra Glauco. Sentiu um calafrio percorrê-la quando tornou a ler sua advertência contra Arbaces, e seu medo secreto daquele ser sombrio transformou-se em obscuro terror. Foi despertada desses pensamentos pelas criadas, que vieram anunciar-lhe que tinha chegado a hora marcada para a visita a Arbaces; sobressaltou-se, tinha esquecido a promessa. Seu primeiro impulso foi desistir; o segundo, rir dos próprios temores em relação ao seu mais antigo amigo. Apressou-se a acrescentar os ornamentos habituais às suas vestes, e indecisa sobre se deveria interrogar mais detidamente o egípcio a respeito de suas acusações contra o grego, ou se deveria esperar até que, sem citar a fonte, pudesse insinuar a Glauco o teor da acusação, tomou o caminho da tenebrosa mansão de Arbaces.

7

IONE CAI NA ARMADILHA
O RATO TENTA ROER A REDE

– Querida Nídia! -- exclamou Glauco, quando leu a carta de Ione. – Mensageira com as mais alvas vestes que já passou entre a terra e o céu, como poderei agradecer-te?
– Estou recompensada – disse a pobre tessaliana.
– Amanhã... amanhã! Como conseguirei matar o tempo até lá?

O enamorado grego não queria deixar que Nídia lhe escapasse, embora ela tivesse tentado várias vezes sair do aposento; fê-la recitar uma vez, várias vezes, cada sílaba da breve conversa entre ela e Ione; mil vezes, esquecendo seu infortúnio, fez-lhe perguntas sobre os olhares, sobre o semblante da amada; logo em seguida, desculpando-se pela sua falta, pedia-lhe que recomeçasse todo o recital que ele tinha interrompido. As horas, tão dolorosas para Nídia, passaram rápida e prazerosamente para ele, e o crepúsculo já se adensava quando ele a mandou voltar para Ione, com uma nova carta e novas flores. Ela mal havia saído quando Clódio e vários de seus alegres companheiros entraram; zombaram dele por sua reclusão durante o dia inteiro e por sua ausência nos lugares habitualmente freqüentados; convidaram-no a acompanhá-los a alguns pontos agradáveis daquela animada cidade, onde a noite e o dia ofereciam prazeres variados. Naquela época, como agora, no Sul (pois talvez nenhuma região, tendo perdido tanto da sua grandeza, tenha conservado tanto seus costumes), o prazer dos italianos era reunirem-se à tardinha, e, sob os pórticos dos templos, ou à sombra das árvores que se espalhavam pelas ruas, ouvindo música ou os recitais de algum inventivo contador de histórias, saudarem o nascer da Lua com libações de vinho e canções. Glauco sentia-se feliz demais para ser anti-social; ansiava por dar vazão à exuberância de alegria que o tomava. Aceitou de bom grado a proposta dos companheiros e, risonhos, saíram pelas ruas iluminadas e apinhadas de gente.

Nesse meio tempo, Nídia mais uma vez chegava à casa de Ione, que há muito saíra. Indiferente, perguntou para onde tinha ido. A resposta deixou-a apreensiva e assustada.

– À casa de Arbaces... do egípcio? Impossível!

– É verdade, minha pequena – disse a escrava que respondera à sua pergunta. – Ela conhece o egípcio há muito tempo.

– Muito tempo, ó deuses! E ainda assim Glauco a ama? – murmurou Nídia consigo mesma. – E ela – perguntou em voz alta –, ela já o visitou muitas vezes antes?

– Nunca, até hoje – respondeu a escrava. – Se os boatos que correm em Pompéia forem verdade, talvez teria sido melhor que ela não se aventurasse a ir lá. Mas ela, pobre senhora, não ouve nada do que chega aos nossos ouvidos; as conversas do vestíbulo não chegam ao peristilo.

– Nunca até hoje! – repetiu Nídia. – Tens certeza?

– Sim, minha linda; mas que importância tem para ti ou para nós?

Nídia hesitou um momento, e então, largando as flores de que fora portadora, chamou o escravo que a tinha acompanhado e saiu sem dizer palavra. E só quebrou o silêncio a meio caminho da casa de Glauco, e ainda assim apenas murmurou consigo mesma:

– Ela não imagina... não pode imaginar... os perigos em que se precipitou. Louca que sou... Devo salvá-la? Sim, porque amo Glauco mais do que a mim mesma.

Quando chegou à casa do ateniense, foi informada de que ele saíra com um grupo de amigos, e ninguém sabia aonde tinha ido. Provavelmente não voltaria antes da meia-noite.

A tessaliana suspirou; sentou-se num banco no saguão e

O painel central continha a pintura mais importante. Esta, que dominava o centro da parede norte do *tablinum* (sala que separava o peristilo do *atrium*), retratava Marte e Vênus, à esquerda; no centro, Eros e grupos de criadas observando a cena.

cobriu o rosto com as mãos, como se para coordenar as idéias.

"Não há tempo a perder!", pensou.

Levantando-se, voltou-se para o escravo que a tinha acompanhado:

– Sabes se Ione tem algum parente, algum amigo íntimo em Pompéia?

– Ora, por Júpiter! – respondeu ele. – És tão estúpida a ponto de fazer uma pergunta dessas? Em Pompéia todo mundo sabe que Ione tem um irmão que, jovem e rico (em segredo posso falar), foi tão tolo a ponto de tornar-se sacerdote de Ísis.

– Sacerdote de Ísis? Ó deuses! Como se chama?

– Apecides.

– Entendi tudo – murmurou Nídia. – Irmão e irmã, então, vão ser ambos vítimas! Apecides! Foi este o nome que ouvi em... Ah! Então ele bem deve saber do perigo que ronda sua irmã; irei procurá-lo.

Com esse pensamento, moveu-se decidida e, pegando o bastão com que sempre guiava seus passos, caminhou depressa para o vizinho Templo de Ísis. Até encontrar-se sob a guarda do bondoso grego, aquele bastão fora suficiente para orientar a pobre cega de uma esquina a outra de Pompéia. Cada rua, cada curva das áreas mais freqüentadas lhe eram familiares; e como os habitantes cultivavam uma terna e quase supersticiosa veneração pelas vítimas da sua invalidez, os transeuntes sempre abriam caminho para os seus tímidos passos. Pobre menina, sequer imaginava que, dentro de poucos dias, consideraria a cegueira como sua proteção, e um guia muito mais seguro do que os olhos mais penetrantes!

Mas, desde que fora recebida na casa de Glauco, este determinara que um escravo sempre a acompanhasse; e o pobre diabo designado para isso, que era dos mais obesos, e que, tendo percorrido duas vezes o caminho até a casa de Ione, via-se agora condenado a uma terceira excursão (para onde, só os deuses o sabiam!): corria atrás de Nídia, deplorando seu destino, e garantindo solenemente, por Castor e Pólux, que acreditava que a ceguinha possuía as sandálias aladas de Mercúrio, bem como a inconstância de Cupido.

Nídia, porém, pouco precisava da sua assistência para encontrar o caminho até o popular Templo de Ísis; o espaço diante dele estava deserto àquela hora, e ela avançou sem dificuldade para a balaustrada sagrada.

– Aqui não há ninguém – disse o escravo gordo. – Que procuras, ou a quem? Não sabes que os sacerdotes não vivem no templo?

– Chama! – disse ela com impaciência. – Noite e dia, há pelos menos um flâmine velando no altar de Ísis.

O escravo chamou; ninguém apareceu.

– Não estás vendo ninguém?

– Ninguém.

– Estás enganado; ouvi um suspiro; olha de novo.

O escravo, espantado e resmungando, olhou ao redor com olhos sonolentos, e, diante de um dos altares cujas ruínas ainda estão amontoadas no exíguo espaço, percebeu um vulto inclinado, como se estivesse meditando.

– Vejo um vulto – disse –, e, pelas vestes brancas, é um sacerdote.

– Ó flâmine de Ísis, ouve-me! – gritou Nídia.

– Quem chama? – respondeu uma voz baixa e melancólica.

– Alguém que não vem transmitir uma mensagem qualquer a um membro da tua congregação. Venho para declarar e não para pedir oráculos!

– Com quem queres falar? Não são horas para conferências. Vai-te, não me perturbes! A noite é consagrada aos deuses; o dia, aos homens!

– Parece-me que conheço a tua voz. És a pessoa que procuro. Eu já ouvi falar em ti, mas só uma vez. Não és o sacerdote Apecides?

– Sou eu – replicou o sacerdote, levantando-se diante do altar e aproximando-se da balaustrada.

– És tu! Que os deuses sejam louvados! – e, acenando para o escravo, mandou-o ficar a distância. Este, que naturalmente imaginava que só alguma superstição, talvez ligada à segurança de Ione, poderia tê-la levado ao templo, obedeceu e sentou-se no chão, a pouca distância.

– Silêncio! – disse ela, falando baixinho e rápido. – És mesmo Apecides?

– Se me conheces, não te lembras do meu rosto?

– Sou cega – respondeu Nídia –, meus olhos são meus ouvidos, e estes te reconhecem. Mesmo assim, juras que és Apecides!

– Juro pelos deuses, pela minha mão direita, e pela Lua!

– Silêncio! Fala baixo, inclina-te mais, dá-me tua mão! Conheces Arbaces? Não depositaste flores aos pés do morto? Ah! tua mão está fria... continua ouvindo! Fizeste o terrível juramento?

– Quem és, de onde vens, pálida donzela? – perguntou Apecides, amedrontado. – Não te conheço; não foi no teu regaço que minha cabeça repousou; nunca te vi antes.

– Mas ouviste a minha voz; não importa, despertar essas recordações envergonha-nos a ambos. Ouve, tens uma irmã.

Os Últimos Dias de Pompéia 163

– Fala! Fala! Que aconteceu com ela?

– Sei, estrangeiro, que conheceste os festins do morto, talvez te agrade partilhá-los, mas gostarias de ter tua irmã como companheira? Ficarias feliz sabendo que ela é hóspede de Arbaces?

– Ó deuses, ele não se atreveria! Menina, se estiveres me enganando, treme! Eu te despedaçaria membro por membro!

– Estou falando a verdade, e enquanto falo Ione está na casa de Arbaces... seu anfitrião pela primeira vez. Não ignoras os perigos da primeira vez! Adeus! Cumpri minha missão.

– Pára! Não te vás! – gritou o sacerdote, passando a mão lívida pela testa. – Se isso é verdade, que se pode fazer para salvá-la? Talvez não me deixem entrar. Não conheço todos os meandros daquela casa intricada. Ó Nêmesis! Estou sendo punido com razão!

– Dispensarei o escravo; sê tu meu guia e companheiro. Vou conduzir-te até a porta secreta; em seguida, te direi a senha de entrada. Leva alguma arma; pode ser necessária!

– Aguarda um instante – disse Apecides, entrando numa das celas que flanqueavam o templo e reaparecendo momentos depois envolto num amplo manto, que então era usado por todas as classes e que ocultava suas vestes sacerdotais. – Agora – disse, rangendo os dentes –, se Arbaces ousou... mas não ousaria! Não ousaria! Por que devo suspeitar dele? Será um canalha tão desprezível? Eu não imaginaria isso... Sofista, sim! Tenebroso e hábil na arte de confundir, isso ele é! Ó deuses, protegei-me!... Deuses existem? Sim, existe ao menos uma deusa, cuja voz posso comandar, e é... Vingança!

Murmurando esses pensamentos desconexos, Apecides, seguido por sua silenciosa e cega companheira, andava apressado pelos caminhos mais ermos rumo à casa do egípcio.

Abruptamente despedido por Nídia, o escravo sacudiu os ombros, murmurou um esconjuro e, de bom grado, voltou arrastando-se para seu cubículo.

8

A SOLIDÃO E O SOLILÓQUIO DO EGÍPCIO
ANÁLISE DO SEU CARÁTER

Devemos retroceder algumas horas no desenrolar da nossa história. Aos primeiros sinais do alvorecer do dia que Glauco marcara como especial, o egípcio estava sentado, insone e solitário, no topo da alta torre piramidal que lhe flanqueava a casa. O alto parapeito que a circundava parecia um muro e aliava-se à altura da construção e às árvores copadas que cercavam a casa para desafiar os olhares indiscretos dos curiosos, ou de simples observadores. Diante dele, havia uma mesa, sobre a qual estava estendido um rolo de pergaminho repleto de figuras místicas. No alto, as estrelas iam ficando pálidas e indistintas, e as sombras da noite dissipavam-se no cume das montanhas áridas. Apenas sobre o Vesúvio pairava uma nuvem densa e negra, que há alguns dias tornara-se mais escura e carregada. A luta entre a noite e o dia era mais visível sobre o vasto oceano, que se estendia calmo como um lago gigantesco, orlado pelas praias que o cingiam e que, cobertas de vinhedos e árvores, e deixando ver aqui e ali as paredes brancas das cidades adormecidas, desciam até as escassas e murmurantes ondas.

Era a mais sagrada de todas as horas para a arrojada ciência do egípcio – ciência que pretendia ler nos astros nossos incertos destinos.

Arbaces tinha preenchido o pergaminho, anotara a hora e o signo e, apoiando o queixo na mão, entregou-se às reflexões que seus cálculos provocavam.

    – Mais uma vez os astros me alertam! Então, com certeza, algum perigo me aguarda! – disse lentamente. – Algum perigo violento e de origem imprevisível. Os astros mostram-me a mesma ameaça escarninha que, se nossas crônicas não estiverem erradas, uma vez mostraram a Pirro – a ele, condenado a lutar por tudo, e não desfrutar nada; a sempre atacar, jamais vencer; batalhas sem frutos, lauréis sem triunfo, fama sem sucesso; por fim, acovardado por suas próprias superstições, morto como um cão por uma telha arremessada pela mão de uma velha! Na verdade, os astros me lisonjeiam, quando me prefiguram como aquele alucinado por guerras, ao prometer ao ardor do meu saber os mesmos resultados que os da sua insensata ambição: perpétua labuta, nenhum objetivo definido! A tarefa de Sísifo, a montanha e a rocha! A rocha... imagem sombria... faz-me lembrar que estou ameaçado por morte semelhante à do epirota.

    Vejamos novamente. "Cuidado", dizem os luminosos profetas, "ao passares sob telhados antigos, ou muralhas sitiadas, ou rochedos salientes, pelas maldições do destino, uma pedra que está em posição de ataque será arremessada do alto contra ti!". E, em data não distante desta, surge o perigo; mas não posso saber com certeza o dia e a hora. Bem! Se minha ampulheta vai minguando, que a areia cintile até o fim. No entanto, se eu escapar desse perigo... sim, se eu escapar... claro e brilhante como a esteira da Lua sobre as águas, refulgirá o resto da minha existência. Vejo honrarias, felicidade, sucesso brilhando sobre cada vaga do sombrio golfo no fundo do qual mergulharei ao final. Por que, então, com tais previsões para depois do perigo, hei de sucumbir a ele? Minha alma sussurra esperança, projeta-se exultante para além da hora pressaga: sua própria coragem é seu presságio mais correto. Se eu fosse perecer tão repentinamente e tão cedo, a sombra da morte pairaria sobre mim e eu sentiria o gélido pressentimento da minha sentença. Minha alma expressaria, com tristeza e melancolia, o prenúncio do terrível Orco. Mas ela sorri... assegura-me a salvação.

    Ao concluir assim seu solilóquio, o egípcio levantou-se automaticamente. Transpôs com rapidez o estreito vão do terraço sob o céu estrelado e, detendo-se no parapeito, ergueu os olhos para a abóbada cinzenta e melancólica. O frio da pálida aurora refrescou-lhe a fronte e gradualmente seu espírito recobrou a calma e a segurança habituais. Afastou o olhar das estrelas quando, uma depois da outra, voltaram para as profundezas do céu; e seus olhos baixaram sobre a vasta extensão ao redor.

No silencioso porto da cidade, erguiam-se, indistintos, os mastros das galeras; ao longo daquele mercado de luxo e labor, o intenso murmúrio estava calado. Nenhuma luz, só aqui e ali, diante das colunas de um templo, ou dos pórticos do silencioso fórum, rompia a pálida e vacilante claridade da manhã que relutava em nascer. Do coração da entorpecida cidade, não vinha nenhum som: era cedo demais para vibrar com mil paixões; as correntes de vida não circulavam; jaziam sob o gelo do sono. Do espaço imenso do anfiteatro, com seus bancos de pedra subindo, um acima do outro, espiralados e circulares como um monstro adormecido, subia tênue e fosca névoa que ficava mais e mais escura sobre as árvores que ensombravam os arredores. A cidade parecia então – como parece hoje ao viajante após a terrível mudança ocorrida há séculos – a Cidade dos Mortos.

O próprio mar – aquele mar sereno e sem ondas – dormia quase mudo, salvo quando de suas profundezas se levantava, abrandado pela distância, um leve e regular murmúrio, parecendo sua respiração no sono; e curvando-se ao longe, como braços estendidos, para a verde e bela terra, era como se inconscientemente acalentasse ao seio as cidades aninhadas nas encostas – Stabia, Herculano e Pompéia –, suas filhas diletas.

"Estais dormitando", pensou o egípcio, olhando carrancudo para as cidades, orgulho e flor da Campânia. "Estais dormitando! Quem dera fosse o eterno repouso da morte! Como vós agora, jóias da coroa do Império, eram uma vez as cidades do Nilo! Sua antiga grandeza extinguiu-se, agora elas dormem entre ruínas; seus palácios e templos são túmulos, serpentes arrastam-se no capim das ruas, lagartos se aquecem ao sol dos seus solitários muros. Pelas misteriosas leis da natureza, que humilham um para exaltar o outro, florescestes sobre as ruínas delas; tu, altiva Roma, usurpaste as glórias de Sesóstris e Semíramis – és uma ladra, que se enfeita com os despojos delas! E estas – escravas do teu triunfo – que eu (o último filho de monarcas esquecidos) observo lá embaixo, repositórios do teu poder invasor e do teu luxo, eu as amaldiçôo quando olho para elas! Tempo virá em que o Egito será vingado... quando o corcel dos bárbaros tiver sua manjedoura na Casa Dourada de Nero! E tu, que com tua conquista semeaste vento, colherás a seara de tempestades devastadoras!"

Quando o egípcio fez essa predição, que o destino tão terrivelmente cumpriu, um quadro tão sério e agourento do horrível presságio jamais teria passado pela imaginação de um pintor ou de um poeta. A luz matinal, capaz de empalidecer tão lividamente até o rosto de uma jovem beldade, deu às feições majestosas e altivas de Arbaces um tom quase sepulcral: com os longos cabelos negros caindo ao redor do rosto, as negras vestes flutuando, longas e soltas, o braço estendido e os olhos faiscando, arrebatado por feroz satisfação – meio profeta e meio demônio!

Voltou a olhar para a cidade e para o mar; diante dele, estendiam-se as vinhas e prados da rica Campânia. As portas e os muros – antigos, meio pelágicos – da cidade pareciam não impor limites à sua extensão. Vilas e vilarejos estendiam-se em todos os lados da encosta do Vesúvio, que então não era tão íngreme e elevada como é hoje. Pois, como a própria Roma foi construída sobre um vulcão extinto, com a mesma tranqüilidade os habitantes do Sul cultivavam as áreas verdes e cobertas de vinhas ao redor do vulcão, cujas chamas acreditavam adormecidas para sempre. A partir da porta, corria a longa Rua dos Túmulos, diferente em tamanho e arquitetura, pela qual ainda hoje se entra, por aquele lado, na cidade. Dominando tudo, erguia-se o cume envolto em nuvens da temível montanha, cujas sombras, ora escuras ora claras, denunciavam as cavernas musgosas e rochas cinzentas que testemunhavam erupções passadas e que poderiam vaticinar – mas o homem é cego! – o que estava por vir.

Era difícil, naquele tempo, e lá, adivinhar as causas por que as tradições locais tinham um matiz tão sombrio e rígido; por que, naquelas risonhas planícies, por quilômetros ao redor – até Baiae e Miseno – os poetas haviam imaginado a entrada e os umbrais do inferno – o seu Aqueronte, o seu lendário Estige? Por que naqueles Flegreus, tão risonhos com seus vinhedos, tinham situado batalhas de deuses e sugerido que os ousados Titãs ali haviam buscado a vitória contra o céu – salvo, na verdade, se no crestado e enegrecido cume, a imaginação os levasse a pensar estar vendo ali sinais dos raios do Olimpo.

Não era, porém, a íngreme encosta do vulcão inativo, nem a fertilidade dos terrenos em declive, nem a melancólica avenida de túmulos, nem as propriedades de pessoas educadas e ricas o que agora traía o olhar do egípcio. Num ponto do panorama, a montanha do Vesúvio descia até a planície num sulco estreito e agreste, entrecortado aqui e ali por rochedos irregulares e moitas de plantas silvestres. Na base da montanha, existia uma lagoa insalubre e pantanosa, e o olhar atento de Arbaces captou o vulto de uma forma viva movendo-se no lodo, parando de quando em quando, como se estivesse colhendo seus malcheirosos frutos.

– Oh! – exclamou em voz alta. – Tenho então companhia nestas vigílias extraterrenas. A feiticeira do Vesúvio anda por perto. Como! Será que ela também, como os crédulos pensam, estuda a ciência dos poderosos astros? Será que andou fazendo magia negra com a Lua, ou terá colhido (como suas paradas fazem crer) ervas imundas do pântano venenoso? Bem, preciso visitar minha companheira de labuta. Quem se esforça por aprender, descobre que nenhum conhecimento humano é desprezível. Desprezíveis sois vós, criaturas gordas e enfatuadas, escravas do prazer, com preguiça de pensar, que apenas cultivais o sentidos improfícuos, pensando que vosso pobre solo pode produzir tanto o mirtilo como o louro. Não; só os sábios podem fruir – só a nós é dado o verdadeiro prazer, quando mente, cérebro, invenção, experiência, pensamento, aprendizado, imaginação contribuem como rios para engrossar os mares dos sentidos!... Ione!

Quando Arbaces pronunciou aquele último e mágico nome, seus pensamentos mergulharam de imediato num canal mais profundo e abissal. Seus passos se detiveram; não tirava os olhos do chão; uma ou duas vezes sorriu contente e então, ao afastar-se do seu posto de vigília e caminhar até o divã, murmurou:

– Se a morte franze o cenho, tão próxima, quero ao menos dizer que vivi... Ione será minha!

O caráter de Arbaces era uma daquelas intricadas e variegadas teias em que a mente que nelas reside às vezes fica confusa e perplexa. Nele, filho de uma dinastia deposta, exilado de um povo decaído, encontrava-se o orgulho do espírito contrariado que sempre se inflama em alguém de formação mais rígida, que se acha inexoravelmente banido da esfera em que seus ancestrais brilharam, e à qual tanto a natureza como o berço lhe conferiam o mesmo direito. Esse sentimento não admitia benevolência; lutava contra a sociedade, vendo inimigos em toda a humanidade. Mas tal sentimento não combinava com sua companhia habitual: a pobreza.

Arbaces possuía riquezas comparáveis às dos romanos mais nobres; e isso possibilitava-lhe satisfazer as paixões mais extremadas, que não encontravam vazão nos negócios ou na ambição. Viajar de uma região a outra, e ver Roma constantemente, por onde quer que andasse, aumentava-lhe tanto o ódio contra a sociedade como sua paixão pelo prazer. Estava numa enorme prisão, que, contudo, podia abarrotar com os requintes do luxo. Não podia fugir do cárcere; por isso seu único objetivo era fazê-lo parecer-se com um palácio.

Desde os primórdios, os egípcios devotavam-se à satisfação dos sentidos. E Arbaces herdara deles tanto o apetite pela sensualidade como o ardor da imaginação, que extraía brilho da própria corrupção. Mais ainda, insociável em seus prazeres, como em seus estudos mais sérios, e não tolerando nem superiores nem iguais, poucos admitia em sua intimidade, à exceção das dóceis vítimas da sua libertinagem. Era o senhor solitário de um harém apinhado, mas, apesar de tudo, sentia-se condenado à saciedade, que é a constante maldição dos homens cujo intelecto está acima das suas atividades e nos quais, uma vez satisfeito, o ímpeto da paixão esmorece por força do hábito.

Tentava erguer-se da frustração dos sentidos cultivando o conhecimento. Mas como seu objetivo não era servir à humanidade, desprezava todo saber útil e prático. Sua imaginação sombria comprazia-se em exercitar-se em pesquisas mais visionárias e obscuras, que são sempre as mais aprazíveis a um espírito obstinado e solitário e para as quais ele próprio era atraído pelo arrojado orgulho do seu temperamento e pelas misteriosas tradições do seu país.

Rejeitando as doutrinas dos confusos credos do mundo pagão, depositava a maior fé no poder da sabedoria humana. Não conhecia (talvez ninguém naquele tempo conhecesse com exatidão) os limites impostos pela natureza às nossas descobertas. Percebendo que quanto mais alto nos elevamos em conhecimento, mais dúvidas encontramos, imaginava que a natureza não só operava milagres em seu curso normal, mas que poderia, pela cabala de algum espírito superior, ser desviada desse curso. Assim, dedicava-se à ciência, indo aos seus limites extremos, até penetrar no mundo da perplexidade e das sombras. Das verdades da astronomia, desviava-se para as falácias da astrologia; dos segredos da química, passava pelo labirinto espectral da magia; e ele, que podia ser cético quanto ao poder dos deuses, era credulamente supersticioso quanto ao poder do homem.

O desenvolvimento da magia, alçado na época à surpreendente culminância entre os pretensos sábios, começou em especial no Oriente. Ela contrariava a antiga filosofia dos gregos, que não a receberam de bom grado até Ostanes – que acompanhara o exército de Xerxes – introduzir, entre as singelas crendices helênicas, as solenes superstições de Zoroastro. Sob os imperadores romanos, entretanto, naturalizou-se em Roma (assunto sob medida para a cáustica inteligência de Juvenal). O culto de Ísis ligava-se intimamente à magia, e a religião foi o meio pelo qual a devoção estendeu-se à feitiçaria egípcia.

A magia teúrgica, ou benéfica, a goetia, ou obscura e maligna necromancia, gozavam da mesma proeminente reputação no primeiro século da Era Cristã, e os prodígios de Fausto não se comparam aos de Apolônio. Reis, cortesãos e sábios, todos tremiam diante da temível ciência. E não menos notável entre seus pares era o formidável e profundo Arbaces. Sua fama e suas descobertas eram conhecidas de todos os cultores da magia, e até sobreviveram após a sua morte. Mas não era sob seu verdadeiro nome que o exaltavam feiticeiros e sábios. Aliás, seu verdadeiro nome era desconhecido na Itália, pois "Arbaces" não era genuinamente egípcio, mas um nome originário dos medos (fundadores do Império Medo) que, na mescla e deslocamentos das raças antigas, tornou-se comum no país do Nilo; e vários motivos havia.

Não só o orgulho, mas também a prudência (pois na juventude tinha conspirado contra o poderio de Roma) o levaram a ocultar seu verdadeiro nome e posição. Portanto, os seguidores da magia não reconheciam o poderoso mestre sob o nome que tomara emprestado dos medos, nem pelo que, nas escolas do Egito, atestaria sua descendência real. Deles recebeu, como homenagem, uma denominação mais mística, e foi por muito tempo lembrado na magna Grécia e nas planícies do Oriente como Hermes, "o Senhor do Cinturão Flamejante". Suas sutis especulações e propalados atributos de sabedoria, registrados em vários volumes, estavam entre os testemunhos das "artes curiosas" que os cristãos convertidos, com muita satisfação, mas com muito medo também, queimaram em Éfeso, privando a posteridade de provas da astúcia do demônio.

A consciência de Arbaces era unicamente a do intelecto – nenhuma lei moral lhe impunha respeito. Acreditava que se o homem estabelecesse controles sobre a plebe, por meio de uma sabedoria superior, poderia elevar-se acima de tais controles. "Se", argumentava ele, "tenho capacidade intelectual para impor leis, não terei o direito de comandar minhas próprias criações? Mais ainda, não terei o direito de controlar... burlar... menosprezar as criações de inteligências bem inferiores à minha?". Assim, sendo vilão, justificava sua vilania com o que deveria torná-lo virtuoso, isto é, a extensão da sua capacidade mental.

A maioria dos homens tem, em maior ou menor grau, paixão pelo poder; em Arbaces essa paixão correspondia exatamente ao seu caráter. Não era a paixão por uma autoridade exibicionista e irracional. Ele não cobiçava púrpura e fasces, insígnias de um comando vulgar. Uma vez frustrada e vencida sua ambição juvenil, o escárnio tomou-lhe o lugar – seu orgulho, seu desprezo por Roma. Roma, que se tornara sinônimo de mundo, Roma, cujo altivo nome inspirava-lhe o mesmo desdém que ela própria prodigalizava aos bárbaros, não lhe permitia aspirar a controlar os outros, pois isso o tornaria ao mesmo tempo instrumento e subordinado do imperador. Ele, descendente da grande linhagem dos Ramsés, executar ordens e aceitar a autoridade de outrem... a simples idéia tomava-o de raiva. Mas, ao repudiar a ambição por honrarias insignificantes, cada vez mais alimentava o desejo de dominar corações. Reverenciando a força mental como o maior dos dons terrenos, gostava de sentir aquela força palpável dentro de si, ao estendê-la sobre todos que cruzassem seu caminho. Por isso, sempre buscara os jovens... por isso, sempre os fascinara e subjugara. Gostava de encontrar súditos nas almas humanas, reinar sobre um império invisível e imaterial! Fosse ele menos sensual e menos rico, talvez tivesse tentado ser o fundador de uma nova religião.

Tal como estavam as coisas, suas energias voltavam-se para seus prazeres. Entretanto, além do vago amor pelo domínio moral (vaidade tão cara aos sábios!), ele era influenciado por uma singular e onírica devoção a tudo o que dissesse respeito ao místico país que seus ancestrais haviam governado. Embora não acreditasse em suas divindades, acreditava nas alegorias que elas representavam (ou melhor, interpretava essas alegorias sob nova forma). Gostava de manter vivas as crenças do Egito, pois assim preservava os vestígios e a lembrança do seu poderio. Cumulava, então, os altares de Osíris e Ísis com régias doações, e estava sempre procurando enobrecer o corpo sacerdotal de ambos com novos e ricos neófitos. Feito o juramento sagrado, abraçado o sacerdócio, Arbaces geralmente escolhia seus companheiros de prazer entre os que transformava em vítimas, em parte porque isso confirmava cada vez mais seu poder pessoal. Daí a razão da sua conduta com relação a Apecides, encorajada que estava, no caso, pela sua paixão por Ione.

Raramente Arbaces morava por muito tempo num mesmo lugar. Mas, à medida que envelhecia, cansava-se cada vez mais com a excitação de novos cenários, e estava residindo nas encantadoras cidades da Campânia por um período que até a si próprio surpreendia. Na verdade, era o orgulho que de certa forma influenciava sua escolha de residência. Sua fracassada conspiração afastava-o daquelas terras ardentes que ele considerava por direito suas possessões hereditárias, agora encolhidas, abatidas e letárgicas sob as asas da águia romana.

A própria Roma era odiosa à sua indignada alma; tampouco gostava de ver suas riquezas rivalizadas com as dos lacaios da corte, e achar-se comparativamente na pobreza diante da sua enorme suntuosidade. As cidades da Campânia ofereciam-lhe tudo o que seu temperamento desejava: o deleite de um clima inigualável, os requintes criativos de uma civilização voluptuosa. Ali, estava afastado da visão de uma fortuna maior que a sua; não tinha rivais na riqueza; estava livre dos espiões de uma corte invejosa. Enquanto fosse rico, ninguém se intrometeria em seu comportamento. Manteria seu obscuro modo de vida, tranqüilo e confiante.

É maldição dos sensuais só amar quando os prazeres dos sentidos começam a perder a graça; sua ardente juventude é malbaratada em incontáveis desejos... seu coração fica exaurido. Assim, sempre perseguindo o amor e talvez levado por uma imaginação incansável a exagerar seus encantos, o egípcio consumira todo o esplendor da juventude, sem alcançar o objeto dos seus desejos. A beldade de amanhã sucedia à beldade de hoje, e as sombras o confundiam em sua busca de substância. Quando, dois anos antes desta data, conheceu Ione, pela primeira vez viu alguém que imaginou poder amar. Deteve-se, então, naquela ponte da vida, de onde o homem vê distintamente, de um lado, a juventude desperdiçada e, do outro, a sombria aproximação da velhice – época em que ficamos mais ansiosos do que nunca, talvez, procurando conseguir, antes que seja demasiado tarde, tudo o que nos ensinaram a considerar necessário para fruir a vida, cuja metade mais brilhante se foi.

Com um fervor e uma paciência que jamais tivera antes em seus prazeres, Arbaces devotou-se a conquistar Ione. Não lhe bastava amar, queria ser amado. Com essa esperança, observara o florescer da juventude da bela napolitana; e, conhecendo a influência que a mente exerce sobre todos os que foram ensinados a cultivá-la, de bom grado havia contribuído para moldar e iluminar o intelecto de Ione, na esperança de que assim ela fosse capaz de apreciar o que julgava ser o maior apelo à sua afeição, a saber: um caráter que, embora criminoso e pervertido, era rico em seus elementos originais de força e grandeza.

Mas, quando sentiu que tal caráter era reconhecido, de

bom grado permitiu, ou melhor, encorajou-a a misturar-se entre os frívolos devotos do prazer, acreditando que a alma da jovem, preparada para conviver com pessoas de nível mais elevado, sentisse falta da sua companhia, e, ao compará-lo com os outros, aprendesse a amá-lo espontaneamente. Esquecera-se de que, assim como o girassol se volta para o Sol, a juventude se volta para a juventude, até o momento em que seu ciúme de Glauco mostrou-lhe o erro. A partir de então, embora, como vimos, ignorasse a extensão do perigo, deu um rumo mais impetuoso e tumultuado à paixão por longo tempo reprimida. Nada atiça tanto o fogo do amor quanto as angústias do ciúme; este eleva-se numa chama mais bravia e incontrolável; esquece a suavidade; deixa de ser terno; adquire algo da intensidade – da ferocidade –, do ódio.

Arbaces resolveu não perder mais tempo com cautelosos e arriscados preparativos; decidiu pôr uma barreira definitiva entre si e seus rivais; possuir a pessoa de Ione. Não que, com o amor que agora sentia, tão longamente acalentado e nutrido por esperanças mais puras do que unicamente as da paixão, pudesse contentar-se com a simples posse. Desejava o coração, a alma, não menos do que a beleza, de Ione; mas imaginava que, uma vez separada do resto da humanidade por um crime ousado – uma vez ligado a Ione por um laço que a memória não poderia partir, ela seria levada a nele concentrar seus pensamentos – suas artimanhas consumariam a conquista, e, segundo a verdadeira moral das romanas e das sabinas, o domínio conseguido pela força deveria ser consolidado por mcios mais delicados.

Essa resolução estava mais firme em seu íntimo pela sua crença nas profecias dos astros: há muito eles o haviam advertido sobre aquele ano, até mesmo sobre aquele mês, como o período de um terrível desastre que lhe ameaçaria a vida. Calculara uma data determinada e circunscrita. Como um monarca, resolveu reunir sobre sua pira funerária tudo quanto era mais caro à sua alma. Em suas próprias palavras, se estava para morrer, decidira sentir que vivera, e que Ione seria sua.

9

IONE NA CASA DE ARBACES
O PRIMEIRO SINAL DE FÚRIA DO TERRÍVEL ADVERSÁRIO

Quando Ione entrou no espaçoso saguão da casa do egípcio, o mesmo temor reverente que arrepiara seu irmão a invadiu. Parecia-lhe, como parecera a ele, haver algo de agourento e inquietante nas feições impassíveis e melancólicas daqueles temíveis monstros tebanos, cujos traços imponentes e frios o mármore tão bem retratava:

> Seu ar, no correr de passadas eras, era sábio,
> E a alma da eternidade em seus olhos cismava.

O alto escravo etíope sorriu com os dentes à mostra ao abrir-lhe a porta, e com um gesto convidou-a a entrar. A meio caminho, Ione foi recebida pelo próprio Arbaces, em vestes festivas que reluziam com pedras preciosas. Embora lá fora fosse dia claro, a mansão, segundo as regras dos sibaritas, fora artificialmente escurecida, e as lâmpadas lançavam sua luz imóvel e aromatizante sobre os ricos pisos e tetos de marfim.

– Bela Ione! – disse Arbaces, curvando-se para tocar-lhe a mão. – Foste tu que eclipsaste o dia, teus olhos iluminam as salas, teu hálito as enche de perfume!

– Não deves falar-me assim – disse ela, sorrindo –, esqueces que teu saber educou-me a mente para considerar indesejáveis essas lisonjas premeditadas? Foste tu que me ensinaste a desdenhar a adulação. Queres que tua pupila desaprenda?

Havia um tom tão franco e encantador no modo de falar de Ione que o egípcio sentia-se mais apaixonado do que nunca, e mais do que nunca disposto a repetir a falta em que acabara de incorrer. Entretanto, respondeu rápida e alegremente, e apressou-se a mudar de assunto.

Levou-a através de vários aposentos da casa, que, aos olhos dela, que não conheciam outros luxos a não ser a discreta elegância das cidades da Campânia, pareciam conter os tesouros do mundo.

Nas paredes estavam dispostos quadros de inestimável valor artístico, e as luzes brilhavam sobre estátuas da mais nobre era da Grécia. Escrínios de jóias, cada um deles uma jóia em si, enchiam os espaços entre as colunas; as mais preciosas madeiras guarneciam os umbrais e delas também eram feitas as portas; ouro e pedras preciosas pareciam espalhados por toda parte. Às vezes, eles ficavam sós naquelas salas, às vezes passavam por fileiras de escravos que, ajoelhando-se quando ela passava, apresentavam-lhe oferendas de braceletes, correntes, pedras preciosas, que o egípcio tentava em vão fazê-la aceitar.

– Muitas vezes ouvi falar – disse ela, maravilhada – que eras rico, mas jamais imaginei que tua fortuna fosse tamanha.

– Pudera eu – replicou o egípcio – fundir tudo isso numa coroa para depositá-la sobre essa nívea fronte!

– Ai de mim! O peso me esmagaria; eu seria uma segunda Tarpéia – respondeu Ione, rindo.

– Mas não desdenhes os ricos, Ione! Eles não sabem o que a vida é capaz de fazer com quem não é abastado. O ouro é o maior mago do mundo... realiza nossos sonhos, confere-lhes uma força divina. Existe grandeza, sublimidade em sua posse; o ouro é o mais possante, e contudo o mais obediente dos escravos.

O ardiloso Arbaces tentava deslumbrar a jovem napolitana com seus tesouros e sua eloqüência; procurava despertar nela o desejo de ser dona de tudo o que via; esperava que ela confundisse o possuidor com as coisas possuídas, e que os encantos da sua riqueza nele se refletissem. Entretanto, Ione intimamente sentia-se constrangida com os galanteios que escapavam daqueles lábios que há pouco pareciam desprezar as homenagens comuns que todos prestamos à beleza. E, com a delicada sutileza que só as mulheres possuem, tentava desviar as setas premeditadamente lançadas, rindo ou fingindo não entender sua ardorosa linguagem. Nada no mundo é mais encantador do que esse tipo de defesa; é o sortilégio dos necromantes africanos que afirmam ser capazes de mudar a direção dos ventos com uma pluma.

O egípcio estava mais embriagado e subjugado pela sua graça do que por sua beleza; com dificuldade reprimia suas emoções. Ai! A pluma só tinha poder contra as brisas de verão; transformar-se-ia em joguete da tempestade.

De repente, quando entraram num salão rodeado por reposteiros brancos e prateados, o egípcio bateu palmas e, como por encanto, do chão ergueu-se um banquete; um divã, ou trono, com um dossel rubro, elevou-se simultaneamente aos pés de Ione, e no mesmo instante, de trás das cortinas, brotou uma música suave, quase imperceptível.

Arbaces acomodou-se aos pés de Ione, e crianças belas como Cupidos serviam o banquete.

Acabado o festim, a música mergulhou num tom baixo e contido, e então Arbaces dirigiu-se à sua bela conviva:

– Nunca, neste mundo sombrio e incerto... nunca, minha pupila, aspiraste a enxergar mais longe? Nunca desejaste afastar o véu do futuro e contemplar, na orla do destino, as espectrais imagens do que está por acontecer? Pois nem só o passado tem seus fantasmas: cada acontecimento que está por vir também tem seu espectro... sua sombra; quando chega a hora, a vida a deixa entrar, a sombra torna-se tangível, e anda pelo mundo. Assim, na região além-túmulo sempre existem dois fantasmas: as coisas que serão e as que se foram! Se por intermédio do nosso saber pudermos penetrar naquela região, veremos tanto um como o outro, e descobriremos, como eu descobri, não só os mistérios da morte, mas também os destinos dos vivos.

– Tu descobriste! O saber pode levar tão longe?

– Queres pôr à prova meus conhecimentos, Ione, e ver a representação do teu próprio destino? É um drama mais impressionante do que os de Ésquilo, um drama que preparei para ti, se quiseres ver as sombras desempenharem seu papel.

A napolitana estremeceu; pensou em Glauco, e suspirava ao tremer: estariam seus destinos predestinados a unir-se? Meio cética meio confiante, um tanto temerosa e assustada com as palavras do seu estranho anfitrião, ficou calada alguns minutos, e então respondeu:

– Pode causar revolta... pode aterrorizar; talvez o conhecimento do futuro sirva apenas para amargurar o presente!

– Não, Ione, não é assim. Eu mesmo investiguei a sorte que te aguarda, e os fantasmas do teu futuro aqueciam-se ao sol, nos jardins dos Campos Elíseos: entre lírios e rosas preparam as guirlandas do teu maravilhoso destino, e as Parcas, tão impiedosas com outros, para ti tecem apenas a teia da felicidade e do amor. Queres então acompanhar-me e contemplar teu porvir para que possas desfrutá-lo antecipadamente?

Novamente o coração de Ione murmurou "Glauco" e, em tom quase inaudível, concordou. O egípcio ergueu-se e, tomando-a pela mão, guiou-a através do salão do banquete. As cortinas se abriram, como que por mãos mágicas, e a música irrompeu num tom mais alto e alegre; passaram por uma fileira de colunas, e em ambos os lados fontes jorravam suas águas fragrantes; desceram degraus largos e cômodos e chegaram a um jardim. Começava a anoitecer; a Lua já ia alta no céu e as suaves flores que dormem durante o dia e enchem o ar da noite com inefáveis perfumes espalhavam-se abundantes entre as aléias que cortavam a folhagem iluminada pelas estrelas, ou, reunidas em cestos, estavam colocadas como oferendas aos pés das muitas estátuas que brilhavam ao longo do caminho.

– Aonde pretendes me levar? – perguntou Ione, maravilhada.

– Logo ali – respondeu ele, apontando para uma pequena construção que se erguia no final da alameda. – É um templo consagrado às Parcas... nossos ritos exigem um recinto sagrado.

Entraram numa sala estreita, no fundo da qual pendia uma cortina preta. Arbaces ergueu-a; Ione passou, e achou-se em total escuridão.

– Não te assustes – disse o egípcio –, a luz surgirá logo.

Enquanto assim falava, uma luz suave, cálida e gradual espalhava-se ao redor; à medida que se estendia a cada objeto, Ione percebeu que estava num aposento de tamanho regular, todo forrado de preto; ao lado dela, havia um divã estofado com tecido da mesma cor. No centro, erguia-se um pequeno altar sobre o qual estava uma trípode de bronze. Num dos lados, em cima de uma alta coluna de granito, havia uma cabeça gigantesca do mais negro mármore, que ela deduziu, pela coroa de espigas de trigo que lhe cingia a fronte, tratar-se da representação da grande deusa egípcia.

Arbaces ficou de pé diante do altar; depusera sobre ele sua coroa de flores, e parecia ocupado em deitar na trípode o conteúdo de um vaso de bronze. De repente, daquela trípode surgiu uma chama azulada, viva, crepitante, irregular. O egípcio recuou para junto de Ione e murmurou algumas palavras numa língua estranha aos seus ouvidos; a cortina atrás do altar ondulou tremulante, abrindo-se lentamente. E, na fresta que se formou, Ione viu uma paisagem indistinta e pálida que gradualmente ia ficando mais nítida e luminosa. Por fim, viu claramente árvores, rios e prados, e toda a maravilhosa diversidade da mais rica terra. Finalmente, diante da paisagem pairou uma sombra vaga que se deteve no lado oposto ao de Ione: Pouco a pouco, o mesmo sortilégio que parecia ter acontecido a todo o restante da cena operou-se sobre a sombra; ela tomou corpo e forma definidos e eis que, em suas feições e na sua silhueta, Ione viu a si própria!

Então o cenário atrás do espectro dissipou-se e foi substituído pela imagem de um magnífico palácio. No centro do salão, elevava-se um trono, e ao seu redor perfilavam-se vultos indefinidos de escravos e guardas, e uma lívida mão segurava acima dele algo semelhante a uma coroa.

Agora surgia um novo ator; trajava-se todo de preto – o rosto encoberto –, ajoelhou-se aos pés da Ione espectral, apertou-lhe a mão, e apontou-lhe o trono, como se convidando-a a ocupá-lo.

O coração da napolitana batia violentamente.

– A sombra pode revelar-se? – sussurrou uma voz ao seu lado: a voz de Arbaces.

– Oh, sim! – respondeu Ione, baixinho.

O egípcio ergueu a mão; o espectro deixou cair o manto que o ocultava; e Ione gritou – era o próprio Arbaces quem se ajoelhara diante dela.

– Este, sem dúvida, é o teu futuro! – sussurrou de novo a voz do egípcio ao seu ouvido. – Estás predestinada a ser a esposa de Arbaces.

Ione estremeceu. A cortina negra cerrou-se sobre a fantasmagoria, e Arbaces em pessoa, real e vívido, estava a seus pés.

– Ó Ione! – exclamou apaixonadamente, fitando-a. – Ouve quem há muito tem lutado em vão contra esse amor. Eu te adoro! As Parcas não mentem: estás predestinada a ser minha. Busquei por todo o mundo, e não encontrei ninguém como tu. Desde a minha juventude procurava alguém assim. Sonhei, até encontrar-te; então acordei, e te vi. Não fujas de mim, Ione; não me julgues como me tens julgado; não sou o ser frio, insensível e soturno que imaginaste. Jamais mulher alguma teve um enamorado tão devotado, tão apaixonado como eu serei para Ione. Não evites meu abraço; vê: soltei tua mão. Afasta-a de mim se quiseres... que seja! Mas não me rejeites, Ione... não me rejeites sem refletir... pensa no teu poder sobre um homem que conseguiste transformar tanto. Eu, que jamais me ajoelhei diante de um ser mortal, ajoelho-me aos teus pés. Eu, que tenho governado a sorte, aceito das tuas mãos a minha. Não tremas, Ione, és minha rainha, minha deusa. Sê minha esposa! Todos os desejos que formulares serão satisfeitos. Até nos confins da Terra te homenagearão: pompa, poder, luxo, serão teus escravos. Arbaces não terá nenhuma ambição, exceto a satisfação de obedecer-te. Ione, volve teus olhos para mim; esparge sobre mim teu sorriso. Sombria é a minha alma quando teu rosto de mim se esquiva. Ilumina-me, meu sol, meu céu, minha luz do dia! Ione, Ione... não rejeites meu amor!

Só, e sob o domínio daquele homem singular e temível, Ione, contudo, não estava apavorada. A linguagem respeitosa e a mansidão da voz de Arbaces a tranqüilizavam. E encontrava proteção na sua própria pureza. Mas estava confusa, atônita: passaram-se alguns momentos antes que conseguisse recobrar forças para replicar:

– Levanta-te, Arbaces! – disse por fim; e mais uma vez deu-lhe a mão, que logo retirou quando sentiu sobre ela a ardente pressão dos seus lábios. – Levanta-te! E se estás falando sério, se tuas palavras forem sinceras...
– Se! – exclamou ele com ternura.
– Bem, ouve-me, então! Tens sido meu guardião, meu amigo, meu conselheiro; eu não estava preparada para essa nova faceta. Não penses – acrescentou depressa, ao ver seus olhos negros cintilando com a violência da paixão –, não penses que o estou menosprezando... que não me sensibilizei... que não me sinto honrada com esta homenagem; mas, dize-me, será que podes ouvir com calma?
– Sim, embora tuas palavras estejam relampejando, e possam fulminar-me!
– Amo outro! – disse Ione, corando, mas com voz firme.
– Pelos deuses... pelos demônios! – bradou o egípcio, erguendo-se empertigado. – Não ouses dizer-me isso... não te atrevas a zombar de mim... não é possível! Com quem tens te encontrado? Alguém conhecido? Ó Ione, é uma invencionice feminina, é a tua astúcia de mulher que está falando! Queres ganhar tempo. Eu te surpreendi... assustei-te. Faze de mim o que quiseres... dize que não me amas; mas não digas que amas outro!
– Ai de mim! – começou Ione; e então, apavorada diante da sua súbita e inesperada violência, prorrompeu em lágrimas.
Arbaces aproximou-se mais, sua respiração excitada queimava-lhe o rosto; envolveu-a nos braços... ela escapou. Na luta, uma tábua que trazia no seio caiu. Arbaces percebeu, e apanhou-a – era a carta que ela recebera de Glauco naquela manhã. Ione caiu no divã, quase desfalecida de medo.
Rapidamente os olhos de Arbaces percorreram o texto. A napolitana não ousava olhar para ele e não viu a palidez mortal que lhe invadia o semblante, não notou sua expressão fulminante nem o tremor dos seus lábios, nem as convulsões que lhe faziam o peito arfar. Ele leu a carta até o fim, e então, deixando-a cair das mãos, perguntou, numa voz enganosamente calma:
– Quem escreveu isso é o homem que amas?

Ione soluçou, e ficou calada.
- Responde! – mais gritou do que falou o egípcio.
- É... é!
- E seu nome está escrito aqui, seu nome é Glauco!

Cruzando os dedos e apertando as mãos com força, Ione olhou ao redor como se procurasse ajuda ou um jeito de escapar.

- Agora, ouve-me! – disse Arbaces, baixando a voz num murmúrio. – Irás para o túmulo, antes de ir para os braços dele! Como! Pensaste que Arbaces suportaria um rival como esse grego insignificante? Pensaste que eu esperaria o fruto amadurecer para dá-lo a outro! Bela tolinha... não! És minha... toda... só minha... assim como vou te possuir, e mereço!

Enquanto falava, tomou Ione nos braços e, naquele abraço violento, concentrava-se uma imensa energia... menos de amor do que de vingança.

Mas o desespero deu a Ione forças sobrenaturais: mais uma vez livrou-se dele, correu para o lado da sala por onde havia entrado... afastou um pouco a cortina... ele a agarrou... de novo ela escapou dele, e, exausta, deu um grito e caiu aos pés da coluna que sustinha a cabeça da deusa egípcia. Arbaces parou um momento, como se para recuperar o fôlego, e então, mais uma vez, lançou-se sobre sua presa.

Naquele instante, a cortina foi puxada bruscamente; o egípcio sentiu que o agarravam com força e violência pelo ombro. Voltou-se... e viu diante de si os olhos faiscantes de Glauco e o lívido, abatido, mas ameaçador semblante de Apecides.

- Ah! – resmungou, olhando de um para o outro. – Qual das Fúrias vos mandou aqui?

- *Ate* – respondeu Glauco, enfrentando o egípcio.

Enquanto isso, Apecides erguia do chão a irmã, agora sem sentidos; suas forças, esgotadas pela mente superexcitada, não conseguiam levá-la para fora, embora seu corpo fosse leve e delicado. Deitou-a, então, no divã e postou-se ao seu lado brandindo uma faca, observando a luta entre Glauco e o egípcio, e pronto a cravar a arma no peito de Arbaces, caso saísse vitorioso. Talvez não existisse nada no mundo tão terrível como o combate braço a braço, desarmado, só com a força animal, sem outra arma a não ser a que a natureza fornece à raiva.

Os dois adversários agora estavam agarrados – a mão de um buscando a garganta do outro, os rostos arqueados para trás, os olhos ferozes faiscando, os músculos retesados, as veias dilatadas, os lábios abertos, dentes arreganhados –; ambos tinham uma energia que superava a força normal dos homens, animados por uma ira implacável; enroscavam-se, feriam-se; cambaleavam, oscilavam de um lado a outro no limitado espaço da sua arena; agora davam gritos de raiva – estavam diante do altar – na base da coluna onde a luta começara; pararam para respirar. Arbaces apoiado na coluna, Glauco a poucos passos de distância.

– Ó venerável deusa! – exclamou Arbaces, abraçando a coluna e erguendo os olhos para a sagrada imagem que a encimava. – Protege teu eleito... proclama tua vingança contra essa criatura de um falso credo, que com sacrílega violência profana teu santuário e agride teu servo!

Enquanto falava, as feições imóveis e grandiosas da deusa pareceram subitamente animar-se. Através do mármore negro, como se através de um véu transparente, espalhou-se luminosamente um tom vermelho e abrasador; ao redor da cabeça, dançavam e corriam lampejos de raios de lívida luz; os olhos transformaram-se em globos de fogo sinistro e pareciam fixar-se, com uma fúria mortífera e insuportável, no rosto do grego. Espantado e aterrorizado com a súbita e mística resposta à súplica do seu adversário, e não liberto das superstições herdadas do seu povo, Glauco empalideceu diante da estranha e espantosa animação do mármore. Seus joelhos tremiam e ele ficou imóvel, tomado por um pânico reverente, abatido, horrorizado, quase acovardado diante do inimigo.

Arbaces não lhe deu tempo para tomar fôlego e recuperar-se do seu estupor.

– Morre, canalha! – gritou com voz de trovão, atirando-se sobre o grego. – A Grande Mãe reclama-te como um sacrifício vivo!

Apanhado assim de surpresa na consternação inicial provocada por seus temores supersticiosos, o grego desequilibrou-se – o piso de mármore era liso como vidro... ele escorregou... caiu. Arbaces pôs o pé no peito do inimigo caído. Apecides, graças à experiência adquirida em sua sagrada profissão, e também por conhecer bem Arbaces, não acreditava em intervenções milagrosas e não se intimidou como Glauco; avançou, a faca brilhando no ar, mas o atento egípcio agarrou-lhe o braço quando descia... Uma torção daquele pulso forte arrancou a arma da mão débil do sacerdote, e um golpe violento o estendeu por terra. Com um grito agudo e exultante, Arbaces brandiu a faca no ar.

Glauco contemplava seu destino iminente com olhar firme, e com a inflexível e desdenhosa resignação do gladiador vencido, quando, nesse momento terrível, o chão tremeu embaixo dele, com um rápido e convulsivo abalo – um espírito maior do que o do egípcio se levantara, uma força gigantesca e esmagadora diante da qual suas paixões e artimanhas mergulhavam em súbita impotência. Acordara... agitava-se... o temível Demônio do Terremoto... rindo, como se zombasse das magias da astúcia humana e da maldade da raiva dos homens. Como um Titã, sobre o qual empilham-se as montanhas, despertava do sono de anos, revolvia-se no seu forçado leito... as cavernas lá embaixo rugiam e tremiam com o movimento dos seus membros.

Na hora da sua vingança e do seu domínio, Arbaces, o autoproclamado semideus, era reduzido à sua verdadeira estatura. Por toda parte, corria pela terra um som rouco e surdo... as cortinas da sala agitavam-se, como se sob as rajadas de uma tempestade... o altar balançou... a trípode rodopiou, a coluna que dominava o local do combate oscilou e a negra cabeça da deusa tremeu e caiu do pedestal... e no momento em que o egípcio se curvava sobre sua pretendida vítima, exatamente entre as espáduas e o pescoço, atingiu-o em cheio o bloco de mármore. A pancada estirou-o no chão como um golpe mortal, na hora, subitamente, sem um som ou movimento, ou sinal de vida, aparentemente esmagado pela própria divindade que impiamente animara e invocara.

– A terra protegeu seus filhos – disse Glauco, cambaleando.
– Bendito seja o terrível cataclismo! Reverenciemos a providência dos deuses! – ajudou Apecides a levantar-se e então ambos viraram para cima o rosto de Arbaces, que parecia rígido como

na morte; sangue jorrava dos lábios do egípcio sobre suas cintilantes vestes; caiu pesadamente dos braços de Glauco e o jorro rubro escorreu vagarosamente sobre o mármore.

Outra vez a terra tremeu sob seus pés, obrigando-os a segurar-se um no outro. O abalo cessou tão rapidamente como começara e eles resolveram não perder mais tempo: delicadamente, Glauco tomou Ione nos braços e saíram às pressas daquele lugar profano. Mas nem bem chegaram ao jardim, por todos os lados cruzavam com grupos desordenados de mulheres e escravos em fuga, cujas roupas festivas e brilhantes contrastavam ridiculamente com o solene terror daquele momento; pareciam não preocupar-se com os estranhos... pensavam só em seu próprio terror.

Após dezesseis anos de tranqüilidade, aquele solo ardente e traiçoeiro novamente os ameaçava com destruição; ouvia-se um só grito: Terremoto! Terremoto! Passando entre eles, sem ser incomodados, Apecides e seus companheiros, evitando a casa, correram por uma das aléias, saindo por um pequeno portão aberto, e lá, sentada num montinho de terra sobre o qual espalhava-se a sombra dos aloés verde-escuros, viram a silhueta curvada da ceguinha, banhada pelo luar... chorando amargamente.

LIVRO III

1

O FÓRUM DE POMPÉIA
A PRIMEIRA E RUDIMENTAR ESTRUTURA
EM QUE A NOVA ERA DO MUNDO FOI FORJADA

A tarde apenas começava, e o fórum estava apinhado, tanto com atarefados quanto com vadios. Como hoje acontece em Paris, assim era nas cidades da Itália: os homens viviam quase sempre fora de casa; os prédios públicos, o fórum, os pórticos, as termas, os próprios templos poderiam ser considerados seus verdadeiros lares. Não era de estranhar que decorassem com tanto brilho seus locais de reuniões preferidos – sentiam por eles uma espécie de afeição doméstica, assim como um orgulho público. E, àquela hora, o aspecto do Fórum de Pompéia era mesmo animado! Ao longo da sua larga calçada, pavimentada com grandes lajes de mármore, reuniam-se vários grupos conversando naquele jeito veemente que a cada palavra faz um gesto apropriado, e que continua a ser a característica dos naturais do Sul.

Ali, em sete bancas, a um lado da colunata, ficavam os cambistas, tendo diante de si pilhas reluzentes, e mercadores e marinheiros em trajes variados aglomeravam-se ao redor. A um lado, viam-se vários homens em longas togas subindo apressados na direção de um imponente edifício, onde os magistrados ministravam justiça: eram os advogados, ativos, tagarelas, zombeteiros e dados a trocadilhos, tal como podemos vê-los hoje em Westminster. No centro do paço, várias estátuas sobre pedestais, a mais notável das quais era a magnífica figura de Cícero. Ao redor, corria uma colunata regular e simétrica em estilo dórico; e lá, vários homens, cujos negócios os levavam cedo à praça, faziam a leve refeição matinal que constituía o desjejum italiano, falando com veemência sobre o terremoto da noite anterior, enquanto molhavam bocados de pão em tigelas de vinho diluído.

No espaço aberto, também podiam ser vistos pequenos comerciantes exercendo a arte de apregoar. Ali, um homem oferecia fitas a uma bela camponesa; outro exaltava para um robusto fazendeiro a excelência dos seus sapatos; um terceiro, uma espécie de cozinheiro de feira, ainda tão comum nas cidades italianas, fornecia às muitas bocas famintas refeições quentes feitas num pequeno fogão itinerante, enquanto – contraste bem típico da combinação de pressa e intelectualidade da época – um professor estava explicando a seus desorientados alunos os princípios da gramática latina. Uma galeria acima do pórtico, a que se tinha acesso por pequenos degraus de madeira, também tinha seu público, embora, como ali principalmente se desenrolavam os negócios mais diretos, os grupos mostrassem um ar mais tranqüilo e sério.

De tempos em tempos, a multidão lá embaixo respeitosamente abria caminho quando algum senador se dirigia pomposamente ao Templo de Júpiter (que ocupava um dos lados do fórum, e era a sala de reuniões dos senadores), inclinando a cabeça com ostensiva condescendência para os amigos ou clientes que distinguia no meio da aglomeração. Misturadas aos vistosos trajes das classes privilegiadas, viam-se as robustas silhuetas dos agricultores das vizinhanças, que se dirigiam aos celeiros públicos. Próximo ao templo, avistava-se o arco triunfal e a longa rua do outro lado apinhada de gente; num dos nichos do arco, uma fonte jorrava, cintilando alegremente sob os raios do sol; acima da sua cornija, erguia-se a estátua eqüestre de Calígula, em bronze, contrastando vivamente com o risonho céu de verão. Atrás das bancas dos cambistas, ficava o prédio hoje chamado de Panteão; e uma multidão dos mais pobres moradores de Pompéia passava pelo pequeno vestíbulo que levava ao interior, com cestos embaixo do braço, empurrando-se na direção de uma plataforma colocada entre duas colunas, onde estavam expostas à venda as provisões que os sacerdotes haviam resgatado dos sacrifícios.

Num dos edifícios públicos destinados aos negócios da cidade, operários trabalhavam, e, de quando em quando, ouvia-se o barulho do seu labor elevando-se sobre o burburinho do povo – as colunas permanecem inacabadas até hoje.

Tudo isso resumido, nada conseguia superar em variedade de trajes, de classes sociais, de hábitos e ocupações aquela multidão – nada conseguiria superar-lhe a azáfama, a alegria, a animação –, onde prazer e comércio, ócio e trabalho, avareza e ambição juntavam num único golfo suas impetuosas e heterogêneas – embora harmoniosas – torrentes.

Diante dos degraus do Templo de Júpiter, de braços cruzados, o cenho franzido e sobranceiro, estava parado um homem de uns cinqüenta anos. Sua roupa era de uma simplicidade incomum – não tanto pelo tecido, mas pela ausência dos ornamentos usados pelos pompeianos de todas as classes –, em parte por amor à ostentação, em parte também porque, ao se enfeitar daquela forma, acreditava resistir com mais eficácia aos assaltos da magia e à influência do mau-olhado. Sua testa era larga e calva; os raros fios de cabelo que restavam atrás da cabeça estavam escondidos por uma espécie de capuz, que fazia parte do manto, podendo ser erguido ou baixado à vontade, e

Assim deve ter sido o Templo da Fortuna Augusta: clássico, com a fachada de coluna, quatro ordens de colunas, e precedido por uma escadaria alta, dividida por um altar numa plataforma.

Os Últimos Dias de Pompéia

agora cobria-lhe parcialmente a cabeça, como proteção contra os raios do sol. A cor das suas vestes era marrom, matiz nada popular entre os pompeianos; todas as combinações usuais de escarlate ou púrpura pareciam cuidadosamente excluídas. Seu cinturão, ou faixa, trazia dependurado um pequeno recipiente para tinta, um estilo (ou utensílio para escrever), e tábulas de tamanho fora do comum. O mais extraordinário era que não havia bolsa no cinturão, o que era acessório quase indispensável, mesmo quando a referida bolsa, por azar, andasse vazia.

Não era comum os alegres e egoístas pompeianos se ocuparem em observar o aspecto e as atitudes de seus vizinhos; mas nos lábios e no olhar daquele espectador havia algo tão visivelmente amargo e desdenhoso, enquanto observava a procissão religiosa subindo as escadas do templo, que não deixou de despertar a atenção de muita gente.

– Quem é aquele cínico? – perguntou um comerciante ao seu companheiro, um joalheiro.

– É Olinto – respondeu o joalheiro –, um suposto nazareno.

O comerciante horrorizou-se.

– Seita terrível! – disse, em tom baixo e medroso. – Dizem que quando se encontram à noite, sempre iniciam suas cerimônias matando um recém-nascido; também pregam a comunhão de bens... miseráveis! Comunhão de bens! Que seria dos comerciantes, ou dos joalheiros, se essas idéias fossem postas em prática?

– É verdade – disse o joalheiro. – Além do mais, eles não usam jóias... murmuram imprecações quando vêem uma serpente; e, em Pompéia, todos os nossos ornamentos têm forma de serpente.

– Reparem – disse um terceiro, que era fabricante de peças de bronze – como o nazareno olha carrancudo para a piedosa procissão dos sacrifícios. Sem dúvida está proferindo maldições contra o templo. Sabes, Celcino, que esse sujeito, passando outro dia por minha loja, e vendo-me ocupado com uma estátua de Minerva, disse-me com uma carranca que, se ela fosse de mármore, a quebraria; mas o bronze era forte demais para ele. "Quebrar uma deusa!", disse eu. "Deusa!", respondeu o ateu. "É um demônio, um espírito mau!" E seguiu seu caminho praguejando. Dá para aturar uma coisa dessas? Não é espantoso a terra ter tremido ontem à noite tão assustadoramente, ansiosa por repelir o ateu do seu seio? Eu disse ateu? Ele é pior do que isso: é um aviltador das belas-artes! Que desgraça para nós, que trabalhamos com bronze, se gente como essa ditasse leis à sociedade!

– Sãos esses os incendiários que queimaram Roma na época de Nero – resmungou o joalheiro.

Enquanto aconteciam os amistosos comentários provocados pela expressão e pela crença do nazareno, o próprio Olinto começou a se dar conta da reação que estava suscitando. Correu os olhos ao redor e observou os rostos atentos da crescente multidão, cochichando e fitando-o; e, examinando-os por um momento, com uma expressão a princípio de desafio e depois de compaixão, envolveu-se no manto e se afastou, murmurando em tom audível:

– Idólatras iludidos! O tremor desta noite não vos advertiu? Ah! Como enfrentareis o dia final?

A multidão que ouviu essas palavras agourentas deu-lhes diferentes interpretações, conforme suas diferentes gradações de ignorância e de medo; todos, no entanto, eram unânimes em imaginar que continham alguma terrível maldição. Viam o cristão como inimigo da humanidade; os epítetos que lhe prodigalizavam, entre os quais "ateu" era o preferido e o mais freqüente, talvez sirvam para nos mostrar, a nós, seguidores do mesmo credo hoje triunfante, como esquecemos a perseguição que Olinto então sofreu por sua fé, e como aplicamos, a quem difere da nossa, os mesmos termos com que naquela época rotulavam os primeiros seguidores, os pais da nossa religião.

Enquanto Olinto caminhava entre a multidão, chegando a um dos pontos menos movimentados da saída do fórum, notou, olhando-o fixamente, um rosto pálido e sério, que logo reconheceu.

Envolto num manto que lhe ocultava parcialmente as vestes sacerdotais, o jovem Apecides observava o discípulo daquele novo e misterioso credo ao qual em certa época quase se convertera.

– Será ele também um impostor? Esse homem, tão simples e humilde na vida, nos trajes, no semblante... será que ele também, como Arbaces, usa a austeridade como capa para encobrir-lhe a sensualidade? Será que o véu de Vesta esconde a depravação da prostituta?

Olinto, acostumado com homens de todas as classes, e conjugando com o entusiasmo da sua fé um profundo conhecimento dos seus semelhantes, talvez tenha adivinhado, pela expressão do rosto, que algo se passava no íntimo do sacerdote. Enfrentou o exame de Apecides com olhar firme e uma expressão de serena e inequívoca sinceridade.

– A paz esteja contigo! – disse, saudando Apecides.

– Paz! – repetiu o sacerdote, num tom tão abafado que de imediato afligiu o coração do nazareno.

– Neste desejo – continuou Olinto –, todas as coisas boas estão contidas... sem virtude, não podes ter paz. Como o arco-íris, a paz estende-se sobre a Terra, mas seu arco mergulha no céu, que o banha com matizes luminosos... mostra-se entre pingos de chuva e nuvens... é um reflexo do eterno Sol. É uma garantia de tranqüilidade, é o sinal de uma grande aliança entre homem e Deus. Tal paz, meu jovem, é o sorriso da alma; é uma emanação do distante orbe da luz imortal. A paz esteja contigo!

– Ai de mim! – começou Apecides, quando percebeu o olhar de alguns vadios curiosos que, intrigados, queriam saber qual seria o assunto da conversa entre o suposto nazareno e um sacerdote de Ísis. Ele, então, parou de repente, e depois acrescentou em voz baixa: – Não podemos conversar aqui, eu te seguirei até às margens do rio; lá, existe um passeio que a esta hora geralmente fica deserto e solitário.

Olinto inclinou a cabeça concordando. Atravessou as ruas num passo apressado, mas com olhos sagazes e observadores. De tempos em tempos, trocava um significativo olhar, um discreto aceno com alguns transeuntes cujos trajes geralmente indicavam que seu usuário pertencia às classes mais humildes, pois o cristianismo era, nesse ponto, igual a muitas outras e menos grandiosas revoluções – o grão de mostarda plantado no coração do humilde. Entre as choupanas dos pobres e operários ficava a esquecida fonte que deu origem à vasta corrente que mais tarde derramaria suas abundantes águas junto às cidades e palácios da terra.

2

EXCURSÃO VESPERTINA
PELOS MARES DA CAMPÂNIA

– Mas dize-me, Glauco – falou Ione, enquanto deslizavam pelo ondulado Sarno em seu barco de passeio –, como tu e Apecides chegaram para livrar-me daquele homem perverso?
– Pergunta a Nídia – respondeu o ateniense, apontando para a ceguinha que, sentada a pouca distância deles, apoiava-se pensativamente em sua lira. – Ela merece teu agradecimento, não nós. Parece que ela foi à minha casa e, não me encontrando, foi em busca do teu irmão no templo; ele a acompanhou até a casa de Arbaces; encontraram-me no caminho, com um grupo de amigos, aos quais me juntei, pois tua amável carta deixara-me muito animado. O ouvido apurado de Nídia detectou minha voz; bastaram algumas palavras para fazer-me acompanhar Apecides; não disse aos meus amigos por que os deixava... como poderia confiar teu nome às suas línguas tagarelas e juízos indiscretos? Nídia nos guiou até o portão do jardim, por onde depois te carregamos. Entramos, e íamos penetrar nos segredos daquela casa maligna quando ouvimos teu grito vindo de outra direção. Sabes o resto!
Ione corou intensamente. Então, levantou os olhos para os de Glauco, e ele sentiu toda a gratidão que ela não conseguia expressar com palavras.
– Vem para cá, minha Nídia! – disse ela ternamente à tessaliana. – Não te disse que serias minha irmã e amiga? Já

não foste mais do que isso? Minha guardiã, minha defensora!

– Não foi nada – respondeu Nídia, com frieza e sem se mover.

– Ah! Esqueci – continuou Ione –, sou eu quem devo ir ter contigo – e andou ao longo dos bancos até chegar ao lugar onde Nídia estava sentada, e, abraçando-a carinhosamente, cobriu-lhe o rosto de beijos.

Naquela manhã, Nídia parecia mais pálida do que de costume, e seu semblante ficou ainda mais abatido e descorado quando se submeteu ao abraço da bela napolitana.

– Mas como, Nídia – murmurou Ione –, conseguiste adivinhar o perigo a que eu estava exposta? Sabias alguma coisa sobre o egípcio?

– Sim, sabia dos seus vícios.

– E como?

– Nobre Ione, fui escrava de depravados, e as pessoas a quem servi eram agentes dele.

– E freqüentaste sua casa, já que conhecias tão bem a entrada secreta...

– Toquei minha lira para Arbaces – respondeu a tessaliana, embaraçada.

– E escapaste da peçonha de que me salvaste? – perguntou a napolitana, em tom bem baixo para que Glauco não ouvisse.

– Nobre Ione, não tenho beleza nem posição social; sou criança, escrava e cega. Os desprezíveis estão sempre a salvo.

Foi num tom magoado, altivo e indignado que Nídia deu a humilde resposta, e Ione sentiu que só a magoaria se prosseguisse no assunto.

– Confessa que fiz bem, Ione – disse Glauco –, ao insistir para que não desperdiçasses esta bela tarde em teu quarto... confessa que eu estava certo.

– Estavas certo, Glauco – disse Nídia subitamente.

– A querida menina fala por ti – retrucou o ateniense. – Mas permite que me sente diante de Ione, ou nosso leve barco ficará desequilibrado.

Assim falando, acomodou-se no banco exatamente diante de Ione, e, inclinando-se para a frente, imaginava que era a respiração dela, e não a brisa de verão, que espalhava perfume sobre o mar.

– Vais me contar – disse Glauco – por que durante tantos dias tua porta esteve fechada para mim?

– Oh, não penses mais nisso! – respondeu Ione, com rapidez. – Dei ouvidos ao que agora sei que não passava de uma calúnia premeditada.

– E meu caluniador foi o egípcio?

O silêncio de Ione respondeu por si só.

– Seus motivos são bastante óbvios.

– Não fales mais dele – disse Ione, cobrindo o rosto com as mãos, como se para afastar qualquer pensamento de Arbaces.

– Talvez ele já tenha chegado às margens do vagaroso Estige – prosseguiu Glauco –, embora, nesse caso, provavelmente já tivéssemos ouvido falar da sua morte. Teu irmão, creio, sofreu a terrível influência daquela alma sombria. Quando, ontem à noite, chegamos à tua casa, ele se afastou de mim abruptamente. Será que ele um dia se dignará a ser meu amigo?

– Alguma preocupação secreta o está consumindo – respondeu Ione, com tristeza. – Se ao menos pudéssemos tirá-lo do seu ensimesmamento... Juntemo-nos nessa delicada tarefa!

– Ele será meu irmão – respondeu o grego.

– Quão tranqüilamente – disse Ione, emergindo da melancolia em que sua preocupação com Apecides a fizera mergulhar –, quão tranqüilamente as nuvens parecem repousar no céu; e no entanto me disseste, porque não tomei conhecimento de nada, que a terra tremeu abaixo de nós na noite passada.

Tremeu, e com mais violência, dizem, do que acontecia desde o grande abalo de dezesseis anos atrás. A terra onde vivemos ainda abriga um perigo misterioso. O reino de Plutão, que se estende sob nossos campos abrasados, parece tomado por uma comoção oculta. Não sentiste o terremoto, Nídia, onde estavas sentada ontem à noite? Não foi o medo que te provocou que te fez chorar?

– Senti o chão deslocar-se e mover-se embaixo de mim, como uma serpente monstruosa – respondeu Nídia –, mas, como não via nada, não tive medo. Imaginei que o abalo fosse uma das feitiçarias do egípcio. Dizem que ele tem poder sobre os elementos.

– És da Tessália, querida Nídia – retrucou Glauco –, e tens o patriótico direito de acreditar em magia.

– Magia! Quem duvida dela? – disse Nídia simplesmente.

– Tu?

– Até a noite passada (quando um prodígio necromântico realmente me apavorou), acho que não acreditava em nenhuma outra magia a não ser a do amor – confessou Glauco, com voz trêmula, fixando os olhos em Ione.

– Ah! – exclamou Nídia, com uma espécie de arrepio, e tirou mecanicamente alguns belos acordes da lira; o som casava-se perfeitamente com a placidez das águas e a luminosa calma da tarde.

– Toca para nós, querida Nídia – disse Glauco –, toca-nos uma das tuas antigas canções da Tessália. Pode ser sobre magia ou não, como preferires... mas que pelo menos fale de amor.

– De amor! – repetiu Nídia, erguendo os grandes olhos errantes que sempre provocavam, em quem os via, um misto de medo e piedade. Era impossível familiarizar-se com seu aspecto: tão estranho, parecia que aquelas órbitas negras e privadas de luz ignorassem o dia. Tão fixo era seu profundo e misterioso fitar, ou tão inquieto e perturbado, que, ao encontrá-lo, sentia-se a mesma vaga e enregelante e quase sobrenatural impressão que nos acomete na presença dos loucos – daqueles que, tendo uma vida exteriormente igual à nossa, têm uma vida interior... diferente... inescrutável... insuspeitável!

– Queres que eu cante uma canção de amor? – perguntou, fixando aqueles olhos em Glauco.

– Sim – respondeu ele, baixando a cabeça.

Ela se afastou um pouco do braço de Ione, que ainda a enlaçava, como se aquele terno abraço a constrangesse, e, pondo seu leve e gracioso instrumento sobre os joelhos, após um curto prelúdio, entoou a seguinte canção:

Canção de amor de Nídia

I
Amavam a Rosa o Sol e o Vento,
E a Rosa amava um;

Mas quem se importa quando o vento sopra?
Ou quem não ama o Sol?

II
Ninguém sabia de onde vinha o humilde Vento,
Pobre joguete dos Céus...
Ninguém imaginava que tivesse alma,
Em seus aflitos suspiros!

III
Ó feliz Sol! Como consegues provar
Amor radioso como o teu?
A prova desse amor está em tua luz.
Só precisas... brilhar!

IV
Como pode o Vento declarar seu amor?
Bem-vindo não é o seu suspirar;
Calado... calado deve passar pela sua Rosa...
Sua prova de amor é... morrer!

– Cantaste tão tristemente, doce criança – disse Glauco. – Tua juventude, contudo, percebe apenas a face sombria do amor; pois quando ele irrompe e brilha sobre nós, é bem outra a inspiração que desperta.

– Canto como me ensinaram – respondeu Nídia, suspirando.

– Então teu mestre tinha um amor não correspondido. Tenta uma música mais alegre. Não, dá-me o instrumento, pequena.

Quando Nídia obedeceu, sua mão tocou na dele, e, ao leve contato, seu peito arfou, suas faces ficaram coradas. Ione e Glauco, ocupados um com o outro, não notaram aqueles sinais de estranhas e precoces emoções, tomando de assalto um coração que, nutrido pela imaginação, não alimentava esperanças.

E então, imenso, azul, luminoso, estendia-se à frente deles aquele mar sereno, tão belo como agora, dezessete séculos depois, eu o vejo murmurando nas mesmas e belíssimas praias. Cenário que ainda nos amortece com um vago sortilégio de Circe, que insensível e misteriosamente nos põe em harmonia com nosso íntimo, banindo pensamentos austeros de labor, apelos

Esta taça de prata que retrata cenas dos amores de Marte e Vênus era também parte dos utensílios domésticos.

de ambição ilimitada, competições e exigências da vida, enchendo-nos de sonhos bons e tranqüilos, fazendo que nossas necessidades terrenas sejam mínimas, pois o próprio ar nos inspira anseios e sede de amor. Todos quantos te visitam parecem deixar para trás a Terra e suas preocupações – e atravessar a porta de marfim para entrar na Terra dos Sonhos. As jovens e risonhas Horas do Presente... As Horas, filhas de Saturno, que ele deseja ardentemente devorar, parecem arrebatadas das suas garras. O passado... o futuro... são esquecidos; saboreamos apenas o momento presente.

Flor do jardim do mundo, Fonte de Delícias, Itália da Itália, bela, afável Campânia! Na verdade, frívolos seriam os Titãs se, estando naquele lugar, fossem em busca de outros céus! Se Deus quiser transformar esta vida de trabalho diário em perpétuo feriado, quem não suspiraria por morar aqui para sempre – sem nada pedir, nada esperar, nada temer –, enquanto teu céu sobre ele brilhasse, enquanto teu mar cintilasse aos seus pés, enquanto teu ar lhe trouxesse doces mensagens das violetas e das laranjeiras, e enquanto o coração, entregue a uma única emoção, pudesse encontrar lábios e olhos que lhe dessem a esperança (vaidade das vaidades!) de que o amor pode resistir ao hábito e ser eterno?

Era então nesse cenário, sobre esse mar, que o ateniense contemplava um rosto digno da ninfa, espírito do lugar, alegrando os olhos com os róseos tons cambiantes daquela face suave; feliz, além da felicidade da vida diária, amando, e sabendo-se amado.

Na história das paixões humanas, em épocas passadas, sempre existe algo que interesse, até pelo próprio distanciamento do tempo. Intimamente, gostamos de perceber o elo que une as eras mais remotas – homens, nações, costumes, todos passam; os sentimentos são imortais! São afinidades que unem gerações sucessivas. O passado revive quando nos debruçamos sobre suas emoções... ele vive independentemente de nós. O que foi, será. O mágico dom que ressuscita os mortos... que anima as cinzas de esquecidas tumbas, não reside na habilidade do autor – ele está no coração do leitor.

Ainda buscando em vão os olhos de Ione, quando, meio abaixados meio desviados, esquivavam-se dos seus, o ateniense, baixinho e com meiguice, assim expressou os sentimentos inspirados por sentimentos mais felizes do que os que tinham anuviado a canção de Nídia:

A canção de Glauco

I
Como o barco sobre o mar ensolarado flutua,
Nas profundezas da paixão flutua meu coração por ti;
Perdido totalmente no espaço, sem medo desliza,
Pois brilhando com teu espírito está a face das marés.
Ora arfante, ora calmo é o apaixonado oceano,
Quando percebe teu sorriso ou teus suspiros;
E as estrelas gêmeas que brilham orientando o viajante –
Seu guia e seu deus – são teus olhos!

II
O barco pode naufragar, podem as nuvens arrastá-lo,
Mas está acorrentado à luz do teu amor.
Como tua fé e teu sorriso são sua vida e alegria,
Teu cenho franzido, ou tua indiferença,
como a tempestade o destroem.
Ah! Doce é mergulhar com mar sereno,
Se o tempo transformar teu coração!
Se viver for chorar pelo que poderias ter sido,
Deixa-me morrer enquanto sei quem és.

Quando as últimas palavras da canção vibraram sobre o mar, Ione ergueu os olhos – que se encontraram com os do amado. Feliz Nídia! Feliz em tua desdita, por não conseguires enxergar aquele olhar fascinado e maravilhado, que dizia tanto... que fazia dos olhos a voz da alma... que prometia jamais mudar!

Embora, contudo, não pudesse ver aquele olhar, adivinhava-lhe a intenção pelo silêncio deles... por seus suspiros. Pressionou de leve as mãos sobre o peito, como se para reprimir pensamentos amargos e invejosos; e então apressou-se em falar, pois aquele silêncio era-lhe intolerável:

– Afinal, Glauco, não existe nada muito alegre em tua canção!

– Porém, quando tomei tua lira, minha intenção era essa, minha linda. Talvez a felicidade não nos deixe ser alegres.

– Que estranho! – disse Ione, mudando o rumo de uma conversa que a oprimia e ao mesmo tempo a encantava. – Há vários dias, aquela nuvem permanece imóvel sobre o Vesúvio. Não exatamente imóvel, pois às vezes muda de forma; e agora acho que parece um imenso gigante com um braço estendido sobre a cidade. Vês a semelhança, ou é só imaginação minha?

– Bela Ione! Também o vejo. É assombrosamente nítido. O gigante parece estar sentado no alto da montanha. Os diferentes tons da nuvem parecem uma veste branca flutuando sobre o peito e os braços enormes. É como se olhasse fixamente para a cidade embaixo, apontando a mão, como disseste, sobre as ruas cintilantes, e a outra (notaste?) está erguida para o alto do céu. Parece o espectro de algum imenso Titã meditando sobre o belo mundo que perdeu; pesaroso pelo passado... mas com um ar de ameaça para o futuro.

– Será que aquele monte tem alguma relação com o terremoto da noite passada? Dizem que, em tempos remotos, quase no começo das eras a que se refere a tradição, ele lançou fogo, como ainda acontece com o Etna. Talvez as chamas ainda crepitem, ocultas dentro dele.

– É possível – disse Glauco, pensativo.

– Disseste que relutas em acreditar em magia – disse Nídia de repente. – Ouvi dizer que uma poderosa feiticeira mora entre as crestadas cavernas da montanha, e aquela nuvem pode ser a turva sombra do demônio a quem ela invoca.

– Estás impregnada de lendas da tua Tessália natal – disse Glauco – e de uma estranha e antagônica mistura de bom senso e superstições.

– Sempre ficamos supersticiosos no escuro – respondeu Nídia. – Dize-me – acrescentou após breve pausa –, dize-me, Glauco: tudo o que é belo se parece? Dizem que és belo, e Ione também. O rosto de ambos é igual? Suponho que não, embora talvez seja assim.

– Não cometas tão grave injustiça com relação a Ione – respondeu Glauco, rindo. – Mas, ai! Não nos parecemos um com o outro, como os feios e os belos às vezes se parecem. Os cabelos de Ione são negros, os meus, louros; os olhos de Ione são... de que cor Ione? Não consigo vê-los, olha para mim. Oh, serão negros? Não, são muito meigos. Serão azuis? Não, são demasiado profundos; mudam a cada raio de sol... não sei de que cor são. Mas os meus, doce Nídia, são cinzentos, e brilham só quando Ione se reflete neles. O rosto de Ione é...

– Não entendo uma única palavra da tua descrição – interrompeu Nídia, irritada. – Só sei que ambos não se parecem, e fico satisfeita com isso.

– Por que, Nídia? – perguntou Ione.

Nídia corou de leve e replicou friamente:

– Porque sempre vos imaginei com feições diferentes, e a gente gosta de saber que acertou.

– E com que imaginas que Glauco se parece? – perguntou Ione com brandura.

– Com música! – replicou Nídia, baixando a cabeça.

"Estás certa", pensou Ione.

– E com que comparas Ione?

– Ainda não posso dizê-lo – respondeu a ceguinha. – Ainda não a conheço há tempo suficiente para encontrar uma forma e um símbolo para minhas suposições.

– Então eu te direi – disse Glauco, apaixonadamente. – Ela é como o Sol que aquece... como a onda que refresca.

– O Sol às vezes queima, e a onda às vezes afoga – retrucou Nídia.

– Toma estas rosas! – disse Glauco. – Deixa que sua fragrância te sugira Ione.

— Ai de mim, as rosas fenecem! — exclamou a napolitana, maliciosamente.

Assim conversando, viram as horas passar; os amantes, cônscios apenas do brilho e dos sorrisos do amor; a menina cega dele, sentindo só as trevas... só suas torturas... a fúria do ciúme e sua aflição.

E então, enquanto se deixavam levar pela brisa, Glauco tornou a pegar a lira e dedilhou-lhe as cordas com mãos descuidadas, numa canção tão singela e de beleza tão jubilosa, que até Nídia despertou do seu cismar e soltou uma exclamação, maravilhada.

— Como vês, minha criança — disse Glauco —, eu ainda posso resgatar a originalidade da música de amor e mostrar que estava errado quando disse que a felicidade não pode ser alegre. Ouve, Nídia! Ouve, Ione querida!

O nascimento do amor

I
Como uma estrela sobre os mares,
Como um sonho nas ondas do sono...
Alto... alto... a Deusa do Amor personificada...
Ela surgiu da profundeza encantada!
E sobre a ilha de Chipre
Os Céus espargiram seu silente sorriso;
E o verde coração da floresta encheu-se
Com o impulso da vida que brotava –
Vida que começava a nascer,
Nas veias da feliz terra!
Salve! Oh, salve!
A mais negra furna aos teus pés,
A distante abóbada celeste no alto,
Em seu profundo silêncio te conhecem,
E palpitam com o nascimento da Deusa do Amor!
Brisa! Doce Brisa!
Com tuas asas de prata vieste
Do teu lar, no suave oeste,
Ora agitando seus dourados cachos,
Ora acalmando-lhe o peito arfante.

E ao longe, na areia murmurante,
As estações esperam de mãos dadas
Para dar-te as boas-vindas, Criação Divina,
À terra que doravante será tua.

II
Vêde! Como na concha se ajoelha,
Brilhante pérola em sua alcova flutuante!
Vêde! Como da concha os róseos matizes,
O rosto e o níveo colo,
E os delicados membros banham,
Como um rubor, com tímido brilho.
Singrando, lentamente singrando
As águas turbulentas.
Saudemos todos! Como a luz afetuosa saúda
Sua filha,
Saudemos todos!
Somos teus, somos todos teus para sempre:
Nem uma folha na praia risonha,
Nem uma onda no mar cintilante
Nem um único suspiro
No ilimitado céu,
É dedicado a outra que não a ti!

III
E tu, minha amada... tu,
Quando agora contemplo teus doces olhos,
Parece-me que de suas profundezas vejo
De novo brotar o Sagrado Nascimento;
Tuas pálpebras são a delicada célula
Onde o jovem Amor está guardado.
Vêde! Ele irrompe da mística concha,
E nasce dos teus ternos olhos!
Saudemos! Saudemos todos!
Ela vem, ela vem do mar
Para minha alma, quando olha para ti;
Ela vem, ela vem!
Ela vem, do mar ela vem
Para minha alma, quando olha para ti!
Saudemos! Saudemos todos!

3

A CONGREGAÇÃO

Seguido por Apecides, o nazareno chegou às margens do Sarno – esse rio, hoje reduzido a um regato insignificante, na época corria alegremente para o mar, apinhado de barcos, refletindo em suas ondas os jardins, os vinhedos, os palácios e os templos de Pompéia. De suas margens, mais barulhentas e freqüentadas, Olinto dirigiu seus passos para uma trilha que corria entre uma alameda sombreada por árvores, a poucos passos do rio. Ao entardecer, aquele caminho era um dos locais de encontro favoritos dos pompeianos, mas, nas horas quentes e atarefadas do dia, raramente era visitado, salvo por alguns grupos de crianças travessas, algum poeta pensativo, ou alguns filósofos contestadores. No ponto mais distante do rio, densas moitas de buxo entremeavam-se com folhagens mais delicadas e de pequeno porte, e eram podados de mil formas curiosas; às vezes pareciam faunos e sátiros. Às vezes imitavam pirâmides egípcias, ou letras que compunham o nome de um cidadão eminente ou popular. Como se vê, o gosto espúrio é tão antigo quanto o bom gosto genuíno; e os comerciantes aposentados de Hackney e Paddington, há um século, talvez tivessem pouca consciência de que seus teixos retorcidos e buxos esculpidos tinham por modelo os do período mais elegante da Antigüidade romana, os dos jardins de Pompéia e das vilas do exigente Plínio.

Àquela hora, com o Sol brilhando perpendicularmente entre as folhas recortadas, a trilha estava completamente deserta; pelo menos nenhuma outra silhueta, a não ser as de Olinto e do sacerdote, violava seu isolamento. Ambos sentaram-se num dos bancos colocados a intervalos entre as árvores, voltados para a brisa que vinha languidamente do rio, cujas ondas dançavam e faiscavam à sua frente. Dupla singular e contrastante: o crente da mais nova e o sacerdote da mais antiga religião do mundo!

– Desde que te afastaste de mim tão repentinamente – disse Olinto – tens sido feliz? Teu coração encontrou contentamento sob essas vestes sacerdotais? Tu, que continuas ansiando pela voz de Deus, conseguiste ouvir palavras de conforto nos oráculos de Ísis? Esse suspiro, esse rosto que se esquiva dão-me a resposta que minha alma previa.

– Pobre de mim! – respondeu Apecides com tristeza. – Vês diante de ti um homem infeliz e perturbado! Desde a infância acalentei sonhos de virtude. Invejei a santidade dos homens que, em cavernas e templos solitários, ingressaram no rol dos seres que pairam acima do mundo. Meus dias consumiram-se em sonhos febris e vagos desejos; minhas noites, em imitações de solenes visões. Seduzido pelas profecias místicas de um impostor enverguei estas vestes. Meu caráter (confesso-te isso com franqueza), meu caráter revoltou-se com o que vi e com o que fui obrigado a pactuar. Buscando a verdade, tornei-me ministro de falsidades. Na noite em que nos encontramos pela última vez, eu estava animado por esperanças criadas pelo mesmo impostor sobre quem eu já deveria estar mais bem informado. Eu... não importa... não importa! Basta! Juntei perjúrio e pecado a leviandade e arrependimento. Agora a venda foi-me retirada definitivamente dos olhos: enxergo um vilão onde via um semideus; a terra ficou escura; estou no mais profundo abismo das regiões infernais; não sei se há deuses lá em cima ou se somos frutos do acaso; se além do limitado e melancólico presente existe o aniquilamento, ou se a vida continua. Fala-me, pois, sobre tua crença; esclarece minhas dúvidas, se de fato tens esse poder!

– Não me surpreende – disse o nazareno – que tenhas te enganado tanto e que estejas tão cético. Há oitenta anos, o homem não tinha nenhuma certeza sobre Deus, ou sobre um futuro certo e definido além-túmulo. Novos mandamentos são anunciados aos que têm ouvidos... um paraíso, verdadeiro Olimpo, é revelado aos que têm olhos: presta atenção, e escuta!

E com todo o fervor de um homem que acreditava ardentemente, e zelosamente decidido a converter almas, o nazareno expôs a Apecides as promessas da *Escritura Sagrada*. Primeiro falou sobre os sofrimentos e os milagres de Cristo – e chorava ao falar; passou, a seguir, das glórias da Ascensão do Salvador para as claras profecias da Revelação. Descreveu o paraíso puro e espiritual destinado aos virtuosos... e o fogo e os tormentos a que eram condenados os pecadores.

As dúvidas que mais tarde surgiram na mente dos pensadores sobre a imensidão do sacrifício de Deus pelo homem não eram as mesmas que poderiam ocorrer aos pagãos daquela época. Estes estavam habituados a acreditar que os deuses tinham vivido na Terra, assumindo a forma humana; haviam partilhado as paixões, labores e infortúnios dos homens. Que significavam os trabalhos do filho de Alcmena, em cujos altares fumegava o incenso de inúmeras cidades, senão uma labuta em prol da raça humana? O grande Apolo dório não havia expiado um pecado místico ao descer para o túmulo? Estes, que eram divindades do Paraíso, haviam sido legisladores ou benfeitores na Terra, e a gratidão levava à adoração.

Para o pagão, portanto, não parecia nova nem estranha a doutrina que dizia que Cristo fora enviado dos Céus, que um imortal assumira a mortalidade e tinha provado o amargor da morte. E o propósito pelo qual Ele assim labutou e sofreu pareceu a Apecides muito mais glorioso do que o objetivo pelo qual as deidades dos tempos remotos haviam visitado o mundo inferior e transposto os portais da morte! Não era digno de um Deus descer a estes vales sombrios para dissipar as nuvens acumuladas sobre a negra montanha ao longe, para dirimir as dúvidas dos sábios, para transformar especulação em certeza; para, mediante o exemplo, ditar as regras da vida; por meio da revelação, solucionar o enigma do túmulo e provar que a alma não suspirava em vão ao sonhar com a imortalidade? Este último era o grande argumento daqueles homens humildes dedicados a converter a Terra.

Assim como nada lisonjeia mais o orgulho e as esperanças do homem do que a crença numa existência futura, assim também nada poderia ser mais vago e confuso do que as noções dos sábios pagãos sobre esse enigmático tema. Apecides já aprendera que a fé que movia os filósofos não era a do povo; que, se secretamente professavam um credo em algum poder divino, não era um credo que achassem sensato partilhar com a sociedade. Aprendera também que os próprios sacerdotes zombavam do que pregavam ao povo; que as noções da minoria e da maioria jamais eram as mesmas. Porém, nessa nova crença, parecia-lhe que filósofos, sacerdotes e povo, os propagadores da religião e seus seguidores, estavam todos de acordo: não especulavam nem discutiam a respeito da imortalidade, falavam dela como algo indiscutível e indubitável. A magnificência da promessa maravilhava-o, seu conforto apaziguava-o. Pois a fé cristã fizera seus primeiros convertidos entre os pecadores! Muitos de seus discípulos e mártires eram pessoas que haviam provado o amargor do vício, e que, portanto, já não se deixavam tentar pela sua falsa aparência para desviar-se dos caminhos de uma virtude austera e decidida. Todas as promessas daquela crença salutar chamavam ao arrependimento... eram peculiarmente adequadas aos de espírito ferido e aflito. O próprio remorso que Apecides sentia por seus recentes excessos fazia que se inclinasse para alguém que via santidade naquele remorso, e que falava da alegria no Céu por um pecador arrependido.

Vem! disse o nazareno, ao perceber a impressão que causara. – Vem à humilde sala onde nos reunimos; um grupo seleto e pequeno. Vem ouvir nossas orações, ver a sinceridade das nossas lágrimas de arrependimento, unir-te a nós em nossa singela oferenda; não de vítimas nem de guirlandas, mas deposta no altar do coração com pensamentos puros. As flores que lá depositamos são imperecíveis; vicejarão sobre nós quando não mais existirmos. Não, elas nos acompanharão além do túmulo, brotarão sob nossos pés no Paraíso, deliciar-nos-ão com seu eterno perfume, porque vêm da alma; são parte da sua essência. Essas oferendas são as tentações vencidas e pecados de que nos arrependemos. Vem, ó vem! Não percas outra oportunidade; prepara-te já para a grande e solene jornada, das trevas para a luz, da aflição para a bem-aventurança, da decomposição para a imortalidade! Este é o dia do Deus Filho, um dia que reservamos para nossas devoções. Embora geralmente nos encontremos à noite, alguns dos nossos já estão reunidos agora. Que alegria, que vitória para todos nós se pudermos levar uma ovelha desgarrada ao sagrado rebanho!

Para Apecides, tão naturalmente puro de coração, parecia haver algo inefavelmente generoso e benigno naquele fervor que animava Olinto ao expressar-se – um fervor que encontrava a própria satisfação na felicidade dos outros, que buscava, com seu enorme poder de comunicação, angariar companheiros para a eternidade. Estava comovido, calmo e contido. Não estava num estado de espírito capaz de suportar a solidão; e também por curiosidade, unida aos incentivos mais puros, estava ansioso por assistir àqueles rituais sobre os quais corriam tantos e tão obscuros e contraditórios rumores.

Pensou por um momento, olhou para suas vestes, pensou em Arbaces, estremeceu de horror, ergueu os olhos para a larga testa do nazareno, atento, ansioso, vigilante – mas pelo seu bem, pela sua salvação! Envolveu-se no manto para esconder totalmente as vestes sacerdotais, e disse:

– Guia-me, eu te seguirei!

Olinto apertou-lhe a mão com alegria, e então, descendo para a margem do rio, chamou um dos barcos que faziam a travessia regularmente. Embarcaram; um toldo protegia-os do sol e dos olhares curiosos. Rapidamente começaram a deslizar sobre as ondas. De um dos barcos que passou por eles, fluía uma música suave; tinha a proa decorada com flores e estava seguindo para o mar.

– Em suas ilusões – disse Olinto –, tão inconscientes e alegres navegam os adoradores do prazer rumo ao grande oceano de tormentas e naufrágios! Passamos por eles silenciosos e despercebidos, para chegar à terra.

Erguendo os olhos, Apecides vislumbrou, pela abertura do toldo, o rosto de um dos passageiros do festivo barco – era o rosto de Ione. Os enamorados seguiam no passeio que já descrevemos. O sacerdote suspirou e voltou a acomodar-se em seu banco. Chegaram à margem onde, nos subúrbios, uma aléia de casas pequenas e humildes estendia-se ao longo da costa; dispensaram o barco; desceram, e Olinto, precedendo o sacerdote, avançou com dificuldade pelo labirinto de becos, chegando finalmente a uma casa um pouco maior do que as vizinhas. Bateu três vezes – a porta se abriu e tornou a fechar-se assim que Apecides transpôs-lhe a soleira, acompanhando seu guia.

Passaram por um átrio deserto e chegaram a um aposento interno de tamanho médio onde – estando a porta fechada – a única luz que nele entrava vinha de um postigo. Mas, parando no umbral e batendo na porta, Olinto disse:

– A paz esteja convosco!

Uma voz lá de dentro respondeu:

– A paz esteja com quem?

– Com o fiel! – respondeu Olinto, e a porta se abriu.

Umas doze ou quatorze pessoas estavam sentadas num semicírculo, em silêncio, aparentemente absortas, meditando de frente para um crucifixo toscamente esculpido em madeira.

Ergueram os olhos quando Olinto entrou, mas ficaram caladas; o próprio nazareno, antes de aproximar-se delas, ajoelhou-se de repente e, pelo movimento dos lábios e pelos olhos fitos no crucifixo, Apecides percebeu que ele orava intimamente. Concluído o ritual, Olinto voltou-se para o grupo:

– Meus irmãos – disse –, não vos espanteis por ver entre vós um sacerdote de Ísis. Ele andava entre cegos, mas o espírito desceu sobre ele, e agora deseja ver, ouvir, compreender.

– Assim seja! disse alguém do grupo. – E Apecides viu que era um homem mais jovem do que ele, de rosto pálido e abatido, com um olhar que, como o seu, falava de inquietações e de intensa atividade mental.

– Assim seja! – repetiu uma segunda voz, e quem assim falava era um homem em plena maturidade: a pele bronzeada e as feições asiáticas indicavam tratar-se de um filho da Síria; quando jovem, fora salteador.

– Assim seja! – disse uma terceira voz, e o sacerdote, voltando-se para ver quem falava, viu um velho com longa barba grisalha, a quem reconheceu como escravo do rico Diomedes.

Assim seja! – repetiram os demais em uníssono; eram homens que, com duas exceções, pertenciam a classes inferiores. Entre as exceções, um era oficial da guarda, o outro, um mercador alexandrino.

– Não – recomeçou Olinto –, não te obrigaremos a guardar segredo; não te exigiremos (como o fariam alguns dos nossos irmãos mais desconfiados) o juramento de que não nos trairás. É verdade, certamente, que não há uma lei específica contra nós, mas a multidão, mais feroz do que seus governantes, tem sede do nosso sangue. Assim, meus amigos, quando Pilatos hesitou, era o povo que gritava: "Crucifiquem Cristo!". Não te imporemos nenhuma obrigação para nos sentir seguros... não! Denuncia-nos à multidão, acusa-nos, calunia-nos, difama-nos, se quiseres... Somos superiores à morte e caminharíamos alegremente para o covil do leão ou para o suplício do carrasco; podemos desdenhar das trevas do túmulo, pois o que para um criminoso é morte, para o cristão é a eternidade.

Um murmúrio de aprovação percorreu o grupo.

– Estás aqui entre nós como observador; que possas tornar-te um convertido! Nossa religião? Aquela cruz é nossa única imagem, aquele rolo de pergaminho são os mistérios das nossas Ceres e Elêusis! Nossa moral? Está em nossas vidas! Pecadores todos fomos; quem agora pode acusar-nos de um crime? Pelo batismo, nos purificamos do passado. Não penses que é obra nossa, é obra de Deus. Aproxima-te Medon! – disse, dirigindo-se ao terceiro que se pronunciara sobre a admissão de Apecides. – Entre nós, és o único homem que não é livre. Mas no Céu, os últimos serão os primeiros: assim acontece conosco. Desenrola teu pergaminho, lê e explica!

Inútil seria acompanharmos a leitura de Medon, ou os comentários do grupo. Estamos familiarizados com essas doutrinas, que naquela época eram estranhas e novas. Dezoito séculos pouco nos deixaram para expor acerca do conteúdo das *Escrituras* ou da vida de Cristo. E também nossas dúvidas não seriam análogas às que ocorreram ao sacerdote pagão, e pouco aprenderíamos com as respostas recebidas de homens incultos, rudes e simples, que tinham apenas consciência de ser mais importantes do que pareciam.

Aconteceu, porém, algo que comoveu o napolitano: concluída a leitura, ouviu-se baterem de leve na porta. A senha foi dada e respondida; a porta abriu-se e duas crianças, das quais a mais velha deveria ter uns sete anos, entraram timidamente; eram filhos do dono da casa, daquele sírio moreno e robusto que desperdiçara a juventude entre pilhagens e matanças. O mais velho do grupo (o velho escravo) abriu-lhes os braços; ambos correram para aquele abrigo, aconchegaram-se em seu peito, e o rosto rude do escravo sorria ao acariciá-los. E então aqueles homens destemidos e fervorosos, criados entre vicissitudes, batidos pelos tempestuosos ventos da vida – homens de uma fortaleza protegida por couraças e impenetrável, dispostos a enfrentar o mundo, preparados para a tormenta e armados para a morte, homens que contrastavam em todos os sentidos com os nervos débeis, o coração delicado, a comovente fragilidade infantil, juntaram-se ao redor das crianças, abrandando os rostos severos e abrindo os lábios cercados de barbas em sorrisos amistosos e carinhosos.

Então o velho desenrolou o pergaminho e ensinou as crianças a repetir com ele a bela oração que ainda hoje dirigimos ao Senhor e ensinamos aos nossos filhos. Depois, em frases simples, falou-lhes do amor de Deus pelos jovens, e como nenhum pardal cai sem que Seus olhos o vejam. Esse belo costume da iniciação infantil foi mantido durante muito tempo pela Igreja primitiva, em memória das palavras divinas que diziam: "Deixai vir a mim os pequeninos, não os impeçais...", e foi talvez a origem da supersticiosa calúnia que atribuía aos nazarenos o crime que, quando vitoriosos, atribuíram aos judeus, ou seja, o de atrair crianças para rituais hediondos, em que eram secretamente imoladas.

E o austero pai penitente parecia sentir na inocência dos filhos um retorno à sua própria infância – época da vida ainda sem pecado. Acompanhava o movimento dos lábios infantis com olhar zeloso; sorria quando repetiam as sagradas palavras, compenetrados e reverentes. E quando a lição acabou, e eles correram, livres e contentes, para seu colo, abraçou-os e beijou-os muitas vezes. Lágrimas desceram-lhe pelo rosto, lágrimas cuja origem seria impossível descobrir, tão mescladas eram de alegria e pesar, arrependimento e esperança – remorso por si mesmo e amor por eles!

Algo, repito, havia naquela cena que comoveu Apecides de modo especial. E, na verdade, é difícil conceber uma cerimônia mais adequada àquela religião de benevolência, mais evocativa de sentimentos familiares, ferindo a corda mais sensível do coração humano.

Foi nesse instante que uma porta interna se abriu devagarzinho e um homem muito idoso entrou no aposento, apoiando-se num cajado. À sua chegada, todo o grupo levantou-se; em cada rosto havia uma expressão de profundo e afetuoso respeito, e Apecides, fitando-lhe o semblante, sentiu-se atraído para ele por uma simpatia irresistível. Ninguém jamais olhava para aquele rosto sem amá-lo, pois nele habitava o sorriso da Divindade, a encarnação do mais sagrado amor – e o brilho do sorriso que jamais se apagava.

– Meus filhos, Deus esteja convosco! – disse o ancião, estendendo os braços, e enquanto falava as crianças correram para junto dele. O homem sentou-se e ambos se aninharam em seu colo. Era lindo ver unidos os extremos da vida – os rios brotando da sua nascente –, a majestosa corrente deslizando rumo ao oceano da eternidade... Como a luz do dia que vai declinando parece fundir terra e céu, tornando pouco visíveis seus contornos e confundindo o agreste cume das montanhas com o firmamento, o mesmo acontecia com o benigno sorriso do ancião, que parecia santificar o aspecto de todos ao redor, harmonizando as marcantes diferenças de vários anos e difundindo sobre a infância e a maturidade a luz daquele paraíso em que logo deveria desvanecer-se e desaparecer.

– Pai – disse Olinto –, tu, em cujo corpo se realizou o milagre do Redentor; tu, que foste arrebatado do túmulo para tornar-te testemunha viva da Sua misericórdia e do Seu poder, vê! Um estranho em nossa reunião; um novo cordeiro que se junta ao rebanho!

– Deixa-me abençoá-lo – disse o ancião, e o grupo deu-lhe passagem.

Como se por instinto, Apecides aproximou-se e caiu de joelhos diante dele. O ancião pôs a mão na cabeça do sacerdote e abençoou-o, mas não em voz alta. Enquanto seus lábios se moviam, seus olhos ergueram-se, e lágrimas – lágrimas que os homens bons só vertem na esperança de felicidade para outrem – rolaram-lhe pelas faces.

As crianças estavam junto ao convertido, uma de cada lado; eram um só coração. Apecides se tornara um deles – prontos a entrar no reino dos Céus.

4

A CORRENTE DO AMOR SEGUE SEU CURSO. PARA ONDE?

Os dias parecem anos para jovens apaixonados quando não há barreiras, não há obstáculos entre seus corações, quando o Sol brilha e a vida corre serena, quando esse amor é propício e confessado. Ione já não escondia de Glauco o afeto que sentia por ele, e ambos só falavam de amor. Sobre o êxtase do presente, as esperanças do futuro brilhavam como o céu sobre jardins primaveris. Em seus confiantes pensamentos, seguiam o curso do tempo; traçavam o mapa do porvir; deixavam que a luz de hoje banhasse o amanhã. No seu jovem coração, parecia-lhes que preocupação, mudanças e morte eram coisas desconhecidas. Talvez se amassem tanto porque a situação do mundo não deixava a Glauco outra opção e outro desejo a não ser o amor; porque as coisas que distraem as paixões humanas, tão comuns em países livres, não existiam para o ateniense; porque seu país não o incitava a participar da azáfama da vida pública; porque a ambição não constituía contrapeso ao amor. Portanto, em seus esquemas e projetos, o amor reinava soberano. Na idade do ferro, imaginavam-se na do ouro, determinados apenas a viver e amar.

Ao observador superficial, interessado apenas em personagens notáveis e marcantes, os enamorados podem parecer demasiado comuns e simples: na descrição de personagens propositadamente discretos, o leitor às vezes imagina que há falta de informações. Na verdade, talvez eu não faça justiça ao verdadeiro caráter desses dois apaixonados, por não descrever com mais ênfase suas fortes personalidades. Contudo, ao demorar-me tanto sobre sua existência brilhante e despreocupada, quase sem percebê-lo sou influenciado pela previsão das mudanças que os aguardavam, e para as quais estavam tão mal preparados. Aquela vida indolente e alegre era o que mais contrastava com o futuro que os aguardava. O carvalho sem flor nem fruto, cujo cerne rijo e áspero foi talhado para resistir às tormentas, tem menos a temer do que os delicados galhos da murta ou os risonhos cachos da vinha.

O mês de agosto já ia avançado. O casamento estava marcado para o mês seguinte; o umbral da casa de Glauco já estava decorado com guirlandas, e à noite ele espargia na porta de Ione generosas libações. Há muito deixara de andar com seus alegres companheiros; estava sempre com Ione. Ao amanhecer, saudavam o Sol com música; à tarde, trocavam os lugares cheios de gente alegre por passeios sobre as águas, ou ao longo das planícies férteis e cobertas de vinhedos, que se estendiam aos pés do fatídico Vesúvio. A terra não tremera mais; os agitados pompeianos esqueciam-se até do terrível aviso da aproximação do seu juízo final.

Glauco, na ilusão da sua religião pagã, imaginava que o tremor fora uma intervenção especial dos deuses, menos para salvá-lo do que para proteger Ione. Ofereceu sacrifícios de gratidão nos templos da sua crença; até o altar de Ísis foi coberto com suas guirlandas votivas quanto ao prodígio do mármore que assumira vida, corava ao pensar no efeito que lhe provocara. Acreditava que realmente o fenômeno fora produzido por magia humana, mas o resultado convenceu-o de que aquilo não fora um sinal da cólera da deusa.

De Arbaces, sabiam apenas que ainda vivia. Prostrado em seu leito de enfermo, recobrava-se lentamente do efeito da pancada que sofrera; deixara os amantes em paz, mas só para planejar a hora e o método da vingança.

Tanto nas manhãs na casa de Ione como nos passeios vespertinos, Nídia era geralmente sua constante e, não raro, única companhia. Eles nem sequer suspeitavam das chamas secretas que a consumiam – a inesperada familiaridade com que Nídia interferia na conversa de ambos, seus modos caprichosos e por vezes impertinentes eram prontamente desculpados pela gratidão que lhe deviam pelos favores prestados e pela compaixão por seu infortúnio. Sentiam, talvez, um interesse maior e mais afetuoso por ela pela própria estranheza e obstinação do seu temperamento, por sua singular alternância entre arrebatamento e suavidade – misto de ignorância e gênio, de delicadeza e rispidez, de instáveis humores infantis e admirável serenidade de mulher.

Embora se recusasse a aceitar a liberdade, constantemente se permitia ser livre: ia aonde lhe aprouvesse; ninguém fazia restrições às suas palavras e ações, pois Ione e Glauco sentiam por um ser tão tristemente marcado pelo destino e tão suscetível a qualquer ofensa a mesma piedosa e complacente indulgência que a mãe sente por seu filho aleijado e doente, e hesitavam em impor-lhe sua autoridade, mesmo quando achavam que era para o seu bem. Ela se aproveitava dessa tolerância, dispensando a companhia do escravo que eles queriam que a acompanhasse. Com o leve bordão com que guiava seus passos, Nídia agora, como em sua desprotegida situação anterior, andava pelas ruas apinhadas: era quase assombroso observar com que rapidez e destreza ela atravessava a multidão, evitando todos os riscos, e conseguia encontrar seu caminho entre as trevas, passando pelos mais intricados meandros da cidade.

Seu maior prazer, porém, ainda era visitar os poucos palmos de chão que formavam o jardim de Glauco... cuidar das flores que, pelo menos, lhe retribuíam o amor. Às vezes, entrava na sala onde ele estava sentado e entabulava uma conversa que, quase sempre, interrompia abruptamente, pois as conversas de Glauco só giravam em torno de um tema: Ione. E aquele nome em seus lábios a fazia sofrer de angústia. Muitas vezes, arrependia-se amargamente do favor que prestara a Ione; com freqüência dizia consigo mesma: "Se ela tivesse sucumbido, Glauco não poderia mais amá-la". Então, pensamentos sombrios e terríveis insinuavam-se em seu coração.

Não havia sofrido todas as provações que lhe estavam reservadas quando se mostrou tão generosa. Antes nunca estive-

ra presente quando Ione e Glauco estavam juntos; nunca ouvira aquela voz, tão meiga para ela, falar muito mais suavemente para outra. O choque que lhe despedaçara o coração ao saber que Glauco amava em princípio a entristecera e desnorteara, mas aos poucos o ciúme assumiu uma aparência mais feroz e bravia; era um misto de ódio... sugeria-lhe vingança.

Enquanto vemos o vento apenas agitar a folha verde no ramo, enquanto a folha que caiu e definhou no chão, pisada e esmagada até perder a seiva e a vida, é de repente arremessada para o alto, girando de cá para lá, sem resistir e sem parar, o amor que toma de assalto os felizes e esperançosos só tem frescor em suas asas! Sua violência não passa de uma brincadeira. Mas o coração caído dos verdes ramos da vida, sem esperança, que não possui calor em suas fibras, é lacerado e levado a rodopiar no alto pelo mesmo vento que só acaricia seus irmãos – ele não tem um galho a que se prender; é jogado pelos caminhos, até que o vento o jogue no pântano e fique enterrado no lodo para sempre.

A infância desvalida de Nídia tinha-lhe enrijecido prematuramente o caráter. Talvez as tórridas cenas de libertinagem pelas quais passara, aparentemente incólume, tivessem amadurecido suas paixões, embora não lhe tivessem maculado a pureza. As orgias de Burbo talvez só a enojassem, os banquetes do egípcio só a amedrontassem; mas os ventos que passam despercebidos sobre o solo deixam sementes atrás de si. Como a escuridão também incita a imaginação, da mesma forma sua cegueira real talvez tenha contribuído para alimentar com visões selvagens e delirantes o amor da infortunada menina.

 A voz de Glauco fora a primeira a soar musicalmente aos seus ouvidos; a gentileza dele causou-lhe profunda impressão na mente; quando ele partira de Pompéia, no ano anterior, guardara no coração, como um tesouro, cada palavra que dele ouvira; e quando alguém lhe disse que o amigo e protetor da pobre florista era o mais brilhante e mais elegante dos jovens boêmios de Pompéia, Nídia sentira muito orgulho em alimentar suas recordações. Mesmo a tarefa que impôs a si mesma, de cuidar das suas flores, ajudava a mantê-lo vivo em seu pensamento; associava-o a tudo o que imaginava existir de mais encantador. E quando se recusou a expressar com que imagem supunha que Ione se parecia, talvez em parte fosse porque já tinha associado à idéia que fazia de Glauco tudo o que havia de brilhante e suave na natureza. Se algum dos meus leitores algum dia amou numa idade cuja recordação agora o faria achar graça – uma idade em que a fantasia se sobrepunha à razão – que diga se aquele amor, com todas as suas estranhas e complexas sutilezas, não era, acima de todas as outras e mais recentes paixões, sensível ao ciúme? Não estou aqui procurando as causas; sei que é geralmente o que acontece.

 Quando Glauco retornou a Pompéia, Nídia contava mais um ano de vida; ano que, com seus pesares, sua solidão, suas provações, desenvolvera-lhe muito a mente e o coração. E quando o ateniense, despreocupado, a abraçou, imaginando-a ainda uma criança na alma como o era na idade, quando lhe beijou as faces acetinadas e enlaçou seu corpo trêmulo, Nídia sentiu de repente, como se por uma revelação, que os sentimentos que nutria inocentemente há tanto tempo eram de amor. Fadada a ser resgatada da tirania por Glauco, a abrigar-se sob o seu teto, a respirar, embora por tão pouco tempo, o mesmo ar e, no desabrochar de mil sentimentos felizes, gratos, deliciosos de um coração transbordante, fadada a ouvir que ele amava outra, ser enviada à casa da outra, como mensageira, como medianeira, perceber de repente a total nulidade que era, que sempre devia ter sido, mas que até então sua jovem mente não lhe dissera – totalmente insignificante para ele, que era tudo para ela —, não é de admirar que, em sua alma ingênua e apaixonada, todos os elementos vibrassem dissonantes.

Se o amor reina sobre todas as coisas, ele não nasce das mais sagradas e doces emoções? Algumas vezes, ela apenas temia que Glauco descobrisse seu segredo... outras, ficava indignada porque ele nem sequer suspeitava: era um sinal de desdém... Mas como poderia pensar que ela sonhava tão alto? Seus sentimentos por Ione fluíam e refluíam com o passar das horas; ora amava-a porque ele a amava ora odiava-a pelo mesmo motivo. Havia momentos em que seria capaz de matar sua confiante senhora e momentos em que daria a vida por ela. Essas arrebatadas e vibrantes alternâncias de emoções eram demasiado severas para ser contidas por muito tempo. Sua saúde começou a declinar, embora não o sentisse: seu rosto empalidecera, seus passos ficavam cada vez mais lentos, lágrimas assomavam-lhe aos olhos com mais freqüência, dando-lhe menos alívio.

Certa manhã, quando se dirigia para sua tarefa habitual no jardim do ateniense, encontrou Glauco sob as colunas do peristilo, com um mercador da cidade; estava escolhendo jóias para sua futura esposa. Ele já preparara seus aposentos; as jóias que comprou naquele dia foram colocadas lá... mas jamais iriam adornar a bela silhueta de Ione. Hoje podem ser vistas entre os tesouros desenterrados de Pompéia, no Museu de Nápoles.

— Vem cá, Nídia, deixa esse vaso e vem cá! Quero que aceites esta corrente... espera... aqui, preciso pô-la no teu pescoço. Então, Servílio, não lhe fica bem?

— Maravilhosamente bem! – respondeu o joalheiro, pois os joalheiros eram homens corteses e lisonjeiros já naquela época. – Mas quando estes brincos aqui brilharem nas orelhas da nobre Ione, então, por Baco! O senhor verá se minha arte acrescenta ou não alguma coisa à beleza.

— Ione? – repetiu Nídia, que pouco antes recebera corada e sorridente o presente de Glauco.

— Sim – respondeu o ateniense, brincando descuidadamente com as jóias –, estou escolhendo um presente para Ione, mas não há nada digno dela.

Enquanto falava, Glauco foi surpreendido por um gesto brusco de Nídia. Ela arrancou a corrente do pescoço com violência, jogando-a no chão.

– Que é isso? Como, Nídia... não gostaste dessa bugiganga? Ficaste ofendida?

– Sempre me tratas como escrava e criança – replicou a tessaliana, com mal contidos soluços, e afastou-se rapidamente para o canto oposto do jardim.

Glauco não tentou segui-la ou acalmá-la; ficara magoado; continuou a examinar as jóias e a fazer comentários sobre seu estilo, a fazer objeções a uma e a elogiar a outra, até finalmente ser convencido pelo mercador a comprar todas – procedimento mais acertado para um amante, procedimento que todos deviam adotar, desde que possam conseguir uma Ione!

Depois que efetuou a compra e dispensou o joalheiro, retirou-se para seu quarto, vestiu-se, tomou seu carro e dirigiu-se à casa de Ione. Não pensou mais na ceguinha, ou em sua ofensa; esquecera tanto uma como a outra.

Passou a manhã com sua bela napolitana; depois dirigiu-se aos banhos, ceou (se, como antes dissemos, podemos traduzir assim a *coena* dos romanos às três horas da tarde) sozinho e fora de casa, pois Pompéia tinha seus restaurantes. E, e ao voltar para casa para mudar de roupa antes de retornar à casa de Ione, atravessou o peristilo, mas absorto em devaneios e com o olhar ausente de um homem apaixonado não notou o vulto da pobre menina cega, curvada exatamente no mesmo lugar onde a tinha deixado. Embora ele não a visse, o ouvido dela reconheceu imediatamente o som dos seus passos. Estivera contando as horas até o seu regresso. Glauco mal entrara em seu aposento preferido, que dava para o peristilo, e sentara-se pensativo em seu leito, quando sentiu que lhe tocavam timidamente a roupa. Voltando-se, viu Nídia ajoelhada diante dele, oferecendo-lhe um punhado de flores – gentil e adequado penhor de paz –, os olhos sem luz, erguidos para os dele, banhados de lágrimas.

– Eu te magoei – disse ela, soluçando –, e pela primeira vez. Preferiria morrer a causar-te um instante de desgosto...

Dize que me perdoas. Vê! Juntei a corrente; coloquei-a no pescoço: jamais me separarei dela... é um presente teu.

– Minha querida Nídia! – replicou Glauco, e, erguendo- a, deu-lhe um beijo na testa. – Não penses mais nisso! Mas, por que, minha criança, ficaste de repente zangada? Não consigo descobrir a causa.

– Não me faças perguntas! – disse ela, corando violentamente. – Sou uma criatura cheia de defeitos e caprichos. Sabes que sou apenas uma criança... dizes isso com freqüência. É de uma criança que esperas uma explicação para cada uma das suas tolices?

– Mas, minha linda, logo deixarás de ser criança. E se quiseres que te tratemos como mulher, precisas aprender a controlar esses impulsos estranhos e esses acessos de fúria. Não penses que estou te repreendendo. Não, só estou falando para o teu bem.

– É verdade – disse Nídia –, devo aprender a controlar-me, devo ser paciente, devo refrear meu coração. Essa é a tarefa da mulher, e seu dever também; acho que sua virtude é uma hipocrisia.

– Autocontrole não é falsidade, minha Nídia – retrucou o ateniense. – É uma qualidade necessária tanto ao homem quanto à mulher; é a verdadeira toga senatorial, o emblema com que sua dignidade se reveste!

– Autocontrole! Autocontrole! Bem, bem, o que dizes está certo! Quando te escuto, Glauco, meus pensamentos mais arrebatados se acalmam e suavizam, e uma deliciosa serenidade me envolve. Aconselha-me, ah! Guia-me sempre, meu protetor!

– Teu coração afetuoso será sempre teu melhor guia, Nídia, quando tiveres aprendido a moderar-lhe os sentimentos.

– Ah! Isso nunca acontecerá – suspirou Nídia, enxugando as lágrimas.

– Não digas isso. O primeiro esforço é apenas o mais difícil.

– Já fiz muitos primeiros esforços – respondeu Nídia, inocentemente. – Mas tu, meu mentor, achas assim tão fácil autocontrolar-te? Consegues esconder, ou mesmo moderar, teu amor por Ione?

– Amor! Querida Nídia, ah! Este é um assunto completamente diferente – respondeu o jovem preceptor.

– Foi o que pensei – disse Nídia, com um sorriso melancólico. – Glauco, aceitas minhas pobres flores? Faze com elas o que quiseres... não podes dá-las a Ione – acrescentou, hesitando um pouco.

– Não, Nídia – respondeu Glauco gentilmente, adivinhando uma ponta de ciúme em suas palavras, embora imaginasse que era o ciúme de uma criança sensível e tolinha –, não darei tuas lindas flores a ninguém. Senta-te aqui e trança com elas uma guirlanda! Vou usá-la hoje à noite; não será a primeira que esses dedos delicados trançaram para mim.

A pobre menina, encantada, sentou-se ao lado de Glauco. Tirou do cinto uma bola de fios multicores, ou melhor, de fitinhas utilizadas para entrelaçar guirlandas, e que (pois era essa sua ocupação profissional) levava sempre consigo, e rápida e graciosamente deu início à tarefa. As lágrimas já haviam secado em seu rosto e um sorriso débil, mas feliz, brincava-lhe nos lábios – como uma criança, gozava apenas a alegria da hora presente: reconciliara-se com Glauco, ele a perdoara, estava ao lado dele, que brincava despreocupado com seus cabelos sedosos. Sua respiração bafejava-lhe o rosto... Ione, a cruel Ione, não estava por perto... nada mais exigia, dividia sua atenção. Sim, estava feliz e descuidada; era um dos poucos momentos de sua breve e atribulada existência perfeito para ser guardado como um tesouro, para relembrar. Como a borboleta, seduzida pelo sol de inverno, compraz-se por um momento na peregrina luz antes que o vento desperte e o frio chegue – o que poderá destruí-la antes do anoitecer –, Nídia repousava sob um raio de sol que, contrastando com o clima habitual, não a enregelava; e o instinto, que deveria adverti-la acerca da sua fugacidade, sorria-lhe, convidando-a a alegrar-se.

– Teus cabelos são lindos – disse Glauco. – Devem ter sido, suponho, o orgulho da tua mãe.

Nídia suspirou. Parecia que não tinha nascido escrava, mas ela sempre evitava falar de seus pais e, fossem eles obscuros ou nobres, o certo é que sua origem jamais foi conhecida por seus benfeitores, nem por nenhum outro naquelas praias distantes, mesmo as mais remotas. Filha do infortúnio e do mistério, chegou e se foi como um passarinho que entra no nosso quarto por um instante: vemo-lo adejar rápido diante de nós, não sabemos de onde veio ou para onde está fugindo.

Nídia de novo suspirou, e após breve pausa, sem responder ao comentário de Glauco, disse:

– Será que pus rosas demais na minha guirlanda, Glauco? Disseram-me que a rosa é a tua flor predileta.

– E sempre será, minha Nídia, a favorita de quem tem alma de poeta: é a flor do amor, dos festivais; é também a flor dedicada ao silêncio e à morte; desabrocha em nossa face durante a vida, enquanto ela merece ser vivida; é espalhada sobre nosso túmulo quando deixamos de existir.

– Ah! – exclamou Nídia. – Quem me dera se eu pudesse, em vez dessa grinalda perecível, tirar das mãos das Parcas a teia da tua vida e entretecê-la com rosas!

– Minha linda! Teu desejo é digno de uma voz tão afinada ao cantar; é proferido com o espírito da canção; e seja qual for minha sorte, agradeço-te.

– Seja qual for tua sorte! Ela já não está predestinada a tudo o que é brilhante e belo? Meu desejo foi em vão. As Parcas serão tão ternas para ti como eu o seria.

– Talvez não fosse assim, Nídia, se não existisse o amor! Enquanto sou jovem, posso esquecer-me por instantes do meu país. Mas qual o ateniense que, em sua plena maturidade, consegue pensar em Atenas como era antes, dispondo-se a ser feliz, sabendo-a prostrada? Prostrada para sempre?

E por que para sempre?

– Como as cinzas não podem voltar a acender-se... como o amor, uma vez morto, jamais pode reviver, da mesma forma, a liberdade que um povo perdeu jamais é reconquistada. Mas não falemos de assuntos pouco apropriados a ti.

– A mim, oh! Estás enganado. Também suspiro pela Grécia; meu berço foi embalado aos pés do Olimpo; os deuses abandonaram o monte, mas suas marcas podem ser vistas no coração de seus devotos, na beleza da região. Dizem-me que é bela, e eu senti seu ar, diante do qual até este é áspero... seu sol, diante do qual estes céus são gelados. Oh! Fala-me da Grécia! Pobre tola que sou, eu te compreendo! E parece-me que, se tivesse vivido mais tempo naquelas terras, fora eu uma donzela grega cujo feliz destino fosse amar e ser amada, eu mesma poderia ter preparado meu amado para a batalha: outra Maratona, ou uma nova Platéia, talvez. Sim, a mão que agora entrelaça rosas, poderia ter entrelaçado para ti a coroa de ramos de oliveira!

– Se esse dia chegasse! – exclamou Glauco, compreendendo o entusiasmo da tessaliana cega, erguendo-se a meio. – Mas não! O Sol se pôs, e a noite só nos convida a esquecer... e no esquecimento vivermos felizes. Continua a entrelaçar as rosas!

Mas foi com um tom melancólico de fingida alegria que o ateniense proferiu as últimas palavras. E, mergulhado em tristes pensamentos, só foi despertado deles minutos mais tarde pela voz de Nídia, que, em voz baixa, cantava as palavras que se seguem, e que ele um dia lhe ensinara:

Arremedo de prazer

I
Quem usurpará os louros
Que o herói ostentava?
Coroas sobre a Tumba de Dias
Que para sempre se foram!
Quem perturbará o sono do bravo,
Ou uma folha sequer sobre sua sagrada tumba?
O louro a ele é dedicado,
Deixai-o em seus sagrados ramos!
Mas a rosa, a rosa que fenece,
Para escravos e libertos igualmente floresce.

II
Se a Memória dos mortos permanece
Nas tumbas, seu único tesouro;
Se a esperança está perdida, e a Liberdade se foi,
Maior é o pretexto para o Prazer.
Vinde trançar as coroas, entremeai rosas,
A rosa pelo menos nos pertence:
Aos corações débeis, nossos pais legaram,
Com piedoso desdém... as flores!

III
No cume, árido e venerável,
Da solene montanha de Fílis,
O tropel dos bravos ainda ecoa!
E ainda na melancólica praça,
Pulsa seu enorme coração,
Cujo verdadeiro sangue era a glória!
Atena abandona os seus,
Os deuses irados nos esquecem;
Mas ainda, ao longo das águas azuis,
Andam os pés da sonora Canção;
E o pássaro noturno acorda a Lua;
E as abelhas, ao róseo meio-dia,
Acossam o coração do velho Himeto.
Estamos caídos, mas não desesperados,
Quando alguma coisa restou para acalentar;
Como o Amor foi o primeiro a nascer,
Será o Amor o último a perecer.
IV
Entrelacemos, pois, as rosas,
A Beleza ainda nos pertence,
Enquanto a corrente fluir e o céu brilhar,
A Beleza será nossa!
Tudo o que foi belo, ou suave, ou luminoso,
No regaço do dia ou nos braços da noite,
Falará à nossa alma da Grécia... da Grécia,
E aquietará nossos cuidados com cânticos de paz.
Entrelacemos, pois, as rosas, entrelacemos!
Elas me falam de tempos passados;
E eu ouço o coração do meu país respirar
Pelos lábios das flores do Estrangeiro.

5

NÍDIA ENCONTRA JÚLIA
ENCONTRO DA IRMÃ PAGÃ COM O IRMÃO CONVERTIDO
NOÇÃO DE UM ATENIENSE ACERCA DO CRISTIANISMO

– Que felicidade para Ione! Que alegria estar sempre ao lado de Glauco, ouvir sua voz! E além de tudo poder vê-lo.

Esse era o solilóquio de Nídia enquanto seguia sozinha, ao crepúsculo, para a casa da sua nova senhora, onde Glauco já a precedera. De repente, porém, foi interrompida em seus apaixonados pensamentos por uma voz feminina.

– Florista cega, aonde vais? Não levas nenhum cesto no braço; vendeste todas as flores?

A pessoa que assim se dirigia a Nídia era uma jovem de rosto belo, mas atrevida e arrogante: era Júlia, a filha de Diomedes. Enquanto falava, mantinha o véu meio erguido; estava em companhia do próprio Diomedes e de um escravo que seguia na frente carregando uma lanterna. O mercador e a filha voltavam para casa, depois de jantar na casa de um vizinho.

– Não te lembras da minha voz? – continuou Júlia. – Sou a filha de Diomedes, o abastado.

– Ah! Perdoa-me. Sim, lembro-me das inflexões da tua voz. Não, nobre Júlia, não tenho flores para vender.

– Ouvi dizer que foste comprada pelo belo grego Glauco. É verdade, linda escrava?

– Sirvo à napolitana Ione – replicou Nídia, evasivamente.

– Ah! Então é verdade...

– Vamos, vamos! – interrompeu Diomedes, com a capa erguida até a boca. – A noite está esfriando; não posso ficar aqui enquanto tagarelas com essa ceguinha. Vamos, pede-lhe que te siga até em casa, se queres falar-lhe!

– Vem, menina! – disse Júlia, com ar de quem não está acostumada a ser desobedecida. – Tenho muitas coisas a perguntar-te. Vem!

– Hoje à noite não posso, está ficando tarde – respondeu Nídia. – Já deveria estar em casa; não sou livre, nobre Júlia.

– Como? A bondosa Ione seria capaz de repreender-te? Ah, não duvido que seja uma segunda rainha Talestris! Vem amanhã, então! Lembra-te de que há muito tempo sou tua amiga!

– Obedecerei aos teus desejos – respondeu Nídia.

E Diomedes, com impaciência, de novo chamou a filha, que foi obrigada a seguir caminho, sem resposta à principal pergunta que queria fazer a Nídia.

Enquanto isso, voltemos a Ione. O intervalo de tempo entre as duas visitas de Glauco naquele dia não decorrera muito alegre. Ione recebera a visita do irmão, com quem não se encontrara desde a noite em que ele ajudara a salvá-la do egípcio.

Ocupado com suas próprias reflexões – reflexões da mais grave e intensa natureza –, o jovem sacerdote pouco pensara na irmã. Na verdade, homens com aquele tipo de espírito ardente, que estão sempre elevando-se acima da terra, talvez sejam pouco propensos às afeições terrenas. E já se passara muito tempo desde que Apecides procurara as doces e amistosas trocas de idéias, as ternas confidências que no começo da juventude o haviam ligado a Ione, o que era muito natural em razão da afetuosa ligação familiar que existia entre ambos.

Ione, porém, não cessara de lamentar o afastamento do irmão: atribuía-o aos crescentes deveres do seu rígido sacerdócio. E muitas vezes, em meio a todas as suas brilhantes esperanças e à nova ligação com o noivo, quando recordava a fronte prematuramente enrugada do irmão, seus lábios sem sorrisos e seu corpo encurvado, suspirava ao pensar que o serviço dos deuses podia lançar uma sombra tão densa sobre a terra que eles próprios tinham criado.

Quando, porém, o irmão a visitou naquele dia, havia uma estranha calma em seu semblante, uma expressão mais serena e confiante nos olhos encovados do que pudera observar em anos. Aquela aparente melhoria era apenas momentânea – era uma falsa calma, que a mais leve brisa poderia agitar.

– Que os deuses te abençoem, meu irmão! – disse ela, abraçando-o.

– Os deuses! Não fales assim vagamente; quiçá só exista um Deus!

– Meu irmão!

– E se a sublime fé do nazareno for verdadeira? E se Deus for soberano: Uno... Invisível... Solitário? E se essas inúmeras, incontáveis divindades, cujos altares cobrem a Terra, não passarem de demônios malignos, buscando desviar-nos do verdadeiro credo? Pode ser esse o caso, Ione!

– Ai de nós! Podemos acreditar nisso? Ou se acreditarmos, não será uma fé melancólica? – respondeu-lhe a napolitana. – Como! Todo este belo mundo se reduzirá ao meramente humano! Montanhas sem o encantamento das suas oréades... águas sem as suas ninfas... a bela prodigalidade da fé, que torna divinas todas as coisas, consagrando as flores mais insignificantes, ouvindo murmúrios celestiais na mais leve brisa... negarias isso tudo, e transformarias a terra em simples pó e barro? Não, Apecides, o que há de mais luminoso em nosso coração é a genuína credulidade que povoa o Universo com deuses.

Ione respondeu como qualquer um que acreditasse na poesia da mitologia antiga teria respondido. Podemos avaliar, por essa resposta, quão obstinada e ferrenha foi a luta sustentada pela cristandade entre os pagãos. A "superstição oportuna" jamais sossegava. Todas as ações, mesmo as mais comuns da vida cotidiana, estavam entrelaçadas com ela – era parte da própria vida, como as flores são parte do ramo. A cada incidente, recorriam a um deus; cada taça de vinho era precedida de uma libação. Até as guirlandas, em seus umbrais, eram dedicadas a uma divindade; seus próprios ancestrais, venerados, presidiam como Lares seus corações e seus salões. Tão profusa era a crença entre eles, que nas suas próprias regiões, a estas horas, a idolatria não foi de todo erradicada: só mudam os objetos de adoração; agora evocam numerosos santos, quando antes recorriam às divindades; e chovem multidões, em atenta re-

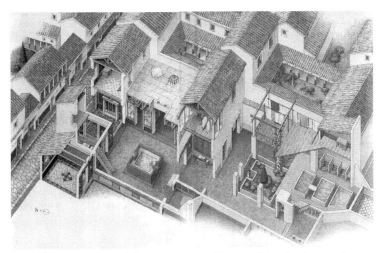

A pintura mostra as várias peças que constituem a oficina de pisoagem (preparação de tecidos de Stephanus.

verência, em busca de oráculos ante os altares de São Januário ou Santo Estevão, em substituição aos de Ísis ou Apolo.

Mas essas superstições, para os primeiros cristãos, não eram tanto objeto de desprezo, mas sim de horror. Eles não acreditavam, com o tranqüilo ceticismo do filósofo pagão, que os deuses fossem invenções dos sacerdotes; nem mesmo, como o povo, que, segundo as poucas luzes da História, os deuses tivessem sido mortais como eles. Viam as divindades pagãs como espírito do mal... que haviam transplantado para a Itália e para a Grécia os sombrios demônios da Índia e do Oriente; e estremeciam diante de Júpiter ou Marte, como se fossem representantes de Moloch ou de Satã.

Apecides ainda não adotara formalmente a fé cristã, mas estava prestes a fazê-lo. Já participava das doutrinações de Olinto, já imaginava que as vívidas fantasias dos pagãos eram sugeridas pelo arquiinimigo da humanidade. A resposta inocente e espontânea de Ione fê-lo estremecer. Apressou-se a replicar com veemência, e, no entanto, tão confusamente, que Ione ficou mais preocupada com sua sanidade mental do que com sua violência.

– Ah, meu irmão! – disse. – Teus pesados deveres devem

Os Últimos Dias de Pompéia

ter afetado teu bom senso. Vem cá, Apecides, meu irmão, meu querido irmão, dá-me tua mão, deixa-me enxugar o suor da tua testa... não me repreendas agora, se não te entendo! Pensa apenas que Ione jamais te magoaria.

– Ione – disse Apecides, puxando-a para si e fitando-a com ternura –, como posso imaginar que esse corpo bonito, esse coração bondoso estejam destinados a uma eternidade de tormentos?

– *Dii meliora!* Que os deuses não permitam! – respondeu Ione, com as palavras habituais com que seus contemporâneos achavam que um mau augúrio poderia ser evitado.

As palavras, e principalmente a superstição que implicavam, feriram os ouvidos de Apecides. Este se levantou, resmungando consigo mesmo, voltou-se para sair da sala e então, parando a meio caminho, olhou fixamente para Ione e lhe estendeu os braços.

Ione voou para ele, feliz. Ele a beijou ardentemente, e então disse:

– Adeus, minha irmã! Quando nos encontrarmos de novo, talvez não representes nada para mim. Então, recebe este abraço, ainda pleno das ternas reminiscências da infância, quando nossa fé, nossa esperança, nossos costumes, nossos interesses e objetivos eram os mesmos. Agora, os laços vão partir-se!

Com essas estranhas palavras, Apecides foi embora.

Sem dúvida, a maior e mais árdua provação dos primitivos cristãos era esta: a conversão os separava das pessoas que lhes eram mais caras. Não podiam ligar-se a seres cujos atos mais triviais, cuja maneira habitual de expressar-se estavam impregnados de idolatria. Estremeciam diante da bênção do amor, que para eles era proferida em nome de um demônio. Assim, seu infortúnio era sua força; se os separava do resto do mundo, era para uni-los um ao outro na mesma proporção. Eram homens férreos que propagavam a Palavra de Deus, e, realmente, as cadeias que os uniam também eram de ferro.

Glauco encontrou Ione chorando; já se arrogava o doce privilégio de consolá-la. Arrancou-lhe um relato da conversa com o irmão, mas, na sua confusa exposição da linguagem usada por ele, linguagem por si só muito confusa para alguém não preparado para ela, Glauco, como Ione, sentia-se incapaz de entender as intenções ou o sentido das palavras de Apecides.

– Tens ouvido falar muito dessa nova seita de nazarenos de que meu irmão falou? – indagou ela.

– Às vezes ouço muitas coisas sobre esses sectários – respondeu Glauco –, mas nada sei a respeito dos seus verdadeiros princípios, exceto que em sua doutrina parece haver algo extraordinariamente arrepiante e soturno. Vivem afastados das pessoas de suas relações; parecem ficar chocados até com o simples hábito de usar guirlandas; não simpatizam com os alegres divertimentos da vida; proferem terríveis ameaças sobre a aproximação do fim do mundo; resumindo, parecem ter trazido seu sisudo e sombrio credo da caverna de Trofônio. No entanto – continuou Glauco, após breve pausa –, não lhes faltam homens de grande poder e inteligência, nem convertidos, até entre os areopagitas de Atenas. Lembro-me bem de ter ouvido meu pai falar de um estranho visitante de Atenas, há muitos anos; parece-me que seu nome era Paulo. Meu pai estava entre a enorme multidão que se reuniu numa das nossas montanhas imemoriais para ouvir a mensagem daquele sábio do Oriente: não se ouvia um simples sussurro naquela imensa aglomeração. Os gracejos e ruídos ensurdecedores com que nossos oradores nativos eram recebidos calaram-se diante dele, e quando, no ponto mais elevado do cume daquela montanha, o misterioso visitante ficou de pé, acima da multidão em silêncio, seu porte e seu semblante infundiram reverência em todos os corações, mesmo antes que um som lhe saísse dos lábios. Era um homem de estatura mediana, ouvi meu pai dizer, mas de nobre e expressivo porte; suas vestes eram escuras e amplas. O Sol em declínio, pois foi ao entardecer, brilhava de viés sobre sua silhueta quando de pé, no alto, imóvel e sobranceiro; seu rosto, abatido e marcado, parecia o de alguém que tinha enfrentado tanto o infortúnio quanto as mais implacáveis vicissitudes de várias terras, mas seus olhos brilhavam com um fogo quase extraterreno. E quando ergueu o braço para falar, foi com a majestade de um homem em quem o Espírito de um Deus tivesse penetrado!

"Homens de Atenas!", contam que ele bradou. "Entre vós encontrei um altar com esta inscrição: Ao Deus desconhecido.

Adorais, sem sabê-lo, a mesma Divindade a quem sirvo. Até hoje desconhecido para vós, e que agora vos será revelado."

Então aquele homem solene explicou que o grande Criador de todas as coisas, que designou para o homem suas várias tribos e diferentes moradas – o Senhor da Terra e do Universo – não vivia em templos construídos pelas mãos; que Sua presença, seu Espírito estavam no ar que respiramos, que nossa vida e nosso ser estavam com Ele.

"Pensais", clamou ele, "que o Invisível é como vossas estátuas de ouro e mármore? Achas que Ele precisa dos vossos sacrifícios? Ele, que criou o céu e a terra?".

Então falou dos tempos terríveis que se aproximavam, do fim do mundo, de um segundo ressurgir dos mortos, do qual fora dada uma prova ao homem, por meio da ressurreição do Ser Todo-Poderoso cuja religião ele viera pregar. Quando assim falou, irrompeu o murmúrio por tanto tempo reprimido, e os filósofos que se encontravam no meio do povo expressaram entre dentes seu sábio desdém. Lá, talvez pudéssemos ver o olhar de indiferença do estóico e o sorriso escarninho do cínico; e o epicurista, que sequer acreditava em nosso próprio Elíseo, murmurar um divertido gracejo, e arrancar sorrisos da multidão. Mas o sincero coração do povo fora tocado e se emocionara. Embora sem saber por que, as pessoas tremiam, pois realmente o estranho tinha a voz e a majestade de um homem a quem o "Deus Desconhecido" confiara a pregação da sua fé.

Ione ouviu com profunda atenção, e o ar sério e compenetrado do narrador revelava a influência que ele recebera de uma pessoa que estivera entre os presentes que, na montanha do Marte pagão, ouvira as primeiras novas da palavra de Cristo.

6

O PORTEIRO
A MENINA
O GLADIADOR

A porta da casa de Diomedes estava aberta, e Medon, o velho escravo, estava sentado no final da escada que levava à mansão. O luxuoso palacete do rico mercador de Pompéia ainda hoje pode ser visto, até mesmo antes de entrar nas portas da cidade, no começo da Necrópole, a Rua dos Túmulos. O bairro era alegre, a despeito dos mortos. No lado oposto, mas alguns metros mais perto da porta, havia uma grande estalagem onde as pessoas levadas a Pompéia, por negócios ou por distrações, muitas vezes paravam para repousar.

No espaço diante da entrada da estalagem, viam-se carroças, carros e bigas, alguns recém-chegados, outros saindo, em meio ao alvoroço de um centro de entretenimento animado e popular. Na frente da porta, alguns agricultores, enquanto bebiam sua taça matinal, conversavam sobre assuntos de trabalho. Ao lado da porta, via-se, vistosa e recém-pintada, a imutável indicação do caixa. A partir do telhado da estalagem, sobressaía um terraço onde várias mulheres, esposas dos agricultores acima mencionados, algumas sentadas, outras debruçadas no parapeito, conversavam com as amigas lá embaixo.

Num recanto discreto, não distante dali, havia um local coberto, onde dois ou três viajantes mais pobres descansavam e sacudiam a poeira da roupa. No outro lado, estendia-se um espaço amplo, originalmente o cemitério de uma raça mais antiga do que a dos habitantes de Pompéia, e então transformado em *Ustrinum,* ou seja, lugar destinado à cremação dos mortos. Acima dele, erguiam-se os terraços de uma pomposa vila semi-oculta pelas árvores. Os próprios túmulos, com suas elegantes e variadas formas, as flores e as folhagens que os rodeavam, não davam um aspecto melancólico à paisagem.

Firme junto à porta da cidade, num pequeno nicho, via-se a silhueta da bem treinada sentinela romana, com o sol reluzindo em seu elmo polido e na lança que empunhava. A porta em si dividia-se em três arcos: o central para veículos, os outros para transeuntes. Em ambos os lados, erguiam-se as maciças muralhas que cercavam a cidade, consertadas, reformadas, restauradas em mil diferentes épocas, à medida que as guerras, o tempo ou os terremotos haviam danificado aquela ineficaz proteção. A intervalos regulares, erguiam-se torres quadradas, cujos cimos quebravam com pitoresco primitivismo a linha simétrica da muralha e contrastavam muito com os prédios modernos e brancos que brilhavam ao redor.

A estrada sinuosa, que naquela direção leva de Pompéia a Herculano, perdia-se de vista entre os vinhedos íngremes, acima dos quais a taciturna imponência do Vesúvio espreitava ameaçadora.

– Já sabes da novidade, velho Medon? – perguntou uma jovem, com um cântaro na mão, parando junto à porta de Diomedes para tagarelar um pouco com o escravo, antes de dirigir-se à estalagem vizinha para encher o recipiente e namoricar os viajantes.

– Novidade? Que novidade? – perguntou o escravo erguendo os olhos do chão, melancolicamente.

– Ora essa, passou esta manhã pela porta, sem dúvida já estavas bem acordado, um visitante e tanto para Pompéia!

– Ah! – disse o escravo apático.

– Sim, um presente do nobre Pomponiano.

– Um presente! Pensei que tinhas dito um visitante?

– É ambas as coisas: um visitante e um presente. Fica sabendo, seu parvo e estúpido, que é um belo tigre novo para nossos próximos torneios no anfiteatro. Ouviu isso, Medon? Oh, que prazer! Digo-te, não pregarei olho enquanto não o vir.

Dizem que tem um rugido e tanto!

— Pobre tola! — falou Medon, com tristeza e desdém.

— Tola? Não sou tola, velho grosseirão! Um tigre é uma coisa linda, principalmente se encontrarmos alguém para ele devorar. Agora temos um leão e um tigre. Pensa nisso, Medon! E, na falta de dois bons criminosos, talvez sejamos forçados a vê-los devorando um ao outro. Por falar nisso, teu filho é gladiador, um homem belo e forte, será que não consegues convencê-lo a lutar com o tigre? Faze isso logo, eu te ficaria muito agradecida; mais do que isso: tu te transformarias no grande benfeitor de toda a cidade.

— Fora! Fora! — gritou o escravo asperamente. — Pensa no risco que corres, antes de tagarelar sobre a morte do meu filho.

— Risco que eu corro? — disse a moça, assustada e olhando rápida ao seu redor. — Longe de mim o mau agouro! Que tuas palavras caiam sobre tua cabeça! — e, enquanto falava, a moça tocou num talismã pendurado no pescoço. — Risco que estou correndo!... Que perigo me ameaça?

— O terremoto de noites atrás não foi um aviso? — disse Medon. — Não foi uma voz? Não nos disse a todos: "Preparai-vos para a morte; o fim de tudo se aproxima"?

— Ora, bobagem! — respondeu a moça, arrumando as dobras da roupa. — Falaste agora como dizem que os nazarenos falam... acho que és um deles. Bem, não posso mais ficar conversando contigo, corvo agourento; a cada dia estás pior. *Vale*! Ó Hércules, manda-nos um homem para o leão... e outro para o tigre!

> Ô! Ô! Para o divertido espetáculo,
> Com uma selva de rostos em cada fila!
> Vejam, os gladiadores, fortes como os filhos de Alcmena,
> Avançam, lado a lado, pela silente arena;
> Falai enquanto podeis... prendereis a respiração
> Quando eles estiverem ao alcance da fulgente morte.
> Caminham firmes, caminham; quão alegres seguem!
> Ô! Ô! Para o divertido espetáculo!

Cantando com voz clara e sonora aquela cantiga feminina, e erguendo a barra da túnica para não tocar no chão empoeirado, a jovem enveredou alegremente pela apinhada hospedaria.

– Meu pobre filho! – exclamou o escravo quase em voz alta. – É por coisas desse tipo que vais te deixar ser brutalmente assassinado. Ó doutrina de Cristo, eu te seguiria com a mesma sinceridade, ainda que fosse apenas pelo horror que inspiras contra essas arenas sangrentas!

A cabeça do velho curvou-se-lhe desalentada sobre o peito. Ficou em silêncio e pensativo, mas de quando em quando enxugava os olhos com a ponta da manga. Seu coração estava com o filho e ele não viu a pessoa que agora, vinda da porta, aproximava-se com passos rápidos, com uma expressão confiante e temerária. Só levantou os olhos quando o vulto parou diante dele e, com ternura, chamou-o:

– Pai!

– Meu filho! Meu Lidon! És mesmo tu? – disse o velho alegremente. – Ah, estava pensando em ti!

– Alegro-me ao ouvir isso, meu pai – disse o gladiador, tocando respeitosamente a barba e os joelhos do escravo –, e que logo possa estar sempre contigo, não apenas em pensamento.

– Sim, meu filho... mas não neste mundo – respondeu o escravo, tristemente.

– Não fales assim, meu pai! Vê as coisas com alegria, porque eu sinto... tenho certeza de que posso vencer. E então, o ouro que eu ganhar comprará tua liberdade. Ó meu pai, há poucos dias fui repreendido por alguém a quem de bom grado eu não enganaria, porque é um homem mais generoso do que seus pares! Ele não é romano, é de Atenas. Censurou-me pela ânsia do ganho, quando lhe perguntei qual era o valor do prêmio pela vitória. Ai de mim! Ele pouco sabia da alma de Lidon!

– Meu filho, meu filho! – exclamou o velho escravo, quando, subindo os degraus bem devagar, levou o filho até seu pequeno quarto, que se comunicava com o saguão (que naquela vila era o peristilo, não o átrio). Hoje ainda se pode vê-lo; fica na terceira porta à direita de quem entra. (A primeira porta leva à escada, e a segunda não passa de um nicho artificial, onde repousa uma estátua de bronze). – Por mais generosos, afetuosos, piedosos que sejam teus motivos – disse Medon, quando estavam livres de olhares alheios –, teu ato é por si só condenável: arriscares teu sangue pela liberdade do teu pai... pode ser perdoado, mas o preço da vitória é o sangue de outro. Oh, é um pecado horrível, nenhum propósito pode justificá-lo! Desiste! Desiste! Prefiro ser escravo para sempre a conseguir a liberdade nessas condições!

– Cala-te, meu pai! – replicou Lidon, já impaciente. – Tu te deixaste levar pelo novo credo dos teus amigos, de que te peço que não me fales, pois os deuses que me deram força me negaram sabedoria, e eu não compreendo uma só palavra do que vives pregando. Nesse novo credo, digo-te, aprendeste algumas idéias singulares e fantásticas sobre o certo e o errado. Perdoa-me se te magôo, mas reflete! Contra quem irei lutar? Oh! Se conhecesses os patifes com quem, pelo teu bem, eu me relaciono, acharias que eu limpo a Terra ao eliminar um deles. Feras, de cujos lábios escorre sangue; criaturas selvagens, inescrupulosas em sua coragem; ferozes, sem coração, estúpidas; nenhum laço no mundo consegue detê-los; não sabem o que é medo, é verdade, mas também não sabem o que é gratidão, ou caridade, ou amor. São talhados só para um ofício: matar sem piedade, morrer sem medo! Podem os teus deuses, sejam quais forem, assistir irados a um conflito com homens como esses, e por uma causa como a minha? Ó meu pai, sempre que os poderes do alto contemplam a Terra, não vêem dever tão sagrado, tão santificado quanto o sacrifício oferecido a um velho pai pela piedade de um filho agradecido!

O pobre e velho escravo, privado das luzes do conhecimento, e só recentemente convertido à fé cristã, não tinha argumentos para esclarecer uma ignorância tão profunda e, ao mesmo tempo, tão bela em seu erro. Seu primeiro impulso foi atirar-se nos braços do filho; o segundo, aproximar-se e apertar-lhe as mãos. E, na tentativa de reprová-lo, sua voz embargada morreu entre soluços.

E resumiu Lidon: – Se teu Deus (parece-me que tem credo só em um) é mesmo o Poder benévolo e piedoso que dizes ser, Ele saberá também que tua fé n'Ele foi fundamental para manter-me nessa resolução que condenas.

– Como? Que queres dizer? – perguntou o escravo.

– Ora! Sabes que eu, vendido na infância como escravo,

fui libertado em Roma pela vontade do meu senhor, a quem tive a sorte de agradar. Corri para Pompéia para encontrar-te... encontrei-te envelhecido e fraco, sob o jugo de um senhor caprichoso e mimado. Tinhas adotado teu novo credo há pouco, e essa condição tornou-te a escravidão duplamente dolorosa; privou-te da plácida magia do hábito, que muitas vezes faz que nos resignemos ao pior. Não te queixaste de que eras obrigado a executar tarefas que não te eram odiosas quando simples escravo, mas que são pecaminosas para um nazareno? Não me disseste que tua alma estremecia de remorso quando eras forçado a colocar, uma crosta de bolo que fosse, diante dos Lares que velam por teu implúvio? Que tua alma estava dilacerada por uma luta perpétua? Não me disseste que até mesmo ao espargir vinho diante dos umbrais e invocar o nome de alguma divindade grega temias ficar sujeito a suplícios piores do que os de Tântalo, a uma eternidade do torturas mais terríveis do que as dos campos do Tártaro? Não me disseste tudo isso? Eu me espantei, não consegui compreender, por Hércules!, nem consigo compreender agora.

Mas eu era teu filho, e era meu dever compadecer-me e aliviar-te os sofrimentos. Como poderia ouvir teus lamentos, testemunhar teus místicos temores, tua constante angústia, e ficar sem fazer nada? Não! Pelos deuses imortais! Um pensamento me feriu como um raio do Olimpo! Eu não tinha dinheiro, mas tinha força e juventude: esses eram meus dons. Poderia vendê-los em teu benefício. Descobri o preço da tua liberdade... soube que o prêmio usual para um gladiador vitorioso daria para pagá-la em dobro. Tornei-me gladiador... juntei-me àqueles homens malditos, desprezíveis, abomináveis, mas ao ligar-me a eles adquiri sua habilidade... bendito aprendizado!, que me ensinaria a libertar meu pai.

– Oh, se pudesses ouvir Olinto! – suspirou o velho, cada vez mais comovido com a retidão do filho, mas não menos firmemente convencido de que seu propósito era criminoso.

– Se quiseres, ouvirei todo mundo – respondeu o gladiador, alegremente –, mas não enquanto fores escravo. Sob teu próprio teto, meu pai, poderás desconcertar esta cabeça dura o dia todo, oh! sim, e a noite inteira também, se isso te der prazer.

Ah, que lugar eu imaginei para ti! É uma das novecentas e noventa e nove lojas da velha Júlia Feliz, no lado ensolarado da cidade, onde poderás aquecer-te diante da porta durante o dia... e eu venderei óleo e vinho para ti, meu pai, e então, queira-o Vênus (ou se ela não quiser, já que não gostas do nome dela, para Lidon dá tudo no mesmo), então, como ia dizendo, talvez possa ter uma filha também para cuidar dos teus cabelos grisalhos, e ouvir vozes infantis no teu colo, que te chamarão "pai de Lidon"! Ah! Seremos tão felizes! O prêmio pode comprar tudo. Alegra-te! Alegra-te, meu pai! E agora devo ir, o dia corre... o lanista me espera. Vamos! Dá-me tua bênção!

Enquanto assim falava, Lidon já tinha deixado o escuro quarto do pai; e, conversando animadamente, embora em tom baixo, estavam agora no mesmo lugar onde antes encontramos o porteiro no seu posto.

– Bendito sejas! Bendito sejas, meu bravo rapaz! – disse Medon com fervor. – E que o grande Poder, que lê em todos os corações, possa ver a tua nobreza e perdoar teu erro!

O vulto alto do gladiador desceu rapidamente pelo caminho. Os olhos do escravo seguiram-lhe os passos ágeis, mas decididos, até perdê-lo de vista. Então deixou-se cair outra vez no seu banco, com os olhos de novo fixos no chão. Calado e imóvel, parecia uma figura de pedra. Seu coração! ... quem, em nossos tempos mais felizes, pode sequer imaginar suas lutas, sua perturbação?

– Posso entrar? – perguntou uma voz suave. – Júlia, tua senhora, está em casa?

O escravo moveu-se mecanicamente para deixar a visitante entrar, mas a pessoa que a ele se dirigira não podia ver seu gesto, e repetiu timidamente a pergunta, mas em tom mais alto.

– Já não te disse! – resmungou o escravo mal-humorado. – Entra!

– Obrigada – disse ela, melancolicamente, e o escravo, intrigado com o tom daquela voz, ergueu os olhos e reconheceu a florista cega. O triste pôde compadecer-se do infortunado. Ele se levantou e guiou-lhe os passos até o topo da escada adjacente (pela qual se descia aos aposentos de Júlia), onde, chamando uma escrava, deixou a ceguinha a seu cargo.

7

O TOUCADOR DE UMA BELDADE POMPEIANA
IMPORTANTE CONVERSA ENTRE JÚLIA E NÍDIA

A elegante Júlia estava sentada em seu quarto, rodeada por suas escravas. Assim como o cubículo contíguo, o aposento era pequeno, mas bem maior do que os normalmente destinados a dormir, que eram tão diminutos que só os poucos que viram tais quartos, mesmo nas mais brilhantes mansões, podem ter uma noção dos pequenos buracos de pombal onde os cidadãos de Pompéia evidentemente achavam agradável passar a noite. Mas, na verdade, o "leito", para os antigos, não fazia parte dos graves, sérios e importantes segredos domésticos como hoje acontece entre nós. A cama em si não passava de um sofá pequeno e estreito, suficientemente leve para ser transportado com facilidade, e pelo próprio ocupante, de um lugar a outro; e, sem dúvida, era constantemente levado de um aposento a outro, conforme o capricho do morador, ou as mudanças de estação; pois o lado da casa que estivesse apinhado num mês, poderia, talvez, ser precavidamente evitado no outro. Havia também entre os italianos daquela época, uma singular e enfadonha apreensão quanto ao excesso de claridade diurna; seus salões escuros, que a princípio nos pareceram conseqüência de uma arquitetura desleixada, eram produto do mais elaborado estudo. Em seus pórticos e jardins, cortejavam o Sol sempre que aprouvesse à sua inclinação pelo supérfluo. No interior de suas casas, preferiam o frescor e a sombra.

Os aposentos de Júlia, naquela estação, ficavam na parte inferior da casa, logo abaixo dos salões nobres, e com vista para o jardim, ao qual se nivelavam. A ampla porta envidraçada só deixava entrar o sol matinal, mas os olhos de Júlia, habituados à penumbra, tinham acuidade suficiente para perceber com exatidão quais as cores mais adequadas... quais tons de delicado carmim davam maior luminosidade à sua tez morena e maior frescor juvenil ao seu rosto.

Sobre a mesa diante da qual estava sentada havia um pequeno espelho redondo do mais polido aço; ao redor dele, meticulosamente em ordem, estavam dispostos os cosméticos e os ungüentos, os perfumes e as pinturas, as jóias e pentes, as fitas e os alfinetes de ouro, destinados a juntar, aos atrativos naturais da beldade, a colaboração da arte e dos caprichosos requintes da moda. Na penumbra do quarto, brilhavam intensamente as vívidas e variadas pinturas nas paredes, em todos os deslumbrantes afrescos tão ao gosto dos pompeianos. Diante do toucador, e sob os pés de Júlia, estendia-se um tapete tecido nos teares do Oriente. Perto, à mão, sobre outra mesa, havia uma bacia e uma jarra de prata, e uma lâmpada apagada, do mais requintado acabamento, em que o artista representava Cupido repousando sob os ramos de uma mirta, e um pequeno rolo de papiro, contendo as mais delicadas elegias de Tíbulo. Diante da porta de comunicação com o cubículo, pendia um reposteiro ricamente bordado com flores de ouro. Esse era o toucador de uma beldade há dezoito séculos.

A bela Júlia estava indolentemente recostada em sua cadeira enquanto a *ornatrix* (isto é, a cabeleireira) lentamente ia empilhando, uma sobre a outra, camadas de pequenos cachos, entrelaçando habilmente os falsos com os verdadeiros e elevando toda aquela trama a tal altura que parecia colocar a cabeça no centro, e não no topo da figura humana.

Sua túnica, de um âmbar intenso, que combinava com os cabelos negros e com a tez meio morena, caia-lhe em amplas pregas até os pés, calçados de sandálias, atadas ao redor dos delicados tornozelos por tiras de couro brancas, enquanto as sandálias em si, cor de violeta, ornadas por uma profusão de pérolas, eram ligeiramente voltadas para cima, como as sandá-

lias turcas de hoje.

Uma velha escrava, competente, graças à longa experiência em todos os segredos da toalete, estava ao lado da cabeleireira, com o largo e cravejado cinto de sua senhora pendurado no braço, dando, de quando em quando, instruções para reforçar a construção da pilha crescente, misturando a elas, judiciosamente, elogios à própria dama.

– Põe aquele grampo mais para a direita, mais para baixo, criatura estúpida! Não vês como essas sobrancelhas são lindas? Poder-se-ia pensar que estás penteando Corina, cuja face só tem um lado. Agora põe as flores... como, idiota!... não esse tom de rosa fosco, não estás buscando cores que combinem com o rosto pálido de Clóris; devem ser flores mais brilhantes, só flores que se harmonizem com a face da jovem Júlia.

– Devagar! – gritou Júlia, batendo o pé no chão com força. – Puxas meu cabelo como se estivesses arrancando ervas daninhas.

– Criatura estúpida! – continuou a diretora da cerimônia. – Não sabes como tua senhora é delicada? Não estás penteando as ásperas crinas da viúva Fúlvia. Bem, agora a fita... está perfeito. Bem Júlia, olha-te no espelho! Já viste alguém tão adorável como tu?

Quando, após inúmeros comentários, dificuldades e atrasos, a complicada torre foi afinal concluída, a operação seguinte consistia em dar aos olhos uma doce languidez, produzida por um pó negro aplicado nas pálpebras e nas sobrancelhas. Um sinal em forma de crescente, estrategicamente colocado junto aos róseos lábios, atraía a atenção para suas covinhas e para os dentes, aos quais já haviam sido aplicados todos os artifícios para aumentar-lhes o deslumbramento da natural alvura.

A outra escrava, até então ociosa, era agora incumbia da tarefa de arranjar as jóias: os brincos de pérolas (dois em cada orelha), os braceletes de ouro maciços, a corrente formada por elos do mesmo metal, da qual pendia um talismã talhado em cristal, a graciosa fivela no ombro esquerdo, onde estava engastado um primoroso camafeu de Psique, o cinto de fita púrpura, ricamente trabalhado com fios de ouro e fechado por serpentes entrelaçadas, e, por fim, os vários anéis ajustados à falange de cada um dos dedos alvos e esguios.

A toalete agora estava pronta, conforme a última moda de Roma. A bela Júlia mirou-se com um último olhar de complacente vaidade e, reclinando-se novamente em sua cadeira, em tom indiferente, ordenou que a mais jovem das suas escravas lesse para ela os apaixonados versos de Tíbulo. A leitura ainda prosseguia quando uma escrava levou Nídia à presença da senhora daquele recanto.

– Salve, Júlia! – disse a florista, detendo-se a poucos passos do lugar onde a jovem estava sentada, e cruzando os braços no peito. – Obedeci às tuas ordens.

– Fizeste bem, florista – respondeu Júlia. – Aproxima-te!... Podes sentar-te.

Júlia olhou fixamente para a tessaliana por alguns momentos, num silêncio meio embaraçoso. Então fez sinal para que suas escravas se retirassem e fechassem a porta. Quando ficaram a sós, ela disse, afastando mecanicamente o olhar que estiverá pousando em Nídia, e esquecendo que estava com alguém que não podia observar-lhe o semblante:

– Prestas serviços à napolitana Ione?
– No momento, estou na casa dela – respondeu Nídia.
– Ela é tão bonita quanto dizem?
– Não sei – replicou Nídia. – Como posso avaliar?
– Ah! Eu deveria ter-me lembrado. Mas tens ouvidos, na

falta dos olhos. Teus companheiros escravos não te dizem que ela é linda? Quando conversam entre si, os escravos não pensam em lisonjear ninguém, nem sua senhora?

— Dizem-me que é bela.
— Ah! Dizem se ela é alta?
— Sim.
— Ora, também o sou. Cabelos negros?
— Foi o que ouvi dizer.
— Os meus também são. E Glauco a visita com freqüência?
— Diariamente — respondeu Nídia, com um suspiro mal contido.
— Diariamente! Não me digas! Ele a acha bonita?
— Acho que sim, já que estão para casar-se em breve.
— Casar! — gritou Júlia, empalidecendo apesar do falso rosado de suas faces, e saltando da cadeira.

Evidentemente, Nídia não percebeu a emoção que causara. Júlia ficou muito tempo calada, mas seu peito arfante e os olhos chamejantes teriam traído, para alguém que pudesse vê-los, o golpe que sua vaidade sofrera.

— Disseram-me que és da Tessália — disse, afinal, rompendo o silêncio.
— E realmente sou!
— A Tessália é a terra da magia e das feiticeiras, dos talismãs e dos filtros de amor — disse Júlia.
— Sempre foi celebrada por suas feiticeiras — replicou Nídia timidamente.
— Então, tessaliana cega, conheces algum encantamento de amor?
— Eu! — exclamou a florista, corando. — Eu! Como poderia? Não, certamente não!
— Pior para ti. Eu poderia dar-te ouro suficiente para comprar tua liberdade, se fosses mais sábia.
— Mas que pode levar a bela e rica Júlia a fazer tal pergunta à sua serva? — indagou Nídia. — Júlia não tem dinheiro e juventude e beleza? Não chegam esses encantamentos para dispensar a magia?
— Chegariam para todos, menos para uma pessoa no mundo — respondeu Júlia com arrogância. — Porém acho que tua

cegueira é contagiosa, e... Mas não importa.
– E essa pessoa? – perguntou Nídia ansiosamente.
– Não é Glauco – replicou Júlia, com a habitual astúcia do seu sexo. – Glauco... não!
Nídia respirou mais livremente, e após breve pausa Júlia recomeçou:
– Mas, ao falar em Glauco e na sua ligação com a napolitana, lembrei-me da influência dos feitiços de amor que, até onde sei ou me interessa, ela pode ter empregado com relação a ele. Ceguinha, eu amo e (será que Júlia passará a vida a dizê-lo?) não sou correspondida! Isso humilha... não, não humilha... mas fere meu orgulho. Gostaria de ver o ingrato aos meus pés, não para poder erguê-lo, mas para rejeitá-lo com desprezo. Quando me disseram que eras da Tessália, pensei que tua mente jovem tivesse aprendido os obscuros segredos da tua terra.
– Pobre de mim, não! – murmurou Nídia. – Antes tivesse!
– Agradeço, ao menos, tua boa vontade – disse Júlia, ignorando o que se passava no coração da florista.
– Mas, dize-me... já ouviste falatórios de escravos, sempre propensos a essas crendices sombrias, sempre dispostos a recorrer à feitiçaria para os seus abjetos amores... alguma vez ouviste falar de um mago do Oriente nesta cidade, mago que domina a arte que desconheces? Não um mero quiromante, não um prestidigitador de feira, mas um mágico mais poderoso e forte, da Índia ou do Egito?
– Do Egito?... Sim! – disse Nídia, estremecendo. – Quem em Pompéia não ouviu falar de Arbaces?
– Arbaces! É verdade – replicou Júlia, puxando pela memória –, dizem que é um homem acima das falsas e mesquinhas imposturas dos estúpidos embusteiros... que é versado na ciência dos astros e nos segredos de Nox, a remota noite. Por que não nos mistérios do amor?
– Se há um mago ainda vivo, cuja arte supera a dos outros, é esse homem terrível – disse Nídia, e ao falar apalpou seu talismã.
– Será demasiado rico para fazer previsões por dinheiro? – continuou Júlia, sorrindo com expressão de escárnio. – Não posso visitá-lo?

– É uma casa perigosa para jovens bonitas – respondeu Nídia. – Ouvi dizer também que está debilitado em...

– Casa perigosa! – exclamou Júlia, que só prestara atenção na primeira frase. – Como assim?

– As orgias de suas festas à meia-noite são impuras e profanas... pelo menos é o que dizem os boatos.

– Por Ceres, por Pã e por Cibele! Assim provocas minha curiosidade, em vez de assustar-me – retrucou a mimada e obstinada pompeiana. – Vou procurá-lo e fazer-lhe perguntas sobre sua ciência. Se o amor faz parte dessas orgias, deve-se supor que conheça seus segredos!

Nídia ficou calada.

– Vou procurá-lo ainda hoje – recomeçou Júlia. – Ora, porque não agora?

– À luz do dia, e no estado em que se encontra, certamente tens menos a temer – respondeu Nídia, rendendo-se ao súbito e secreto desejo de saber se o sombrio egípcio realmente era dotado de poderes para atrair e manter o amor, como tantas vezes ouvira dizer.

– E quem ousará insultar a rica filha de Diomedes? – disse Júlia com arrogância. – Eu irei.

– Posso visitar-te depois para saber o resultado? – perguntou Nídia com ansiedade.

– Dá-me um beijo pela tua preocupação com a honra de Júlia – respondeu a dama. – Sim, por certo. Cearemos fora esta noite... vem amanhã, à mesma hora, e saberás tudo. Talvez eu precise dos teus préstimos. Mas por ora, basta. Espera, pega este bracelete pela boa idéia que me deste. Lembra-te, se servires a Júlia, ela é grata e generosa!

8

JÚLIA PROCURA ARBACES
O RESULTADO DO ENCONTRO

Arbaces estava sentado num quarto que se abria para uma espécie de balcão ou pórtico diante do jardim. Seu rosto estava pálido e abatido pelos sofrimentos que suportara, mas sua constituição férrea já se recuperara das conseqüências mais sérias do acidente que lhe frustrara os terríveis propósitos na hora do triunfo. O ar fragrante que lhe acariciava a fronte reavivalhe os sentidos debilitados, e o sangue circulava em suas veias contraídas mais abundantemente do que dias antes.

"De modo que", pensava ele, "a tormenta do destino explodiu e passou... o mal que minha ciência previu, ameaçando-me a própria vida, aconteceu... e no entanto estou vivo! Aconteceu como os astros predisseram, e agora a longa, brilhante e próspera existência que deveria suceder a esse mal, se a ele eu sobrevivesse, sorri diante de mim: ultrapassei... e venci o derradeiro risco do meu destino. Agora basta-me imaginar os jardins da minha futura sorte, sem temores e em segurança. Portanto, o primeiro dos meus prazeres, antes mesmo do amor, será a vingança! Esse rapaz grego, que se interpôs em minha paixão, que frustrou meus planos, que me atrapalhou quando a lâmina estava prestes a beber seu sangue maldito, não escapará de mim uma segunda vez! Mas, e quanto ao método da minha vingança? Devo refletir bem sobre isso! Oh! Até, se és mesmo uma deusa, prodigaliza-me tua mais terrível inspiração!".

O egípcio mergulhou em profundo cismar, que não parecia apresentar-lhe sugestões brilhantes, ou satisfatórias. Mudava de posição sem cessar, enquanto revolvia na mente um plano atrás do outro, e que, mal lhe ocorriam, eram postos de lado. Várias vezes bateu no peito e gemeu alto, numa ânsia de vingança, e consciente da sua impotência para consumá-la. Estava assim absorto quando um rapazinho escravo entrou timidamente no quarto.

Uma mulher que, a julgar por seus trajes e pelos da escrava que a acompanhava, era da melhor sociedade esperava lá em baixo e solicitava uma audiência com Arbaces.

– Uma mulher! – o coração bateu-lhe apressado. – É jovem?

– Seu rosto está oculto pelo véu, mas o corpo é esguio, embora bem torneado como o de uma jovem.

– Faze-a entrar – disse o egípcio.

Por um momento, seu coração vaidoso imaginou que a estranha poderia ser Ione. Mas o primeiro relance sobre a visitante, que agora entrava no aposento, bastou para desfazer suposição tão equivocada. Na verdade, ela tinha quase a mesma altura de Ione, talvez a mesma idade... Verdade, era fina e esplendidamente modelada... mas onde estava a graça ondulante e inefável que acompanhava cada movimento da incomparável napolitana, o casto e digno trajar, tão simples até no cuidado com os complementos... o andar majestoso, embora tímido... a nobreza e a modéstia da sua feminilidade?

– Perdoa-me se me levanto com dificuldade! – disse Arbaces, fixando os olhos na estranha. – Ainda me ressinto de recente enfermidade.

– Oh, não te incomodes, ilustre egípcio! – disse Júlia, usando a lisonja como recurso para disfarçar o medo que já sentia. – E perdoa uma mulher infeliz que busca consolo na tua sabedoria.

– Aproxima-te, bela desconhecida! – disse Arbaces. – Fala-me sem receio e sem reservas.

Júlia acomodou-se numa cadeira ao lado do egípcio, e, maravilhada, correu o olhar pelo aposento, cujos refinados e suntuosos luxos envergonhariam até os pomposos adornos da rica mansão de seu pai. Timidamente, olhou para as inscrições hieroglíficas nas paredes, para as faces das misteriosas imagens que a fitavam em todos os cantos, para a trípode a pequena distância, e principalmente para o grave e extraordinário semblante do próprio Arbaces. Um longo manto branco, como um véu, semi-ocultava-lhe os cabelos negros e flutuava-lhe até os pés; o rosto dele tornara-se ainda mais impressionante pela palidez atual, e os olhos escuros e penetrantes pareciam atravessar a proteção do véu e explorar os segredos da alma vaidosa e pouco sensível de Júlia.

– E que, donzela – disse ele em tom baixo e profundo –, que te traz à casa do estrangeiro que vem do Oriente?

– A sua fama.

– Em quê? – perguntou ele, com um leve e estranho sorriso.

– Por que perguntas, sábio Arbaces? Teu saber não é o principal assunto dos comentários em Pompéia?

– Na verdade, tenho entesourado algum conhecimento modesto – replicou Arbaces –, mas em que tais segredos sérios e áridos podem beneficiar os ouvidos de uma beldade?

– Ai de mim! – disse Júlia, meio encorajada pelo tom lisonjeiro a que estava habituada. – O sofrimento não corre para a sabedoria em busca de alívio, e os que amam sem ser correspondidos não são as vítimas prediletas da dor?

– Ah! – exclamou Arbaces. – Pode o amor não correspondido ser o destino de tão bela jovem, cuja silhueta bem proporcionada é visível mesmo sob as pregas do gracioso manto? Digna-te, donzela, a erguer teu véu para que eu pelo menos possa ver se o rosto é tão adorável quanto o corpo!

Sem vontade, talvez, de exibir seus encantos, mas achando que poderiam fazer o mago interessar-se por sua sorte, após breve hesitação Júlia ergueu o véu e revelou uma beleza que, embora com a ajuda de artifícios, sem dúvida pareceu atraente ao olhar atento do egípcio.

– Vieste a mim em busca de conselhos sobre um amor infeliz – disse ele. – Pois bem, mostra esse rosto para o ingrato: que outro encantamento de amor poderia dar-te?

– Oh, chega de galanteios! – disse Júlia. – É realmente um

encantamento de amor que desejo pedir ao teu saber!

— Bela desconhecida! — volveu Arbaces, um tanto desdenhoso. — Encantamentos de amor não estão entre os segredos que passei noites e noites trabalhando até altas horas para obter.

— Verdade? Perdoa-me, então, ilustre Arbaces, e adeus!

— Espera! — disse Arbaces que, a despeito da sua paixão por Ione, não ficara indiferente à beleza da visitante; e estivesse ele na exuberância de uma saúde mais estável, teria tentado consolar a bela Júlia por outros meios que não os da ciência sobrenatural. — Fica! Embora confesse que deixei a feitiçaria dos filtros e poções para quem faz desses conhecimentos um comércio, não sou porém insensível à beleza, tanto que, nos primeiros dias da juventude, eu mesmo utilizei filtros e poções em proveito próprio. Posso, pelo menos, aconselhar-te, se fores sincera comigo. Dize-me, então, em primeiro lugar: és solteira, como teus trajes indicam?

— Sim — respondeu Júlia.

— E, não bafejada pela fortuna, queres seduzir algum pretendente rico?

— Sou mais rica do que aquele que me desdenha.

— Estranho, muito estranho! E amas quem não te ama?

— Não sei se o amo — respondeu Júlia com arrogância —, mas sei que quero ver-me triunfar sobre uma rival... quero ver quem me rejeita ser meu pretendente... quero ver aquela a quem ele preferiu ser, por sua vez, desprezada.

— Ambição natural e feminina — disse o egípcio, num tom demasiado sério para ser uma ironia. — Mais ainda, bela donzela: queres confiar-me o nome do teu amado? Como pode um pompeiano desprezar riquezas, mesmo não tendo olhos para a beleza?

— Ele é de Atenas — respondeu Júlia, baixando os olhos.

— Ah! — exclamou Arbaces impetuosamente, com o sangue subindo-lhe ao rosto. — Só há um ateniense jovem e nobre em Pompéia. Será que estamos falando de Glauco?

— Oh, não me traias! De fato, assim o chamam.

O egípcio afundou na cadeira, olhando boquiaberto para a filha do mercador, e murmurando intimamente consigo mesmo: "Essa conversa, que até então eu não levava a sério, divertindo-me com a credulidade e a vaidade desta visitante... não poderá ser o instrumento da minha vingança?".

– Vejo que não podes ajudar-me – disse Júlia, ofendida por seu prolongado silêncio. – Guarda, ao menos, meu segredo. Mais uma vez, adeus!

– Donzela – disse o egípcio, em tom sério e reverente –, teu pedido me comoveu. Atenderei ao teu desejo. Ouve-me: pessoalmente não me dediquei a esses segredos de menor importância, mas conheço alguém que a eles se dedica. No sopé do Vesúvio, a menos de uma légua da cidade, vive uma feiticeira poderosa. Sob o fecundo orvalho da lua nova, ela colhe ervas que possuem a virtude de prender o amor com eternas correntes. Sua arte pode pôr teu amado aos teus pés. Procura-a, menciona-lhe o nome de Arbaces. Ela teme esse nome, e te dará seus mais potentes filtros.

– Ai de mim! – disse Júlia. – Não conheço o caminho para a casa de quem falas: por mais curto que seja, é longo para que uma jovem, que saiu escondida do pai, o percorra. A região é coberta por um emaranhado de vinhas silvestres, e perigosa,

Na sala de jantar, afrescos retratavam cenas de banquete no centro das paredes; uma aparelho de jantar completo sobre uma mesa de três pernas é reproduzido, como para exibir a posição social do dono.

Os Últimos Dias de Pompéia

com cavernas escarpadas. Não ouso confiar em desconhecidos para me guiar; a reputação das mulheres da minha posição social é facilmente maculada... e embora não me importe que saibam que amo Glauco, não quero que pensem que conquistei seu amor com um encantamento.

– Com mais uns três dias de convalescença – disse o egípcio, levantando-se e andando pelo aposento (como se para testar suas forças), mas com passos irregulares e débeis –, eu mesmo te acompanharia. Bem, vais ter de esperar.

– Mas Glauco deve casar-se em breve com a detestável napolitana.

– Casar?

– Sim, no início do próximo mês.

– Tão depressa! Estás bem informada a respeito?

– Ouvi da boca da sua própria escrava.

– Não pode ser! – exclamou o egípcio precipitadamente.

– Não temas, Glauco será teu. Mas como farás, depois de conseguir a poção, para ministrá-la a ele?

– Meu pai o convidou, e creio que a napolitana também, para um banquete depois de amanhã. Terei então a oportunidade de fazê-lo beber.

– Que assim seja! – disse o egípcio, com os olhos faiscando numa alegria tão arrebatada, que o olhar de Júlia baixou, trêmulo. – Amanhã ao anoitecer, então, manda preparar tua liteira... tens uma ao teu dispor, não é?

– Sim... sem dúvida – respondeu Júlia, orgulhosa da sua riqueza.

– Manda prepará-la... a duas milhas de distância da cidade há uma casa de diversões freqüentada por pompeianos abastados, pela excelência dos seus banhos e pela beleza dos jardins. Finge que estás te dirigindo para lá, onde, doente ou moribundo, me encontrarei contigo perto da estátua de Sileno, no bosque que margeia o jardim. Eu mesmo te levarei até a feiticeira. Esperaremos até que, com Vésper, as cabras dos pastores tenham se recolhido para dormir; quando o crepúsculo escurecer e nos esconder, e ninguém cruzar nosso caminho. Volta para casa e não temas! Por Hades, Arbaces, o feiticeiro do Egito, jura que Ione jamais desposará Glauco!

– E que Glauco será meu – acrescentou Júlia, completando a frase.

– Assim o disseste – replicou Arbaces, e Júlia, meio assustada com o profano encontro marcado, mas levada pelo ciúme e pelo ressentimento provocado pela rivalidade, mais do que por amor, resolveu consumá-lo.

Ao ficar só, Arbaces não se conteve:

– Astros brilhantes que jamais mentis, já começais a cumprir vossas promessas: sucesso no amor e vitória sobre os inimigos, pelo resto da minha serena existência. Na hora exata em que minha mente não conseguia encontrar uma pista para a execução da minha vingança, mandastes a mim essa bela tola para inspirar-me! – calou-se, em profunda meditação. – Sim – voltou a falar, mas em tom mais calmo –, eu não poderia dar-lhe pessoalmente o veneno, que será realmente um filtro. A morte dele, se eu fizesse isso, seria rastreada até a minha porta. Mas a feiticeira... Ah! Aí está o agente adequado e natural dos meus desígnios!

Ele chamou um de seus escravos, ordenou-lhe que seguisse os passos de Júlia e lhe trouxesse informações sobre seu nome e condição social. Isso feito, encaminhou-se para o pórtico. O céu estava sereno e claro; mas ele, profundamente versado nos sinais de suas várias mutações, viu uma aglomeração de nuvens no horizonte, ao longe, que o vento começava a agitar lentamente, e uma tempestade estava se formando no alto.

– É como a minha vingança – disse, enquanto observava. – O céu está claro, mas a nuvem vem vindo.

9

TEMPESTADE NO SUL
A CAVERNA DA BRUXA

Quando o calor da tarde deixava gradualmente a terra, Glauco e Ione saíram para aproveitar a fresca e agradável brisa. Naquela época, os romanos usavam vários tipos de carruagens; a mais utilizada pelos cidadãos abastados, quando não precisavam de companhia em suas excursões, era a biga, já descrita no início deste livro; a mais apropriada para as matronas chamava-se *carpentum,* que habitualmente tinha duas rodas. Os antigos usavam também uma espécie de liteira – uma cadeirinha, mais confortavelmente arranjada do que as modernas, já que seu ocupante podia deitar-se à vontade, em vez de ficar empertigado e ser sacudido verticalmente para cima e para baixo. Havia outra carruagem, usada tanto para viagens como para passeios pelo campo: era cômoda e transportava três ou quatro pessoas facilmente, tendo uma cobertura que podia ser retirada à vontade; e, numa palavra, quanto à utilidade, correspondia exatamente à moderna brisca polonesa (embora diferisse dela quanto ao formato).

Era um veículo como esse que os apaixonados, acompanhados por uma escrava, estavam usando em seu passeio. A umas dez milhas da cidade, havia, então, uma velha construção em ruínas, remanescente de um templo, visivelmente grego. E, como para Glauco e Ione tudo o que fosse grego interessava, tinham combinado uma visita àquelas ruínas. Era para lá que agora se dirigiam.

A estrada corria entre vinhedos e olivais, até que, subindo cada vez mais pela encosta do Vesúvio, o caminho tornava-se acidentado. As mulas andavam devagar e com dificuldade, e a cada clareira entre as árvores eles avistavam as cavernas acinzentadas e horrendas cravadas na rocha crestada que Estrabão descreveu, mas que as várias mudanças produzidas pelo tempo e pelo vulcão tiraram do atual aspecto da montanha. O Sol, descendo para o poente, projetava longas e carregadas sombras sobre ela. Aqui e ali, ainda ouviam o som da flauta rústica dos pastores entre os bosques de faias e carvalhos bravios. De quando em quando, avistavam graciosas cabras de pêlo sedoso, com seus chifres enrolados e brilhantes olhos cinzentos (que ainda hoje, sob os céus ausonianos, lembram as éclogas de Virgílio), pastando na encosta das colinas. E os cachos de uva, já purpurinos com os bafejos do escaldante verão, brilhavam nos festões que pendiam de uma árvore a outra. Acima deles, nuvens tênues flutuavam no céu sereno, deslizando tão lentamente pelo firmamento que mal pareciam mover-se; à sua direita, enquanto seguiam, captavam, amiúde, vislumbres do mar tranqüilo, com um ou outro barquinho a deslizar-lhe pela superfície, e os raios de sol mergulhavam nas águas com os suaves e variados matizes tão peculiares àquele mar encantador.

– Como é lindo! – exclamou Glauco, quase num murmúrio. – É por um quadro como este que chamamos a Terra de nossa Mãe! Com que terno e igual amor ela esparge suas dádivas sobre seus filhos! E mesmo às estéreis regiões a que a natureza negou encantos, ela consegue dispensar seus sorrisos: que o digam os medronheiros e as vinhas que ela entrelaçou sobre o solo árido e ardente daquele vulcão extinto. Ah! Numa hora como esta, diante de uma paisagem assim, bem poderíamos imaginar que o Fauno espreita por entre aqueles verdes festões; ou poderíamos descobrir as pegadas da Ninfa da Montanha entre o emaranhado labirinto das clareiras da floresta. Mas, bela Ione, as ninfas deixaram de existir quando tu foste criada.

Não há linguagem mais lisonjeira do que a de um apaixonado. E, no entanto, na exacerbação dos sentimentos, as lisonjas lhe parecem uma coisa normal. Estranha e pródiga exuberância que cedo se exaure pelo excesso!

Chegaram às ruínas; examinaram-nas com o mesmo carinho com que reconstituímos os reverenciados e familiares vestígios de nossos próprios ancestrais; ficaram lá até que Vésper apareceu no róseo céu. E então, voltando para casa ao crepúsculo, estavam mais silenciosos do que antes, porque na penumbra, e sob as estrelas, sentiam-se mais sufocados por seu mútuo amor.

Foi então que a tempestade prevista pelo egípcio começou a avançar visivelmente sobre eles. De início, um trovão surdo e distante alertou-os sobre o iminente conflito dos elementos; e então surgiram rápidas as formações cerradas de nuvens negras. A rapidez com que explodem as tempestades naquela região é algo quase sobrenatural, e bem poderia sugerir às superstições primitivas a noção de uma interferência divina. Algumas gotas grossas de chuva caíram pesadamente nos galhos que pendiam sobre a estrada, e então, inesperado e insuportavelmente ofuscante, o relâmpago ramificado dardejava em seus olhos e era tragado pela escuridão cada vez maior.

– Depressa, bom *carrucarius*! Gritou Glauco ao cocheiro. – A tempestade está chegando veloz.

O escravo fustigou as mulas; elas correram pelo caminho irregular e pedregoso; as nuvens espessavam-se, o trovão rugia cada vez mais perto, e uma chuva forte logo começou.

– Estás com medo? – murmurou Glauco, procurando usar a tempestade como desculpa para ficar mais perto de Ione.

– Ao teu lado, não – respondeu ela docemente.

Naquele instante, a carruagem, frágil e mal construída (como, a despeito de suas formas graciosas, muitas daquelas invenções eram para usos práticos, naquela época), entrou num buraco fundo, acima do qual estava caído o tronco de uma árvore; o cocheiro praguejou, e com isso incitou as mulas, que foram mais depressa de encontro ao obstáculo. Uma roda soltou-se do eixo, e a carruagem tombou de repente.

Saindo do veículo rapidamente, Glauco apressou-se a acudir Ione, que felizmente não se ferira. Com alguma dificuldade, ergueram a *carruca* (ou carruagem) e verificaram que nem sequer de abrigo poderia servir-lhes; as molas que fixavam a cobertura estavam em pedaços, e a chuva caía forte no seu interior.

Que fazer nessa difícil situação? Ainda estavam distantes da cidade, não parecia haver nem casa nem ajuda por perto.

– A cerca de uma milha daqui há um ferreiro – disse o escravo. – Posso ir buscá-lo e talvez ele consiga pelo menos recolocar a roda da *carruca*. Mas, por Júpiter!, como está chovendo, minha senhora ficará ensopada antes que eu volte.

– Corre, pelo menos! – disse Glauco. – Procuraremos um abrigo melhor até que voltes.

A estrada era sombreada por árvores, e Glauco levou Ione para baixo da mais copada. Estendendo o próprio manto, ele tentou protegê-la um pouco mais da chuva intensa, mas esta caía com tal fúria que atravessava o frágil obstáculo; De repente, enquanto Glauco tentava infundir coragem à sua bela companheira, um raio atingiu uma das árvores próximas, partindo em dois seu enorme tronco. O terrível incidente advertiu-os do perigo que corriam naquele abrigo. Glauco então olhou ansioso ao redor procurando um lugar menos arriscado para se refugiar.

– Estamos a meio caminho da encosta do Vesúvio – disse –, deve existir alguma caverna ou um buraco entre as rochas cobertas de vinhas. Quem dera encontrássemos um, onde as Ninfas fugitivas deixaram um abrigo – assim falando, ele saiu de entre as árvores e, olhando ansioso para a montanha, descobriu em meio à crescente escuridão uma luz trêmula e avermelhada, a uma distância não muito grande. – Deve vir da casa de algum pastor ou de algum plantador de vinhas. Ele nos guiará até um abrigo hospitaleiro. Espera aqui enquanto eu... mas não... ficarias exposta a perigos.

– Irei contigo de bom grado – disse Ione. – Aberto como o espaço parece ser, é melhor do que o abrigo traiçoeiro destes ramos.

Ora guiando ora carregando Ione, Glauco, acompanhado pela trêmula escrava, seguiu na direção da luz, que ainda brilhava vermelha e firme. Aos poucos, o caminho deixou de ser livre: vinhas bravias tolhiam-lhes os passos e ocultavam deles, exceto a intervalos irregulares, a luz que os guiava. A chuva recomeçou mais rápida e forte, e os relâmpagos ficaram mais intensos e ofuscantes. Eles continuavam andando, na esperança de, se a luz sumisse, chegar pelo menos a uma casinha de campo ou caverna acolhedora. As vinhas tornavam-se mais densas e intricadas, escondendo completamente a luz; mas a trilha estreita por onde seguiam com esforço e dificuldade, guiados apenas pelos constantes e prolongados clarões da tempestade, continuava levando-os na sua direção.

De repente a chuva parou. Íngremes e rugosos penhascos de lavas tisnadas mostravam-se diante deles, parecendo mais terríveis à luz dos relâmpagos que iluminavam o terreno escuro e perigoso. De quando em quando, os clarões alongavam-se sobre as pilhas de escória cinzenta, em parte encobertas por musgos seculares ou árvores embrutecidas, como se buscassem em vão algum produto da terra mais nobre e mais digno da sua ira. E às vezes, deixando aquela parte do cenário em total escuridão, os relâmpagos estendiam-se enormes, avermelhados e suspensos sobre o oceano que se encapelava ao longe, com suas vagas parecendo arder em chamas – tão intenso era o clarão que deixava ver nitidamente até os arenosos contornos das mais distantes curvas da baía, do eterno Miseno, com seus soberbos penhascos, até a bela Sorrento, e os gigantescos montes atrás de si.

Nossos enamorados detiveram-se, perplexos e indecisos, quando subitamente, na escuridão que se fechava entre os aterradores relâmpagos que cada vez mais os envolviam, viram bem perto, mas no alto, à sua frente, a misteriosa luz. Outro relâmpago, que avermelhou o céu e a terra, permitiu-lhes ver tudo ao redor; não havia casa por perto, mas exatamente no ponto onde tinham visto a luz, pareceu-lhes divisar, no recesso de uma caverna, o perfil de uma figura humana. Tudo escureceu de novo. A luz, agora não mais ofuscada pelos fogos celestes, ficou outra vez visível. Resolveram subir até ela; tiveram de andar entre enormes rochas estilhaçadas, cobertas com vegetação silvestre, mas aproximavam-se cada vez mais da luz e afinal detiveram-se na boca de uma espécie de caverna, aparentemente formada por grandes lascas de pedras caídas transversalmente umas sobre as outras. Olhando para aquele lugar sombrio, ambos recuaram instintivamente, enregelados e com um temor supersticioso.

Um fogo ardia no fundo da caverna, e sobre ele estava um pequeno caldeirão. Numa alta e delgada coluna de ferro havia uma lâmpada tosca; no lado da parede, em cuja base o fogo ardia, estavam penduradas desordenadamente, como se para secar, ervas daninhas e medicinais em profusão. Deitada junto ao fogo, uma raposa olhou para os estranhos com olhos vermelhos e brilhantes... o pêlo eriçado... e rosnando baixo entre os dentes. No centro da caverna, via-se uma estátua de argila com três cabeças, de aparência fantástica e estranha: reproduziam com perfeição as cabeças de um cão, de um cavalo e de um porco; uma pequena trípode estava colocada diante da popular Hécate (deusa sinistra e malfazeja, considerada a personificação da Lua em seus aspectos lúgubres, e representada com três cabeças).

Mas não foram as ervas penduradas nem a estátua, nem o resto que lhes gelaram o sangue quando olharam lá dentro: foi a expressão da sua moradora. Diante do fogo, com a claridade batendo-lhe em cheio no rosto, estava sentada uma mulher de idade avançada. Talvez em nenhum outro país se vejam mais feiticeiras do que na Itália; em nenhuma região, a beleza, com a idade, se transforme tão assustadoramente em coisa mais perversa, repugnante e hedionda. Mas a velha agora à sua frente não era um desses espécimes no auge da feiúra humana; ao contrário, seu rosto revelava traços de feições altivas e aquilinas: os olhos agora fixos neles, com um olhar que os atraía e fascinava, viam naquele semblante assustador a perfeita imagem de um cadáver! Igual: os olhos arregalados e baços, os lábios azulados e enrugados, o queixo caído e côncavo... os cabelos escorridos, grisalhos, opacos... a pele lívida, esverdeada, macilenta; parecia estar em decomposição, a caminho do túmulo!

Os Últimos Dias de Pompéia

– É uma criatura morta – disse Glauco

– Não... ela se move... é um fantasma ou uma larva – balbuciou Ione, recuando e agarrando-se ao ateniense.

– Oh, fujam – murmurou a escrava –, fujam! É a feiticeira do Vesúvio!

– Quem sois? – indagou uma voz cavernosa e fantasmagórica. – E que fazeis aqui?

O tom, terrível e funéreo, casava-se perfeitamente com a aparência da velha, e mais parecia a voz de algum andarilho desencarnado das margens do Estige do que a voz de um ser vivo, e quase fez Ione voltar correndo para a fúria impiedosa da tempestade. Mas Glauco, embora um tanto apreensivo, fê-la entrar na caverna.

Somos viandantes da cidade vizinha, colhidos pela tempestade – disse ele –, e fomos atraídos para cá pela tua luz. Rogamos abrigo e auxílio ao teu coração.

Enquanto falava, a raposa se levantou do chão e avançou contra os estranhos mostrando os dentes brancos arreganhados e rosnando ameaçadora.

– Deita-te, escrava! – disse a feiticeira, e ao som da sua voz o animal imediatamente se abaixou, cobrindo o focinho com a cauda peluda, mantendo porém o olhar aguçado e vigilante sobre os perturbadores do seu sossego. – Vinde para junto do fogo, se quiserdes! – disse, dirigindo-se a Glauco e a suas acompanhantes. – Jamais recebo com prazer seres vivos, exceto a coruja, a raposa, o sapo e a víbora; por isso não vos dou as boas-vindas. Aproximem-se do fogo sem elas... por que ficar de pé?

A língua com que a feiticeira se dirigiu a eles era um latim estranho e inculto, entremeado com muitas palavras de um dialeto rude e antigo. Ela não se levantou do banco, mas olhou-os friamente quando Glauco livrou Ione do manto encharcado e, acomodando-a numa tora de madeira, único lugar que viu à mão para servir de banco, soprou as brasas avivando-as. A escrava, incentivada pela coragem de seus superiores, tirou também sua longa *palla* e deslizou timidamente para o outro lado do fogo.

Receio que estejamos te incomodando – disse a voz sonora

de Ione, em tom conciliador.

A mulher não respondeu. Parecia alguém que por um momento tivesse acordado da morte, e que tornara a entrar no sono eterno.

– Dizei-me – falou ela de repente, após uma longa pausa –, sois irmão e irmã?

– Não – respondeu Ione, corando.

– Sois casados?

– Também não – replicou Glauco.

– Ó amantes! Ha, ha, ha! – e a feiticeira riu tão alto e por tanto tempo que as cavernas ecoaram.

Diante daquele estranho riso, o coração de Ione ficou paralisado. Glauco murmurou um leve esconjuro contra o agouro, e a escrava ficou tão pálida quanto a própria feiticeira.

– Por que estás rindo, velha esmirrada? – indagou Glauco, meio ríspido, assim que concluiu seu esconjuro.

– Eu ri? – falou a feiticeira, distraída.

– Ela é caduca – sussurrou Glauco, e, ao fazê-lo, surpreendeu o olhar da velha fixo nele com um brilho intenso e maligno.

– Estás mentindo! – disse ela abruptamente.

– És uma anfitriã descortês – retorquiu Glauco.

– Calma! Não a provoques, Glauco querido! – murmurou Ione.

– Vou dizer-te porque ri quando soube que éreis amantes – disse a velha. – Ri, porque é um prazer para velhos e caducos contemplar corações jovens como os vossos... e saber que dia virá em que vos detestareis mutuamente... detestareis... detestareis... ha, ha, ha!

Agora foi a vez de Ione esconjurar a terrível profecia.

– Que os deuses não permitam! – disse ela. – Contudo, pobre mulher, pouco conheces do amor, ou saberias que ele não muda jamais.

– Já fui jovem, acreditas? – volveu a feiticeira de imediato. – E agora não sou velha, repelente, cadavérica? Tal como o corpo, assim é o coração.

Com essas palavras, mergulhou de novo em profunda e assustadora imobilidade, como se fosse a própria cessação da vida.

– Vives aqui há muito tempo? – perguntou Glauco, após

uma pausa, sentindo-se pouco à vontade e angustiado com aquele silêncio pavoroso.
— Ah, muito tempo!
— Mas é um lugar sombrio.
— Ah! Bem podes dizê-lo... o inferno está abaixo de nós! — replicou a feiticeira, apontando para o chão com o dedo ossudo. — E vou contar-te um segredo... os seres sombrios, lá embaixo, estão preparando desgraças para vós, aqui em cima... para vós, jovens, despreocupados e belos.
— Só dizes más palavras que não combinam com hospitalidade — falou Glauco —, e no futuro enfrentarei a tempestade, mas não a tua acolhida.
— Farás muito bem. Ninguém deveria procurar-me jamais; só os infelizes!
— E por que os infelizes? — perguntou o ateniense.
— Sou a feiticeira da montanha — replicou a velha, arreganhando pavorosamente os dentes. — Meu negócio é dar esperanças aos desesperados: tenho filtros para quem tem um amor não correspondido; promessas de tesouros para os avarentos; poções de vingança para os maldosos; para os felizes e bons, tenho apenas o que a vida tem: maldições! Não me incomodes mais.

Com isso, a horrenda moradora da caverna tornou a cair num silêncio tão obstinado e soturno, que em vão Glauco tentou fazê-la falar mais. Nenhuma alteração no semblante rígido e fechado mostrava que o estivesse ouvindo. Felizmente, porém, a tempestade, que fora tão breve quanto violenta, começou a amainar; a chuva caía cada vez menos intensa; e, finalmente, quando as nuvens se abriram, a Lua brilhou na abertura violácea do céu e iluminou em cheio a desolada caverna. Jamais talvez tivesse brilhado sobre um grupo mais digno da arte de um pintor: a jovem e belíssima Ione, sentada junto ao lume primitivo; seu apaixonado, já esquecido da presença da velha megera, aos seus pés, fitando-lhe o rosto e murmurando doces palavras; a pálida e assustada escrava, a pequena distância; e a terrível megera com os olhos implacáveis pousados neles.

No entanto, aparentemente serenos e sem medo (pois a companhia do amor tem esse dom), aquelas duas belas criaturas de outra esfera estavam naquela caverna escura e medonha, com suas sombrias esquisitices. Do seu canto, a raposa vigiava-os com seus olhos vivos e faiscantes. E quando Glauco voltou-se para a velha, pela primeira vez notou, embaixo do banco onde ela estava sentada, o olhar brilhante e a cabeça saliente de uma cobra enorme. É possível que a cor viva do manto do ateniense, que envolvia os ombros de Ione, tenha provocado a sanha do réptil; seu capelo começou a brilhar e a erguer-se, como se estivesse ameaçando e preparando-se para saltar sobre a napolitana. Glauco rapidamente pegou uma das achas semiqueimadas do fogo e, como se enraivecida pelo movimento, a cobra saiu do seu abrigo, dando um silvo agudo, e empinou-se, chegando quase à altura do grego.

– Bruxa! – gritou ele. – Contém tua criatura, ou a verás morta.

– Seu veneno foi retirado! – gritou a feiticeira, acordada pela ameaça de Glauco.

Mas antes que as palavras lhe saíssem da boca, a cobra pulara sobre o grego. Rápido e atento, o ágil rapaz saltou para o lado e desferiu um golpe tão terrível e certeiro na cabeça da cobra, que ela caiu estendida e contorcendo-se entre as brasas.

A feiticeira saltou e parou diante de Glauco com um rosto digno da mais feroz das Fúrias, tão terrível e ameaçadora era sua expressão – preservando, contudo, mesmo no horror e no espanto, traços e contornos de beleza – e totalmente liberta da imagem caricata e vulgar na qual a imaginação dos habitantes do Norte buscou a origem do terror.

– Tu – disse ela, com uma voz pausada e firme que não condizia com a expressão do rosto, tão tranqüilo e sereno era seu tom –, tu te abrigaste sob o meu teto e te aqueceste junto ao meu lume, mas retribuíste o bem com o mal; golpeaste e talvez tenhas matado a criatura que me amava e era minha. Não, mais do que isso, criatura, acima de todas as outras, consagrada aos deuses e considerada venerável pelo homem... ouve agora teu castigo. Pela Lua, que é a guardiã das feiticeiras... por Orco, que é o tesoureiro da ira... eu te amaldiçôo! Maldito sejas! Que teu amor seja destruído... teu nome, difamado... que os seres infernais ponham em ti sua marca... que teu coração definhe e seque... que tua hora final te faça recordar a voz profética da Saga do Vesúvio! E tu – acrescentou, voltando-se de repente para Ione, e erguendo o braço direito, quando Glauco interrompeu bruscamente sua fala.

– Megera! – gritou ele. – Pára! Tu me amaldiçoaste, e eu confio na proteção dos deuses... desdenho-te e desprezo-te! Mas, murmura uma só palavra contra essa donzela e transformarei a praga dos teus sórdidos lábios em teu último suspiro. Cuidado!

– Já está feito – replicou a velha, rindo alucinadamente –, porque, com a tua ruína, ela, que te ama, será desgraçada. E como ouvi sua boca pronunciar teu nome, sei agora como consignar-te aos demônios. Glauco, estás perdido!

Assim falando, a feiticeira voltou as costas ao ateniense, e ajoelhando-se junto à sua favorita, agora ferida, tirou-a do fogo e não tornou a olhar para eles.

– Ó Glauco! – disse Ione, apavorada. – Que fizemos? Fujamos deste lugar; a tempestade cessou. Boa senhora, perdoa... retira tuas palavras, ele só queria defender-se... aceita esta oferenda de paz, para desdizer o que foi dito – e Ione, detendo-se, pôs sua bolsa no colo da velha.

– Fora! – gritou ela com azedume. – Fora! Uma vez tramada, a praga só pode ser desfeita pelas Parcas. Fora!

– Vem, querida! – chamou Glauco com impaciência. – Achas que os deuses abaixo ou acima de nós ouvem os estéreis desvarios de uma caduca? Vem!

Prolongados e fortes espalharam-se os ecos da caverna com a terrível gargalhada da Saga... que não se dignou a responder.

Os enamorados respiraram mais à vontade quando chegaram ao ar livre. Contudo, a cena a que tinham assistido, as palavras e as gargalhadas da feiticeira ainda permaneciam na cabeça de Ione, assustadoramente; e o próprio Glauco, intimamente, não conseguia livrar-se da impressão que tudo lhes causara. A tempestade cessara; só aqui e além um trovão, de quando em quando, resmungava ao longe, entre nuvens escuras, ou o clarão momentâneo de um relâmpago afrontava a majestade da Lua. Com alguma dificuldade, voltaram à estrada, onde encontraram o veículo já suficientemente reparado para partir, e o cocheiro, aos brados, pedindo a Hércules que lhe dissesse onde seus passageiros tinham sumido.

Glauco tentava em vão reanimar o espírito abatido de Ione, e quase sem sucesso recuperar também o tom expansivo da sua natural alegria. Logo chegaram à porta da cidade. Quando ela se abriu, uma liteira, carregada por escravos, impediu-lhes o caminho.

– É muito tarde para sair – gritou a sentinela para o ocupante da liteira.

– Não tanto – disse uma voz que os fez estremecer ao ouvi-la; uma voz que conheciam muito bem. – Preciso ir à vila de Marcos Políbio. Voltarei logo. Sou Arbaces, o egípcio.

Os escrúpulos da sentinela sumiram, e a liteira passou bem perto da carruagem que levava os apaixonados.

– Arbaces, a esta hora!... Mal restabelecido ainda, creio! Para onde e por que está saindo da cidade? – disse Glauco.

– Ai! – respondeu Ione, caindo em lágrimas. – Minha alma sente cada vez mais o presságio do mal. Guardai-nos, ó deuses! Ou pelo menos – murmurou intimamente – guardai meu Glauco!

10

O SENHOR DO CINTO FLAMEJANTE E SEU INSTRUMENTO
O DESTINO ESCREVE SUAS PROFECIAS EM LETRAS VERMELHAS
MAS QUEM AS LERÁ?

Arbaces esperara só até que a tempestade cessasse e lhe permitisse, sob o manto da noite, ir à procura da Saga do Vesúvio. Conduzido por alguns dos seus escravos mais fiéis, em quem estava acostumado a confiar nas suas mais secretas expedições, jazia estendido na liteira, abandonando o coração ardente à contemplação da vingança satisfeita e do amor conquistado. Os escravos, num percurso tão curto, andavam só um pouco mais devagar do que o passo normal das mulas; e Arbaces logo chegou ao começo da trilha estreita que os enamorados não tinham tido sorte bastante para descobrir, e que, contornando os vinhedos cerrados, levava direto à habitação da feiticeira. Ali ele mandou parar a liteira, e, ordenando aos escravos que se escondessem com o veículo entre as vinhas, para não ser vistos por algum eventual passante, escalou sozinho a lúgrube e íngreme encosta com passos ainda inseguros, mas apoiado num longo cajado.

Nem uma gota de chuva caía do céu sereno, mas a umidade escorria como lágrimas dos ramos das videiras, e aqui e ali formava pequenas poças nas fendas e depressões do caminho pedregoso.

"Singulares paixões para um filósofo", pensou Arbaces, "que levam alguém como eu, recém-saído do leito de morte, e mal recuperando a saúde entre as delicadezas do luxo, a percorrer sendas noturnas como esta. Mas a paixão e a vingança, perseguindo seu objetivo, podem transformar o Tártaro em Elíseo".

Alta, clara e melancólica brilhava a Lua sobre o caminho do soturno viandante, refletindo-se em cada poça à sua frente e dormitando na sombra ao longo dos declives da montanha. Viu adiante a mesma luz que havia guiado os passos das suas pretendidas vítimas, porém, já não mais contrastando com as nuvens negras, brilhava menos avermelhada e menos nítida.

Arbaces, quando afinal se aproximou da entrada da caverna, parou para recuperar o fôlego; e então, com sua habitual expressão contida e grave, cruzou o ímpio limiar.

A raposa ergueu-se à entrada do recém-chegado, e com um longo uivo anunciou à sua senhora outro visitante.

A feiticeira, de novo sentada em seu banco, reassumira o ar de sepulcral e lúgubre repouso. Aos seus pés, sobre um leito de ervas secas e meio encoberta por elas, jazia a cobra ferida; mas o olhar arguto do egípcio observou-lhe as escamas brilhando na claridade refletida pelo fogo, enquanto se retorcia, ora contraindo ora estirando suas voltas, com dor e raiva insaciada.

– Deita-te, escrava! – disse a velha, como dissera antes à raposa; e, como antes, o animal agachou-se no chão, mudo, mas atento.

– Levanta-te, serva de Nox e Érebo! – disse Arbaces em tom autoritário. – Um superior na tua arte te saúda! Levanta-te e dá-lhe as boas vindas!

A essas palavras, a feiticeira voltou os olhos para o vulto alto e o rosto moreno do egípcio. Olhou para ele demorada e fixamente, enquanto estava de pé à sua frente, com seus trajes orientais, de braços cruzados e com uma expressão resoluta e altiva.

– Quem és tu – disse finalmente –, que te proclamas superior em saber à Saga dos Campos Ardentes, e filha da extinta raça etrusca?

– Sou – respondeu Arbaces – aquele diante de quem todos os cultores da magia, de norte a sul, de leste a oeste, do Ganges e do Nilo aos vales da Tessália e às margens do traiçoeiro Tibre curvaram-se para aprender.

– Só existe um homem assim nestas plagas – respondeu a feiticeira –, a quem as pessoas estranhas ao meio, ignorando seus grandiosos atributos e sua mais secreta reputação, chamam Arbaces, o egípcio. Para nós, de natureza mais elevada e de conhecimentos mais profundos, seu legítimo nome é Hermes do Cinturão Flamejante.

– Olha de novo – volveu Arbaces –, sou o próprio.

Enquanto falava, afastou o manto e deixou à mostra um cinturão, aparentemente de fogo, que lhe chamejava ao redor da cintura, preso no centro por uma chapa onde se via esculpido um símbolo aparentemente vago e ininteligível, mas que era estranho à Saga. Ela se levantou de súbito e atirou-se aos pés de Arbaces.

– Estou vendo, então – disse, em tom de profunda humildade – o Senhor do Cinturão Flamejante... Digna-te a aceitar minha homenagem.

– Levanta-te! – disse o egípcio. – Preciso de ti.

Assim falando, acomodou-se na mesma tora de madeira onde Ione antes descansara, e acenou à feiticeira para que voltasse ao seu banco.

– Disseste – falou ele, enquanto ela obedecia – que és filha das antigas tribos etruscas, cujas cidades construídas com pedras, cercadas de maciças muralhas, ainda olham sombrias para a raça de saqueadores que se apoderou de seu antigo reino. Parte daquelas tribos veio da Grécia e parte era formada por exilados vindos de uma terra mais abrasadora e primitiva. Em qualquer dos casos, és de linhagem egípcia, pois gregos, donos de escravos nativos, estavam entre os irrequietos filhos que o Nilo baniu do seu seio. Então, ó Saga!, igualmente descendes de ancestrais que juraram obediência aos meus. Pelo nascimento e pelo saber, és súdita de Arbaces. Ouve-me, então, e obedece!

A feiticeira inclinou a cabeça.

– Por mais estratagemas que possuamos na feitiçaria – continuou Arbaces –, às vezes somos levados a utilizar meios naturais para atingir nosso objetivo. O anel e o cristal, as cinzas e as ervas não nos proporcionam adivinhações infalíveis;

nem os maiores segredos da Lua eximem, mesmo o possuidor do cinturão, da necessidade de empregar, de quando em quando, providência humana para um objetivo humano. Presta, pois, atenção: és extremamente versada, creio, nos segredos das ervas mais letais; conheces as que detêm o curso da vida, que queimam e crestam a alma dentro da sua cidadela, ou gelam os canais por onde flui o sangue, transformando-o num gelo que nem o Sol consegue derreter. Estarei superestimando tua habilidade? Fala, e com franqueza!

– Poderoso Hermes, essa, na verdade, é a minha ciência. Digna-te a olhar para estas criaturas de feições fantasmagóricas e cadavéricas! Elas perderam as cores da vida simplesmente vigiando as ervas fétidas que fervem noite e dia naquele caldeirão.

O egípcio afastou sua tora de tão maligna e insalubre vizinhança, enquanto a feiticeira falava.

– Está bem – disse ele. – Aprendeste a máxima de todo conhecimento mais profundo, que diz: "Despreza o corpo para tornar a mente sábia". Mas vamos à tua tarefa! Virá procurar-te amanhã, à luz das estrelas, uma donzela presunçosa, solicitando de tua arte um encantamento de amor para desviar de outra os olhos que deveriam mentir docemente só aos dela. Em vez do teu filtro, dá-lhe um dos teus venenos mais fortes. Que o amante vá fazer suas juras às Sombras!

A feiticeira tremeu da cabeça aos pés.

– Oh, perdão! Perdão, temível mestre – disse ela, hesitando –, mas não me atrevo a tanto. A lei é severa e vigilante nestas regiões. Vão prender-me, matar-me.

– Para que servem, então, tuas ervas e poções, inútil Saga? – perguntou Arbaces, com um sorriso de escárnio.

A feiticeira escondeu o repulsivo rosto com as mãos.

– Oh! Há alguns anos – disse, num tom de voz diferente do habitual, tão queixoso e brando parecia –, eu não era a criatura que hoje sou. Amei, e imaginei-me amada.

– E qual é a relação entre o teu amor e as minhas ordens, velha? – perguntou Arbaces, furioso.

– Paciência – prosseguiu a feiticeira –, paciência, imploro-te! Amei. Outra menos bela do que eu... sim, por Nêmesis!

Menos bela... afastou meu eleito de mim. Eu pertencia àquela sombria tribo etrusca cujos segredos da mais tenebrosa magia eram conhecidos pela maioria de nós. Minha mãe também era Saga: compartilhou o ressentimento da filha. Recebi das suas mãos a poção que deveria restituir-me o amado; e dela recebi também o veneno que iria destruir minha rival. Oh, esmagai-me, terríveis paredões! Minhas mãos trêmulas trocaram os frascos; meu amado caiu de fato aos meus pés, mas morto! Morto! Morto! Desde então, minha vida tem sido assim. Envelheci de repente, dediquei-me às feitiçarias da minha raça; ainda, por um irresistível impulso, castigo-me com uma terrível penitência; ainda busco as ervas mais nocivas; ainda preparo venenos; ainda imagino que os darei à minha odiosa rival; ponho-os ainda em frascos; continuo a imaginar que reduzirão a pó a beleza dela; e ainda, quando desperto, vejo o corpo estremecendo, os lábios espumando, os olhos vidrados do meu Aulo... assassinado por mim!

O corpo esquelético da feiticeira sacudiu-se em violentas convulsões.

Arbaces observou-a com um olhar de curiosidade e desdém.

"E esta criatura sórdida ainda tem emoções humanas!", pensou ele. "Ainda se curva sobre as cinzas do mesmo fogo que consome Arbaces! Assim somos todos nós! Místico é o laço das paixões mortais, que une o maior ao menor."

Não lhe dirigiu a palavra enquanto ela não se recobrou, e agora balançava-se para a frente e para trás no seu banco, com os olhos vítreos fixos nas chamas, e grossas lágrimas escorrendo-lhe pelo rosto lívido.

– Na verdade, a tua é uma história dolorosa – disse Arbaces. – Mas essas emoções só combinam com a juventude... a idade deve endurecer nossos corações com relação a tudo, exceto com relação a nós mesmos. Como cada ano acrescenta uma camada à concha do marisco, assim também deve fortificar e incrustar o coração. Esquece teus delírios! E agora ouve-me de novo! Pela vingança que tanto desejavas, ordeno que me obedeças! É por vingança que vim procurar-te! O jovem que quero tirar do meu caminho, apesar dos meus encantamentos, inter-

ceptou-me: aquela criatura de púrpura e brocados, de sorrisos e olhares, sem alma e sem inteligência, sem outro atrativo a não ser a beleza... maldito seja!... aquele inseto... aquele Glauco... digo-te, por Orco e por Nêmesis, deve morrer.

E exaltando-se a cada palavra, o egípcio, esquecido da sua debilidade... da sua estranha companheira... de tudo, menos da sua raiva vingativa, caminhava com passos largos e rápidos pela tenebrosa caverna.

– Glauco! Foi o que disseste, poderoso mestre? – perguntou a feiticeira de repente, e seus olhos sombrios brilharam ao ouvir aquele nome com um ressentimento feroz, tão comum entre os solitários e esquivos quando se lembram de pequenas afrontas.

– Sim, esse é seu nome; mas que importa? Que dentro de três dias, a contar de hoje, não seja mais ouvido como o de um homem vivo!

– Ouve-me! – disse a feiticeira, saindo do breve cismar em que mergulhara após a última frase do egípcio. – Ouve-me! Sou tua criatura e escrava! Poupa-me! Se eu der à donzela de quem falaste um frasco do que poderá tirar a vida de Glauco, certamente serei descoberta... os mortos sempre encontram quem os vingue. Não, homem terrível! Se tua visita à minha caverna for descoberta, se teu ódio por Glauco for conhecido, talvez precises lançar mão da tua mais poderosa magia para defender-te!

– Ah! – exclamou Arbaces, parando de repente de andar.

E como prova da cegueira com que a paixão tolda até os olhos dos mais perspicazes, era a primeira vez que o risco que ele próprio corria com aquele método de vingança lhe vinha à mente, em geral tão cautelosa e circunspecta.

– Mas – continuou a feiticeira – se, em vez do que pode paralisar o coração, eu lhe der o que pode exaurir e destruir o cérebro... que torna quem o bebe incapacitado para qualquer atividade ou profissão na vida... uma criatura abjeta, desvairada, parva... perturbando-lhe os sentidos, levando-o da juventude à caduquice... tua vingança não seria igualmente saciada... teu objetivo não seria atingido?

– Ó feiticeira, não mais uma serva, mas uma irmã... à altura de Arbaces... quão mais lúcido do que o nosso é o raciocínio da mulher, até na vingança! Quão mais requintada do que a morte é tal condenação!

– E – prosseguiu a feiticeira, exultante com seu impiedoso plano – há pouco risco nisso, pois há dez mil maneiras, que os homens não conseguem descobrir, capazes de fazer nossa vítima ficar demente. Pode, andando entre os vinhedos, ter encontrado uma ninfa, ou o próprio vinho ter provocado o mesmo efeito. Ah! Eles jamais investigam minuciosamente as questões em que os agentes podem ser os deuses. E se o pior acontecer, que saibam que foi um filtro de amor, pois é notório que a loucura é um feito bastante comum dos filtros; e até mesmo a bela que o ministrou seria olhada com indulgência, pela sua justificativa. Poderoso Hermes, minha contribuição ao teu plano não foi engenhosa?

– Terás mais vinte anos de vida, a contar de hoje – volveu Arbaces. – Reescreverei a data da tua morte na face clara dos astros... não servirás em vão ao Senhor do Cinturão Flamejante. E agora, Saga, cava com estas ferramentas de ouro um cubículo mais quente nesta caverna sinistra... um serviço a mim prestado compensa mil adivinhações com peneiras e fios de cabelo que fazes para os embasbacados campônios.

Assim falando, Arbaces jogou ao chão uma bolsa pesada,

que tilintou melodiosamente aos ouvidos da megera, que gostava de sentir-se possuidora de recursos para comprar os confortos de que desdenhava.

– Adeus! – disse ele. – Não me desapontes... observa os astros ao preparar tua beberagem... ficarás acima das tuas irmãs que se reúnem sob a velha nogueira, quando lhes disseres que teu patrono e amigo é Hermes, o egípcio. Tornaremos a ver-nos amanhã à noite.

Não esperou para ouvir as palavras de despedida e os agradecimentos da feiticeira, e, com passos rápidos, saiu para a noite enluarada e desceu apressado a encosta da montanha.

A velha, que seguira seus passos, parou na entrada da caverna, com os olhos fixos no vulto que se afastava; e quando o melancólico luar lhe batia sobre a silhueta indistinta e a face cadavérica, emergindo dos rochedos desolados, ela realmente parecia um ser dotado de magia sobrenatural que houvesse escapado do terrível Orco; e o chefe da turba espectral, parado em seus negros umbrais, clamava inutilmente por seu retorno e em vão suspirava por vê-la de volta junto a ele.

Então, entrando devagar na caverna, a feiticeira, gemendo, apanhou a pesada bolsa, tirou a lâmpada do seu suporte e, indo para o canto mais remoto da caverna, um corredor escuro e abrupto, que só era visível quando se chegava bem próximo, rodeado que era por penhascos salientes e pontiagudos, abriu-se diante dela. A velha andou longo tempo por aquele caminho sombrio que descia gradualmente, parecendo dirigir-se para as entranhas da Terra, e, erguendo uma pedra, depositou seu tesouro num buraco que, quando a lâmpada refletiu no seu interior, já parecia conter moedas de vários valores, extorquidas da credulidade ou da gratidão dos seus visitantes.

– Adoro olhar para vós – disse, dirigindo-se às moedas –, pois quando vos vejo, sinto que sou de fato poderosa. E terei mais vinte anos de vida para aumentar vosso monte. Ó grande Hermes!

A feiticeira recolocou a pedra e andou mais alguns passos, parando diante de uma fenda profunda e irregular na terra. Ali, ao curvar-se, podia ouvir sons estranhos, surdos, roucos e distantes, enquanto, de quando em quando, junto com um ruído alto e estridente que – usando uma comparação simples, mas fiel – parecia igual ao rangido de rodas de aço dentadas, subiam rolos de fumaça negra que corriam em espirais ao longo da caverna.

– As Sombras hoje estão mais barulhentas do que de costume – disse, sacudindo os cabelos grisalhos. E, olhando dentro da cavidade, avistou, bem no fundo, lampejos de uma longa risca de luz, intensa e de um vermelho-escuro. – Estranho! – exclamou, recuando e encolhendo-se. – Só nos dois últimos dias esta luz sombria e profunda tornou-se visível... Que estará pressagiando?

A raposa, que acompanhara os passos da sua impiedosa senhora, soltou um uivo fúnebre e correu, encolhendo-se no fundo da caverna. Um arrepio gelado percorreu o corpo da feiticeira diante do uivo do animal, porque, embora parecessem infundadas, as superstições da época o consideravam terrivelmente agourento. Ela murmurou um esconjuro propiciatório e voltou cambaleando para a caverna, onde, entre ervas e encantamentos, preparou-se para executar as ordens do egípcio.

– Ele me chamou de caduca – disse, enquanto a fumaça revoluteava sobre o caldeirão borbulhante. – Quando o queixo baixa, os dentes caem e o coração bate fraco, é triste ficar caduca; mas – acrescentou com um riso selvagem e exultante – quando os jovens, os belos e os fortes mergulham subitamente na idiotia... ah, é terrível! Arde, chama... ervas; fervei... suai, sapos... amaldiçoei-o, e maldito será!

Naquela noite, na mesma hora que testemunhou o sombrio e pérfido encontro entre Arbaces e a Saga, Apecides foi batizado.

11

O CURSO DOS ACONTECIMENTOS
A TRAMA SE COMPLICA
A REDE É TECIDA, MAS MUDA DE MÃOS

— Então, Júlia, tens coragem de ir visitar a feiticeira do Vesúvio esta noite, ainda mais na companhia daquele homem terrível?
— Por que, Nídia? — replicou Júlia, timidamente. — Realmente achas que existe algo a temer? Essas velhas feiticeiras, com seus espelhos encantados, que agitam suas peneiras e colhem ervas ao luar, são, penso eu, apenas astutas impostoras, que talvez só tenham aprendido o sortilégio que vou recorrer à sua habilidade para conseguir, e que é fruto do seu conhecimento de ervas silvestres e plantas medicinais. Que motivos teria eu para recear?
— Não tens medo do teu acompanhante?
— De quem, Arbaces? Por Diana, jamais vi galanteador mais cortês do que esse mago! E, se não fosse tão moreno, seria até bonito.
Por ser cega, Nídia tinha perspicácia para perceber que a mente de Júlia não era do tipo capaz de apavorar-se diante das galanterias de Arbaces. Por isso, não tentou mais dissuadi-la, mas acalentava em seu coração agitado o romântico e crescente desejo de saber se a feiticeira, de fato, dispunha de uma fórmula mágica para atrair o amor.
— Deixa-me ir contigo, nobre Júlia — disse-lhe afinal. — Minha presença não serve de proteção, mas gostaria de ficar

ao teu lado até o fim.

— Tua proposta muito me agrada — respondeu a filha de Diomedes. — Mas, como conseguirás arranjar-te? Talvez voltemos tarde, poderiam sentir tua falta.

— Ione é compreensiva — disse Nídia. — Se me permitires dormir sob o teu teto, direi que tu, antiga protetora e amiga, me convidaste para passar o dia contigo e cantar-te as minhas canções da Tessália. Gentil como é, de bom grado te concederá tão pequena dádiva.

— Não, pede-lhe para ti mesma! — disse Júlia com altivez.

— Não me rebaixo a pedir qualquer favor à napolitana.

— Bem, então que seja. Retiro-me agora; farei meu pedido, que sei que será prontamente atendido, e logo voltarei.

— Faze isso, e tua cama será preparada no meu quarto.

Com isso, Nídia deixou a bela pompeiana.

No caminho de volta para a casa de Ione, foi alcançada pelo carro de Glauco, em cujos corcéis, fogosos e de andar elegante, se fixavam os olhares da multidão que tomava a rua. Gentilmente, o ateniense se deteve por um momento para falar com a florista.

— Vistosa como as tuas rosas, gentil Nídia! E como está tua bela senhora? Recuperada, espero, dos efeitos da tempestade.

— Não a vi esta manhã — respondeu Nídia — mas...

— Mas o quê? Afasta-te... os cavalos estão muito perto de ti!

— Mas achas que Ione me deixará passar o dia com Júlia, a filha de Diomedes?... Ela gostaria... e era tão gentil comigo quando eu tinha poucos amigos.

— Que os deuses abençoem teu grato coração! Respondo pela permissão de Ione.

— Então posso passar a noite lá, e voltar amanhã? — indagou Nídia, esquivando-se de elogios tão pouco merecidos.

— Como tu e a bela Júlia quiserem. Dá-lhe minhas recomendações. E presta atenção, Nídia, quando a ouvir falar, observa o contraste da sua voz com a voz sonora de Ione. *Vale!*

Com o ânimo totalmente refeito das conseqüências da noite anterior, cabelos ondulando ao vento, o alegre e expansivo coração batendo ao compasso dos saltos dos seus corcéis da Pártia, verdadeiro protótipo do deus da sua terra, pleno de juventude e amor, Glauco seguia veloz para a casa da sua amada.

Goza o presente enquanto puderes. Quem pode prever o futuro?

Quando escureceu, Júlia, reclinada em sua liteira, que era suficientemente ampla para acomodar a companheira cega, seguiu para as termas na região bucólica indicada por Arbaces. Ao seu temperamento frívolo, aquela aventura proporcionava mais uma agradável excitação do que terror; rejubilava-se, principalmente, com a idéia do seu iminente triunfo sobre a abominável napolitana.

Um pequeno e alegre grupo estava reunido junto ao portão da vila quando a liteira passou, dirigindo-se à entrada dos banhos reservados às mulheres.

– Apesar da pouca claridade – comentou um dos homens –, creio ter reconhecido os escravos de Diomedes.

– É verdade, Clódio – disse Salústio –, provavelmente é a liteira de Júlia. Ela é rica, meu amigo; por que não lhe fazes a corte?

– Ora, cheguei a pensar que Glauco a desposaria. Ela não esconde seu afeto por ele; e, como ele joga desenfreadamente e não tem sorte...

– Os sestércios acabariam em tuas mãos, sábio Clódio. Esposa é uma coisa boa... quando é de outro homem!

– Mas – continuou Clódio –, como Glauco está para se casar com a napolitana, creio que devo mesmo tentar a sorte com a donzela rejeitada. Afinal de contas, a lâmpada do Himeneu será de ouro, e o recipiente faz que nos conformemos com o odor da chama. Só protesto, meu caro Salústio, contra o fato de Diomedes ter-te nomeado curador da fortuna da filha.

– Ah! Ah! Entremos, caro *comissator!* O vinho e as guirlandas nos aguardam.

Mandando os escravos para a parte do prédio a eles destinada, Júlia entrou na casa de banhos com Nídia, e, recusando as ofertas das atendentes, atravessou uma porta privativa, indo para o jardim dos fundos.

– Ela veio a um encontro marcado, podes ter certeza – disse uma das escravas.

– Que tens com isso? – disse um superintendente, com azedume. – Ela paga pelos banhos, e não gasta nossos ungüentos e loções. Esses encontros são a parte mais lucrativa do negócio. Vai! Não estás ouvindo a viúva Fúlvia bater palmas? Corre, estúpida... corre!

Júlia e Nídia, evitando a parte mais concorrida do jardim, chegaram ao local especificado pelo egípcio. No centro de um canteiro redondo gramado, estrelas luziam sobre a estátua de Sileno – o risonho deus reclinado sobre um pedaço de rocha... o lince de Baco a seus pés... e sobre a boca, com o braço estendido, segurando um cacho de uvas que parecia saborear com prazer, mesmo antes de devorá-las.

– Não estou vendo o mago – disse Júlia, olhando em volta, quando, mal tinha falado, o egípcio emergiu vagarosamente de um tufo de folhagens próximo, e a luz pálida mostrou seu longo manto.

– Salve, encantadora donzela! Mas... ah! Quem está contigo? Não deves ter companhia!

– É só a florista cega, sábio mago – disse Júlia –, uma tessaliana.

– Ó Nídia, eu a conheço muito bem! – exclamou o egípcio.

Nídia recuou, estremecendo.

– Parece-me que já estiveste em minha casa! – murmurou Arbaces ao ouvido de Nídia. – Não ignoras o juramento!... Silêncio e segredo, agora como naquele dia, ou... cuidado! Contudo – acrescentou murmurando consigo mesmo –, por que confiar mais do que o necessário, mesmo numa cega... Júlia, tens receio de ir sozinha comigo? Acredita em mim, o mago é menos temível do que parece.

Ao falar, gentilmente levou Júlia para um lado.

– A feiticeira não gosta de muitos visitantes ao mesmo tempo – disse. – Deixa Nídia aqui até voltares. Ella não pode ajudar-nos em nada; tua beleza basta para proteger-te... tua beleza e posição social. Sim, Júlia, sei teu nome e tua linhagem. Vem, confia em mim, bela rival da mais jovem das Náiades!

A presunçosa Júlia, como já vimos, não se deixava amedrontar facilmente. Induzida pelas lisonjas de Arbaces, prontamente concordou em deixar Nídia aguardando seu regresso; e a ceguinha também não insistiu em acompanhá-la. Todo o medo

Edward George Bulwer-Lytton

que sentia do egípcio voltou a assaltá-la ao ouvir-lhe a voz; e ficou satisfeita ao saber que não precisaria acompanhá-los.

Voltou à casa de banhos e, num dos aposentos privativos, aguardou seu regresso. Muitos e amargos eram os pensamentos da impaciente jovem enquanto esperava lá, em sua perpétua escuridão. Pensava no seu triste destino, longe da terra natal, longe do carinhoso desvelo que lhe havia amenizado as primeiras aflições da infância... privada da luz do dia, sem ninguém a não ser estranhos, para guiar-lhe os passos, desgraçada pelo único sentimento doce do seu coração, amando, e sem esperança, exceto a do raio sombrio e ímpio que lhe explodia na mente quando suas fantasias tessalianas questionavam a força dos encantamentos e os poderes da magia.

A natureza espalhara no coração da pobre menina sementes de virtude fadadas a jamais germinar. As lições da adversidade nem sempre são salutares: às vezes abrandam e corrigem, mas freqüentemente endurecem e pervertem. Se nos consideramos mais rigorosamente tratados pela sorte do que outros à nossa volta, e não reconhecemos em nossos próprios atos a justiça desse rigor, tornamo-nos muito propensos a considerar o mundo nosso inimigo, a isolar-nos na rebeldia, a lutar contra o que há de melhor em nós, e a ceder às mais obscuras paixões, que tão facilmente fermentam diante do sentimento de injustiça.

Vendida cedo como escrava, condenada às mãos de um sórdido feitor, mudando de situação apenas para torná-la um pouco mais amarga... os sentimentos mais bondosos, naturalmente pródigos no coração de Nídia, estavam crestados e estiolados. Seu censo de certo e errado estava confuso pela paixão a que tão insensatamente se rendera. E as mesmas emoções intensas e trágicas que vemos nas mulheres da era clássica – em Mirra ou Medéia, por exemplo – que, uma vez dedicadas a amar, precipitavam-se, entregando-se à paixão, deixando que o coração mandasse, dominavam-lhe a alma.

Passaram-se as horas. Passos leves entraram no aposento onde Nídia continuava entregue às suas tristes meditações.

– Oh, graças aos deuses imortais! – disse Júlia. – Estou de volta; saí daquela horrível caverna! Vem, Nídia. Vamos embora já!

Só quando estavam acomodadas na liteira, Júlia voltou a falar.

– Oh! – exclamou, trêmula. – Que cena! Que encantamentos medonhos! O rosto cadavérico da feiticeira! Mas não falemos mais nisso. Consegui a poção... ela garantiu o resultado. Minha rival de repente lhe será indiferente, e eu, só eu, serei o ídolo de Glauco!

– Glauco! – exclamou Nídia.

– Sim! A princípio eu te disse, menina, que o homem que eu amava não era o ateniense. Mas vejo agora que posso confiar totalmente em ti... é o belo grego!

Que emoções, então, assaltaram Nídia! Ajudara secretamente, cooperara para a separação de Glauco e Ione, mas apenas para transferir, pelo poder da magia, seu afeto para outra, irremediavelmente. Seu coração dilatou-se, quase a ponto de sufocá-la... arfava em busca de ar. Na escuridão do veículo, Júlia não percebeu a agitação da companheira, continuou falando sobre o prometido efeito da sua aquisição, e no seu iminente triunfo sobre Ione, fazendo de quando em quando comentários sobre o horror da cena que presenciara – o rosto impassível de Arbaces, e sua autoridade sobre a medonha Saga.

Enquanto isso, Nídia recobrava seu sangue-frio e um pensamento ocorreu-lhe: ia dormir no quarto de Júlia... poderia apossar-se do filtro.

Chegaram à casa de Diomedes e desceram aos aposentos de Júlia, onde uma ceia as esperava.

– Bebe, Nídia, deves estar com frio, o ar da noite estava gelado; quanto a mim, minhas veias ainda estão congeladas..

Sem hesitar, Júlia bebeu sofregamente longos goles de vinho com especiarias.

– Tens a poção – disse Nídia –, deixa-me segurá-la. Que frasco pequeno! De que cor é o líquido?

– Claro como cristal – respondeu Júlia, pegando o frasco de volta. – Não se consegue distingui-lo da água. A feiticeira garantiu-me que não tem gosto. Embora o frasco seja pequeno, é suficiente para uma vida de fidelidade. O conteúdo deve ser misturado a qualquer outro líquido, e Glauco só saberá o que bebeu quando sentir o efeito.

– Então se parece exatamente com água?
– Sim, límpido e incolor como ela. Como parece brilhante! Parece a própria essência do orvalho ao luar. Tão brilhante! Através do teu frasco de cristal, brilhas sobre minhas esperanças!
– E como está fechado?
– Apenas com uma rolhazinha... vou tirá-la agora... o líquido não tem cheiro. Estranho que algo que não diga nada aos sentidos consiga comandá-los todos!
– O efeito é instantâneo?
– Geralmente... mas, às vezes, permanece inativo por algumas horas.
– Oh, como é doce este perfume! – disse Nídia de repente, pegando um pequeno frasco sobre a mesa e curvando-se sobre o seu fragrante conteúdo.
– Achas mesmo? O frasco é incrustado com pedras de algum valor. Ontem de manhã não quiseste aceitar o bracelete... aceitas este frasco?
– Devem ser aromas como este que farão alguém que não enxerga lembrar-se da generosa Júlia. Se o frasco não for demasiado caro...
– Oh! Tenho mil outros mais caros. Fica com ele, menina!
Nídia inclinou-se agradecendo, e guardou o frasco no seio.
– E a poção será igualmente eficaz, não importando quem

Os Últimos Dias de Pompéia

a ministre?

— Se a megera mais horrenda que existe sob o Sol a desse, tal é sua comprovada eficácia que Glauco a acharia linda, não haveria outra mais bela!

Júlia, aquecida pelo vinho e pela reação do álcool, agora era toda animação e prazer: ria alto, falava sobre uma centena de assuntos... e só quando a noite já entrava pela madrugada chamou suas escravas para despi-la.

Quando foram dispensadas, voltou-se para Nídia:

— Não quero que este filtro sagrado se afaste de mim até que chegue o momento de usá-lo. Repousa sob meu travesseiro, espírito luminoso, e proporciona-me sonhos felizes!

Assim falando, pôs o frasco embaixo do travesseiro. O coração de Nídia batia forte.

— Por que estás bebendo água pura, Nídia? Toma vinho em vez disso.

— Estou com febre — respondeu a ceguinha —, e a água me refresca. Porei a jarra ao lado da cama, ela refresca nestas noites de verão, quando o orvalho do sono não nos umedece os lábios. Bela Júlia, devo deixar-te bem cedo, assim recomendou-me Ione, talvez antes de ter acordado; portanto, aceita agora minhas congratulações.

— Obrigada! Quando voltar a ver-nos, talvez encontres Glauco aos meus pés.

Ambas recolheram-se à sua respectiva cama, e Júlia, esgotada pela agitação do dia, logo dormiu. Mas pensamentos ansiosos e abrasados passavam pela cabeça da insone ceguinha. Escutava atentamente a respiração tranquila de Júlia; e seu ouvido, habituado às mais leves variações de som, depressa a persuadiu do profundo sono da sua companheira.

— Vênus, ajuda-me agora! — disse ela, baixinho.

Então levantou-se devagarzinho e derramou o perfume do frasco presenteado por Júlia no piso de mármore; lavou-o várias vezes cuidadosamente com a água que estava ao seu lado, e, localizando facilmente a cama de Júlia (pois para ela a noite era igual ao dia), enfiou a mão trêmula sob o travesseiro e apanhou a poção. Júlia não se mexeu, sua respiração regular bafejou a face abrasada da menina cega.. Nídia abriu o frasco da poção, derramou-lhe o conteúdo no frasco que contivera o perfume, onde coube folgadamente. Tornou a encher o antigo frasco da poção com água límpida com que, conforme Júlia lhe garantira, tanto se parecia, e voltou a colocá-lo no lugar onde estava. Em seguida, voltou para a cama, e esperou – com que pensamentos! – o raiar do dia.

O Sol surgira, Júlia ainda dormia, e Nídia se vestiu sem ruído. Guardou cuidadosamente seu tesouro no seio, pegou seu cajado, e apressou-se a deixar a casa.

Medon, o porteiro, cumprimentou-a afavelmente quando descia os degraus que levavam à rua, mas ela não o ouviu; sua mente estava perturbada e perdida no turbilhão de pensamentos tumultuados; cada pensamento era uma emoção intensa. Sentiu no rosto o ar puro da manhã, mas não lhe refrescava as veias abrasadas.

– Glauco – murmurou –, nem os filtros de amor da mais poderosa magia poderiam fazer-te amar-me como te amo. Ione! Ah! Chega de hesitação! Chega de remorso! Glauco, meu destino é o teu sorriso... e ser tua! Ó esperança! Ó alegria! Ó êxtase! Teu destino está nestas mãos!

LIVRO IV

1

REFLEXÕES SOBRE O ZELO DOS PRIMEIROS CRISTÃOS
DOIS HOMENS CHEGAM A UMA PERIGOSA DECISÃO
PAREDES TÊM OUVIDOS, PRINCIPALMENTE PAREDES SAGRADAS

Quem observar atentamente a história do cristianismo perceberá como era necessário para seu triunfo o ardente espírito de zelo que, sem temer nenhum perigo, sem fazer concessões, inspirava seus defensores e encorajava seus mártires. Numa igreja dominante, o espírito de intolerância compromete-lhe a causa; numa igreja fraca e perseguida, o mesmo espírito sobretudo a fortalece. Era preciso menosprezar, abominar, execrar os credos dos outros homens para vencer as tentações que ofereciam – era preciso acreditar firmemente não apenas que o Evangelho era a verdadeira palavra, mas que era a única palavra verdadeira que salvava, com o propósito de submeter o discípulo à austeridade de sua doutrina e incitá-lo à sagrada e perigosa cruzada de converter o politeísta e o pagão.

A intolerância fanática que restringia virtude e paraíso a uns poucos eleitos, que via demônios em outros deuses, e penas do inferno nas outras religiões, tornava o crente naturalmente ansioso por converter todas as pessoas a quem era afetivamente ligado. E o círculo assim traçado por benevolência para com o homem, era ainda mais ampliado pela glória de Deus. Era pela honra da sua fé que o cristão corajosamente impunha seus princípios contra o ceticismo de alguns, a repugnância de outros, o sábio desdém do filósofo, o pio temor do povo – sua extrema intolerância o provia de seus mais apropriados instrumentos de sucesso. E o indulgente pagão começou, finalmente, a imaginar que deveria haver algo sagrado num zelo totalmente alheio às suas experiências, que não se detinha diante de nenhum obstáculo, não temia perigos, e, mesmo sob tortura, ou sobre o cadafalso, de maneira bem diferente das tranqüilas controvérsias da filosofia especulativa, submetia-se ao tribunal de um Eterno Juiz. E foi assim que o mesmo fervor que fez do zeloso devoto da Idade Média um fanático impiedoso fez do cristão dos primeiros tempos um herói destemido.

Desses temperamentos cada vez mais apaixonados, destemidos e zelosos, o não menos ardente era Olinto. Mal Apecides foi recebido pelos ritos do batismo no seio da Igreja, o nazareno apressou-se a conscientizá-lo da impossibilidade de manter a função e as vestes do sacerdócio. Ele não poderia, evidentemente, professar o culto a Deus e continuar, mesmo que só em aparência, a reverenciar o altar idólatra do Demônio.

Não bastasse isso, a mente sangüínea e impetuosa de Olinto viu no poder de Apecides uma forma de revelar ao povo iludido a trapaça dos mistérios dos oráculos de Ísis. Achou que o Céu tinha enviado aquele instrumento dos seus desígnios para abrir os olhos da multidão e, talvez, preparar o caminho para a conversão de toda a cidade. Não hesitou então em apelar para o entusiasmo recém-despertado de Apecides, incitando-lhe a coragem e estimulando-lhe o zelo. Conforme previamente combinado, no dia seguinte ao batismo de Apecides, ambos foram, ao entardecer, ao bosque de Cibele, que antes descrevemos.

– Antes da próxima consulta ao oráculo – disse Olinto, prosseguindo com ardor –, avança para a balaustrada, proclama em voz alta ao povo a decepção que todos irão sofrer, convida as pessoas a entrar, para ser testemunhas do gritante e engenhoso mecanismo de impostura que me descreveste. Não temas... o Senhor que protegeu Daniel te protegerá! Nós, a comunidade dos cristãos, estaremos no meio da multidão; animaremos os tímidos; e ao primeiro assomo de indignação popular e confusão, eu próprio porei sobre todos os altares a folha de palmeira que simboliza o Evangelho... e na minha língua descerá o Espírito impetuoso do Deus vivo!

Inflamado e excitado como estava, a sugestão não desagradou Apecides. Alegrava-se diante de uma oportunidade tão próxima de enaltecer sua fé na nova religião, e aos seus mais virtuosos sentimentos juntavam-se sentimentos de abominação vingativa ante a imposição que tinha sofrido e o desejo de desforrar-se. No audacioso intento de vencer obstáculos (a precipitação é uma característica de todo aquele que empreende ações arrojadas e grandiosas), nem Olinto nem o prosélito perceberam os entraves ao sucesso do seu esquema, que poderiam residir na reverente superstição das pessoas, provavelmente pouco inclinadas, diante do sagrado altar da grande deusa egípcia, a acreditar no testemunho do seu sacerdote contra o poder dela.

Apecides, pois, aceitou a proposta com uma presteza que encantou Olinto. Então se despediram, tendo combinado que Olinto consultaria os mais importantes membros da comunidade cristã a respeito da sua grande empresa e receberia seus conselhos e garantias de apoio no memorável dia. Acontece que um festival de Ísis seria realizado dois dias depois daquele encontro. O festival oferecia uma boa oportunidade para o projeto. Combinaram encontrar-se mais uma vez na tarde seguinte, no mesmo lugar; e então finalmente seriam fixados os detalhes e a seqüência para a revelação do dia imediato.

A última parte da conversa entre eles ocorreu perto da capelinha que descrevemos anteriormente, e tão logo as silhuetas do cristão e do sacerdote desapareceram no bosque, um vulto desajeitado e obscuro emergiu de trás da capela.

– Apanhei-te, meu irmão flâmine – monologou o vulto que estava espreitando –, tu, sacerdote de Ísis, não te encontraste com esse maldito cristão para uma conversa fútil. Ai! Não consegui ouvir toda vossa preciosa trama! Penso, porém, que cogitáveis revelar os mistérios sagrados, e que amanhã vos encontrareis aqui de novo, para planejar como e quando. Que Osíris aguce meus ouvidos para captar toda vossa inusitada audácia! Quando ficar sabendo mais, devo contar tudo a Arbaces, imediatamente. Nós vos frustraremos, amigos, por mais espertos que penseis que sois. Por enquanto, meu coração é um cofre que guarda vosso segredo trancado a sete chaves.

Assim murmurando, Caleno, pois era ele, envolveu-se no seu manto e voltou para casa pensativo.

2

ANFITRIÃO, COZINHEIRO E COZINHA CLÁSSICOS
APECIDES PROCURA IONE. SUA CONVERSA

Chegou então o dia do banquete de Diomedes para seus mais seletos amigos. O elegante Glauco, a bela Ione, o edil Pansa, o nobre Clódio, o imortal Fúlvio, o requintado Lépido, o epicurista Salústio não eram os únicos a honrar-lhe o festim. Ele esperava também um senador romano inválido (homem de considerável reputação e privilégios) e o grande guerreiro de Herculano, que lutara com Tito contra os judeus, e que, tendo enriquecido prodigiosamente nas guerras, sempre era mencionado pelos amigos como alguém a quem o país era eterno devedor, por suas ações desinteressadas. A festa, contudo, estendia-se a um número bem maior, pois embora, criticamente falando, fosse considerado entre os romanos deselegante receber menos de três e mais do que nove convidados em seus banquetes, ainda assim essa regra era facilmente ignorada pelos pretensiosos. E a História nos conta, na verdade, que um dos mais esplêndidos anfitriões regalava com liberalidade um seleto grupo de trezentos convivas. Diomedes, porém, mais modesto, contentou-se em dobrar o número das Musas. Sua festa contava com dezoito, número não incomum nos dias que correm.

Era a manhã do banquete, e o próprio Diomedes, embora aparentasse ser um cavalheiro, e letrado, guardava muito da sua experiência mercantil para saber que o olho do patrão faz o criado eficiente. Assim, com a túnica sem cinto cobrindo-lhe a barriga protuberante, confortáveis chinelos nos pés, e na mão uma varinha com a qual ora apontava para alguma coisa ora batia no lombo de algum criado preguiçoso, andava de sala em sala do seu suntuoso palacete.

Não descurou nem sequer uma visita ao sagrado reduto onde os sacerdotes do festim preparavam suas oferendas. Ao entrar na cozinha, seus ouvidos foram agradavelmente aturdidos pelo barulho de travessas e panelas, imprecações e ordens. Pequena, como essa peça indispensável parece ter sido em todas as casas de Pompéia, era equipada com uma surpreendente variedade de fogareiros e formas, panelas para assados, molhos, cortadores e moldes, sem os quais um cozinheiro engenhoso, não importa se antigo ou moderno, declara ser absolutamente impossível conseguir dar-nos alguma coisa para comer.

E como naquela época, tal como hoje, o combustível era caro e escasso naquelas regiões, parece que a destreza empregada no preparo da maior quantidade possível de coisas era tão grande quanto pequeno era o fogo. Uma engenhosa invenção dessa espécie pode ser vista ainda hoje no Museu de Nápoles, ou seja, uma cozinha portátil, com o tamanho aproximado de um livro *in-fólio*, contendo fogareiros para quatro pratos e um mecanismo para aquecer água e outros líquidos.

De um lado para outro, moviam-se na pequena cozinha muitos vultos que o olhar vivo do dono da casa não identificava.

– Oh! Oh! – resmungou consigo mesmo. – O maldito Congrio convidou uma legião de cozinheiros para ajudá-lo. Não servirão para nada, e este é outro item no total das minhas despesas de hoje. Por Baco! Seria três vezes mais afortunado se os escravos não carregassem algumas vasilhas de vinho. Ai de mim! Suas mãos são ágeis, suas túnicas, amplas! *Me miserum*!

Os cozinheiros, contudo, continuavam a trabalhar, parecendo não se preocupar com a chegada de Diomedes.

– Ó Euclio, a frigideira para os ovos! Como? Esta é a maior? Só cabem nela trinta ovos. Nas casas onde costumo trabalhar, na menor delas cabem cinqüenta, se houver necessidade.

– Brincalhão inconseqüente – murmurou Diomedes. – Fala de ovos como se custassem um sestércio o cento.

– Por Mercúrio! – exclamou um ajudante de cozinha, mal

começando o aprendizado. – Alguém já viu uma forma de pudim tão antiga como esta? Com esses utensílios primitivos é impossível valorizar a arte de alguém. Ora, a forma mais simples de Salústio representa todo o cerco de Tróia: Heitor, Páris e Helena... com Astianax e o cavalo de madeira, ainda por cima!

– Cala-te, tolo! – disse Congrio, o cozinheiro da casa, que parecia deixar a parte mais pesada da batalha entregue aos seus aliados. – Meu senhor, Diomedes, não é um desses imprestáveis esbanjadores que querem seguir a última moda, custe o que custar!

– Mentes, vil escravo! – gritou Diomedes, furioso. – E o que já me custaste arruinaria o próprio Lúculo! Sai desse teu cubículo, quero falar contigo.

Com um piscar de olhos malicioso aos seus aliados, o escravo obedeceu à ordem.

– Criatura ignorante – disse Diomedes, com solene expressão de ira –, como ousaste convidar todos esses tratantes à minha casa? Nas linhas do rosto de cada um deles vejo escrita a palavra gatuno.

– Garanto-vos, no entanto, senhor, que são homens da mais respeitável índole... os melhores cozinheiros da cidade; é um grande privilégio tê-los aqui. Mas em consideração a mim...

– Em consideração a ti, infeliz Congrio! – interrompeu Diomedes. – E que me dizes quanto ao dinheiro roubado, quanto ao que me surrupiaram nas compras, quanto às excelentes carnes transformadas em banha e vendidas nos subúrbios? E as falsas contas com bronzes danificados e louças quebradas... estavas autorizado a pagá-las em consideração a ti?

– Não, senhor, não duvides da minha honestidade! Que os deuses me castiguem se...

– Não jures! – interrompeu-o novamente o colérico Diomedes. – Os deuses te castigarão pelo perjúrio, e eu poderia ficar sem meu cozinheiro na tarde do banquete. Mas por enquanto basta. Mantém os olhos bem abertos sobre teus desagradáveis ajudantes, e amanhã não me venhas com histórias sobre vasos quebrados, taças milagrosamente sumidas, ou pagarás caro por isso. E presta atenção! Sabes que me fizeste pagar por essas perdizes frígias, por Hércules!, o suficiente para regalar um homem sóbrio durante um ano inteiro... Cuida que não passem um minuto do ponto! Na última vez, Congrio, que ofereci um banquete aos meus amigos, quando tua vaidade esmerou-se em dar-lhes a aparência negra de um grou de Melos, sabes que pareciam uma pedra do Etna, como se todos os fogos de Flegetonte lhes tivessem ressecado o suco. Desta vez, Congrio, sê modesto... e cuidadoso. A modéstia é a mãe das grandes ações; e em todas as outras coisas, como nesta, já que não poupas a bolsa do teu patrão, leva em consideração, pelo menos, a fama dele.

– Nunca se terá visto em Pompéia uma ceia como esta, desde os tempos de Hércules.

– Calma, calma, já estás te vangloriando de novo! Mas digo-te, Congrio, aquele homenzinho, aquele anão assaltante dos meus grous... aquele atrevido aprendiz de cozinheiro teria alguma coisa mais além de insolência na língua para criticar minha forma de pudim? Não quero ficar fora de moda, Congrio.

– É apenas um hábito dos cozinheiros – respondeu Congrio, embaraçado – menosprezar nossos utensílios para valorizar o efeito da nossa arte. A forma de pudim é ótima, e bonita; mas recomendaria que, na primeira oportunidade, meu patrão comprasse algumas novas de...

– Basta! – exclamou Diomedes, que parecia decidido a jamais permitir que seu escravo concluísse uma frase. – Agora reassume teu posto... depressa!... some! Que os homens invejem o cozinheiro de Diomedes... que os escravos de Pompéia te proclamem Congrio, o Grande! Vai! Não, espera... não gastaste todo o dinheiro que te dei para as compras, não é?

– Ai! Todo! As línguas de rouxinol e as salsichas romanas, as ostras da Bretanha e várias outras coisas, demasiadas para que consiga enumerá-las, nem foram pagas. Mas que importa? Todos confiam no cozinheiro-chefe do abastado Diomedes!

– Ó maldito esbanjador, que desperdício! Que exagero! Estou arruinado! Mas vai, apressa-te... Inspeciona!... Prova!... Executa!... Supera-te! Que o senador romano não desdenhe o pobre pompeiano! Anda, escravo... e lembra-te das perdizes frígias!

O cozinheiro voltou aos seus domínios, e Diomedes arrastou seu corpanzil para aposentos mais elegantes. Tudo estava ao seu gosto: as flores viçosas, as fontes jorrando alegremente, os pavimentos de mosaico reluzindo como espelhos.

– Onde está minha filha Júlia? – perguntou.

– No banho.

– Ah! Isso me lembra! O tempo corre e eu também devo banhar-me.

Nossa história volta agora para Apecides. Ao acordar naquele dia do sono interrompido e febril que se seguira à adoção de uma crença tão severa e tão diferente daquela em que sua juventude fora nutrida, o jovem sacerdote mal conseguia imaginar que não estava sonhando: cruzara o rio fatal... doravante o passado não teria nenhuma afinidade com o futuro; eram dois mundos distintos e separados... o que tinha sido e o que iria ser. Em que aventura arrojada e temerária tinha empenhado a vida!... Revelar os segredos de que participara... profanar os altares a que tinha servido... denunciar a deusa cujas vestes sacerdotais trajara!... Aos poucos, foi tomando consciência do ódio e do horror que provocaria entre os devotos, ainda que fosse bem-sucedido. Se frustrado em sua ousada tentativa, a que penas não estaria sujeito por um ultraje até então sem precedentes... para o qual não existia nenhuma lei específica, derivada da experiência, e que, exatamente por isso, precedentes da mais severa tradição, de uma legislação obsoleta e inaplicável, provavelmente seriam deturpados para tal fim! Dos seus amigos... da sua irmã... embora tivessem compaixão, poderia esperar justiça da parte deles? Aquele ato corajoso e heróico talvez fosse encarado por seus olhos pagãos como uma apostasia hedionda... e, na melhor das hipóteses, como uma lamentável loucura.

Arriscava-se, renunciava a tudo neste mundo, na esperança de garantir no outro a eternidade que tão repentinamente lhe fora revelada. Enquanto, por um lado, esses pensamentos invadiam-lhe o coração, por outro, seu orgulho, sua coragem e sua virtude, confundindo-se com reminiscências de vingança pela impostura, de indignada repulsa pela fraude, conspiravam para instigá-lo e animá-lo.

O conflito era pungente e intenso, mas os novos sentimentos prevaleciam sobre os antigos, e um forte argumento em favor da luta contra os ritos de velhas crenças e fórmulas hereditárias talvez residisse no domínio de ambas adquirido pelo humilde sacerdote. Tivessem os primitivos cristãos sido mais controlados "pelas sérias persuasões dos costumes" – ou menos democratas, na pura e sublime acepção desta palavra tão deturpada –, o cristianismo teria morrido no nascedouro!

Como cada sacerdote, sucessivamente, dormia várias noites nas dependências do templo, o período de Apecides ainda não estava completo; e quando se levantou da cama, pôs suas vestes e saiu da pequena cela, viu-se diante dos altares do templo.

Exausto pelas últimas emoções, dormira até mais tarde, e o Sol já vertia seus raios ardentes sobre o recinto sagrado.

– Salve, Apecides! – disse uma voz, cuja natural rispidez fora transformada com grande habilidade num tom suave e quase desagradável. – Estás bastante atrasado; acaso a deusa se revelou a ti em visões?

– Se ela se revelasse ao povo como verdadeiramente é, Caleno, estes altares ficariam sem incenso.

– Isso – replicou Caleno – pode até ser verdade, mas a deusa é suficientemente sábia, e só se comunica com o povo por intermédio dos sacerdotes.

– Tempo virá em que será revelada, mesmo sem o seu consentimento.

– Não é provável! Ela continua triunfante ao longo dos séculos. E quem vem passando há tantos anos pela prova do tempo dificilmente sucumbe à ânsia de novidades. Mas, jovem irmão, cuidado! Essas declarações são imprudentes.

– Não cabe a ti fazer-me calar – replicou Apecides com altivez.

– Não te irrites! Não quero discutir contigo. Por que, caro Apecides, o egípcio não te convenceu da necessidade da nossa convivência, juntos, em harmonia? Não te convenceu da sabedoria que existe em iludir o povo e comprazer-nos? Se não, ó irmão!... Ele não é o grande mago que pensa ser.

– Então recebeste suas lições? – indagou Apecides, com um riso abafado.

– Sim! Mas precisava menos delas do que tu. A natureza me dotou com o amor ao prazer, e o desejo de ganhos e poder. Longo é o caminho que leva o epicurista à austeridade da vida; mas só um passo separa a transgressão do aprazível abrigo da hipocrisia. Cuidado com a vingança da deusa, se o tamanho do passo for revelado!

– Tu é que tens que ter cuidado com a hora em que a tumba for aberta e a podridão exposta! – retrucou Apecides, gravemente. – *Vale*!

Com essas palavras, deixou o flâmine entregue às suas meditações. Deu alguns passos pelo templo e voltou-se, olhando para trás. Caleno já havia desaparecido na sala dos sacerdotes, pois aproximava-se a hora da refeição que os antigos chamavam *prandium* e que, pelo horário, corresponde ao desjejum atual. O alvo e gracioso templo brilhava ao sol. Sobre os altares diante dele, ardia o incenso e vicejavam as guirlandas. O sacerdote, pensativo, contemplou demoradamente o cenário – era a última vez que o via.

Voltou-se, então, e seguiu vagarosamente seu caminho rumo à casa de Ione, pois, antes que possivelmente o laço que os unia se partisse ao meio, antes que se expusesse ao incerto risco do dia seguinte, estava ansioso por ver sua única parente viva, sua mais terna e antiga amiga.

Chegou à casa e encontrou-a no jardim com Nídia.

– Que bom, Apecides! – disse Ione. – Com que impaciência desejava ver-te! Quantos agradecimentos te devo! Como foste ingrato não respondendo a nenhuma das minhas cartas... não vindo aqui para receber minhas expressões de gratidão! Oh, tu correste para salvar tua irmã da desonra! Que pode ela dizer-te, agora que finalmente estás aqui?

– Minha querida Ione, não me deves gratidão, pois tua causa era a minha também. Esqueçamos esse assunto, não recordemos aquele homem depravado, tão odioso para ambos. Logo terei oportunidade de mostrar ao mundo a natureza da sua pretensa sabedoria e da sua hipócrita severidade. Mas, sentemo-nos, minha irmã, estou fatigado com o calor do sol. Sentemo-nos à sombra, e, por alguns minutos, sejamos o que já fomos um para o outro.

À sombra de um plátano copado, com estevas e abrunheiros ao redor, uma fonte jorrando água diante deles, os pés sobre a relva, as alegres cigarras, tão caras aos atenienses, cantando de quando em quando despreocupadas, as borboletas, belos emblemas da alma, dedicadas a Psique, e que continuaram a inspirar os bardos cristãos, ricas em cores brilhantes captadas nos céus sicilianos, pairando sobre as flores banhadas de sol, parecendo elas próprias flores aladas, naquele lugar, naquele cenário, o irmão e a irmã sentaram-se juntos pela última vez na Terra. Pode-se hoje andar por lá, mas o jardim não existe mais, as colunas estão despedaçadas, a fonte deixou de jorrar.

Que o viajante procure entre as ruínas de Pompéia a casa de Ione! Suas ruínas continuam visíveis, mas não as indicarei ao olhar curioso dos turistas comuns. Quem tiver mais sensibilidade do que os que andam em rebanhos, facilmente as descobrirá; e quando as descobrir, que guarde o segredo consigo!

Sentaram-se, e Nídia, feliz por ficar só, afastou-se para o canto mais distante do jardim.

– Ione, minha irmã – disse o recém-convertido –, põe tua mão na minha testa, deixa-me sentir teu toque refrescante. Fala-me também, pois tua delicada voz é como uma brisa fresca e musical! Fala-me, mas evita abençoar-me! Não pronuncies nenhuma das palavras que na infância nos ensinaram a considerar sagradas!

– Ai de mim! Que deverei dizer então? Nossa linguagem afetiva é tão entrelaçada com a dos cultos religiosos, que as palavras brotam frias e banais se eu delas retirar as alusões aos nossos deuses.

– Nossos deuses! – murmurou Apecides, estremecendo.
– Já esqueceste o que te pedi?

– Então só posso falar-te de Ísis?

– O espírito maligno, não! É melhor calares para sempre, a menos que consigas... Ms vamos, deixemos este assunto de lado! Não vamos agora discutir e sofismar. Não vamos nos censurar mutuamente com severidade: tu, considerando-me um renegado, e eu, triste e envergonhado, achando que és idólatra. Não, minha irmã, evitemos tais assuntos e pensamentos. Na tua doce presença, desce a calma sobre meu espírito. Por um instante, eu me esqueço de tudo. Quando minhas têmporas descansam assim em teu regaço, quando teu delicado braço me acalenta, penso que somos de novo crianças, e que o céu sorri igualmente sobre nós dois. Pois, oh! Se eu conseguir amanhã escapar, seja de que perigo for, sendo-me permitido falar-te sobre um assunto sagrado e solene, ao encontrar teus ouvidos fechados e teu coração insensível, que esperanças teria de amenizar teu desespero? Vejo em ti, minha irmã, minha imagem embelezada e enobrecida. Poderá o espelho existir para sempre, e a imagem nele refletida partir-se como o barro de um oleiro. Ah, não... não... ainda vais ouvir-me! Lembras-te de quando andávamos pelos campos de Baiae, de mãos dadas, colhendo flores na primavera? Assim, de mãos dadas, entraremos no Jardim Eterno, e coroados com lírios imperecíveis.

Surpresa e perplexa com aquelas palavras que não conseguia compreender, mas emocionada até as lágrimas por seu tom lastimoso, Ione ouvia atentamente aqueles extravasamentos de um coração sobrecarregado e oprimido. Na verdade, o próprio Apecides estava num estado de ânimo muito mais terno do que o habitual, que aparentemente costumava ser ora sombrio ora impetuoso. Como os mais nobres desejos são de natureza ciumenta, eles monopolizam, absorvem a alma, e freqüentemente deixam o mau humor estagnado e despercebido na sua superfície. Desatentos às coisas triviais que nos rodeiam, somos considerados casmurros; impacientes diante da intromissão mundana em nossos sonhos mais sublimes, somos vistos como intratáveis e grosseiros. Mas como não há quimera mais vã do que a esperança de que um coração humano encontre simpatia em outro, da mesma forma ninguém jamais nos julgará com justiça; e ninguém – nem nossos mais próximos e caros amigos – tem paciência para ser indulgente conosco. Quando morremos, e o arrependimento vem tarde demais, tanto o amigo como o inimigo surpreendem-se ao ver quão poucas coisas havia em nós para ser perdoadas!

– Quero agora falar-te dos nossos primeiros anos – disse Ione. – A menina cega pode cantar para ti sobre a época da infância? A voz dela é doce e musical, e ela tem uma canção sobre o tema que não contém nenhuma das alusões que não

gostas de ouvir.
— Lembras-te das palavras? — perguntou Apecides.
— Creio que sim. Quanto à melodia, é simples, guardei-a na memória.
— Então canta tu mesma. Meu ouvido não aceita bem vozes estranhas; e a tua, Ione, cheia de associações familiares, para mim sempre foi mais doce do que todas as melodias cantadas por encomenda na Lícia ou em Creta. Canta para mim!

Ione acenou para uma escrava parada no pórtico, mandando-a buscar seu alaúde, e, quando ela voltou, cantou, com uma melodia terna e simples os versos que se seguem:

Saudades da infância

I
Não é que nosso antigo céu
Escapasse das chuvas de abril,
Ou porque para o coração infantil
Não existam serpentes entre as flores.
Ah! Entrelaçadas com aflição eram
As folhas mais brilhantes
Da grinalda que nos trançavam as Horas!
Embora sejamos jovens, o passado atormenta,
O presente nutre-lhe o pranto;
Mas a esperança brilha em tudo
O que nos aguarda no amanhã.
Como veredas iluminadas pelo Sol,
As sombras mais escuras
Podem mostrar alguns róseos clarões.

II
Não é porque nossos últimos anos
Entremearam-se por completo de cuidados,
E os sorrisos com menos freqüência seguem-se às lágrimas,
E as feridas curam-se mais lentamente.
E a memória agora dedica-se
A esquecer,
Torna as alegrias demasiado brilhantes, profanas,
E sempre estende o arco-íris
Que sorri quando há nuvens sobre nós.
Se tempestades explodirem, prosseguimos desanimados,

Diante de nós, a lúgubre imensidão...
E com os brinquedos
Dos folguedos infantis,
Quebramos o esteio que nos amparava!

Sábia e delicadamente, Ione escolhera aquela canção, conquanto o tema parecesse triste, porque, quando estamos muito pesarosos, a voz da alegria destoa de todas as outras: o mais eficaz esconjuro é o que a própria melancolia proporciona, pois pensamentos sombrios podem ser abrandados quando não podem ser iluminados; e, então, perdem o contorno preciso e rígido da sua verdade, e suas tonalidades se fundem no ideal. Como a sanguessuga usada como remédio numa inflamação interna provoca uma irritação externa que, por meio de pequena lesão, extrai o veneno que é mortífero, da mesma forma nas úlceras inflamadas da mente nossa habilidade consiste em trazer à tona uma tristeza mais amena, para abrandar a dor que consome o coração.

Assim aconteceu com Apecides que, rendendo-se à influência daquela voz melodiosa que lhe lembrava o passado e trazendo para o presente boa parte da sua melancolia, esqueceu-se das causas imediatas e veementes de seus pensamentos aflitivos. Passou horas fazendo Ione cantar e conversar com ele alternadamente; e quando se levantou para despedir-se, estava com a mente tranqüila e aplacada.

– Ione – disse, ao apertar-lhe a mão –, se ouvisses meu nome denegrido e amaldiçoado, acreditarias na difamação?

– Jamais, meu irmão, jamais!

– Não imaginas, conforme a tua crença, que o mau será punido e o bom recompensado na vida futura?

– Podes duvidar disso?

– Então, achas que quem é realmente bom deve sacrificar qualquer interesse pessoal, no seu zelo pela virtude?

– Quem assim procede iguala-se aos deuses.

– E acreditas que, segundo a pureza e a coragem com que agir, assim será seu quinhão de bem-aventurança no além-túmulo?

– Assim nos ensinaram a crer.

– Beija-me, minha irmã! Mais uma pergunta: estás para casar-te com Glauco; talvez esse casamento nos separe irremediavelmente... mas não quero falar nisso agora... Vais casar-te com Glauco... tu o amas? Não, minha irmã, responde-me com palavras, não com um aceno.

– Sim! – murmurou Ione, corando.

– Sentes que, pelo bem dele, poderias renunciar ao orgulho, enfrentar a desonra e sujeitar-te à morte? Ouvi dizer que, quando realmente amam, as mulheres chegam a esses extremos.

– Meu irmão, farei por Glauco tudo o que puder, e sinto que não seria um sacrifício. Para quem am,a não existe sacrifício que tenha limites quando se trata do ser amado.

– Basta! Pode a mulher sentir isso pelo homem, e o homem sentir menos devoção por seu Deus?

Ele calou-se. Todo seu semblante parecia impregnado e inspirado por uma vida divina: o peito erguia-se altivo; os olhos faiscavam; em sua fronte via-se estampada a majestade de um homem que se poderia considerar nobre! Então voltou-se para fitar os olhos de Ione – ardente, ansioso, temeroso –, beijou-a carinhosamente, estreitou-a ao peito, emocionado, e em seguida deixou a casa.

Ione continuou no mesmo lugar por muito tempo, calada e pensativa. As servas vinham e tornavam a vir para lembrá-la do convite para o banquete de Diomedes, já que estava ficando tarde. Finalmente saiu das suas divagações e preparou-se para a festa, não com a ostentação de uma beldade, mas abatida e melancólica; só um pensamento a fazia resignar-se à prometida visita: encontraria Glauco... poderia confiar-lhe sua apreensão e seus receios com o irmão.

3

REUNIÃO SOCIAL E JANTAR ELEGANTE EM POMPÉIA

Nesse meio tempo, Salústio e Glauco encaminhavam-se sem pressa para a casa de Diomedes. A despeito do seu estilo de vida, não faltavam a Salústio muitas qualidades apreciáveis. Seria um companheiro animado, um cidadão útil, em resumo, uma excelente pessoa, se não tivesse posto na cabeça a idéia de ser filósofo. Educado em escolas onde o espírito romano de plágio endeusava a imitação do saber grego, imbuíra-se das doutrinas por intermédio das quais os epicuristas tardios adulteravam as singelas regras do seu grande mestre. Entregou-se totalmente ao prazer, e achava que nenhum sábio se comparava a um alegre companheiro. Mesmo assim, porém, possuía um elevado grau de conhecimento, espírito e bom caráter; a sincera franqueza com que expunha os próprios vícios parecia virtude se comparada à total depravação de Clódio ou à lânguida efeminação de Lépido, e por isso Glauco gostava mais dele do que de seus companheiros. Ele, por sua vez, apreciando as mais nobres qualidades do ateniense, gostava de Glauco quase tanto quanto de uma lampréia fresca, ou de um jarro do melhor falerno.

– Esse Diomedes é um velho vulgar – disse Salústio –, mas tem algumas coisas boas... na sua adega!

– E algumas encantadoras... na sua filha.

– É verdade, Glauco, mas parece-me que não estás muito preocupado com elas. Acho que Clódio pretende ser teu sucessor.

– Que fique à vontade! Nenhum conviva é considerado indesejável no festim de beleza de Júlia.

– Estás sendo severo. Mas, na verdade, ela tem algo de coríntio em seus modos. Afinal, farão um belo par! Que excelentes rapazes somos nós, que andamos com aquele inútil!

– O prazer une tipos surpreendentes – disse Glauco. – Ele me diverte...

– E lisonjeia-te... mas depois lucra muito com isso. Ele salpica seus elogios com ouro em pó.

– Às vezes, insinuas que ele não joga limpamente... achas mesmo isso?

– Meu caro Glauco, um nobre romano precisa manter sua dignidade... e custa caro mantê-la. Clódio precisa trapacear como canalha para viver como cavalheiro.

– Ah! Ultimamente me afastei dos dados. Ah, Salústio! Quando estiver casado com Ione, acredito que me redimirei das loucuras da mocidade. Ambos nascemos para coisas melhores do que as que compartilhamos agora... nascemos para render nossas homenagens em templos mais nobres do que nos antros de Epicuro.

– Ai! – retrucou Salústio, em tom meio melancólico. – Que mais precisamos saber a não ser isto: a vida é breve!? No túmulo, tudo é escuro. Não há maior sabedoria do que a que diz: aproveita!

– Por Baco! Às vezes não sei se aproveitamos tudo o que a vida nos oferece.

– Sou um homem comedido – disse Salústio –, e não peço "o máximo". Parecemos assassinos, e nos intoxicamos com vinho e mirra quando estamos à beira da morte, mas, se não fizermos isso, o abismo nos pareceria muito desagradável. Confesso que tinha uma tendência a ser melancólico, até que comecei a beber muito... É uma nova vida, caro Glauco.

– Sim, mas na manhã seguinte leva-nos a uma nova morte!

– Bem, a manhã seguinte é desagradável, devo admiti-lo; mas, se não fosse assim, a gente nunca se sentiria inclinado a ler. Começo a estudar cedo... porque, pelos deuses!, não sirvo para nada até o meio-dia.

– Que vergonha, bêbado!

– Ora! Que quem renega Baco tenha o destino de Penteu!

– Tudo bem, Salústio, com todos os teus defeitos, és o melhor crápula que eu conheço; e acredito mesmo que, se minha vida estivesse em risco, serias o único homem em toda a Itália que moveria um dedo para salvar-me.

– Talvez não fosse, se estivesse no meio de um jantar. Na verdade, nós, italianos, somos terrivelmente egoístas.

– Assim são todos os homens que não são livres – disse Glauco, suspirando. – Só a liberdade faz que um homem se sacrifique pelo outro.

– Então a liberdade deve ser uma coisa penosa para um epicurista – retrucou Salústio. – Mas, chegamos à casa do nosso anfitrião.

Como a elegante casa de Diomedes é mais considerável, no que se refere ao tamanho, do que todas as outras já descobertas em Pompéia, e foi, além disso, construída conforme instruções específicas estabelecidas pelos arquitetos romanos para as casas de campo suburbanas, não deixa de ser interessante descrever resumidamente a disposição dos aposentos pelos quais nossos visitantes passaram.

Entraram, pois, pelo mesmo vestíbulo pequeno onde fomos antes apresentados ao velho Medon, e passaram de imediato para uma colunata, tecnicamente denominada peristilo. A principal diferença entre as mansões suburbanas e as residências na cidade consistia em colocar, nas primeiras, a referida colunata exatamente no mesmo lugar que nas outras era ocupado pelo átrio. No centro do peristilo, ficava um pátio descoberto que continha o implúvio.

Desse peristilo descia uma escada que levava às dependências onde a criadagem cuidava dos afazeres domésticos; um corredor estreito, no lado oposto, conduzia ao jardim; vários pequenos cômodos rodeavam a colunata, e provavelmente destinavam-se a visitantes vindos da cidade. Outra porta, à esquerda da entrada, dava para um pequeno pórtico triangular que fazia parte dos banheiros, e logo atrás dele ficava o guarda-roupa onde eram guardadas as roupas usadas pelos escravos nos dias festivos e, talvez, as do patrão também. Dezessete séculos depois foram achadas essas relíquias do antigo refinamento, queimadas e em frangalhos; conservadas por muito mais tempo do que seu parcimonioso senhor previra!

Voltamos ao peristilo e tentaremos agora apresentar ao leitor um apanhado de todo o conjunto de aposentos que se alinhavam logo à frente dos visitantes.

Imaginemos, em primeiro lugar, as colunas do pórtico decoradas com festões de flores; na parte inferior eram pintadas de vermelho, e as paredes em torno luziam com vários afrescos. Olhando, então, além de uma cortina quase toda puxada para um lado, via-se o *tablinum* ou salão (que se fechava à vontade com portas corrediças envidraçadas, agora abertas). Em ambos os lados do *tablinum*, havia pequenas salas, sendo que uma delas era uma espécie de repositório de pedras preciosas; e esses aposentos, assim como o salão, davam para uma galeria que se abria nas extremidades sobre terraços; e entre os terraços, comunicando-se com a porta central da galeria, havia outro salão que naquele dia estava sendo preparado para o banquete. Todos esses aposentos, embora quase no nível da rua, ficavam acima do jardim; e os terraços que se comunicavam com a galeria prolongavam-se em corredores construídos sobre pilares que, à esquerda e à direita, margeavam o jardim abaixo deles.

No nível do jardim, na parte inferior, achavam-se os aposentos que já descrevemos como privativos de Júlia.

Era, então, na galeria acima mencionada que Diomedes agora recebia seus convidados.

O mercador gostava muito de homens letrados; tinha também verdadeira paixão por tudo que fosse grego, e dedicava especial atenção a Glauco.

– Verás, meu amigo – disse ele, fazendo um sinal com a mão – que tudo aqui é um tanto clássico... um tanto cecrópico! O salão onde cearemos foi copiado dos gregos. É um *Oecus Ciziceno*. Nobre Salústio, disseram-me que em Roma não possuem um salão como este.

– Vós, pompeianos – replicou Salústio, disfarçando o riso –, juntais o que há de mais apreciável na Grécia e em Roma. Que consigas, Diomedes, combinar as iguarias tão bem como a arquitetura!

– Verás... verás, caro Salústio! – respondeu o mercador.
– Em Pompéia temos bom gosto, e temos dinheiro, também.
– Duas coisas excelentes – volveu Salústio. – Mas, vêde, a bela Júlia!

Como já assinalamos antes, a principal diferença no modo de vida seguido por atenienses e romanos era que, entre os primeiros, as mulheres recatadas raramente, ou nunca, participavam de recepções; entre os últimos, eram ornamentos habituais nos banquetes; mas, quando estavam presentes, estes terminavam cedo.

Magnificamente vestida de branco, coberta de pérolas e fios de ouro, a bela Júlia entrou no aposento.

Mal recebera os cumprimentos dos dois convivas, quando Pansa e sua esposa, Lépido, Clódio e o senador romano chegaram, quase ao mesmo tempo; depois, chegou a viúva Fúlvia; a seguir, o poeta Fúlvio, semelhante à viúva quanto ao nome, embora em nada mais; o guerreiro de Herculano, acompanhado por sua sombra, entrou na seqüência, altivamente; depois, os convidados menos importantes. Júlia ainda permanecia lá.

Antigamente, era moda entre os polidos lisonjear tudo o que estivesse ao seu alcance. Assim sendo, era sinal de falta de educação sentar-se logo ao chegar à casa do anfitrião. Após cumprimentar-se, o que habitualmente era feito com o mesmo e cordial aperto da mão direita que até hoje usamos, e, às vezes, com um abraço bem mais familiar, passavam vários minutos visitando os aposentos, admirando os bronzes, pinturas ou móveis que os decoravam – costume nada polido segundo nossas requintadas noções inglesas, que consideram a indiferença um sinal de boa educação. Por nada no mundo expressaríamos muita admiração pela casa de outro homem, temendo que ele possa pensar que nunca vimos nada tão elegante antes!

– Uma bela estátua esta de Baco! – exclamou o senador romano.
– Ninharia insignificante! – replicou Diomedes.
– Que belos quadros! – elogiou Fúlvia.
– Ninharias insignificantes! – respondeu o proprietário.
– Primorosos candelabros! – exclamou o guerreiro.
– Primorosos! – ecoou sua sombra.

– Ninharias! Ninharias! – reiterou o mercador.

Enquanto isso, Glauco se viu diante de uma das janelas da galeria, que dava para o terraço, com a bela Júlia ao seu lado.

– É uma virtude do ateniense, Glauco, esquivar-se de quem uma vez ele se aproximou? – perguntou a filha do mercador.

– Não, bela Júlia!

– No entanto, creio que esta é uma das qualidades de Glauco.

– Glauco jamais foge de um amigo! – respondeu o grego, com certa ênfase na última palavra.

– E Júlia pode incluir-se entre seus amigos?

– Até o imperador se sentiria honrado em contar com a amizade de uma pessoa tão encantadora.

– Foges à minha pergunta – volveu a apaixonada Júlia. – Mas, dize-me, é verdade que admiras a napolitana Ione?

– A beleza não provoca nossa admiração?

– Ah! Grego astuto, novamente te esquivas do sentido das minhas palavras. Mas, dize, Júlia pode considerar-se tua amiga?

– Se ela assim quiser obsequiar-me, louvados sejam os deuses! O dia em que eu assim for honrado, ficará marcado para sempre.

– Contudo, mesmo enquanto falas teu olhar é inexpressivo; as cores do teu rosto vêm e vão; recuas instintivamente. Estás ansioso por encontrar Ione!

Como Ione chegara naquele momento, Glauco não conseguiu disfarçar sua emoção, que foi percebida pela ciumenta beldade.

– Será que minha admiração por uma mulher me torna indigno da amizade de outra? Ó Júlia, não confirmes as calúnias dos poetas contra o teu sexo!

– Bem, tens razão... aprenderei a pensar que sou tua amiga. Só um momento, Glauco! Pretendes casar com Ione, não é?

– Se as Parcas o permitirem, tal é minha bendita esperança.

– Aceita, então, como prova da nossa recente amizade, um presente para tua noiva. Como sabes, é costume os amigos presentearem a noiva e o noivo com uma pequena prova de sua estima e de seus votos de felicidade.

– Júlia! Não posso recusar uma prova de amizade de alguém como tu. Aceitarei o presente como um presságio da própria Fortuna.

– Então, depois do banquete, quando os convidados partirem, descerás comigo aos meus aposentos e o receberás das minhas mãos. Não te esqueças! – disse Júlia, indo juntar-se à mulher de Pansa, deixando que Glauco fosse em busca de Ione.

A viúva Fúlvia e a esposa do edil estavam empenhadas numa discussão importante e séria.

– Ó Fúlvia, asseguro-te que as últimas informações vindas de Roma declaram que a moda de encrespar os cabelos está ficando antiquada! Agora só os usam amontoados, em forma de torre, como os de Júlia, ou arranjados como um elmo... no estilo de Galério, como os meus, vês; fazem um lindo efeito, é o que acho. Garanto-te, Véspio (Véspio era o nome do herói de Herculano) admira-os muito!

– E ninguém arranja o cabelo como a napolitana, à moda grega?

– Que, divididos na frente, presos atrás com um laço? Oh, não; como é ridículo! Ela lembra a estátua de Diana! Mas essa Ione é bonita, não?

– Assim dizem os homens; e tem sorte: vai casar-se com o ateniense... desejo-lhe felicidades. Ele não será fiel por muito tempo, imagino; esses estrangeiros são muito falsos.

– Ó Júlia! – exclamou Fúlvia, quando a filha do mercador se aproximou. – Já viste o tigre?

– Não.

– Ora, todas as mulheres têm ido vê-lo! É tão bonito!

– Espero que encontrem um criminoso, ou outro qualquer, para ele e para o leão – replicou Júlia. – Seu marido – disse, voltando-se para a mulher de Pansa – não é tão diligente quanto deveria ser neste caso.

– Ora, na verdade, as leis são demasiado brandas! – respondeu a dama do elmo. – Há pouquíssimos delitos aos quais é aplicável a punição da arena; e os gladiadores também estão ficando efeminados. Os mais robustos dizem estar dispostos a lutar com um urso ou com um touro; quanto ao leão e ao tigre, acham a luta muito mais perigosa.

– Merecem usar saias – disse Júlia com desdém.

– Já viste a nova casa de Fúlvio, nosso caro poeta? – perguntou a mulher de Pansa.
– Não. É bonita?
– Muito! Que gosto apurado! Mas, querida, dizem que tem umas pinturas impróprias. Ele não quer mostrá-las às mulheres sérias. Como é mal-educado!
– Esses poetas são sempre muito excêntricos – disse a viúva. – Mas ele é um homem interessante; que belos versos escreve! Evoluímos muito no campo da poesia; agora é impossível ler as antigas bobagens.
– Confesso que tenho a mesma opinião – disse a dama do elmo. – Há muito mais força e energia na escola moderna.
O guerreiro encaminhou-se para perto das damas.
– Ao ver esses rostos – disse –, reconcilio-me com a paz.
– Ó vós, os heróis, sois sempre galanteadores! – volveu Fúlvia, apressando-se em reservar o elogio para si.
– Por este colar, que recebi das mãos do próprio imperador... – respondeu ele, brincando com uma espécie de corrente que lhe pendia do pescoço como um colar, e não chegava até o peito como as usadas por pessoas pacíficas – ... por este colar, juro que estás sendo injusta comigo! Sou um homem franco... assim deve ser um soldado.
– Que achas das damas de Pompéia em geral? – perguntou Júlia.
– Por Vênus, lindíssimas! É verdade que me tratam bem, e isso inclina meus olhos a duplicar-lhes os encantos.
– Gostamos de guerreiros – disse a mulher de Pansa.
– Bem o vejo. Por Hércules! É quase desagradável ser tão homenageado nestas regiões. Em Herculano, sobem no telhado do meu átrio para ver-me de relance no *compluvium*. A princípio, a admiração dos concidadãos é agradável, mas acaba cansando.
– Verdade, verdade, ó Véspio! – exclamou o poeta, juntando-se ao grupo. – Eu também penso assim.
– Tu! – exclamou o altivo guerreiro, mirando a silhueta esguia do poeta com indescritível desdém. – Em que legião serviste?
– Podes ver meus despojos, as roupas que usei, no próprio

foro – respondeu o poeta, olhando significativamente para as damas. – Estive entre os companheiros de barraca, entre os camaradas do grande mantuano.

– Não conheço nenhum general de Mântua – disse o guerreiro, sério. – De que campanha participaste?

– Da campanha de Hélicon.

– Nunca ouvi falar...

– Ora, Véspio, ele está brincando! – disse Júlia, rindo.

– Brincando!... Por Marte, eu sou homem com quem se brinque?

– Sim. O próprio Marte se apaixonou por Vênus, a mãe das brincadeiras – disse o poeta, meio preocupado. – Ó Véspio, eu sou o poeta Fúlvio! Sou eu que torno os guerreiros imortais.

– Que os deuses não permitam! – cochichou Salústio para Júlia. – Se Véspio fosse imortalizado, que belo exemplo de sujeito pretensioso seria transmitido à posteridade.

O guerreiro parecia perplexo, mas, para seu alívio e o de seus companheiros, ouviu-se o sinal para dar início ao banquete.

Como já testemunhamos na casa de Glauco a rotina usual de uma recepção romana, o leitor será poupado de outra descrição detalhada dos procedimentos e costumes que as precediam.

Diomedes, um tanto formal, contratara um *nomenclator,* ou seja, uma pessoa que designava o lugar destinado à cada conviva.

O leitor deve entender que a mesa festiva era na verdade composta de três mesas: uma central, com outras em cada lado. Os convidados reclinavam-se só na face externa; o interior ficava livre, para maior conveniência dos garçons, ou *ministri.* A extremidade de uma das mesas laterais estava destinada a Júlia, que fazia as honras da casa; no lugar seguinte, ficava Diomedes. Numa ponta da mesa central foi acomodado o edil; na extremidade oposta, o senador romano – eram esses os lugares de honra. Os outros convidados foram colocados de maneira a que os jovens (cavalheiros ou damas) ficassem próximos, e os de idade mais avançada, da mesma forma, se agrupassem. Uma disposição bastante satisfatória, mas que muitas vezes ofendia a quem desejava ser considerado ainda jovem.

Júlia foi acomodada próximo ao divã de Glauco. Os assentos eram chapeados com cascos de tartaruga e cobertos com acolchoados estofados com penas e ricamente bordados. Os modernos centros de mesa com vários braços, cada um deles sustentando uma fruteira ou um vaso de flores, estavam cheios de imagens de deuses em bronze, marfim e prata. O saleiro sagrado e os Lares familiares não foram esquecidos. Acima da mesa, pendia do teto um rico pálio. Em cada extremidade, viam-se grandes candelabros, pois, embora ainda fosse dia claro, o salão estava às escuras; trípodes, colocadas em diferentes pontos, emanavam aromas de mirra e olíbano; sobre o *abacus*, ou aparador, alinhavam-se enormes jarros e vários ornamentos de prata, mais ou menos com a mesma ostentação (mas não com o mesmo bom gosto) que os encontramos hoje em jantares modernos.

O costume de dar graças era invariavelmente cumprido mediante libações aos deuses; e Vesta, como rainha das divindades domésticas, normalmente era a primeira a receber seu preito de gratidão.

Concluída essa cerimônia, os escravos espargiam flores sobre os divãs e no assoalho, e coroavam cada conviva com grinaldas de rosas, complicadamente montadas sobre casca de tília e entrelaçadas com fitas, sendo cada uma delas entremeada com hera e ametistas – consideradas preventivas contra os efeitos do vinho. Só as coroas das mulheres não tinham essas folhas e pedras, porque não lhes ficava bem beber em público. Foi então que o presidente Diomedes achou recomendável nomear um *basileus*, ou diretor de banquete – cargo importante, às vezes escolhido por sorteio, outras, como agora, pelo dono da festa.

Diomedes estava meio embaraçado com sua eleição. O senador inválido era demasiado sério e doente para o correto desempenho de seus deveres; o edil Pansa era bastante adequado para a tarefa, mas preterir o senador pelo que o seguia na hierarquia oficial seria uma afronta ao velho senador. Enquanto deliberava sobre os méritos dos outros, percebeu o olhar divertido de Salústio e, numa repentina inspiração, nomeou o jovem epicuro para o cargo de diretor, ou *arbiter bibendi*.

Salústio recebeu a indicação com discreta humildade.

– Serei um soberano generoso – disse – com os que beberem muito; com os dissidentes, o próprio Minos seria menos

implacável do que eu. Cuidado!
 Os escravos passaram de mão em mão bacias de água perfumada. Com essa purificação, teve início o banquete: agora a mesa estalava ao peso das iguarias de entrada.
 As conversas, a princípio desencontradas e generalizadas, permitiram que Ione e Glauco trocassem doces sussurros, que valiam mais do que toda a eloqüência do mundo. Júlia vigiava-os com olhos chamejantes.
 – Logo teu lugar será meu! – murmurou consigo mesma.
 Mas Clódio, que estava na mesa central e podia observar muito bem o semblante de Júlia, adivinhou-lhe a irritação e resolveu tirar partido dela, dirigindo-lhe estudadas frases galantes. Ele era de berço nobre e de boa aparência, e a fútil Júlia não estava tão apaixonada a ponto de ficar indiferente às suas atenções.
 Nesse ínterim, os escravos eram mantidos de prontidão pelo vigilante Salústio, que esvaziava uma taça depois da outra com tal rapidez que parecia decidido a esvaziar as enormes adegas que ainda hoje podem ser vistas em baixo da casa de Diomedes. O honrado mercador começava a arrepender-se da sua escolha à medida que uma ânfora depois da outra era aberta e esvaziada. Os escravos, todos ainda jovens (os mais novos, com cerca de dez anos de idade, eram os que serviam o vinho; os outros, cinco anos mais velhos, misturavam-no com água), pareciam participar do zelo de Salústio, e o rosto de Diomedes começou a ficar vermelho vendo a provocante satisfação com que secundavam a diligência do soberano do banquete.
 – Perdoai-me, ó senador! – disse Salústio. – Vejo que não estais bebendo; vossa posição elevada não irá poupar-vos. Bebei!
 – Pelos deuses – disse o senador, tossindo –, meus pulmões já estão em fogo! Bebes com uma rapidez tão assombrosa que perto de ti Faetonte não é nada. Estou doente, amável Salústio; deves dispensar-me.
 – Não, por Vesta! Sou um monarca imparcial... bebei!
 O pobre senador, forçado pelas leis da mesa, foi obrigado a ceder. Ai! Cada taça o aproximava ainda mais do Estige.
 – Calma, calma, meu rei! – gemeu Diomedes. – Estamos

começando a...
— Traição! — interrompeu-o Salústio. — Não quero um sombrio Bruto aqui! Nada de intromissões nas ordens reais!
— Mas as damas convidadas...
— Gostam de ébrios! Ariadne não ficou louca por Baco?

O banquete continuou. Os convivas ficavam cada vez mais loquazes e barulhentos; a sobremesa já estava servida; os escravos entravam trazendo água com mirra e hissopo para a última lavagem das mãos. Ao mesmo tempo, uma mesinha redonda colocada no espaço diante dos comensais, de repente, como num passe de mágica, pareceu abrir-se no centro e borrifou respingos perfumados sobre a mesa e os convivas. Quando cessou, o pálio acima deles fora afastado: havia uma corda estendida no alto e sobre ela um daqueles ágeis dançarinos pelos quais Pompéia era tão famosa e cujos descendentes proporcionam um encantador atrativo às festividades de Astley ou de Vauxhall, e que vinha agora caminhando acima de suas cabeças.

A aparição, afastada do crânio das pessoas apenas por uma corda e deliciando-se com saltos arriscados, aparentemente com a intenção de descer sobre a região cerebral de alguém, provavelmente seria encarada com certo medo numa festa em May Fair. Mas nossos alegres pompeianos pareciam assistir ao espetáculo com curiosidade e prazer, e aplaudiam à medida que o dançarino fingia esforçar-se para não cair na cabeça de algum convidado, sobre quem decidira dançar. Na verdade, ele fez ao senador o especial obséquio de literalmente cair da corda, agarrando-se de novo a ela no momento em que todos já imaginavam o crânio do romano partido como o crânio do poeta, quando um dia a águia o confundiu com uma tartaruga.

Finalmente, para grande alívio, de Ione pelo menos, que não estava acostumada àquele tipo de diversão, o dançarino parou de repente, ao som de uma música que vinha de fora. Mas voltou então a dançar, ainda mais arrebatado. A ária cessou, o dançarino parou de novo. Não, ele não conseguia desfazer o encantamento que parecia tê-lo enfeitiçado! Representava como alguém que, tomado por uma estranha alucinação, fosse compelido a dançar; alguém que só poderia ser curado por uma determinada melodia. Afinal, pareceu que os músicos chegaram ao tom exato: o dançarino deu um salto e, soltando-se da corda, pousou no chão e desapareceu.

Agora, uma arte sucedia-se à outra; e os músicos postados no terraço, no lado de fora, iniciaram uma ária suave e melodiosa, ao som da qual foram cantadas as palavras que se seguem, ouvidas quase indistintamente pela distância e pela voz grave dos menestréis.

Música festiva deve ser em tom suave

I
Ouvi! Com estas flores, nossa música saúda
Vossos salões, onde Psilas evita o dia;
Quando o jovem deus encontrou sua ninfa,
Ensinou à flauta rústica de Pã esta fluente melodia:
Suave como o bálsamo do vinho
Vertido nesta hora festiva,
A rica libação dos sons flui divina,
Ó reverente lira, para louvar Afrodite!

II
Arrebatada soa a trombeta entre fileiras que marcham para a glória;
Os mais grandiosos sons chamam para a guerra.
Mas doces lábios murmurando sob grinaldas,
Mostram que seus murmúrios são mais doces.
Baixa o tom, alegre música, baixa,
Chega ao tom de um sussurro de mulher,
Assim, quem te escutar acha que ouve
Em ti a voz dos lábios do ser amado.

Ao final da canção, o rosto de Ione ficou muito mais corado do que antes, pois Glauco conseguira pegar-lhe furtivamente a mão sob a mesa.

– É uma bela canção – disse Fúlvio, condescendente.

– Ah! Se quisesses obsequiar-nos! – murmurou a mulher de Pansa.

– Queres que Fúlvio cante? – perguntou o rei do banquete, que tinha convocado uma reunião para que bebessem à saúde do senador romano, uma taça para cada letra do seu nome.

– E precisas perguntar? – retrucou a matrona, olhando para o poeta com ar lisonjeiro.

Salústio estalou os dedos e cochichou com o escravo que correra para receber suas ordens, e que desapareceu a seguir, voltando instantes depois com uma pequena lira numa das mãos e um ramo de murta na outra. O escravo aproximou-se do poeta, e com uma leve reverência entregou-lhe a lira.

– Ai de mim! Não sei tocar – disse o poeta.

– Então deves celebrar em versos a murta. É um costume grego. Diomedes gosta dos gregos... eu gosto dos gregos... tu gostas dos gregos... todos nós gostamos dos gregos... e cá entre nós, esta não é a única coisa que tomamos deles. Portanto, introduzo esse costume... eu, o rei: canta, vassalo, canta!

Com um sorriso constrangido, o poeta pegou o ramo de murta, e, após um breve prelúdio, cantou o que segue, com voz agradável e bem timbrada.

A coroação dos amores

I
Os alegres Amores em dia festivo,
Rodopiavam alegremente.
Mas os Amores raramente conseguem brincar
Bem-comportados.
Riem, divertem-se, são traquinas,
Em compensação, brigam depois.
Que vergonha! Por que brigar assim?
Ó cara Lésbia, que vergonha, querida!
Creio que há menos de uma hora
Fizemos exatamente o mesmo, amor.

II
Os Amores, dizem, eram livres até então,
Não tinham rei nem leis, querida;
Mas os deuses, como os homens, devem obedecer,
Dizem antigos provérbios.
E então resolveram, para ter paz,
Aclamar um rei para pôr fim às suas desordens.
Um castigo! Ah! Que coisa horrível,
Querida, seria para nós dois,

Se eu me curvasse a um rei severo,
E deixasse de ser livre!

III
Entre seus pertences, os Lares acharam um capacete,
Era o elmo de Marte;
O cimo coroado de plumas eriçadas
Assustou-os a todos.
Jamais se vira rei tão elegante...
Puseram o elmo no trono.
Minha cara, como a bravura conquista o mundo,
Escolheram um senhor poderoso;
Mas o belo estandarte que são os sorrisos francos,
Mais depressa o mundo conquista.

IV
O elmo achou muito selvagens os Amores,
Uma tropa a ser disciplinada;
Pois guerreiros sabem quando crianças
Procuram aborrecê-los.
Atormentaram-no tanto, que, desesperado,
Buscou uma esposa para compartilhar seu tormento.
Se os próprios reis acham a luta terrena
Severa demais, quando não partilhada,
Ora, vamos repartir os males da vida!
Vem, aqui está teu par, querida!

V
Do salão, o Pássaro do Amor
Tudo viu então;
O monarca levou consigo a real amada
E sentou-a no trono ao seu lado.
Quanta murta havia nas mãos dos Amores!
Longa vida!, gritaram, ao rei e à rainha.
Ah, Lésbia! Se aquele trono fosse meu,
E tivesse eu uma coroa a cingir-me a fronte!
Mas sei que teu coração
É o trono que eu desejo, querida!

VI
Os atrevidos esperavam irritar a rainha
Como tinham irritado o herói;

Mas quando a pombinha subiu ao trono,
Viram que era pior do que Nero!
A cada olhar uma carranca, a cada palavra uma ordem;
Pequenas coisas a enfureciam.
Encontrei em ti a mesma falsidade...
Ai! Aprendi tarde demais!
Onde encontrar rosto mais gentil e doce?
Onde encontrar tirano mais severo?

Essa canção, bem adequada ao gosto alegre e jovial dos pompeianos, foi recebida com muitos aplausos, e a viúva insistiu em coroar seu homônimo com o próprio ramo de murta para o qual ele cantara. O ramo foi enrolado em forma de grinalda, e o imortal Fúlvio foi coroado entre palmas e gritos de triunfo. A lira e a música agora circulavam pelo salão, e um novo ramo de murta ia passando de mão em mão, parando diante de um convidado, que era induzido a cantar.

O Sol agora começava a declinar, embora os convivas, que estavam lá há várias horas, não o percebessem no salão que desde o início estava às escuras. E e o senador, cansado, e o guerreiro, que devia voltar a Herculano, levantaram-se para despedir-se, indicando que era tempo de se dispersar.

– Ficai mais um pouco, caros amigos! – disse Diomedes. – Se quereis ir embora tão cedo, pelo menos deveis participar da brincadeira final.

Assim falando, fez um sinal a um dos escravos e murmurou-lhe alguma coisa. O escravo saiu e voltou a seguir com uma caixa contendo várias tábulas, cuidadosamente embrulhadas e, aparentemente, todas iguais. Cada convidado devia comprar uma, pagando por ela a moeda de prata de menor valor; e o divertido naquela loteria (passatempo favorito do imperador Augusto, que a introduzira na sociedade) consistia na diversidade, e às vezes na incongruência dos prêmios, cujo valor e espécie estavam especificados nas tábulas. Por exemplo, o poeta, com uma expressão de desagrado, tirou um dos seus próprios poemas (jamais se viu um médico menos disposto a tomar seu próprio remédio); o guerreiro tirou uma caixa de grampos para o cabelo, o que deu margem a novos gracejos a respeito de Hércules e do sexo feminino; a viúva Fúlvia tirou uma enorme taça para vinho; Júlia, uma fivela masculina; e Lépido, uma caixa de produtos de beleza feminina. O prêmio mais adequado foi tirado por Clódio, o jogador, que ficou vermelho de raiva quando lhe apresentaram um jogo de dados chumbados. A animação que se estabelecera diante dos variados brindes foi toldada por um incidente considerado de mau agouro: Glauco tirara o mais valioso dos prêmios, uma estatueta da Fortuna em mármore, de artesanato grego. Ao entregá-la, o escravo deixou-a cair, e ela ficou em pedaços.

Um calafrio percorreu o grupo, e instintivamente todos invocaram os deuses para afastar o mau presságio.

Só Glauco, embora talvez tão supersticioso quanto os outros, fingiu não ter ficado impressionado.

– Querida napolitana! – murmurou ternamente para Ione, que ficara tão pálida quanto o mármore partido. – Aceito o presságio. Ele significa que, ao ser minha, a Fortuna nada mais pode dar-me: ela parte sua imagem para abençoar-me com a tua.

Para desfazer a impressão que o incidente causara num grupo que, considerando-se a cultura dos convivas, parecia espantosamente supersticioso, como se ainda hoje não víssemos, numa festa no campo, uma dama ficar hipocondríaca por haver no salão treze pessoas, Salústio coroou de flores sua taça e fez um brinde ao anfitrião, que foi seguido por outro ao imperador. E então, com uma última taça em homenagem a Mercúrio, para que desse a todos um sono agradável, encerraram o banquete com uma última libação, e dispersaram-se.

Em Pompéia, carruagens e liteiras eram pouco usadas, em parte pelo fato de as ruas ser demasiado estreitas, em parte pelo reduzido e cômodo tamanho da cidade. A maioria dos convidados, calçando suas sandálias, que tinham tirado no salão do banquete, e envergando seus mantos, deixou a casa a pé, em companhia de seus escravos.

Enquanto isso, tendo assistido à partida de Ione, Glauco, voltando à escada que levava aos aposentos de Júlia, foi conduzido por um escravo a uma sala onde encontrou a filha do mercador já acomodada.

– Glauco! – exclamou ela, baixando os olhos. – Sei que

realmente amas Ione... sem dúvida ela é linda.

– Júlia tem encantos de sobra e pode ser generosa – replicou Glauco. – Sim, amo Ione; mas entre os jovens que te cortejam encontrarás um tão apaixonado quanto sincero.

– Rogo aos deuses que assim seja! Olha, Glauco, estas pérolas são o presente que escolhi para tua noiva. Que Juno lhe dê muita saúde para usá-las!

Dizendo isso, pôs-lhe na mão um estojo contendo um fio de pérolas grandes e valiosas. Era tão comum pessoas que iam se casar receber presentes assim, que Glauco não deve ter tido grandes escrúpulos em aceitar o colar, embora o galante e orgulhoso ateniense intimamente estivesse resolvido a retribuir o mimo com outro três vezes mais valioso.

Interrompendo-lhe subitamente os agradecimentos, Júlia encheu uma taça de vinho.

– Ergueste muitos brindes com meu pai – disse, sorrindo –, agora ergue um comigo. Saúde e fortuna à tua noiva!

Ela então tocou a taça com os lábios e depois ofereceu-a a Glauco. A etiqueta habitual exigia que Glauco bebesse tudo; e de acordo com ela, Glauco assim fez.

Ignorando a fraude praticada por Nídia, Júlia observava-o com os olhos faiscando. Embora a feiticeira lhe tivesse dito que o efeito poderia não ser imediato, mesmo assim ela esperava ardentemente uma reação pronta, em homenagem aos seus encantos. Mas ficou desapontada quando viu Glauco devolver-lhe a taça secamente e conversar com ela no mesmo tom tranqüilo e gentil de antes. E embora o detivesse pelo tempo que o decoro lhe permitia, não houve nenhuma mudança na atitude de Glauco. "Mas amanhã", pensou recuperando-se exultante do seu desapontamento, "amanhã, ai de Glauco!...".

Ai dele, realmente.

4

A HISTÓRIA SE DETÉM POR UM MOMENTO NUM EPISÓDIO

Insone e ansioso, Apecides passou o dia andando pelas ruas mais desertas dos arredores da cidade. O Sol caía lentamente quando ele parou num ponto isolado do Sarno, que ainda mostrava vestígios de luxo e poder. Só nas clareiras, entre as árvores e os vinhedos, avistava-se de relance a cidade branca e reluzente, da qual, a distância, não chegava um ruído, um som, um barulho de atividade humana. Lagartixas e gafanhotos moviam-se furtivamente pelas verdes encostas, e, aqui e ali, entre os silvados, um pássaro solitário irrompia num canto repentino, como se subitamente acordado. Reinava uma calma profunda ao redor, mas não a calma da noite; o ar ainda cheirava a calor e a lida diária; as ervas ainda se agitavam com bandos de insetos. Na margem oposta, cabras brancas e ágeis pastavam, parando de quando em quando para beber água no rio.

Quando Apecides parou, pensativo, olhando para a água, ouviu um cão latindo baixo atrás dele.

– Quieto, amigo! – disse uma voz próxima. – Pelo andar, o estranho não fará mal ao teu dono.

O convertido reconheceu a voz, e, voltando-se, viu o ancião misterioso que conhecera na reunião dos nazarenos. Estava sentado numa pedra coberta de velhos musgos, tendo ao lado seu bordão e seu alforje; aos seus pés descansava um cãozinho felpudo, companheiro sabe-se lá de quantas estranhas e perigosas peregrinações.

O rosto do ancião foi como um bálsamo para o agitado espírito do neófito, que aproximou-se dele e, pedindo-lhe sua bênção, sentou-se ao seu lado.

– Parece que estás preparado para uma longa jornada, pai – disse Apecides. – Já vais deixar-nos?

– Meu filho – respondeu o ancião –, os dias que me estão reservados na Terra são poucos e insuficientes; emprego-os como devo, andando de um lugar a outro, confortando aqueles que Deus reuniu em Seu nome, e proclamando a glória do Seu Filho, como foi revelado ao Seu servo.

– Tu contemplaste, disseram-me, a face de Cristo!

– E Sua face me ressuscitou da morte. Sabe, jovem convertido à verdadeira fé, que sou aquele sobre quem leste nos escritos dos apóstolos. Na distante Judéia, na cidade de Nain, morava uma viúva, de espírito humilde e coração triste, pois de tudo o que a ligava à vida só lhe restara um filho. E ela o amava com um amor melancólico, pois ele era a imagem do que havia perdido. E o filho morreu. O frágil bordão em que se apoiava partiu-se, acabou-se o óleo na casa da viúva. Levaram o morto em seu féretro e, perto da porta da cidade, onde a multidão se aglomerava, calaram-se os lamentos, pois o Filho de Deus estava passando. A mãe seguia o féretro chorando baixinho, mas todos que olhavam para ela viam que seu coração estava partido. E o Senhor apiedou-se dela, tocou no esquife e disse: "Ordeno-te, ergue-te!". E o morto acordou e viu a face do Senhor. Oh, aquela fronte serena e solene, aquele indizível sorriso, aquela face ferida e triste, iluminada com divina benevolência, expulsaram as sombras do túmulo! Levantei-me, falei, eu estava vivo, e nos braços da minha mãe... sim, sou o morto ressuscitado! O povo aclamou, as trombetas fúnebres soaram alegremente. Todos gritavam: "Deus visitou seu povo!". Não ouvi mais nada... cai... não via outra coisa a não ser a face do Redentor!

O ancião ficou em silêncio, profundamente comovido, e o jovem Apecides ficou arrepiado, de cabelos em pé. Estava diante de alguém que conhecera o mistério da morte.

– Até então – voltou a falar o filho da viúva –, eu era como os outros homens: despreocupado, mas não dissoluto, cuidava apenas de amar e viver; mais ainda, inclinara-me à obscura crença mundana dos saduceus. Mas tendo acordado da morte e das terríveis e solitárias fantasias que estes lábios nunca ousarão revelar... trazido de volta à Terra para testemunhar os poderes do Céu... sendo de novo mortal, para testemunhar a imortalidade, saí do túmulo como um novo ser.

Ó obscura e perdida Jerusalém! Vi aquele que me devolveu a vida ser condenado à morte dolorosa e inclemente. Ao longe, no meio da imensa multidão, vi uma luz pousar e tremeluzir sobre a cruz; ouvi a turba ululante, gritei, enfureci-me, ameacei... ninguém me deu atenção... eu estava perdido em meio ao turbilhão e aos berros de milhares de pessoas! Mas mesmo então, na minha agonia e na d'Ele, creio que o olhar vidrado do Filho do Homem me avistou... Seus lábios sorriam, como quando vencera a morte; fizeram-me calar, e eu me acalmei. Que significado podia ter a morte para Ele, que já a desafiara por outrem? O Sol brilhou de viés sobre o semblante pálido e majestoso, e depois sumiu!

Caíram as trevas sobre a Terra. Quanto tempo isso durou, não sei. Um grito agudo ecoou na escuridão, um grito amargo! E tudo ficou em silêncio. Mas quem conseguiria narrar os terrores da noite? Caminhei pela cidade... a terra oscilava de um lado para outro, e as casas tremiam nos alicerces... os vivos tinham fugido das ruas, mas os mortos não! Eu os via passando no escuro... vultos sombrios e medonhos, envoltos em suas mortalhas... com horror, e pesar, e censuras nos lábios mudos e nos olhos sem luz! Quando eu passava, precipitavam-se sobre mim... olhavam-me com ar feroz... eu tinha sido irmão deles; e inclinavam a cabeça em sinal de reconhecimento; tinham se levantado para dizer aos vivos que os mortos podiam ressuscitar!

O ancião fez nova pausa, e, quando voltou a falar, fê-lo num tom mais calmo:

– A partir daquela noite, deixei de lado qualquer pensamento mundano, só pensava em servir a Ele. Como pregador e peregrino, percorri os cantos mais remotos da Terra, proclamando Sua Divindade e levando novos convertidos para o Seu rebanho. Chego como o vento; e como o vento me vou: espalhando, como o vento, sementes que enriquecem o mundo.

Filho – profetizou ele —, não nos encontraremos mais sobre a Terra. Não te esqueças desta hora... Que significam os prazeres e as pompas da vida? Como a lâmpada brilha, assim brilha a vida por uma hora; mas a luz da alma é a estrela que reluz para sempre no coração do espaço sem par.

Foi então que a conversa derivou para as doutrinas universais e sublimes da imortalidade. A mente do jovem convertido, ainda presa às névoas e vultos da prisão da fé de que recém-saíra, apaziguava-se e animava-se... o ar celestial soprava sobre o prisioneiro finalmente libertado. Havia uma diferença considerável e acentuada entre o cristianismo daquele ancião e o de Olinto: o do primeiro era mais manso, mais suave, mais divino; o heroísmo de Olinto tinha em si algo de violento e intolerante: era indispensável ao papel que decidira desempenhar; tinha em si mais da coragem do mártir do que da caridade do santo. Provocava, excitava, encorajava, mais do que reprimia e acalmava. Mas todo o coração daquele santo ancião estava imerso em amor; o sorriso divino destruíra dentro dele o fermento das paixões inferiores e mundanas, e juntara à energia do herói toda a meiguice da criança.

– E agora – disse ele, levantando-se afinal, quando os últimos raios de sol morriam no poente –, agora, no frescor do crepúsculo, continuo minha caminhada à Roma imperial. Lá, ainda vivem alguns homens santos que, como eu, contemplaram a face de Cristo, e quero vê-los antes de morrer.

– Mas a noite é muito fria para tua idade, meu pai; o caminho é longo, e os ladrões andam rondando por aí. Descansa aqui até amanhã.

– Querido filho, que há neste alforje para tentar um ladrão? E a noite e a solidão! Elas formam uma escada rodeada por legiões de anjos, ao pé da qual minha alma pode sonhar com Deus. Oh! Ninguém consegue saber o que pensa um peregrino enquanto percorre seu sagrado caminho, não alimentando medo e não temendo perigos, porque Deus está com ele! Ouve os ventos que murmuram alegres novas; as árvores dormem à sombra das asas do Todo-Poderoso... as estrelas são as escrituras do Céu, símbolos de amor e testemunhas da imortalidade. A noite é o dia do peregrino.

Com essas palavras, o ancião apertou Apecides contra o peito, e, apanhando o bordão e o alforje, com o cão saltando alegremente diante dele, seguiu seu caminho com passos lentos e olhos baixos.

O convertido ficou parado, olhando o vulto curvado, até que as árvores lhe ocultaram o último vestígio. E então, como as estrelas surgissem, despertou das suas meditações com um sobressalto, lembrando-se do encontro marcado com Olinto.

Com a mão esquerda, Vênus semidespida segura um querubim e tem nas mãos um espelho onde se vê.

5

O FILTRO. SEU EFEITO

Quando Glauco chegou à sua casa, encontrou Nídia sentada sob o pórtico do jardim. Na verdade, ela fora até lá na esperança de que ele voltasse cedo: ansiosa, receosa, previdente, resolvera aproveitar a primeira oportunidade para avaliar por si mesma a eficácia do filtro amoroso, desejando, ao mesmo tempo, que aquela oportunidade fosse adiada. Era, pois, naquele estado de espírito abrasado, com o coração aos pulos, o rosto afogueado, que Nídia aguardava a possibilidade de Glauco voltar antes que caísse a noite. Ele atravessou o pórtico assim que as primeiras estrelas tinham começado a surgir e o céu cobria-se com seu manto violáceo.

– Ó minha menina, estás à minha espera?

– Não. Estive cuidando das flores e fiquei aqui um pouquinho para descansar.

– Tem feito calor – disse Glauco, sentando-se também num banco sob a colunata.

– Muito.

– Fazes-me o favor de chamar Davus? O vinho que bebi está me dando mais calor, quero tomar algo gelado.

Sem que ela esperasse, de repente, de modo imprevisto, a oportunidade que Nídia aguardava surgiu. Por sua livre vontade, o próprio Glauco lhe fornecia o ensejo. Ela respirou ofegante.

– Eu mesma vou preparar-te a bebida preferida de Ione no verão: mel e vinho diluído, gelado na neve.

– Obrigado – disse o ingênuo Glauco. – Se Ione gosta, é o suficiente; mesmo que fosse veneno seria agradável.

Nídia franziu o cenho, depois sorriu, e saiu por alguns momentos e voltou com uma taça contendo a bebida. Glauco tomou-a das mãos dela. Que não daria Nídia, então, pelo privilégio de ficar ali olhando por uma hora, para ver suas esperanças serem consumadas... para ver o raiar do sonhado amor... para adorar, com maior veneração do que os persas, o nascer daquele sol que sua alma crédula pensava que iria brilhar sobre sua triste noite. Quão diferentes eram os pensamentos, as emoções da ceguinha dos da vaidosa Júlia, cuja ansiedade era a mesma. Nesta última, que pobres e frívolas paixões haviam motivado todo o ousado planejamento! Que ressentimentos baixos, que vingança mesquinha, que expectativa de um reles triunfo tinham deturpado os atributos do sentimento que ela enobrecia com o nome de amor! No coração arrebatado de Nídia, porém, tudo era pura paixão: descontrolada, imoderada... culpada, quase viril, desvairada, mas não aviltada por componentes dos mais sórdidos sentimentos. Plena de amor, como de vida, como poderia resistir ao ensejo de conquistar como retribuição o amor!

Então ela encostou-se à parede para manter-se de pé, e seu rosto, antes tão avermelhado, agora estava branco como a neve, e juntando convulsivamente as mãos, com os dedos entrelaçados, lábios entreabertos, olhos baixos, aguardava as primeiras palavras que Glauco iria dizer.

Este levara a taça aos lábios e já bebera um quarto do conteúdo, quando de repente olhou para o rosto de Nídia, e ficou tão seriamente preocupado com sua mudança, com sua expressão intensa, dolorida, estranha, que parou de beber abruptamente, e, ainda segurando a taça junto aos lábios, exclamou:

– Nídia! Nídia! Estás doente, ou sentindo alguma dor? Não precisas dizer, teu rosto fala por ti. Que te aflige, pobre criança?

Ao falar, pousou a taça e levantou-se para aproximar-se dela, quando uma súbita angústia gelou-lhe o coração, seguida de uma sensação violenta, confusa, vertiginosa, no cérebro. O chão parecia deslizar embaixo dele... sentia-se andando no ar... uma alegria enorme, sobrenatural, tomava-lhe a mente... estava demasiado eufórico para ficar na terra... queria asas... não, na euforia da sua nova existência, era como se já as possuísse.

Sem querer, explodiu numa gargalhada alta e estridente. Batia palmas, saltava, parecia uma pitonisa inspirada. Tão repentinamente como veio, aquele arroubo sobrenatural passou, embora não de todo. Agora sentia o sangue correndo com força e rapidamente pelas veias, parecendo avolumar-se, exultar, pular, avançando como uma torrente impetuosa que tivesse derrubado diques, e então seguia veloz para o oceano. Latejava-lhe nos ouvidos com um barulho ensurdecedor, sentia-o subir-lhe à fronte, parecia que as veias das têmporas distendiam-se e inflavam, como se não conseguisse mais conter a violência da correnteza – até que uma espécie de escuridão toldou-lhe os olhos... escuridão, mas não total, pois através da sombra indistinta ele via as paredes à sua frente incendiando-se, e as figuras nelas pintadas pareciam escorregar, deslizando como fantasmas. E o mais estranho era que não se sentia mal... não se acovardava nem recuava, diante daquele delírio terrível que o tomava. A singularidade daquelas sensações parecia-lhe vívida e clara, como se um vigor renovado lhe tivesse sido infundido no corpo. Glauco estava resvalando imperceptivelmente para a loucura – e não o sabia!

Nídia não tinha respondido às suas perguntas, pois não pudera fazê-lo. Aquela gargalhada estranha e horrível arrancara-a da sua apaixonada expectativa: não podia ver-lhe os gestos desvairados nem observar-lhe os passos inseguros e cambaleantes enquanto andava de um lado para outro, mas ouvia as palavras entrecortadas, incoerentes, insanas que lhe jorravam dos lábios. Ficou assustada e estarrecida; correu para ele, tateando, até encontrar-lhe os joelhos, que abraçou, jogando-se no chão, soluçando comovida e com medo.

– Oh, fala comigo! Fala! Não me odeias? Fala, fala!

– Pela gloriosa deusa, que bela terra é Chipre! Oh, como nos enchem de vinho em vez de sangue! Agora estão abrindo as veias daquele fauno para mostrar como o sangue dentro dele borbulha e cintila. Venha cá, divertido e velho amigo! Estás montado num bode, eh? Como seus pêlos são longos e sedosos! Vale mais do que todos os corcéis de Pártia. Mas quero dizer-te uma coisinha: esse teu vinho é demasiado forte para nós mortais. Oh! Que beleza! Os ramos estão descansando! As verdes ondas da floresta apanharam o Zéfiro e o afogaram! Nem um sopro agita as folhas... e vejo os Sonhos dormindo sob o carvalho, imóveis, com as asas fechadas; olho adiante, e vejo um regato azul brilhando na tarde silente; uma fonte jorrando para o alto! Ah, minha fonte, não consegues apagar os raios do sol da minha Grécia, embora te esforces, com teus ágeis braços de prata. E agora, que vulto se move às escondidas entre os ramos? Desliza como um raio de luar! Tem uma grinalda de folhas de carvalho na cabeça. Na mão traz um vaso, do qual tira e espalha conchas róseas e delicadas sobre a água cintilante. Oh, olha aquele rosto! Jamais o homem viu rosto igual. Vê! Estamos sós; só eu e ela na imensa floresta. Em seus lábios, não há um sorriso... ela caminha, séria e encantadoramente triste. Ah! Fugi, é uma ninfa! É uma das Napéias, as ninfas dos vales, prados e bosques! Quem as vê enlouquece. Fugi! Vêde, ela me descobriu aqui!

– Ó Glauco! Glauco! Não me reconheces? Não fales tão incoerentemente, ou me matarás com uma só palavra!

Nova mudança parecia ter-se operado na mente perturbada do infeliz ateniense. Ele pôs a mão sobre os cabelos sedosos de Nídia, alisou-lhe os cachos... olhou atentamente para o rosto dela, e então, como se na cadeia de pensamento rompida um ou dois elos ainda não se tivessem separado, seu semblante pareceu lembrá-lo das suas relações com Ione; e, a essa lembrança, seu desvario aumentou, e dominado pela paixão, começou a gritar:

– Juro por Vênus, por Diana e por Juno, que embora tenha agora o mundo sobre os ombros, como meu patrício Hércules (ah, Roma estúpida! Tudo o que é verdadeiramente grande vem da Grécia; seríeis bárbaros, se não fôssemos nós!)... declaro, como o meu patrício Hércules o fez antes de mim, que lançaria o mundo no caos por um sorriso de Ione! Ah, bela... adorada – acrescentou num tom indizivelmente apaixonado e lamentoso

–, não me amas! És cruel comigo. O egípcio caluniou-me... não sabes quantas horas passei embaixo da tua janela... não sabes quanto olhei para as estrelas, achando que tu, meu Sol, te dignarias enfim a nascer... e tu não me amas, tu me esqueceste! Oh, não me abandones agora! Sinto que minha vida não será longa; deixa-me, pelo menos, contemplar-te até o fim. Sou da gloriosa pátria dos teus pais... andei pelas colinas de File... colhi jacintos e rosas entre os olivais do Ilisso. Não podes deixar-me, porque teus pais eram irmãos dos meus. E diziam que aquela terra é adorável, o clima ameno, mas quero levar-te comigo. Ó vulto sombrio, por que te ergues como uma nuvem entre mim e minha amada? A morte vigia terrível no teu semblante... em teus lábios paira o sorriso que mata: teu nome é Orco, mas na terra os homens chamam-te Arbaces. Vê, eu te conheço! Vai-te, negra sombra, teus encantamentos são inúteis!

– Glauco! Glauco! – murmurou Nídia, largando-o e caindo desmaiada, vencida pelo remorso e pela angústia.

– Quem está chamando? – perguntou ele em voz alta. – Ione, é ela! Levaram-na... irei salvá-la... onde está meu estilete? Ah, está aqui! Estou indo em teu auxílio, Ione! Estou indo!

Assim falando, o ateniense cruzou o pórtico num salto, atravessou a casa toda e, com passos rápidos, mas vacilantes, e resmungando consigo mesmo, correu pelas ruas sob a luz das estrelas. A terrível poção ardia em suas veias como fogo porque seu efeito fora mais rápido, talvez pelo vinho que havia bebido antes. Habituados aos excessos dos farristas noturnos, os cidadãos abriam caminho aos seus passos cambaleantes, sorrindo e fingindo não vê-lo – naturalmente imaginavam que estivesse sob a influência de Baco, que com razão era venerado em Pompéia. Mas quem olhasse duas vezes para seu rosto estremeceria com um pavor indizível, e o sorriso fugia-lhe dos lábios. Glauco atravessou as ruas mais movimentadas e, seguindo maquinalmente o caminho para a casa de Ione, passou por um bairro mais deserto e entrou no ermo bosque de Cibele, onde Apecides tinha marcado encontro com Olinto.

6

UMA REUNIÃO COM PARTICIPANTES INCOMUNS
RIOS QUE FLUEM APARENTEMENTE SEPARADOS
CORREM PARA O MESMO GOLFO

Impaciente por saber se a terrível droga já havia sido ministrada por Júlia ao seu odiado rival, e com que resultado, Arbaces resolveu, assim que caiu a noite, ir à casa da jovem e acabar com sua ansiedade. Como já dissemos, era costume entre os homens daquela época levar consigo algumas tábulas e um estilete presos ao cinturão, que eram postos de lado quando chegavam à casa. Na verdade, sob a aparência de um instrumento literário, naquele mesmo estilete os romanos tinham uma arma aguda e temível. Foi com seu estilete que, no senado, Cássio deu a estocada mortal em César. Amparando com um longo bastão os passos ainda meio inseguros (embora a esperança e a vingança tivessem conspirado com seus próprios conhecimentos médicos, que eram profundos, para devolver-lhes o natural vigor), Arbaces saiu de casa, dirigindo-se à vila de Diomedes.

Como é belo o luar no Sul! Naquelas regiões, a noite passa tão imperceptivelmente para o dia que o crepúsculo mal consegue estabelecer uma ponte entre eles. Um instante de cor violácea no céu, com mil tons róseos nas águas, de escuridão quase vencendo a luz, e logo brilham inumeráveis estrelas, surge a Lua... e a noite reconquista seu reino.

Luminosos, e com um brilho suave, descem os raios de luar sobre o antigo bosque consagrado a Cibele. Árvores majestosas, cuja existência datava de épocas remotas, projetavam sombras imensas no chão, e nas clareiras entre os ramos brilhavam as estrelas, imperturbáveis e numerosas. A alvura da pequena capela no centro do bosque, entre a folhagem escura, era algo inesperado e surpreendente: lembrava de imediato o fim a que o bosque se destinava, sua santidade e solenidade.

Caminhando à sombra das árvores com passos rápidos e furtivos, Caleno chegou à capela. Afastando com cuidado os ramos que lhe escondiam completamente os fundos, postou-se no seu esconderijo; um esconderijo tão perfeito que, tendo à frente a capelinha e atrás as árvores, nenhum passante desavisado poderia detectá-lo. Como na outra vez, o bosque estava aparentemente deserto; ao longe, ouviam-se as vozes de alguns pândegos barulhentos ou a música que acompanhava alegremente os grupos que então, como ainda hoje naquelas regiões, nas noites de verão, demoravam-se nas ruas e gozavam ao ar fresco e à luz do luar as horas mais amenas do dia.

Da colina onde ficava o bosque, via-se, pelos intervalos entre as árvores, o mar imenso e purpúreo ondulando a distância, as casas brancas de Stábia nas praias encurvadas e os escuros montes Letiários confundindo-se com o céu maravilhoso. Em seu caminho para a casa de Diomedes, o vulto alto de Arbaces entrou na outra extremidade do bosque e, no mesmo instante, levado pelo encontro marcado com Olinto, Apecides cruzou o caminho do egípcio.

– Ora! Apecides! – exclamou Arbaces, reconhecendo de imediato o sacerdote. – Na última vez que nos vimos eras meu inimigo. Desde então, tenho desejado encontrar-te, pois ainda gostaria de ter-te como pupilo e amigo.

Apecides sobressaltou-se ao ouvir a voz do egípcio. Parando abruptamente, fixou nele o olhar, com ar de desafio, amargura e desdém.

– Canalha e impostor! – disse por fim. – Então escapaste das fauces da tumba! Mas não penses em enredar-me de novo em tuas tramas criminosas. Aranha tecedeira, estou armado contra ti!

– Silêncio! – disse Arbaces, em tom bem baixinho, mas o orgulho que nele, descendente de reis, era grande denunciava no tremor dos lábios e no rubor do rosto moreno o golpe que sofrera com as palavras insultuosas do sacerdote. – Fala baixo! Podes ser ouvido, e se outros ouvidos que não os meus te escutassem, bem...

– Estás ameaçando? E se toda cidade tivesse ouvido?

– Os Manes dos meus ancestrais não me perdoariam se te perdoasse. Mas procura conter-te e ouve-me. Estás com raiva porque tentei violentar tua irmã. Não, calma, calma, só um instante, suplico-te! Tens razão; foi o frenesi do ciúme e da paixão... arrependi-me amargamente da minha loucura. Perdoa-me; eu, que jamais implorei perdão a um ser vivo, suplico-te agora que me perdoes. E mais: quero reparar o insulto... peço tua irmã em casamento. Não te assustes! Pensa: que significa o parentesco com aquele grego vadio comparado ao meu? Riqueza ilimitada... descendência, que pela sua remota antigüidade faz vossos nomes gregos e romanos parecerem coisas recentes, de ontem; saber... mas desse não preciso falar, tu o conheces! Dá-me tua irmã e toda minha vida será dedicada a reparar um erro momentâneo.

– Egípcio, mesmo que eu consentisse, minha irmã detesta até o ar que respiras. Mas também tenho faltas a perdoar... devo perdoar-te por me ter transformado em instrumento das tuas imposturas, mas jamais te perdoarei por me ter seduzido para ser cúmplice dos teus vícios... fazendo de mim um homem perjuro e corrompido. Treme! Agora mesmo estou planejando a hora em que tu e teus falsos deuses sereis desmascarados. Tua vida de lascívia e sortilégios virá à luz... teus oráculos ventríloquos serão revelados... o templo da falsa deusa Ísis será objeto de zombaria e desdém... o nome de Arbaces tornar-se-á alvo de vaias e de execração. Treme!

O rubor no rosto do egípcio fora substituído por uma palidez mortal. Olhou para trás, para a frente, ao redor, para assegurar-se de que não havia ninguém por perto. Então, fixou os olhos negros e arregalados no sacerdote, com tamanho fulgor de raiva e ameaça, que alguém menos animado do que Apecides pela ardorosa audácia de um divino zelo não conseguiria enfrentar sem tremer aquele olhar ameaçador. O jovem convertido, porém, encarou-o impassível e devolveu-lhe o olhar com altivo ar de desafio.

– Apecides – disse o egípcio, com voz trêmula e abafada. – Cuidado! Que estás planejando? Reflete, não respondas logo, sob a violenta influência da raiva: falas de um projeto conjecturado, mas ainda não decidido, ou de algum plano já estabelecido?

– Falo por inspiração do verdadeiro Deus, cujo servo sou agora – respondeu ousadamente o cristão –, e consciente de que, pela Sua graça, a coragem humana já determinou a data em que tua hipocrisia e tua adoração ao demônio terão fim; antes que o Sol desponte três vezes, saberás tudo! Treme, soturno feiticeiro, e adeus!

Todas as violentas e tempestuosas paixões que herdara de seu povo e do seu país, sempre disfarçadas à força pela finura da astúcia e a frieza da filosofia, explodiam agora no peito do egípcio. Rapidamente, um pensamento surgia após o outro; via diante de si uma barreira invencível até para um casamento legal com Ione... naquele aliado de Glauco na luta que lhe frustrara os desígnios... no aviltador do seu nome... no perigoso profanador da deusa a quem servira ao mesmo tempo em que não acreditava nela... no descobridor confesso de suas imposturas e libertinagens. Seu amor, sua reputação, e mais, sua própria vida poderiam estar em perigo... e parecia-lhe que até o dia e a hora de uma conspiração contra ele estavam marcados. Pelas palavras do convertido, sabia agora que ele adotara a fé cristã; conhecia o zelo inquebrantável que incitava os prosélitos daquele credo. Esse era o inimigo; agarrou seu estilete... o inimigo estava em suas mãos!

Estavam agora na frente da capela. O egípcio olhou mais uma vez ao redor, rapidamente; não viu ninguém por perto... o silêncio e a solidão do lugar eram tentadores.

– Morre, então, por tua imprudência! – murmurou. – Vai-te, empecilho à realização do meu destino!

E exatamente quando o jovem cristão voltara-se para partir, Arbaces levantou a mão sobre o ombro esquerdo de Apecides e cravou-lhe o agudo estilete duas vezes no peito.

Apecides caiu, atingido no coração... caiu mudo, sem um gemido sequer, bem ao pé da capela.

Arbaces observou-o por um momento com a feroz satisfação animal de vitória sobre um inimigo. Mas logo a plena consciência do perigo a que estava exposto manifestou-se repentinamente. Então enxugou cuidadosamente o estilete na grama alta e nas próprias roupas da sua vítima; envolveu-se no manto, e já ia embora quando viu, subindo pelo caminho, bem à sua frente, o vulto de um homem jovem, cujos passos cambaleavam e vacilavam de maneira estranha à medida que avançava. O luar sereno caiu-lhe em cheio no rosto, que, sob os raios branquicentos, parecia sem vida como o mármore. O egípcio reconheceu o rosto e a silhueta de Glauco. O pobre grego, fora de si, vinha cantando uma cantiga desconexa e sem sentido, composta de fragmentos de hinos e odes sacras misturados confusamente.

"Ah!", pensou o egípcio, adivinhando de imediato a causa terrível do seu estado. "Então a bebida infernal funciona, e o destino trouxe-te aqui para acabar com dois dos meus inimigos de uma só vez."

Rapidamente, antes mesmo que a idéia lhe tivesse ocorrido, ele se afastara para o lado da capela, escondendo-se entre a folhagem. Naquele lugar escuro, ficou espreitando, como um tigre em seu covil, os passos da segunda vítima. Percebeu o fogo errante e inquieto nos olhos claros e belos do ateniense; as convulsões que distorciam as feições esculturais e os lábios descorados. Viu que o grego estava totalmente privado da razão. Contudo, quando se aproximou do cadáver de Apecides, do qual escorria lentamente sobre a relva um regato vermelho escuro, vendo aquele estranho e horrível espetáculo, mesmo desvairado e fora de si como estava, Glauco parou. Calou-se, passou a mão na testa, como se para concentrar-se, e então disse:

– Ó Endimião, por que dormes tão profundamente? Que foi que a Lua te disse? Estou ficando com ciúme; é hora de acordar.

Abaixou-se, com a intenção de levantar o corpo. Esquecendo – na verdade, nem sentindo – a própria debilidade, o egípcio saltou do seu esconderijo e, quando o grego se curvava, jogou-o com força no chão, sobre o corpo de Apecides. Então, elevando ao máximo o tom da voz, gritou:

– Ó cidadãos... socorro! Correi aqui... aqui! Um assassinato... um assassinato bem junto da vossa capela! Socorro, ou o assassino fugirá!

Enquanto gritava, pôs o pé sobre o peito de Glauco: precaução inútil e supérflua, porque com a poção operando e com a queda o grego jazia imóvel e inconsciente; apenas, de quando em quando, seus lábios deixavam escapar alguns sons vagos e desvairados.

Enquanto esperava que chegassem pessoas por quem continuava a chamar, talvez algum remorso, algum arrependimento – pois apesar dos seus crimes era humano – rondassem seu coração. A situação indefesa de Glauco... suas palavras sem nexo... sua mente transtornada, impressionavam-no mais do que a morte de Apecides e, à meia voz, disse consigo mesmo:

– Pobre corpo! Pobre razão humana. Onde está a alma agora? Poderia poupar-te, meu rival... nunca mais competirás comigo! Mas o destino deve ser obedecido... minha segurança exige teu sacrifício.

Com isso, e parecendo querer livrar-se de escrúpulos, gritou ainda mais alto, e tirando o estilete do cinturão de Glauco, mergulhou-o no sangue do morto, e jogou-o ao lado do cadáver.

E então, apressadas e resfolegantes, várias pessoas chegaram ao mesmo tempo, algumas com tochas, que o luar tornava desnecessárias, mas que chamejavam rubras e trêmulas à sombra das árvores, e cercaram o lugar.

– Erguei aquele cadáver – disse o egípcio – e vigiai bem o assassino.

Levantaram o morto, e grande foi seu horror e sua sagrada indignação ao descobrir naquele corpo sem vida um sacerdote da adorada e venerável Ísis. Porém, sua surpresa talvez tenha sido ainda maior quando descobriram que o acusado era o brilhante e admirado ateniense.

– Glauco! – gritaram os presentes a uma só voz. – Será mesmo possível?

– Eu prefiro acreditar que o assassino é o próprio egípcio – murmurou um homem para seu vizinho.

Nesse instante, um centurião, com ar de autoridade, forçou passagem em meio à multidão aglomerada.

– Como! Sangue derramado! Quem é o assassino?

Os homens apontaram para Glauco.

– Eh! Por Marte, tem mais é aparência de vítima! Quem o acusa?

– Eu – disse Arbaces, empertigando-se com altivez, e as jóias que lhe adornavam as vestes lançaram faíscas nos olhos do centurião, convencendo de imediato o digno guerreiro da respeitabilidade da testemunha.

– Perdoa-me... como te chamas? – perguntou.

– Arbaces; creio que meu nome é bem conhecido em Pompéia. Atravessando o bosque, vi logo à frente o grego e o sacerdote conversando seriamente. Fiquei impressionado com os movimentos frenéticos do primeiro, com seus gestos arrebatados e com o tom elevado da sua voz; pareceu-me bêbado ou louco. De repente, vi-o levantar o estilete... corri até lá... tarde demais para detê-lo. Ele golpeou a vítima duas vezes, e estava curvado sobre o corpo quando, no meu horror e indignação, arremessei-o ao chão com um soco. Ele caiu sem resistência, o que me faz suspeitar ainda mais que não estava em seu juízo perfeito quando o crime foi perpetrado, pois, recém-recuperado de séria doença, não dei o soco com muita força, e a constituição de Glauco, como se pode ver, é vigorosa e jovem.

– Ele abriu os olhos... está movendo os lábios – disse o centurião. – Fala, prisioneiro, que tens a dizer diante da acusação?

– Acusação... ha, ha, ha! Ora, tudo foi muito divertido! Quando a megera instigou a serpente contra mim, e Hécate ficou assistindo, rindo de orelha a orelha... que poderia eu fazer? Mas estou doente... estou fraco...a língua de fogo da serpente feriu-me. Levem-me para a cama, e mandem chamar o médico. O próprio bom velho Esculápio me atenderá se lhe disserdes que sou grego. Oh, por piedade... por piedade! Estou ardendo! Medula e cérebro, tudo arde!

E, com um gemido forte e impressionante, o ateniense caiu nos braços dos circunstantes.

– Está delirando – disse o oficial, penalizado –, e no seu delírio golpeou o sacerdote. Algum dos presentes o tinha visto hoje?

– Eu – disse um dos espectadores –, vi-o pela manhã. Passou pela minha loja e cumprimentou-me. Parecia bem e tão sadio quanto o mais robusto de nós.

– E eu o vi há meia hora – disse outro –, passando pelas ruas falando sozinho, com gestos estranhos, tal como o egípcio descreveu.

– Uma confirmação do testemunho! Deve ser verdade. Seja como for, devemos levá-lo ao pretor. Uma pena, tão jovem e tão rico! Mas o crime é horrível: um sacerdote de Ísis, com suas vestes sagradas, e ainda, aos pés da nossa capela mais antiga!

Essas palavras fizeram a multidão pensar, mais vividamente do que na sua excitação e curiosidade anteriores, sobre a hediondez do sacrilégio. Todos estremeceram tomados de piedoso horror.

– Não admira que a terra tenha tremido, já que enfrentou um monstro como esse – disse um.

– À prisão com ele, vamos! – gritaram todos.

E uma voz solitária, estridente e alegre abafou todas as outras:

– As feras não precisam mais de um gladiador. Olá! Vivas ao alegre espetáculo!

Era a voz da moça cuja conversa com Medon já reproduzimos.

– É mesmo, é mesmo! Chegou bem a tempo para a festa! – gritaram alguns.

E esse pensamento pareceu desvanecer qualquer piedade que pudessem sentir pelo acusado. Sua juventude e beleza faziam-no talhado para ser exposto na arena.

– Tragam-me umas tábuas... ou uma liteira, se houver uma

à mão... para carregar o morto – disse Arbaces. – Um sacerdote de Ísis por certo não pode ser levado ao seu templo por mãos profanas, como se fosse um gladiador chacinado.

Ouvindo isso, os homens deitaram reverentemente o corpo de Apecides no chão, com o rosto voltado para cima, e alguns deles foram em busca de alguma coisa para transportar o corpo, sem que mãos profanas o tocassem.

Foi exatamente naquele momento que a aglomeração se afastou para os lados, quando um homem decidido abriu passagem, e Olinto, o cristão, postou-se bem na frente do egípcio. Primeiro, porém, seus olhos fixaram-se com indizível horror e pesar no chão ensangüentado e no rosto voltado para o céu, no qual percebia-se ainda a agonia de uma morte violenta.

– Assassinado! – exclamou. – Será que foi teu zelo que te levou a isso? Teriam descoberto teus nobres propósitos, procurando, com tua morte, evitar o opróbrio?

Voltou-se abruptamente, e seu olhar caiu sobre o semblante solene do egípcio.

Enquanto olhava, podia-se ver no seu rosto, e no leve tremor do corpo, a aversão e repugnância que o cristão sentia por alguém que sabia ser tão perigoso e perverso. Na verdade, espreitava-o como o pássaro faz com o lagarto... em silêncio, sem pressa. Mas, dominando o súbito desalento que se apossara dele, Olinto estendeu o braço direito para Arbaces e disse, num tom grave e enérgico:

– Este homem foi assassinado! Onde está o assassino? Apresenta-te, egípcio! Pois, assim como creio que Deus existe, acredito que o assassino és tu!

Por um instante, uma expressão de ânsia e inquietação transformou o semblante do egípcio, mas este logo recobrou seu ar sombrio de indignação e desdém, enquanto os espectadores, assombrados e apreensivos com a súbita e veemente acusação, acotovelavam-se cada vez mais próximos dos dois personagens principais.

– Sei – disse Arbaces altivamente – quem é meu acusador, e acho que sei também por que me acusa desta forma. Cidadãos, sabei que este homem é o mais implacável dos nazarenos, ou cristãos, não sei a denominação exata! É espantoso que, em sua hostilidade, se atreva a acusar um egípcio do assassinato de um sacerdote do Egito.

— Eu o conheço. Conheço esse cão — gritaram várias vozes. — É Olinto, o cristão... ou melhor, o ateu... ele renega os deuses!

— Paz, irmãos — disse Olinto com dignidade. — Ouvi-me! Antes da sua morte, este sacerdote de Ísis assassinado abraçou a fé cristã... revelou-me os vícios secretos, as feitiçarias desse egípcio... o cerimonial hipócrita e os embustes do Templo de Ísis. Estava prestes a declarar tudo publicamente. Ele, um estrangeiro, um homem correto, sem inimigos! Quem desejaria derramar seu sangue a não ser um dos que temiam sua revelação? E quem poderia estar mais preocupado com o testemunho dele? Arbaces, o egípcio!

— Ouvistes! — exclamou Arbaces. — Ouvistes! Ele está blasfemando! Perguntai-lhe se acredita em Ísis!

— Como poderia crer num espírito maligno? — replicou Olinto, corajosamente.

Os presentes estremeceram. Sem intimidar-se, pois estava sempre preparado para o perigo, e esquecendo toda a prudência, na excitação do momento, o cristão prosseguiu:

— Para trás idólatras! Este corpo não irá para vossos rituais enfatuados e profanos. É a nós, seguidores de Cristo, que competem as exéquias devidas a um cristão. Exijo seus restos mortais em nome do grande Criador que chamou sua alma de volta.

O cristão falou em tom tão solene e imponente que os homens não se atreveram a expressar em voz alta a imprecação de temor e aversão que tomava seus corações. E jamais, talvez, desde que Lúcifer e o Arcanjo disputaram o corpo do poderoso Legislador, surgira tema mais impressionante para o gênio de um pintor do que a cena agora presenciada. As árvores sombrias... a solene capela... o luar batendo em cheio no cadáver... as tochas, atrás, com a chama oscilando para cá e para lá... os diferentes rostos da heterogênea platéia... ao longe, o vulto inerte do ateniense, amparado por alguém, e em primeiro plano, dominando a cena, as silhuetas de Arbaces e do cristão: o primeiro, ereto, bem mais alto do que a turba ao redor; braços cruzados, cenho franzido, olhos fixos, lábios levemente crispados com ar de desafio e desprezo. O outro, mostrando no semblante abatido e sulcado de rugas a majestade de um domínio igual: feições ríspidas, embora francas, aspecto afoito, mas sincero; a tranqüila dignidade do seu porte, marcada por indizível fervor, combinava com o temor respeitoso que ele despertara. A mão esquerda apontava para o cadáver... a direita, erguida para o céu.

O centurião novamente interveio:

– Em primeiro lugar, Olinto, ou seja lá qual for o teu nome, tens alguma prova da acusação que fizeste contra Arbaces, além das tuas vagas suspeitas?

Olinto ficou calado; o egípcio riu desdenhosamente.

– Exiges o corpo de um sacerdote de Ísis como se fosse da seita nazarena, ou cristã?

– Exijo.

– Jura então por esse templo, pela estátua de Cibele, pelos mais antigos templos de Pompéia, que o morto abraçou a tua fé!

– Homem presunçoso! Repudio vossos ídolos! Abomino vossos templos! Como posso então jurar por Cibele?

– Fora, fora com o ateu! Fora! A terra nos tragará se tolerarmos esse blasfemo no bosque sagrado... levemo-lo para a morte!

– Às feras! – acrescentou uma voz feminina no meio da multidão. – Agora teremos um para o leão, outro para o tigre!

– Se, nazareno, não crês em Cibele, qual dos nossos deuses reconheces? – prosseguiu o soldado, indiferente aos gritos do povo.

– Nenhum!

– Fora com ele! Fora! – gritavam todos.

– Presunçosos e cegos! – continuou o cristão, erguendo a voz. – Como podeis acreditar em imagens de pedra e madeira? Imaginais que elas têm olhos para ver, ouvidos para ouvir, mãos para ajudar-vos? Será que aquela coisa muda, esculpida pela mão do homem, é uma deusa? Será que foi ela quem criou a humanidade? Ai! Ela foi feita pela mão do homem. Ora! Convencei-vos da sua nulidade... da vossa insensatez.

Ainda falando, saiu do meio da multidão e correu para o templo. Antes que os circunstantes lhe adivinhassem o propósito e pudessem impedi-lo, cheio de zelosa indignação derrubou a estátua do seu pedestal.

– Olhai! – bradou. – Vossa deusa sequer pode vingar-se. Esta coisa merece ser adorada?

Não conseguiu dizer mais nada: um sacrilégio tão grande e audacioso, num dos templos mais sagrados, encheu de raiva e horror até o mais indiferente daqueles homens. Unânime, a multidão precipitou-se sobre ele, agarrou-o e, não fosse a interferência do centurião, o teria feito em pedaços.

– Chega! – disse o policial. – Levemos este blasfemo atrevido ao tribunal competente... já perdemos muito tempo! Levemos ambos os acusados aos magistrados; ponde o corpo do sacerdote na liteira... levai-o para sua casa!

Nesse instante, um sacerdote de Ísis adiantou-se.

– Reclamo os restos mortais, conforme a tradição sacerdotal.

– Obedecei ao flâmine – disse o centurião. – Como está o assassino?

– Sem sentidos, ou dormindo.

– Fosse menor o seu crime, teria pena dele. Vamos!

Arbaces virou-se e seus olhos encontraram-se com os daquele sacerdote de Ísis: era Caleno. No olhar dele havia algo tão significativo e sinistro que o egípcio murmurou consigo mesmo:

– Será que ele presenciou o crime?

Uma jovem irrompeu da multidão, olhou firme para Olinto.

– Por Júpiter! É um patife bem robusto! Digo vos, agora teremos um homem para o tigre; um para cada fera!

– Bravo! – explodiu a multidão. – Um homem para o leão, outro para o tigre! Que sorte! Conseguimos!

Os Últimos Dias de Pompéia

7

EM QUE O LEITOR FICA A PAR DA SITUAÇÃO DE GLAUCO
AMIZADE PROVADA. INIMIZADE ATENUADA
O AMOR É O MESMO, POIS QUEM AMA É CEGO

A noite já ia avançada, e os alegres pontos de reunião dos ociosos pompeianos ainda estavam apinhados. Podia-se observar no rosto dos vários desocupados uma expressão mais séria do que a habitual. Formavam grandes grupos, como se estivessem preocupados em partilhar entre si uma ansiedade meio aflitiva meio prazenteira, como convinha ao assunto sobre o qual conversavam: era um assunto de vida ou morte.

Um jovem passou rapidamente pelo belo pórtico do Templo da Fortuna; na verdade, tão rapidamente que esbarrou com força no corpo rotundo e elegantemente trajado do respeitável Diomedes, que estava voltando à sua mansão suburbana.

– Ei! – resmungou o mercador, recuperando o equilíbrio com certa dificuldade. – Não enxergas? Ou achas que não sinto nada? Por Júpiter! Quase acabaste comigo; outro encontrão como este e minha alma estaria no Hades, a morada dos mortos!

– Ah, Diomedes! És tu? Perdoa meu descuido. Ia preocupado, pensando nos revezes da vida. Glauco, nosso pobre amigo, hein! Quem imaginaria?

– É, mas dize-me, Clódio, ele vai mesmo ser julgado pelo Senado?

– Sim. Dizem que o crime é tão insólito, que só o Senado pode decidir; por isso os lictores devem citá-lo formalmente.

– Então, foi acusado publicamente?

– Com certeza. Onde andavas que ainda não sabias?
– Ora, recém-cheguei de Nápoles, onde fui a negócios na manhã do crime... tão chocante, e ele esteve na minha casa na noite em que tudo aconteceu!
– Não há dúvidas sobre sua culpa – disse Clódio, encolhendo os ombros –, e já que crimes como esse têm prioridade sobre pequenas faltas sem repercussão, vão apressar-se para dar o veredicto antes dos jogos.
– Os jogos! Valham-me os deuses! – exclamou Diomedes, estremecendo. – Podem condená-lo às feras? Tão jovem, tão rico!
– Sim. Mas, trata-se de um grego. Fosse ele romano, haveria mil atenuantes. Esses estrangeiros podem ser admitidos como iguais na prosperidade, mas, na adversidade, não devemos esquecer-nos de que na verdade eles são escravos. Só que nós, de classe superior, sempre somos amáveis. Se o julgássemos, certamente seria absolvido. Cá entre nós, que vale um insignificante sacerdote de Ísis? Ou a própria Ísis? Mas o povo é supersticioso; todos clamam pelo sangue do sacrílego. É perigoso não dar atenção à opinião pública.
– E o blasfemo, cristão, ou nazareno, seja lá que nome tenha?
– Ó pobre homem, se concordar em oferecer sacrifícios a Cibele, ou a Ísis, será perdoado! Se não o fizer, será atirado ao tigre. É o que penso, mas os juízes decidirão. Porém estamos falando antes que os votos estejam na urna. E o grego ainda pode escapar da terrível condenação. Mas chega de falar desse assunto tão triste! Como vai a bela Júlia?
– Bem, suponho.
– Dá-lhe minhas recomendações. Mas, espera! Aquela porta está rangendo nos gonzos; é a casa do pretor. Quem estará saindo? Por Pólux! É o egípcio! Que estará querendo do nosso amigo magistrado?
– Conversar a respeito do assassinato, sem dúvida – respondeu Diomedes. – Mas, quais são as conjecturas sobre o que motivou o crime? Glauco ia se casar com a irmã do sacerdote.
– Sim, mas dizem que Apecides não concordou com a aliança. Podem ter discutido. Glauco estava visivelmente em-

briagado... não, mais do que isso, pois quando o prenderam parecia inerte e dizem que ainda delira... não sei se pelo vinho ou pelo terror e remorso, ou pelas Fúrias ou pelas Bacantes.

– Pobre rapaz! Tem um bom advogado?

– O melhor, Caio Pollio, homem muito eloqüente. Dizem que anda comprando todos os nobres arruinados e patrícios pobres de Pompéia para que vistam seus trajes surrados e saiam por aí declarando sua amizade por Glauco (que nem se o aclamassem imperador falaria com eles... devo fazer-lhe justiça, ele era exigente na escolha dos amigos) e procurem levar os cidadãos mais inflexíveis a ter piedade. Mas não conseguirão; no momento, o prestígio de Ísis é enorme.

– A propósito, tenho mercadorias seguindo para Alexandria. Sim, Ísis deve ser defendida.

– É verdade. Então, adeus, caro amigo, nos veremos em breve; senão nos veremos no anfiteatro, onde faremos boas apostas. Todos os meus cálculos ficaram prejudicados por esse maldito contratempo com Glauco. Ele tinha apostado em Lidon, o gladiador; agora vou sair para recompor minha lista de apostas. *Vale*!

Diomedes dirigiu-se para sua mansão e Clódio prosseguiu seu caminho, cantarolando uma melodia grega e deixando pela rua, atrás de si, um rasto de perfume que exalavam suas vestes brancas e flutuantes.

– Se... – disse consigo mesmo –, se Glauco servir de comida para o leão, Júlia não encontrará ninguém melhor do que eu para amar. É claro que se apaixonará por mim... e então, imagino, deverei casar-me. Pelos deuses! Os dados começam a não dar lucro; todos olham para minha mão desconfiados quando os sacudo. O maldito Salústio anda insinuando que trapaceio; e se descobrirem que os dados de marfim estão chumbados... bem, adeus às alegres ceias e cartas de amor perfumadas... Clódio estará perdido! Então, é melhor casar-me enquanto posso, renunciar ao jogo, e gastar minha fortuna (ou melhor, a da nobre Júlia) na corte imperial.

Murmurando sobre os desígnios da sua ambição (se é que os projetos de Clódio mereciam uma denominação tão nobre), o jogador percebeu que alguém o chamava; voltou-se e viu o rosto moreno de Arbaces.

– Salve, nobre Clódio! Perdoa-me a interrupção; informa-me, por gentileza, onde é a casa de Salústio.

– Fica a poucos passos daqui, sábio Arbaces. Mas Salústio está recebendo esta noite?

– Não sei – respondeu o egípcio –, nem eu talvez seja alguém que ele desejasse como companheiro. Mas sabes que Glauco, o assassino, está detido na casa dele.

– Ah, o bondoso epicurista acredita na inocência do grego! Acabas de lembrar-me que ele passou a ser fiador de Glauco, sendo portanto responsável por sua integridade até o dia do julgamento. Bem, a casa de Salústio é muito melhor do que a prisão, principalmente quando se trata daquele maldito covil no fórum. Mas por que queres ver Glauco?

– Porque, nobre Clódio, seria bom se conseguíssemos livrá-lo da execução. A condenação de um rico é um golpe para toda a sociedade. Gostaria de falar com ele... ouvi dizer que recobrou a razão... e apurar os motivos do crime; podem ser tão atenuantes a ponto de auxiliar na sua defesa.

– És bondoso, Arbaces.

– Ser bondoso é dever de quem aspira à sabedoria – replicou o egípcio, modestamente. – Qual é o caminho para a mansão de Salústio?

– Vou mostrar-te – disse Clódio –, se permites que te acompanhe por alguns passos. Mas, dize-me, que aconteceu com a pobre moça que ia se casar com o ateniense, a irmã do sacerdote assassinado?

– Ai! Está quase louca! Às vezes, amaldiçoa o assassino... então pára de repente... depois começa a gritar: "Por que esta maldição? Ó meu irmão, teu assassino não foi Glauco! Jamais acreditarei nisso!". Depois recomeça, pára de novo de repente, e murmura consigo mesma: "Mas, e se foi mesmo ele?".

– Infeliz Ione!

– Mas é bom para ela que os solenes deveres que a religião impõe para com os mortos tenham-lhe desviado a atenção de Glauco e de si mesma. Na sua confusão mental, ela mal parece dar-se conta de que Glauco está preso e às vésperas do julgamento. Quando os rituais fúnebres terminarem, seu raciocínio voltará ao normal, e temo que seus amigos se revoltem vendo-a correr em auxílio do assassino do irmão.

— Deve-se evitar um escândalo como esse.

— Acredito ter tomado precauções para tanto. Sou seu tutor legal, e consegui permissão para levá-la para minha casa, após o funeral de Apecides. Lá, se os deuses permitirem, ela estará segura.

— Fizeste bem, sábio Arbaces. E, pronto!, ali está a casa de Salústio. Que os deuses te guardem! Mas, Arbaces, ouve: por que és tão taciturno e arredio? Dizem que os homens devem ser alegres... por que não deixar que te inicie nos prazeres de Pompéia? Acho que ninguém os conhece melhor do que eu.

— Agradeço-te, nobre Clódio. Sob teus auspícios, até poderia arriscar-me, mas na minha idade eu seria um péssimo aluno.

— Oh, não temas! Já consegui mudar a opinião de homens de setenta anos. Além do mais, os ricos nunca envelhecem.

— Estás me deixando animado. Qualquer dia te lembrarei da promessa..

— Podes contar com Marco Clódio sempre. Adeus!

— Ora — disse o egípcio, monologando, ao afastar-se —, não sou um homem ávido por sangue; salvarei o grego com prazer se ele, ao confessar o crime, perder Ione para sempre e me livrar de um dia descobrirem a verdade. Posso salvá-lo convencendo Júlia a confessar que lhe deu o filtro, o que ajudará a inocentá-lo. Mas, se ele não confessar, Júlia ficará desonrada, e ele morrerá! Que morra, para que não seja mais um rival entre os vivos... que morra, para que tome meu lugar entre os mortos! Será que confessará? Será que poderei convencê-lo de que no seu delírio desferiu o golpe mortal? Ficaria mais seguro com isso do que com sua morte. Bem, vamos tentar!

Andando rapidamente pela rua estreita, Arbaces aproximou-se da casa de Salústio, quando avistou um vulto escuro, envolto num manto e estendido no chão, atravessado na soleira da porta. Estava tão imóvel, e tão sombrio aquilo parecia, que outro que não fosse Arbaces seria tomado por um terror supersticioso, achando que estava diante do tenebroso espírito de um daqueles seres mortos que gostavam de ficar rondando o umbral da casa onde tinham vivido. Mas tais visões não im-

Acrópolis de Atenas

pressionavam Arbaces.

– Ergue-te! – disse, tocando o vulto com o pé. – Estás impedindo a passagem!

– Ah! Quem és tu? – gritou o vulto em tom estridente, e, quando se levantou, a luz das estrelas caiu sobre o rosto pálido e os olhos fixos, mas cegos, de Nídia, a tessaliana. – Quem és tu? Conheço essa voz.

– Ceguinha! Que fazes aqui tão tarde? Que vergonha! Achas que isso fica bem a uma pessoa do teu sexo e com a tua idade? Para casa, menina!

– Eu sei quem és – disse Nídia, em voz baixa. – És Arbaces, o egípcio. – Então, como se levada por súbito impulso, lançou-se aos seus pés, e, agarrando-lhe os joelhos, exclamou em tom ardente e exaltado: – Ó homem temido e poderoso, salva-o, salva-o! Ele não é culpado... a culpada sou eu! Ele jaz lá dentro, moribundo, e eu... eu sou a odiosa causadora de tudo! E não me deixam estar com ele... expulsam-me do vestíbulo. Oh, cura-o! Deves conhecer alguma erva, algum esconjuro, alguma coisa que desfaça encantamentos... porque foi uma poção que provocou seu delírio!

– Silêncio, pequena! Sei de tudo! Esqueces que acompanhei Júlia à casa da Saga. Sem dúvida, ela lhe ministrou a bebida, mas sua reputação exige que te cales. Não te recrimines; o que tem de ser, será. Agora vou ver o acusado... ele ainda pode ser salvo. Vai-te!

Livrando-se em seguida dos braços da desesperada ceguinha, bateu à porta com força e logo ouviu os pesados ferrolhos sendo puxados. O porteiro, entreabrindo a porta, perguntou quem era.

– Arbaces... tenho um assunto importante a tratar com Salústio... é sobre Glauco. Estou vindo da casa do pretor.

Meio bocejando meio resmungando, o porteiro deixou passar a silhueta esguia do egípcio. Nídia correu para a porta.

– Como está ele? – gritou. – Dize-me... dize-me!

– Que menina louca! És tu de novo? Que vergonha! Dizem que está consciente.

– Louvados sejam os deuses! Não vais me deixar entrar? Ah! Suplico-te...

– Entrar? Tu?... Não. Pobres das minhas costas se deixasse entrar gente como tu! Fora!

A porta se fechou, e Nídia, com um profundo suspiro, deixou-se cair de novo sobre as pedras frias. Protegendo o rosto com o manto, retomou sua penosa vigília.

Enquanto isso, Arbaces já chegara ao triclínio, onde Salústio recém-entrara para cear com seu liberto favorito.

– Que! Arbaces a esta hora!... Aceita esta taça.

– Não, nobre Salústio. É por um assunto grave, não por prazer, que me atrevo a perturbar-te. Como está teu custodiado? Dizem na cidade que recuperou a consciência.

– Sim, é verdade! – replicou o bondoso, embora inconseqüente, Salústio, enxugando as lágrimas dos olhos. – Mas está com os nervos e o corpo tão em frangalhos que mal reconheço nele o companheiro brilhante e alegre com quem estava acostumado. Porém é estranho dizê-lo: ele não consegue uma explicação para a causa do súbito delírio que se apoderou dele... tem só uma vaga consciência do que aconteceu, e, apesar do teu testemunho, sábio egípcio, sustenta ser inocente na morte de Apecides.

– Salústio – disse Arbaces com gravidade –, no caso do teu amigo há muitas coisas que merecem especial condescendência; e se conseguíssemos ouvir da sua boca a confissão e saber o motivo do crime, muito poderíamos esperar da clemência do Senado, pois, como sabes, o Senado tem poderes para abrandar a lei, ou torná-la mais severa. Por esse motivo, estive conversando com a maior autoridade da cidade e consegui sua permissão para falar em particular com o ateniense. Amanhã, como sabes, começa o julgamento.

– Bem – disse Salústio –, serias realmente digno da tua descendência oriental e da tua fama se conseguisses arrancar-lhe alguma coisa; mas podes tentar. Pobre Glauco! Tinha um ótimo apetite... agora não come nada!

Ao pensar nisso, o bondoso epicurista ficou visivelmente comovido. Suspirou e ordenou ao escravo que tornasse a encher-lhe a taça.

– A noite se aproxima do fim – disse o egípcio –, permite que veja teu protegido agora.

Salústio acenou concordando, e levou-o a um pequeno aposento cuja porta era guardada por dois escravos sonolentos. A pedido de Arbaces, Salústio se retirou. O egípcio ficou sozinho com Glauco.

Um daqueles candelabros altos e elegantes, comuns naquela época, sustentava uma única lâmpada, que ardia ao lado da cama. Sua claridade tênue batia no rosto do ateniense, e Arbaces ficou impressionado ao ver como estava visivelmente mudado: pálido, as faces encovadas, os lábios trêmulos e sem cor. Feroz fora a luta entre a razão e a loucura, entre a vida e a morte. A juventude, o vigor de Glauco tinham vencido, mas o frescor do sangue e da alma... a vida da vida... o entusiasmo e a beleza tinham-se esvaído para sempre.

O egípcio sentou-se em silêncio junto ao leito; Glauco continuava mudo e alheio à sua presença. Finalmente, depois de esperar por muito tempo, Arbaces falou:

– Glauco, temos sido inimigos. Vim aqui sozinho e na calada da noite... como teu amigo, teu salvador, talvez.

Como um cavalo sobressaltado diante das pegadas do tigre, Glauco levantou-se ofegante, assustado, ante o som inesperado daquela voz, da súbita aparição do inimigo. Os olhos de ambos encontraram-se, e, por instantes, nenhum dos dois conseguiu desviá-los. O rosto do ateniense corava e empalide-

cia, e o semblante bronzeado do egípcio perdeu a cor. Por fim, com um grande gemido abafado, Glauco se virou, passou a mão na testa, voltou a deitar-se, e murmurou:
— Estarei ainda sonhando?
— Não, Glauco, estás acordado. Por minha mão direita e pela cabeça de meu pai, vês aqui alguém que pode salvar-te. Ouve! Sei o que fizeste, e sei também por que, coisa que tu ignoras. Cometeste um assassinato, é verdade... um sacrílego assassinato. Não te irrites, não tremas... estes olhos viram. Mas posso salvar-te... posso provar que agiste sob privação dos sentidos, e não como um homem lúcido e consciente dos seus atos. Para salvar-te, porém, deves confessar teu crime. Assina esta declaração reconhecendo a autoria do assassinato de Apecides, e estarás livre da urna fatídica.
— Que dizes? Assassinato de Apecides? Então não o encontrei sem vida, estendido no chão, sangrando? E queres convencer-me de que eu cometi o crime? Estás mentindo, homem! Fora daqui!
— Não te precipites, não te precipites! O crime está provado. Calma, calma! Podes muito bem ser relevado por não recordar o que fizeste em teu delírio, e que em teu juízo perfeito te recusarias até a imaginar. Mas deixa-me tentar refrescar tua memória exausta e confusa. Sabes que estavas andando com o sacerdote, discutindo a respeito da irmã dele; sabes que ele era intolerante, e, quase nazareno, queria converter-te, e te falava com veemência; condenou-te o modo de vida e afirmou que não deixaria Ione casar-se contigo... Então, no teu delírio, e cheio de ódio, de repente o golpeaste. Calma, vamos, tenta lembrar-te! Lê este papiro, tudo está dito aqui... assina-o e estarás salvo!
— Miserável, dá-me essa declaração mentirosa, eu a farei em pedaços! Eu, assassino do irmão de Ione? Confessar que arranquei um fio de cabelo sequer de quem ela amava tanto? Não, mil vezes morrer!
— Cuidado! — disse Arbaces, em voz baixa e sibilante. — Só há uma escolha: tua confissão e tua assinatura, ou o anfiteatro e a goela do leão!
Fixando o olhar sobre o infeliz, o egípcio alegrou-se com os sinais da evidente comoção provocada por suas últimas pala-

vras. O corpo do ateniense estremeceu de leve, a boca descontraiu-se, uma súbita expressão de medo e espanto estampou-se em seu rosto.
– Poderosos deuses! – disse, num murmúrio. – Que revés é este? Parece-me que há apenas um dia a vida me sorria entre rosas... Ione era minha... juventude, saúde, amor derramavam sobre mim seus tesouros; e agora, dor, vergonha, morte! E por quê? Que fiz eu? Estarei ainda demente?
– Assina e estarás salvo! – disse Arbaces, em tom conciliador.
– Não, demônio! – gritou Glauco, reagindo furioso. – Não me conheces; não conheces a alma altiva de um ateniense! O repentino espectro da morte assustou-me por um momento, mas o medo já passou. A desonra, sim, me assusta, pois é eterna. Quem aviltaria o nome para salvar sua vida? Quem trocaria uma declaração honesta por um futuro sombrio? Quem se deixaria manchar pelo opróbrio e ficar para sempre infamado aos olhos do seu amor? Egípcio estúpido, se houver um covarde tão vil que queira gozar mais alguns anos de vida infame, não penses encontrá-lo em alguém que tenha pisado o mesmo solo que Harmódio, respirado o mesmo ar que Sócrates. Vai embora! Deixa-me viver sem remorsos... ou morrer sem medo!
– Pensa bem! As garras do leão; os gritos da turba selvagem; o povo delirando com tua agonia e teus membros despedaçados; teu nome degradado; teu cadáver sequer será enterrado; desonra que podes evitar que caia sobre ti para sempre!
– Estás delirando; o louco és tu! Vergonha não é perder o respeito dos outros... é perder o respeito por si mesmo. Vai embora, por favor! Não consigo mais olhar para o teu rosto. Odiei-te um dia, desprezo-te agora!
– Vou-me – disse Arbaces, ofendido e furioso, mas não sem pena e admiração pela sua vítima. – Vou-me; nos veremos mais duas vezes: uma no julgamento, outra na morte. Adeus!
O egípcio levantou-se devagar, ajeitou as vestes e saiu do aposento. Falou rapidamente com Salústio, cujos olhos já oscilavam sob os efeitos do vinho:
– Ele continua inconsciente, ou obstinado. Não há esperanças.

Os Últimos Dias de Pompéia 353

– Não digas isso! – replicou Salústio, que nutria apenas um leve ressentimento contra o acusador do ateniense, pois sua moralidade não era lá muito austera, e estava mais comovido com a desgraça do amigo do que persuadido da sua inocência.
– Não digas isso, caro egípcio! Um bom bebedor como ele deve ser salvo, custe o que custar. Baco contra Ísis!
– Veremos – disse o egípcio.

Logo os ferrolhos foram novamente puxados; abriu-se a porta e Arbaces saiu para a rua; e Nídia, em sua longa vigília, de novo estremeceu.

– Conseguirás salvá-lo? – gritou, agarrando as mãos de Arbaces.

– Segue-me até minha casa, pequena! Preciso falar-te... é pelo bem dele que te peço.

– E tu o salvarás?

O ouvido apurado de Nídia não escutou nenhuma resposta; Arbaces já seguia pela rua; Nídia hesitou um momento, depois seguiu-lhe os passos em silêncio.

– Preciso prender essa ceguinha – disse ele, pensativo – para que não fale do filtro. Quanto à vaidosa Júlia, não iria trair-se, com certeza.

8

UM FUNERAL CLÁSSICO

Enquanto Arbaces se ocupava com seus problemas, tristeza e morte pairavam na casa de Ione. Era a noite que precedia a manhã em que os solenes rituais fúnebres seriam realizados diante dos restos mortais de Apecides. O cadáver fora levado do Templo de Ísis para a casa do parente vivo mais chegado, e Ione tomara conhecimento, simultaneamente, da morte do irmão e da acusação contra seu noivo. O intenso sofrimento inicial, que embota os sentidos e se sobrepõe a tudo, e o silêncio compassivo dos escravos impediram que ela tomasse conhecimento minucioso das circunstâncias relativas ao destino do seu amado: ignorava sua doença, seu delírio e seu julgamento. Sabia apenas da acusação contra ele, e logo a repudiara, indignada; mais ainda, ao saber que Arbaces era o acusador não precisou de mais nada para acreditar firme e seriamente que o próprio egípcio era o criminoso. Mas a enorme importância atribuída pelos antigos à realização das cerimônias ligadas à morte de um parente tinha, até então, confinado seu pesar e suas convicções à câmara mortuária.

Ai! Não pudera realizar a terna e tocante cerimônia que obrigava o parente mais próximo a tentar ouvir o último suspiro – a despedida da alma – do ser amado, mas era seu dever fechar-lhe os olhos baços, os lábios crispados; velar junto ao corpo consagrado que, recém-banhado e ungido, jazia em suas vestes festivas sobre o leito de marfim; cobrir o leito com folhas e flores e renovar o solene ramo de cipreste no umbral da porta. E nesses lúgubres preparativos, entre lamentos e preces, Ione esqueceu-se de si mesma. Entre os costumes mais admiráveis dos antigos incluía-se o de queimar os jovens ao nascer da aurora, pois, como se empenhavam em dar à morte uma interpretação mais amena, poeticamente imaginavam que Aurora, que amava os jovens, arrebatava-os em seus braços; e, embora no caso do sacerdote assassinado essa fábula não conseguisse propriamente excitar a imaginação, o costume seria preservado.

Uma a uma, apagavam-se as estrelas no céu cinzento, e a noite recuava ante a aproximação da manhã, quando um grupo soturno deteve-se imóvel diante da porta de Ione. Tochas altas e finas, empalidecidas pela claridade do amanhecer, iluminavam alguns rostos, todos calados e com a mesma expressão solene e fervorosa. Agora elevava-se uma música lenta e lúgubre que se harmonizava melancolicamente com o ritual e pairava ao longo das ruas desoladas e silenciosas, enquanto um coro de vozes femininas (as *Praeficae*, tantas vezes citadas pelos poetas romanos), acompanhado por flautas tibicenas e mísias, entoou os seguintes versos:

Canto fúnebre

Sobre o triste umbral, onde o galho de cipreste
Suplanta a rosa que deveria ornar tua casa,
Na derradeira caminhada sobre a terra que
Te aguarda agora, vem, peregrino, vem para Cocito!
Tristes te buscamos, chorando, convidamos...
A morte é triste anfitriã... seu banquete exige tua alma,
Tua guirlanda te aguarda na Morada da Noite,
E só o negro rio pode encher tua taça.

Para ti, não há mais risos e canções,
Nem a alegre noite ou o esplendor do dia!
As Danaides, ao trabalhar, suspiram;
O pássaro infernal cai sobre a presa...
O falso Eolo lento se levanta
Sobre o eterno monte, sobre a eterna rocha;
E o soberano Lídio, em seu suplício louco,

E o invejoso filho de Calírroe, com cara de monstro...

Vais vê-los, escondidos nas trevas
Que formam o céu na lúgubre terra de Plutão;
Vê! Enquanto olhas esperando a barca
Que após o nosso rito te levará à outra margem!
Vem, então! Não demores! O espectro, entre os insepultos,
Suspira por sua última morada;
Sob o céu cinzento reluz a impaciente tocha...
Vem, pranteado, vem! Este é o último chamado.

Quando o hino acabou, o grupo dividiu-se em dois. Sobre um leito, coberto com uma mortalha roxa, o corpo de Apecides foi levado para fora, com os pés para a frente. O *designator*, ou mestre do lúgubre cerimonial, acompanhado por homens vestidos de preto, carregando tochas, deu o sinal, e o reverente cortejo começou a avançar.

À frente, iam os músicos tocando uma marcha lenta, com a solenidade dos instrumentos mais baixos sendo quebrada a toda hora pelo toque alto e destoante da trombeta fúnebre; atrás, iam as carpideiras contratadas entoando cantos plangentes, e as vozes femininas misturavam-se às das crianças, cuja tenra idade tornava ainda maior o contraste entre a vida e a morte: folhas frescas e folhas secas. Mas os atores, os bufões, o *archimimus* (cuja função era representar o morto), que habitualmente participavam dos funerais, foram banidos daquele, ligado a tão terríveis especulações.

A seguir, descalços, levando espigas de trigo nas mãos, caminhavam os sacerdotes de Ísis, com suas vestes alvas; na frente do corpo eram levadas imagens do morto e de muitos dos seus ancestrais atenienses. Atrás do esquife, acompanhada por suas servas, ia a única parente viva do morto: a cabeça descoberta, os cabelos desgrenhados, o rosto mais branco do que o mármore, mas ainda composto; exceto vez por outra, quando algum pensamento despertado pela música irrompia sobre a recôndita letargia da dor, cobria o rosto com as mãos e soluçava baixinho; não faziam parte da sua vida lamentações espalhafatosas, gritos estridentes, atitudes desvairadas, característicos de falta de sinceridade. Naquele tempo, como em to-

dos os tempos, a corrente dos sofrimentos intensos flui silenciosa e serena.

E assim prosseguia o cortejo, até que, tendo atravessado várias ruas, passou à porta da cidade e chegou à Praça dos Túmulos, fora das muralhas, onde o viajante ainda hoje pode vê-la.

Em forma de altar – com troncos de pinheiro empilhados, em cujas frestas fora colocado material combustível –, erguia-se a pira funerária. Em volta, curvavam-se os galhos dos misteriosos e lúgubres ciprestes, tão consagrados pelos poetas ao túmulo.

Assim que o esquife foi colocado sobre a pira, os presentes dividiram-se, metade para cada lado; Ione subiu até o leito mortuário, parando diante do corpo, imóvel e em silêncio. O rosto do morto estava recomposto da expressão provocada pela tortura da morte violenta. Tinham-se aplacado para sempre o terror e a dúvida, a luta das paixões, o temor religioso, a disputa entre passado e presente, entre a esperança e o medo do futuro. Que traço do medo que torturara e desolara o coração daquele jovem aspirante à santidade era agora visível na impressionante serenidade daquele rosto impenetrável e naqueles lábios mudos? A irmã o contemplava, e a multidão estava em silêncio, não se ouvia um som. Havia algo terrível, e ao mesmo tempo comovente, naquele silêncio. E quando foi rompido, de maneira inesperada, foi por meio de um grito alto e emocionado – era a explosão de um desespero por muito tempo reprimido.

– Meu irmão! Meu irmão! – gritou a pobre órfã, caindo

sobre o esquife. – Tu, de quem nem uma minhoca tinha medo quando cruzava teu caminho... que inimigo poderias ter? Oh! Será que isso aconteceu mesmo? Acorda! Acorda! Crescemos juntos! Como podemos separar-nos assim? Não estás morto... dormes. Acorda! Acorda!

O tom lancinante da sua voz comoveu as carpideiras, que prorromperam repentinamente em altos lamentos. Ione sobressaltou-se e caiu em si. Confusa, olhou rapidamente em volta, como se só agora se desse conta da presença das pessoas ao redor.

– Ah! Não estamos sós! – murmurou, trêmula.

Instantes depois, ergueu-se; o rosto belo e pálido estava novamente composto e firme. Com mãos amorosas e inseguras, abriu as pálpebras do morto, mas quando contemplou os olhos imóveis e baços, não mais irradiando vida e amor, deu um grito alto e estridente, como se tivesse visto um fantasma. Logo voltando a recompor-se, beijou-lhe e tornou a beijar-lhe as pálpebras, os lábios, a testa; depois, aleada, recebeu maquinalmente a tocha fúnebre das mãos do sumo sacerdote do Templo de Ísis.

A súbita irrupção da música e o canto das carpideiras anunciaram o começo do fogo purificador.

Hino ao vento

I
Reclinado em teu leito de nuvens,
Desperta, ó vento brando e sagrado!
Brando e sagrado te chamaremos
Seja teu pai...
O triste filho do velho Austro,
Ou o ruidoso filho do selvagem Euro;
Ou aquele que passa por escuras profundezas,
Vindo do gélido norte em violentas rajadas;
Mesmo assim nos serás tão caro
Quanto o Zéfiro coroado de flores,
Chegando ao crepúsculo, orvalhado de estrelas,
Para trêmulo cortejar sua ninfa.

II
Vê! Nossos turíbulos de prata

Espalham perfumes em teu caminho...
Nem sobre os amenos vales do Tempe,
Nem sobre as aléias de cedro de Chipre,
Ou sobre o mar enluarado da ilha de Rhodes,
Flutuam aromas mais dignos de ti.
Vê! Aqui estão nossos vasos
Exalando mirra e nardo, com cássia misturados,
Atapetando o ar em olorosa união,
Para ali pisar com tuas sandálias de prata!

III
Augusto e sempiterno ar!
Fonte de tudo o que respira e existe,
O corpo imóvel que aqui vês, devolve-te
As sementes que de ti recebeu!
Sobe ardente chama! Sobe!
Vento bravio! Desperta, desperta!
Ó fogo solene! Tudo é teu!
Leva de volta, ar, o que te pertence!

IV
Está chegando! Vede! Já sopra
O vento que invocamos!
E faz estalar, e dardejar, e saltar
O fogo da sagrada pira!
Eleva-se! Suas asas se entrelaçam
Com as chamas... como rugem e crescem!
Jogadas para cá e para lá,
Brilham quais serpentes!
Subindo cada vez mais alto,
Mais alto... fogo medonho!
Seus braços gigantes emaranhados
Com os braços do vento!
Vede! Os elementos se encontram
Sobre o trono da morte...
Reclamando o que é seu!

V
Balançai, balançai os turíbulos,
Harmonizai as cordas num som brando!
Das cadeias da eterna labuta,
Das agruras dos mortais tormentos,

Da prisão a que te confinava o corpo,
As mãos do fogo livram-te agora!
Ó alma, estás livre! Livre!
Como as chamas em sua corrida incessante,
Quando avançam para seu etéreo oceano,
Podes correr através do espaço,
Não há, para ti, mais obstáculos!
Alegra-te! Sobre as preguiçosas águas
Do Estige tua barca pode deslizar,
E teus passos para sempre podem percorrer
As veredas da alegre floresta,
Onde, longe do abominável Cocito,
Os seres amados que se foram nos esperam.
Não és mais escrava da terra.
Ó alma, estás sendo libertada! E nós?...
Ah! Quando acabará nossa lida?
Ah! Quando descansaremos ao teu lado?

E agora, intenso, o fogo aromático irrompia sob o céu matinal; brilhava luminoso entre os lúgubres ciprestes... clareava as muralhas das cidades vizinhas; e os pescadores madrugadores paravam ao ver o vermelho das chamas refletido nas ondas do mar.

Ione sentou-se sozinha e afastada; escondendo o rosto com as mãos, não viu o fogo nem ouviu os lamentos da música; apenas sentia-se só; ainda não conseguira alcançar aquela sensação de conforto que nos chega quando temos consciência de que não estamos sós... de que os mortos estão junto a nós!

A brisa ajudava a apressar o efeito dos combustíveis colocados na pira. Aos poucos, o fogo foi tremulando, baixando, enfraquecendo, e lentamente, faiscando aqui e ali, apagou – simbolizando a própria vida. Onde pouco antes tudo era agitação e claridade, jaziam agora cinzas sem brilho e extintas.

As últimas fagulhas foram apagadas pelos profissionais contratados, que recolheram as cinzas. Embebidas nos mais raros vinhos e nos perfumes mais caros, foram depositadas numa urna de prata, que foi solenemente encerrada num dos jazigos próximos, ao lado da estrada; junto a ela, puseram um frasco cheio de lágrimas e uma moedinha, que a poesia até hoje diz destinar-se ao sinistro barqueiro. O jazigo foi coberto com flores e coroas, queimou-se incenso no altar, e muitas lâmpadas foram acesas ao redor.

Mas no dia seguinte, quando um sacerdote voltou à tumba com novas oferendas, viu que, aos remanescentes da superstição pagã, mãos desconhecidas haviam juntado uma folha de palmeira. Deixou-a lá, sem saber que era o sinal de luto do cristianismo.

Findas as cerimônias, uma das mulheres do coro aspergiu três vezes as carpideiras com o ramo purificador de louro, dizendo em voz alta a palavra de encerramento: *Ilicet*! – Ide! – e o ritual fúnebre estava concluído.

Mas antes, como Ione continuava lá, detiveram-se, chorando, e muito, para entoar a canção de despedida.

Salve eterno

I
Adeus! Adeus, alma que partiste!
Adeus! Ó urna sagrada!
Despojadas e de coração partido,
As carpideiras se vão.
Teus passos seguiram à frente,
Para regiões ermas e sombrias!
Mas que para lá nos conduzam as Horas
Que rápidas passam, e só nos
Precederás por breve tempo.
Salve... salve!
Urna amada, solene túmulo,
Cinzas mudas! Adeus, adeus!
Salve... salve!

II
Ilicet! Vamo-nos...
Ah! Não conseguimos partir!
Teu túmulo é nosso coração fiel
Onde para sempre te guardaremos;
Quem mais te prantearia assim?
Em vão espargimos sobre nós
Águas purificadoras;
Em vão o radioso fogo lustral
Brilhará diante de nós,
Pois onde reside a magia

Que afasta teu pensamento da sagrada morada?
Nossos pesares são tua festa fúnebre,
E nossa recordação, chorosa te guardará.
Salve... salve!

III
Ilicet! Vamo-nos!
As fagulhas da lareira apagaram-se,
Que o vento as leve;
Os elementos retomam o que é seu...
As sombras recebem teu espírito.
Que nosso pesar te acalme
Quando vogares sobre o lúgubre rio!
Se o amor é efêmero na vida,
Na morte dura para sempre.
Salve... salve!
No salão iluminado para a festa,
A rosa pode uma hora vicejar;
Mas o cipreste que cobre a campa...
Este eternamente verde fica!
Salve... salve!

9

EM QUE IONE SE VÊ DIANTE DE UM IMPREVISTO

Enquanto muitos se retardavam para participar do banquete fúnebre com os sacerdotes, Ione e suas servas voltavam tristes para casa. E agora, prestadas as últimas homenagens ao irmão, sua consciência amortecida despertou e ela pensou em Glauco e na terrível acusação que pesava sobre ele. Não que, como já dissemos, tivesse acreditado por um momento sequer na monstruosa acusação, mas nutrindo uma secreta suspeita contra Arbaces, achou que a justiça devida ao noivo e ao irmão assassinado exigia que procurasse o pretor para comunicar-lhe o que pensava, por mais que suas suposições parecessem infundadas.

Interrogando suas servas, que até então – preocupadas, como dissemos, em poupar-lhe mais desgostos – não a tinham posto a par do estado de Glauco, ficou sabendo que ele estivera gravemente enfermo, que estava sob custódia na casa de Salústio, e que o dia do julgamento estava marcado.

– Deuses protetores! – exclamou. – Como pude esquecê-lo por tanto tempo? Será que pensa que o estava evitando? Oh! Irei logo fazer-lhe justiça... mostrarei que eu, parente mais próxima do morto, acredito na sua inocência. Depressa! Depressa! Corramos. Irei acalmá-lo... cuidar dele... confortá-lo! Mas, se não acreditarem em mim; se não se deixarem convencer por minhas suspeitas; se o condenarem ao exílio, ou à morte, eu o acompanharei!

Instintivamente, apressou o passo, confusa e desorientada, não sabendo ao certo para onde ir: ora pensando em procurar primeiro o pretor ora querendo correr para junto de Glauco.

Corria, passou a porta da cidade, estava agora na rua comprida que levava ao centro. As casas já estavam abertas, mas ainda não havia ninguém andando pelas ruas; a animação da cidade mal despertara quando... eis que de repente esbarrou num grupo de homens parados junto a uma liteira coberta. Um vulto esguio saiu do meio deles, e Ione deu um grito ao reconhecer Arbaces.

– Bela Ione! – disse ele mansamente, parecendo não ter percebido seu susto. – Minha protegida, minha pupila! Perdoa-me se perturbo tua piedosa dor, mas o pretor, preocupado com a tua honra, e querendo evitar que possas envolver-te temerariamente no julgamento que se aproxima; sabedor do estranho dilema da tua situação (buscando justiça para teu irmão, mas temendo ver teu noivo punido), condoído também, por tua condição, desprotegida e sem amigos, e considerando impiedoso deixar-te só, triste e desorientada, sábia e paternalmente, confiou-te aos cuidados do teu guardião legal. Vê o documento que te entrega à minha guarda!

– Egípcio infame! – gritou Ione, afastando-se altivamente. – Vai-te! Foste tu que assassinaste meu irmão! É aos teus cuidados, às tuas mãos, ainda cheirando a sangue, que querem entregar sua irmã? Ah! Empalideces! Tua consciência te acusa! Tremes ante o raio do deus vingador! Vai te, deixa me com minha dor!

– O sofrimento tolda-te a razão, Ione – disse Arbaces, esforçando-se em vão para recuperar seu tom de voz habitual. – Perdôo-te. Terás em mim agora, como sempre, teu amigo mais fiel. Mas lugares públicos não são convenientes para conversar... para que eu possa consolar-te. Aproximai-vos escravos! Vamos, minha doce pupila, a liteira está à tua espera!

As servas, estupefatas e assustadas, rodearam Ione, agarrando-se aos joelhos dela.

– Arbaces – disse a mais velha delas – isto, certamente, não é o que manda a lei! Não está escrito que por nove dias após o funeral os parentes do falecido não devem ser molestados em suas casas, ou interrompidos em seu luto solitário?

– Mulher! – replicou Arbaces, sacudindo a mão com arrogância. – Colocar uma protegida sob o teto do seu guardião não é contra as leis que regem os funerais. Digo-te, tenho autorização do pretor. Essa demora é indecorosa. Ponde-a na liteira!

Passou o braço com firmeza em volta da cintura da trêmula Ione. Esta recuou, encarou-o resoluta, e explodiu numa gargalhada histérica.

– Ha, ha, ha! Está tudo bem... muito bem! Excelente guardião... lei paternal! ha! ha!

E, sobressaltando-se com o terrível eco da sua própria gargalhada, estridente e tresloucada, caiu no chão desfalecida, parecendo morta... Mais um minuto, e Arbaces já a pusera na liteira. Os carregadores partiram apressados, e a infeliz Ione logo ficou longe dos soluços de suas servas chorosas.

A réplica da estátua de Apolo foi encontrada na parte oeste da cidade, mas foi atribuída ao Templo de Apolo por causa dos traços similares aos da estátua de Artemis.

10

**QUE ACONTECEU COM NÍDIA NA CASA DE ARBACES
O EGÍPCIO SENTE PENA DE GLAUCO
A COMPAIXÃO É QUASE SEMPRE UMA VISITA
MUITO INCONVENIENTE PARA O CULPADO**

 Convém lembrar que, a mando de Arbaces, Nídia o seguira até sua casa, e lá, conversando com ela, o egípcio ficou sabendo, pela confissão do seu desespero e remorso, que ela, e não Júlia, tinha ministrado a Glauco a fatal poção. Noutra ocasião, Arbaces talvez tivesse tido um interesse filosófico em sondar a profundidade e a origem da paixão estranha e absorvente que, em sua cegueira e escravidão, aquela jovem singular ousara alimentar, mas agora não tinha tempo para isso. Como, depois de confessar, a pobre Nídia caiu de joelhos diante dele, suplicando-lhe que salvasse a vida de Glauco e lhe recuperasse a saúde – pois, em sua inexperiência e ignorância, imaginava que o sombrio mago tivesse poderes para tanto –, Arbaces, sem lhe dar ouvidos, só pensava numa forma de manter Nídia presa até que o julgamento e o destino de Glauco estivessem decididos. Pois, se quando a julgava apenas cúmplice de Júlia na obtenção do filtro já percebera que era um perigo para o pleno sucesso da sua vingança deixá-la em liberdade... para, quem sabe, surgir como testemunha e revelar como a razão de Glauco fora toldada, conseguindo assim um atenuante para o crime de que ele era acusado, e muito provavelmente declarar espontaneamente que ela mesma tinha ministrado a poção e, inspirada pelo amor, será que não pensaria apenas, mesmo à custa da sua honra, em reparar seu erro e salvar o amado?

Além do mais, quão desonroso não seria para sua posição social e reputação ver-se acusado, ele, Arbaces, da ignomínia de prestar-se a ajudar a paixão de Júlia e de assistir aos ímpios rituais da Saga do Vesúvio! Nada mais natural, pois, que seu desejo de convencer Glauco a assumir a autoria do assassinato de Apecides, evidentemente a melhor maneira de garantir tanto sua segurança definitiva como seu sucesso em cortejar Ione, o tenha levado a considerar a possibilidade da confissão de Júlia.

Quanto a Nídia, inexoravelmente impedida pela cegueira de tomar conhecimento de muitas coisas da vida diária, e, como escrava e estrangeira, ignorando naturalmente os rigores da lei romana, pensava mais na doença e no delírio do seu ateniense do que no crime do qual ouvira vagamente comentarem que era acusado, ou dos riscos do julgamento iminente. Pobre coitada, a quem ninguém dirigia a palavra, com quem ninguém se preocupava, que podia saber a respeito do Senado e da sentença, do rigor da lei, da crueldade do povo, da arena e do covil do leão? Só estava habituada a associar à pessoa de Glauco tudo o que era próspero e grandioso; não conseguia imaginar que algum perigo, exceto a loucura do seu amor, pudesse ameaçar-lhe a abençoada cabeça. Parecia-lhe que Glauco estava livre das fatalidades da vida. Ela apenas perturbara o tranqüilo curso da sua felicidade; não sabia, nem sequer sonhava, que a corrente, que antes fluía tão límpida, precipitava-se agora rumo à escuridão e à morte. Fora, pois, para restabelecer-lhe o cérebro que ela perturbara, para salvar-lhe a vida que pusera em risco, que tinha implorado a ajuda do poderoso egípcio.

– Minha filha – disse Arbaces, tirando-a das suas cogitações –, deves ficar abrigada aqui. Não é conveniente que andes a vagar pelas ruas, onde o pé insolente dos escravos te enxota da soleira das portas. Tenho pena de ti pelo delito que cometeste por amor... tudo farei para remediá-lo. Aguarda alguns dias aqui, pacientemente, e Glauco será curado.

Sem esperar resposta, mal acabara de falar, Arbaces saiu apressado do aposento, correu o ferrolho da porta e confiou a guarda da prisioneira e o atendimento às suas necessidades ao escravo encarregado daquela parte da casa.

Então, só e pensativo, ele esperou o dia clarear e correu, como vimos, para apossar-se de Ione.

Seu objetivo primordial com relação à infeliz napolitana era realmente o que expusera a Clódio, ou seja, evitar que participasse ativamente do julgamento de Glauco, e também para proteger-se de uma acusação contra si (o que Ione sem dúvida faria) pelo seu gesto anterior de perfídia e violência contra ela, pela sua custódia... denunciando os motivos dele para vingar-se de Glauco... revelando a hipocrisia do seu caráter e lançando muitas dúvidas sobre a veracidade da acusação que fizera quanto ao ateniense.

Até tê-la encontrado naquela manhã, até ouvi-la gritar bem alto suas denúncias, ele ignorava que nas suspeitas de Ione sobre o crime escondia-se mais um perigo. Agora felicitava-se ao pensar que tinha conseguido realizar seus propósitos, pois o mais importante, ao mesmo tempo objeto de sua paixão e do seu temor, estava em seu poder. Mais do que nunca acreditou nas ilusórias promessas dos astros. E quando viu Ione naquele quarto, no mais recôndito recesso da sua misteriosa mansão, que reservara para ela, quando a viu vencida, depois de sofrer um golpe após o outro, e passando, até resignar-se, da violência ao torpor, com todas as suas histéricas alternâncias, pensou mais na sua beleza, que nem o furor conseguia desfigurar, do que na desgraça que se abatera sobre ela.

Na confiante presunção, comum em homens que sempre foram bem-sucedidos na vida, tanto na fortuna como no amor, iludia-se pensando que quando Glauco morresse... quando seu nome fosse solenemente infamado pela sentença de um julgamento legal, seu direito ao amor de Ione, confiscado para sempre pela condenação à morte do assassino do seu irmão, seu afeto se transformaria em horror; e que sua ternura e sua paixão, com o auxílio das artimanhas que bem conhecia para deslumbrar a imaginação feminina, o levariam a ocupar o trono do seu coração, trono de que o rival teria sido expulso de maneira tão trágica.

Tal era sua esperança; mas, se acaso tudo falhasse, sussurrava-lhe a ímpia e ardente paixão: "Na pior das hipóteses, agora ela está em minhas mãos".

Mesmo assim, apesar de tudo, sentia aquela apreensão e mal-estar que acompanham a possibilidade de uma investigação, até quando o criminoso não ouve a voz da consciência: o vago terror pelas conseqüências do crime, que freqüentemente é confundido com o remorso. O ar leve da Campânia parecia pesar-lhe no peito; queria fugir de um cenário em que o perigo poderia não dormir eternamente com o morto; e, tendo Ione em seu poder, intimamente decidiu que, logo após ter presenciado a derradeira agonia do rival, transportaria sua riqueza – e ela, seu mais precioso tesouro – para alguma região distante.

– Sim – dizia ele, andando de um lado para outro em seu quarto solitário –, sim, a lei que me confiou a pessoa da minha pupila dá-me a posse da minha mulher. Longe, além do imenso oceano, iremos em busca de novas luxúrias e prazeres desconhecidos. Encorajado pelos astros, animado pelos presságios da minha alma, desbravaremos os mundos vastos e gloriosos que meu saber me diz que ainda permanecem inexplorados nas praias desertas que orlam o imenso mar. Lá, este coração, tomado de amor, verá sua ambição reviver... lá, entre povos não oprimidos pelo jugo romano, em cujos ouvidos o vento ainda não soprou o nome de Roma, poderei fundar um império, e para lá transportar a fé dos meus ancestrais; reacendendo as cinzas do domínio de Tebas, perpetuando em terras ainda mais vastas a dinastia dos meus antepassados reais, e despertando no coração nobre de Ione a grata consciência de que ela compartilha o destino de um ser que, longe da decadência desta civilização abjeta, restaura os princípios fundamentais da nobreza e une numa alma pujante os atributos de profeta e de rei.

Arbaces interrompeu finalmente seu exultante solilóquio para ir assistir ao julgamento do ateniense.

O rosto pálido e abatido da sua vítima sensibilizou-o menos do que a firmeza dos seus nervos e a decisão estampada em suas feições, pois Arbaces era o tipo de pessoa que sentia pouca compaixão por alguém infeliz, mas uma enorme simpatia pelos corajosos. As semelhanças que nos ligam aos outros são sempre comparáveis às qualidades de nosso próprio caráter. O herói lastima menos os reveses do seu inimigo do que a coragem com que os enfrenta. Todos somos humanos, e Arbaces, criminoso como era, não deixava de partilhar dos nossos sentimentos comuns, e era feito do mesmo barro.

Tivesse ele obtido de Glauco a confissão do crime por escrito, o que, mais do que o julgamento alheio, o aniquilaria diante de Ione e afastaria a possibilidade de qualquer investigação futura, o egípcio teria envidado todos os esforços para salvar o rival. Agora, nem ódio sentia, seu desejo de vingança extinguira-se; esmagava sua presa, não com hostilidade, mas como um obstáculo no seu caminho. Contudo, não era menos decidido, menos astuto e perseverante na perseguição que empreendia para a destruição daquele cuja condenação tornara-se indispensável para a realização dos seus objetivos; e enquanto, com aparente relutância e simulado pesar fornecia contra Glauco as evidências que o condenariam, secretamente, e por intermédio dos sacerdotes, fomentava a indignação popular que representava um obstáculo eficiente à indulgência do Senado.

Avistara-se com Júlia; contara-lhe detalhadamente a confissão de Nídia; facilmente, pois, aplacara qualquer escrúpulo de consciência que poderia levá-la a perdoar o crime de Glauco e a confessar sua participação no delírio do ateniense, e mais fácil ainda fora, porque o coração frívolo de Júlia amara a fama e a prosperidade de Glauco, não o próprio Glauco, e não sentia o menor afeto por um homem caído em desgraça; mais ainda, quase se regozijava com a ignomínia que humilhava a odiada Ione. Se não podia ser seu escravo, Glauco também não seria o amado da sua rival. Isso era consolo suficiente para qualquer pesar que pudesse sentir pela própria sorte.

Volúvel e caprichosa, Júlia começou de novo a interessar-se pela corte repentina e apaixonada de Clódio, e não estava disposta a pôr em risco uma aliança com aquele nobre desprezível, mas bem nascido, caso houvesse uma exposição pública de suas fraquezas passadas e da sua paixão despudorada por outro. Tudo, pois, sorria para Arbaces; tudo olhava sombriamente para Glauco.

11

NÍDIA SE FINGE DE FEITICEIRA

Quando a tessaliana achou que Arbaces não voltava; quando se viu só, por horas e horas, entregue a todas as torturas de uma expectativa angustiante que a cegueira tornava duplamente insuportável, estendeu os braços e começou a tatear em volta da sua prisão, procurando alguma abertura por onde pudesse fugir; e encontrando apenas a porta trancada, chamou em voz alta, com a veemência de um temperamento naturalmente violento, exasperada agora pela angústia e pela impaciência.

– Ó menina, foste picada por um escorpião! – disse o escravo de plantão, abrindo a porta. – Ou achas que estamos aqui agonizando em silêncio, e que só seremos salvos, como Júpiter infante, por um alarido?

– Onde está teu senhor? E por que estou enjaulada aqui? Quero ar e liberdade; deixa-me sair.

– Ai, pequena! Não conheces Arbaces o suficiente para saber que sua vontade é soberana! Ele ordenou que fosses engaiolada, e engaiolada estás; eu sou teu carcereiro. Não podes ter ar e liberdade, mas podes ter coisas bem melhores: vinho e comida.

– Ó Júpiter! – gritou Nídia, retorcendo as mãos. – Por que estou presa aqui? Que pode o grande Arbaces querer de uma criatura tão infeliz como eu?

– Não sei, a menos que seja para servir tua nova senhora, que foi trazida hoje para cá.
– Como? Ione aqui?
– Sim, pobre senhora; receio que não tenha gostado muito. No entanto... pelo Templo de Castor! Arbaces é galante com as mulheres. Tua senhora é sua pupila, como sabes!
– Queres levar-me até ela?
– Ela está doente... fora de si, furiosa, com ódio. Além disso, não tenho autorização para levar-te; e nunca decido nada por minha conta. Quando Arbaces me mandou tomar conta destes quartos, disse: "Só tenho uma recomendação a fazer-te: enquanto me servires, não terás ouvidos nem olhos nem idéias; deves ter um único predicado, a obediência".
– Que mal há em ver Ione?
– Isso eu não sei, mas, se quiseres companhia, estou pronto a falar contigo, pequena, pois fico muito solitário no meu triste cubículo. Por falar nisso, és tessaliana, será que não conheces algum jogo interessante com facas e tesouras, algum truque bom para ler a sorte, como a maioria dos teus compatriotas faz para matar o tempo?
– Ora, escravo, sossega! Ou, se quiseres falar, dize-me o que tens ouvido sobre o estado de Glauco.
– Bem... meu senhor foi assistir ao julgamento do ateniense. Glauco pagará caro pelo que fez!
– Pagará por quê?
– Pelo assassinato do sacerdote Apecides.
– Ah! – exclamou Nídia, apertando a cabeça entre as mãos. – Tinha ouvido mesmo alguma coisa, mas não compreendi. Mas quem se atreverá a tocar-lhe num fio de cabelo?
– Será o leão, receio.
– Deuses protetores! Que coisa cruel disseste!
– Ora, só disse que, se for considerado culpado, o leão, ou quem sabe o tigre, será seu algoz.

Nídia saltou, como se uma flecha lhe houvesse atingido o peito, soltou um grito agudo e lancinante, e, caindo aos pés do escravo, bradou num tom que lhe comoveu o coração rude:

– Ah! Dize-me que estás brincando, que não é verdade. Fala, fala!

– Juro-te, ceguinha, que não entendo de leis; talvez não seja tão horrível como eu disse. Mas o acusador é Arbaces, e o povo quer uma vítima para a arena. Anima-te! Mas que tem o destino do ateniense a ver com o teu?

– Não importa, não importa... ele foi bondoso comigo. Não sabes, então, o que farão com ele? Arbaces o acusa! Oh, sim! O povo... o povo! Ah, poderão ver-lhe o rosto... quem conseguirá ser cruel com o ateniense! Mas o próprio amor não foi cruel com ele?

Ao falar, Nídia inclinou a cabeça e calou-se; lágrimas quentes inundaram-lhe o rosto, e todos os compassivos esforços do escravo não conseguiram consolá-la dos seus pensamentos.

Quando os trabalhos domésticos obrigaram o escravo a deixá-la, ela pôs-se a coordenar suas lembranças. Arbaces era o acusador de Glauco; Arbaces a prendera lá; aquilo não era uma prova de que sua liberdade poderia beneficiar Glauco? Sim, ela fora atraída a uma cilada; estava colaborando para a destruição do seu amado! Oh, como ansiava por liberdade!

Felizmente, pela sua aflição, todo seu sofrimento físico desapareceu ante o desejo de fugir; e quando começou a pensar na possibilidade de fuga, acalmou-se e pôs-se a meditar. Ela tinha muito da esperteza própria do seu sexo, que fora ainda mais aperfeiçoada pela sua escravidão precoce. Existe escravo que não seja astuto? Então resolveu testar sua habilidade com o escravo que a guardava. Lembrando-se de repente das perguntas dele sobre as magias tessalianas, teve esperanças de conseguir com isso uma possibilidade de escapar. Essas dúvidas ocuparam-lhe a mente pelo resto do dia e durante longas horas à noite; por conseguinte, quando Sosia – assim se chamava o escravo – foi vê-la na manhã seguinte, ela apressou-se em encaminhar sua tagarelice para o rumo que tinha mostrado ter propensão a seguir.

Estava consciente, porém, de que sua única chance de fugir seria à noite. Assim, era obrigada, embora lamentando amargamente a demora, a adiar até lá a projetada tentativa.

– A noite – disse ela – é o único momento em que podemos interpretar corretamente os desígnios do destino... é então que deves procurar-me. Mas que desejas saber?

Esta famosa pintura estava colocada no atrio da ala dos criados; representa Baco com um cacho de uvas nas encostas cobertas de vinhas do Vesúvio. No primeiro plano, a costumeira serpente auspiciosa do bom augurio aproxima-se de um altar.

– Por Pólux! Gostaria de saber tanto quanto meu senhor, mas não devo contar com isso. Quero saber, pelo menos, se conseguirei poupar o suficiente para comprar minha liberdade, ou se aquele egípcio ma dará de presente. Às vezes ele é bastante generoso. Depois, supondo que isso aconteça, será que conseguirei ser dono daquela rendosa loja na região das perfumarias, em que estou de olho há tanto tempo? A profissão de perfumista é muito elegante, e bem adequada a um escravo aposentado, com ares de cavalheiro!

– Ah! Então queres ter respostas exatas às tuas perguntas? Há várias maneiras de satisfazer-te. Existe a Litomantéia, ou pedra falante, que responde nossas perguntas com voz infantil, mas não temos essa pedra aqui... é rara e cara. Há depois a Gastromantéia, em que o demônio projeta imagens claras e tremendas sobre a água profetizando o futuro. Mas essa arte exige copos de um formato especial para conter o líquido consagrado, e nós não os temos. Acho, por isso, que o modo mais simples de satisfazer teu desejo é por meio da magia do ar.

– Espero – disse Sosia, trêmulo – que não haja nada muito assustador nessa operação. Não gosto de aparições.

– Não temas; nada verás; perceberás apenas, pelo borbulhar da água, se teus desejos se realizarão ou não. Em primeiro lugar, portanto, assim que Vésper surgir no céu, cuida que o portão do jardim esteja ligeiramente aberto, para que o demônio se sinta tentado a entrar; e põe frutas e água perto do portão, como sinal de hospitalidade. Então, três horas depois do crepúsculo, vem para cá com uma vasilha de água bem fresca e puríssima, e saberás tudo, segundo a tradição tessaliana que aprendi com minha mãe. Não te esqueças do portão do jardim: quando vieres, ele deve ter sido aberto com três horas de antecedência.

– Confia em mim – respondeu o ingênuo Sosia. – Sei o que sente um cavalheiro quando lhe fecham a porta na cara, como o cozinheiro fez comigo um dia; mas também sei que uma pessoa respeitável, como por certo o é o demônio, só pode sentir-se satisfeito com pequenos gestos de hospitalidade. Enquanto isso, minha linda, aqui está tua refeição matinal.

– E o julgamento?

– Oh! Os advogados ainda estão lá... falam, falam... deve continuar o dia todo amanhã.

– Amanhã? Tens certeza?

– É o que ouvi dizer.

– E Ione?

– Por Baco! Deve estar razoavelmente bem, pois teve energia suficiente para fazer meu senhor bater o pé e morder os lábios esta manhã. Vi-o deixar seus aposentos com cara de trovoada.

– Ela está alojada perto daqui?

– Não... nos aposentos de cima. Mas não posso ficar aqui conversando por mais tempo. *Vale!*

12

UMA VESPA ARRISCA-SE NAS TEIAS DA ARANHA

O segundo dia do julgamento findara. Era quase a hora em que Sosia iria enfrentar o temível desconhecido quando, pelo mesmo portão que o escravo deixara entreaberto, entrou não um dos misteriosos espíritos da terra ou do ar, mas sim o vulto bem mais pesado e humano de Caleno, o sacerdote de Ísis. Mal prestou atenção às humildes oferendas de frutos medíocres e de vinho, mais medíocre ainda, que o reverente Sosia achara bastante bons para o estranho invisível a quem deviam atrair. "Um tributo", pensou, "ao deus do jardim. Pela cabeça de meu pai! Se sua divindade nunca mais for bem servida, faria melhor se deixasse a divina profissão. Ah! Não fosse por nós, os sacerdotes, os deuses passariam mal. E agora, vamos a Arbaces!... Estou pisando em areia movediça, mas pode esconder uma mina. Tenho a vida do egípcio em minhas mãos... quanto pagará por ela?".

Mergulhado nessas cogitações, atravessou o pátio descoberto e entrou no peristilo, onde algumas lâmpadas, aqui e ali, violavam a soberania da noite estrelada; e de repente, saindo de uma das salas que beiravam a colunata, encontrou-se com Arbaces.

– Ó Caleno, estás me procurando? – perguntou o egípcio, com certa hesitação ao falar.

– Sim, sábio Arbaces... espero que minha visita não seja

inoportuna.
— Não... agora mesmo meu liberto Calias espirrou três vezes à minha direita. Logo vi que alguma coisa boa iria acontecer... e eis que os deuses mandaram-me Caleno.
— Vamos para o teu quarto, Arbaces!
— Como queiras. Mas a noite está clara e perfumada. Ainda me ressinto da fraqueza que me provocou a doença recente; o ar me retempera. Vamos andar pelo jardim; lá estaremos a sós.
— Concordo — disse o sacerdote.

Os dois amigos dirigiram-se a um dos terraços que cortavam o jardim, passando entre vasos de mármore cheios de flores.

— Bela noite — disse Arbaces —, azul e serena, exatamente como há vinte anos, quando as costas da Itália pela primeira vez surgiram diante de mim. Amigo Caleno, os anos passam; felizes os que podem dizer que os viveram.

— Tu, sem dúvida, podes dizê-lo — retrucou Caleno, tateando o terreno, à espera de uma boa oportunidade para revelar-lhe o segredo que guardava, mas, como sempre, com medo de Arbaces, medo agravado naquela noite pelo tom amigável e de altiva condescendência demonstrado pelo egípcio. — Sem dúvida, podes dizê-lo. Possuis incalculáveis riquezas, corpo vigoroso, em cujas fibras rijas a doença não consegue entrar, amores, prazeres indizíveis... até nesta hora triunfal.

— Estás te referindo ao ateniense. Ai! O sol da manhã presenciará sua sentença de morte. O Senado não terá clemência. Mas estás enganado! A morte dele só fará que me livre de um rival no coração de Ione. Não sinto o menor rancor contra o infeliz homicida.

— Homicida! — repetiu Caleno, pausada e enfaticamente, olhando para Arbaces. Os astros brilhavam claros e firmes sobre a cabeça do egípcio, que se manteve impenetrável. Caleno desviou o olhar, decepcionado; de repente recomeçou:
— Homicida! Parece que lhe atribuis esse crime, mas tu, mais do que ninguém, sabes que Glauco é inocente.

— Explica-te! — disse Arbaces secamente; há muito estava preparado para aquela hora, que intimamente previa e receava.

— Arbaces — disse Caleno, baixando a voz a um murmúrio

–, eu estava no bosque sagrado, atrás da capela e escondido pela folhagem. Vi tudo. Vi teu estilete entrar no coração de Apecides. Não te censuro... aniquilaste um apóstata inimigo.
– Viste tudo! – disse Arbaces friamente. – Já imaginava. Estavas só?
– Só – respondeu Caleno, surpreso com a tranqüilidade do egípcio.
– E por que estavas escondido atrás da capela àquela hora?
– Porque fiquei sabendo da conversão de Apecides à fé cristã... porque sabia que ia encontrar-se lá com o atrevido Olinto... porque iam encontrar-se para discutir planos para revelar ao povo os sagrados mistérios da nossa deusa. Estava lá para espreitá-los, a fim de conseguir frustrar-lhes o intento.
– Falaste a alguém sobre o que testemunhaste?
– Não, mestre; o segredo está guardado no coração do teu servo.
– Como! Nem teu parente Burbo suspeita? Fala a verdade!
– Pelos deuses...
– Cala-te! Nós nos conhecemos bem... que significam os deuses para nós?
– Por medo da tua vingança, então: não!
– Por que me escondeste isso até agora? Por que esperaste até a véspera da condenação do ateniense, antes de chamar Arbaces de assassino? E, tendo esperado tanto, por que só agora revelas o que sabes?
– Porque... porque... – gaguejou Caleno, desconcertado.
– Porque – interrompeu-o Arbaces, com um sorriso amável, batendo-lhe no ombro com um gesto de condescendente familiaridade –, porque, caro Caleno (vê, agora decifrarei teu coração e suas razões)... porque desejaste intimamente comprometer-me e envolver-me no julgamento, de modo que eu não tivesse escapatória; que eu fosse certamente suspeito de perjúrio e dolo, e de homicídio também; porque, tendo aguçado o apetite do populacho por sangue, nem riquezas nem poder conseguiria impedir que me tornasse vítima dele. E vens contar-me teu segredo agora, antes que o julgamento termine e o inocente seja condenado, para mostrar-me que uma palavra

Os Últimos Dias de Pompéia 379

tua poderá destruir amanhã minha temerária trama criminosa; para aumentar com isso o preço do teu silêncio; para deixar claro que minha habilidade em suscitar a ira do povo, diante do teu testemunho, se voltaria contra mim; e que a goela do leão deveria arreganhar-se não para Glauco, mas para mim! Não é isso?

– Arbaces – replicou Caleno, sem o atrevimento habitual –, és na verdade um grande mago. Lês o coração como se fosse um pergaminho.

– É minha vocação – respondeu-lhe o egípcio, com um sorriso amável. – Bem, esquece; quando tudo isso passar, ficarás rico.

– Perdoa-me – disse o sacerdote, quando a avareza, que era sua maior paixão, lhe dizia que não devia confiar em promessas de futura generosidade –, perdoa-me, como disseste, nós nos conhecemos muito bem. Se quiseres manter-me calado, paga-me um adiantamento, como oferenda a Harpócrates. Se a roseira, sublime emblema da discrição, deve enraizar-se firmemente, rega-a esta noite com um jorro de ouro.

– Espirituoso e poético! – respondeu Arbaces, sempre no mesmo tom de voz que tranqüilizava e animava, quando deveria assustar e conter seu cobiçoso companheiro. – Não podes esperar até amanhã?

– Por que a demora? Talvez, quando eu não possa mais dar meu testemunho sem aviltar-me por não tê-lo feito antes que o inocente sofresse, esqueças meu pagamento; e na verdade, tua hesitação é um mau presságio quanto à tua gratidão futura.

– Está bem, então. Quanto queres que te pague?

– Tua vida é muito preciosa e tua fortuna é muito grande – replicou o sacerdote, sorrindo.

– Cada vez mais espirituoso. Mas fala: qual é a quantia?

– Arbaces, ouvi dizer que no teu tesouro secreto, debaixo daquela arcada oca primitiva que sustenta teus majestosos salões, tens montes de ouro, vasos e jóias que podem rivalizar com os baús do tesouro do divinizado Nero. Bem podes privar-te do suficiente para colocar Caleno entre os mais ricos sacerdotes de Pompéia, e nem sentirás falta.

– Vem, Caleno – disse Arbaces, tentadoramente, com uma expressão de franqueza e generosidade –, és um velho amigo, e tens sido um servidor fiel. Não deves desejar tirar-me a vida, nem eu desejo regatear tua recompensa: descerás comigo até o tesouro a que te referiste, poderás alegrar teus olhos com o brilho do ouro e o faiscar de jóias valiosíssimas. Como recompensa, poderás levar contigo esta noite tudo o que conseguires esconder sob tuas vestes; mais ainda, quando vires o que teu amigo possui, saberás quão insensato seria prejudicar alguém que tanto tem para dar. Assim que Glauco deixar de existir, farás outra visita ao tesouro. Falei ou não francamente e como amigo?

– Oh, és o melhor e o maior dos homens! – exclamou Caleno, com lágrimas de alegria. – Perdoas minhas dúvidas injuriosas sobre tua justiça, sobre tua generosidade?

– Esquece isso! Mais uma volta e desceremos até a arcada osca.

13

O ESCRAVO CONSULTA O ORÁCULO
QUEM SE DEIXA CEGAR PODE SER LOGRADO POR UM CEGO
DOIS NOVOS PRISIONEIROS NA MESMA NOITE

Nídia aguardava impaciente a chegada do não menos ansioso Sosia. Fortalecendo sua coragem com abundantes libações de vinho, bem melhor do que o oferecido ao demônio, o crédulo servidor entrou furtivamente no quarto da ceguinha.

– Bem, Sosia, estás preparado? Trouxeste a vasilha de água pura?

– Com certeza, mas estou um pouco trêmulo. Estás certa de que não verei o demônio? Ouvi dizer que esse cavalheiro não é pessoa decorosa ou de comportamento civilizado.

– Fica tranqüilo! Deixaste o portão do jardim meio aberto?

– Sim, e pus algumas belas nozes e maçãs numa mesinha perto dele.

– Ótimo. E o portão agora está aberto, para que o demônio possa entrar?

– Com certeza.

– Bem, então abre esta porta; deixa-a só encostada. E agora, Sosia, dá-me a lâmpada.

– Como, vais apagá-la?

– Não, mas preciso sussurrar a fórmula mágica sobre seus raios. No fogo, há um espírito. Senta-te!

O escravo obedeceu, e Nídia, após curvar-se em silêncio sobre a lâmpada por alguns minutos, ergueu-se e cantou baixinho os seguintes versos improvisados:

Invocação ao espectro doa ar

Amada pelo ar e pela água
Deve ser a filha da Tessália;
A nós, filhos do Olimpo, foram ensinadas
Magias capazes de tirar a Lua do céu...
Tudo o que a ciência do Egito ditou,
Tudo o que a magia persa ensinou...
Haurido na música, extraído das flores,
Ou sussurrado pelos demônios... nos pertence.

Espectro do ar invisível!
Ouve o pedido da tessaliana cega!
Pela astúcia de Ereteu, que verte
Gotas de vida, quando a vida se foi...
Pelo sábio e solitário rei de Ítaca,

Que conseguia despertar da fonte cristalina
A profética voz.
Pela perdida Eurídice,
Tirada do turbilhão sombrio
Como a mágica canção do poeta...
Pelos terríveis esconjuros de Medéia
Quando o louro Jasão a abandonou...

Espectro das etéreas moradas,
Alguém que sem te ver te reconhece, chama-te!
Sopra neste vaso que transborda,
E manda que o terrível espírito
Das coisas sombrias mergulhe fundo
No incógnito futuro.
Vem, bravio demônio do ar,
Atende ao chamado da tua serva!
Vem! Ó vem!

E deus algum, no céu ou na Terra...
Nem a rainha da alegria, em Pafo,
Nem o vívido senhor da luz,
Nem Diana, senhora da noite,
Nem o próprio Júpiter serão
Mais louvados e exaltados do que tu!
Vem! Ó vem!

— O espectro com certeza está vindo — disse Sosia. — Sinto-o passando em meus cabelos.

— Põe a vasilha da água no chão. Dá-me agora teu lenço e deixa-me tapar-te o rosto e os olhos.

— Ai! Sempre fazem isso nesses encantamentos. Mas não apertes muito. Calma... calma!

— Pronto... consegues enxergar?

— Enxergar? Por Júpiter! Nada! Está tudo escuro.

— Então, faze agora as perguntas que quiseres em voz baixa, três vezes. Se a pergunta tiver resposta afirmativa, ouvirás a água borbulhar e agitar-se quando o demônio soprar sobre ela; se for negativa, a água ficará parada, em silêncio.

— Não vais fazer nenhum truque com água, não é?

— Deixa-me pôr a vasilha aos teus pés... assim. Agora perceberás que não posso tocar nela sem que sintas.

— Está certo. Ó Baco, ajuda-me agora! Sabes que sempre gostei mais de ti do que dos outros deuses, e te consagrarei aquela taça de prata que roubei no ano passado do mordomo barrigudo, se te dignares a proteger-me desse demônio que gosta de água. E tu, ó espírito, ouve-me! Conseguirei comprar minha liberdade no ano que vem? Deves saber, pois como vives no ar, as aves sem dúvida te informam sobre todos os segredos desta casa... sabes que tenho surrupiado tudo o que honestamente — quer dizer, sem riscos — esteve ao alcance da minha mão nos últimos três anos, e ainda me faltam dois mil sestércios para completar a soma. Ó bom espírito, conseguirei o que me falta no decorrer deste ano?

Ah, será que a água vai borbulhar? Não, continua imóvel como um túmulo. Bem, se não for este ano, daqui a dois anos, então? Ah! Estou ouvindo alguma coisa; o demônio está arranhando a porta; deve estar aqui agora. Em dois anos, meu camarada; vamos, dois é um prazo razoável! Como! O silêncio continua! Dois anos e meio... três... quatro? Má sorte para ti, caro espírito! Não és uma dama, isso está bem claro, ou não ficarias calado por tanto tempo. Cinco... seis... sessenta anos? Que Plutão te carregue! Não vou perguntar mais nada.

Enraivecido, Sosia chutou a vasilha, entornando a água sobre os pés. E então, depois de muito tatear e praguejar, tentando livrar a cabeça do lenço que estava muito bem amarrado, arregalou os olhos e descobriu que estava no escuro.

– Ó Nídia! A lâmpada apagou? Ah, traidora! Tu também sumiste; mas vou te pegar... pagarás por isso.

Andando às apalpadelas, o escravo chegou à porta; estava trancada por fora; em vez de Nídia, o prisioneiro agora era ele. Que poderia fazer? Não se atrevia a bater com força... a gritar, com medo que Arbaces ouvisse e descobrisse de que maneira fora logrado. Enquanto isso, Nídia provavelmente já tinha chegado ao portão do jardim, e estava fugindo apressada.

– Mas – disse consigo mesmo –, deve ter ido para casa ou andará em algum ponto da cidade. Amanhã, ao nascer do dia, quando os escravos estiverem ocupados no peristilo, posso fazer que me ouçam, então irei à sua procura. Tenho certeza de que a encontrarei e a trarei de volta antes que Arbaces ouça algum comentário sobre isso. Ah! É um plano perfeito. Pequena traidora, minhas mãos estão loucas por te pegar, e por ter trazido só uma vasilha de água! Se fosse vinho, pelo menos seria um consolo.

Enquanto Sosia lamentava a sua sorte e ruminava planos para recuperar Nídia, a ceguinha, com a notável precisão e hábil rapidez de locomoção que, como já tivemos oportunidade de observar, lhe eram peculiares, passara apressada pelo peristilo, avançara pelo corredor fronteiro que levava ao jardim, e, com o coração aos saltos, aproximava-se do portão quando de repente ouviu barulho de passos e o som da temível voz de Arbaces. Indecisa e assustada, deteve-se por um momento. De súbito, ocorreu-lhe que havia outra passagem pouco utilizada, exceto para o ingresso das belas companheiras dos festins secretos do egípcio, e que corria ao longo do subsolo daquela maciça cons-

trução até uma porta que também dava acesso ao jardim. Se a sorte ajudasse, talvez estivesse aberta. Assim pensando, apressou-se a voltar, desceu uma escadinha à direita, e logo chegou à entrada daquela passagem. Ai! A porta estava fechada e aferrolhada. Enquanto ainda tentava certificar-se de que estava realmente trancada, ouviu atrás de si a voz de Caleno, e a seguir a de Arbaces respondendo-lhe baixinho. Não podia ficar lá; provavelmente iriam passar por aquela mesma porta. Correu um pouco mais para frente, e sentiu que estava pisando num terreno desconhecido. O ar parecia cada vez mais úmido e frio, o que a tranqüilizou. Imaginou estar nas adegas da luxuosa mansão, ou então em algum lugar rústico demais para ser visitado por seu orgulhoso dono, quando seu ouvido apurado de novo captou sons de passos e vozes. Estendendo os braços, saiu de lá às pressas, esbarrando a todo instante em pilares maciços e largos. Com o tato, cuja sensibilidade redobrara pelo medo, ultrapassou os perigosos obstáculos e continuou seu caminho, com o ar ficando cada vez mais úmido à medida que avançava. No entanto, quando parava aqui e ali para tomar fôlego, ainda ouvia passos avançando e o murmúrio indistinto de vozes.

Por fim, foi abruptamente detida por uma parede que parecia ser o final do percurso. Não haveria um lugar onde pudesse esconder-se? Nenhuma fenda? Nenhum buraco? Não havia nada! Nídia parou, retorcendo as mãos, desesperada; e então, criando coragem à medida que as vozes se aproximavam, correu até a parede e foi andando encostada nela. De repente, esbarrou numa das ásperas escoras que, aqui e ali, se projetavam agudas, e caiu no chão. Embora muito machucada, não perdeu a consciência; não deu um grito, e mais, intimamente ficou grata pelo acidente que a pusera sob a proteção de um abrigo. Rastejando para bem perto do ângulo formado pela escora, de modo a ficar, pelo menos de um lado, fora do alcance da visão, encolheu ao máximo o corpo franzino, e, ofegante, ficou à espera.

Enquanto isso, Arbaces e o sacerdote seguiram seu caminho rumo à câmara secreta, cujas provisões haviam sido tão decantadas pelo egípcio. Estavam agora num enorme salão, ou átrio subterrâneo; o teto baixo era sustentado por pilares grossos e curtos, de uma arquitetura bem diferente da elegância grega daquele período opulento. A única lâmpada fraca que Arbaces levava mal clareava as paredes nuas e ásperas, nas quais pedras imensas, superpostas, encaixavam-se entre si de maneira estranha e curiosa. Répteis perturbados olhavam apáticos para os intrusos, e depois arrastavam-se, indo esconder-se nas sombras.

Caleno estremeceu ao olhar em volta e respirar o ar úmido e insalubre.

— Apesar disso — disse Arbaces, sorrindo, quando percebeu seu tremor —, são estas salas primitivas que suprem os luxos dos salões lá de cima. São como os operários deste mundo... nós lhes desprezamos a rudeza; no entanto, são eles que alimentam o próprio orgulho que os desdenha.

— E onde vai dar aquela galeria escura à esquerda? — perguntou Caleno. — Nesta escuridão, ela parece não ter fim, como se corresse até o Hades.

— Bem ao contrário, ela leva aos aposentos superiores — respondeu Arbaces, com ar indiferente. — Nosso ponto de destino fica à direita.

O recinto, como muitos nas regiões mais habitáveis de Pompéia, ramificava-se na extremidade em duas alas, ou galerias, cuja extensão, embora não fosse realmente grande, parecia consideravelmente exagerada pela escuridão, contra a qual a lâmpada lutava debilmente. Os dois companheiros dirigiram-se para a ala da direita.

— Amanhã, o alegre Glauco estará alojado em aposentos não mais secos e menos espaçosos do que este — disse Caleno, quando passavam no ponto onde, completamente envolta pela sombra da larga e saliente escora, encolhia-se a tessaliana.

— Sim, mas terá uma sala seca e bastante ampla, na arena, no dia seguinte. E pensar — continuou Arbaces, lenta e deliberadamente —, e pensar que uma palavra tua poderia salvá-lo, e transferir a condenação dele para Arbaces!

— Palavra que jamais será dita — replicou Caleno.

— Certo, caro Caleno! Jamais será dita! — volveu Arbaces, pondo-lhe o braço sobre o ombro com familiaridade. — Paremos agora... chegamos à porta.

A lâmpada tremeluzia contra uma portinhola embutida na parede, fortemente guardada por várias chapas e correntes de ferro que se entrecruzavam sobre a madeira escura e áspera.

Arbaces tirou do cinturão uma argola com três ou quatro chaves pequenas e grossas. Oh, como batia o coração ansioso de Caleno ao ouvir as fechaduras enferrujadas rosnarem como se indignadas pela intromissão nos tesouros que guardavam!

– Entra, caro amigo – disse Arbaces –, enquanto seguro a lâmpada no alto para que possas fartar teus olhos nos montes amarelos!

O impaciente Caleno não esperou que repetisse o convite; precipitou-se pela portinhola.

Mal passara pela soleira quando a mão forte de Arbaces empurrou-o para a frente.

– A palavra jamais será dita! – exclamou o egípcio, com uma gargalhada exultante, e fechou a porta atrás do sacerdote.

Caleno fora jogado vários degraus abaixo, mas, não sentindo na hora dor pela queda, correu para a porta, e, batendo nela com os punhos cerrados, dava gritos que mais pareciam uivos de feras do que sons humanos, tão intensos eram seu desespero e sua angústia.

– Oh, solta-me, solta-me, não mais pedirei ouro!

Suas palavras chegavam indistintamente através da porta maciça, e Arbaces voltou a gargalhar. Depois, batendo violentamente o pé, respondeu, talvez para dar vazão a suas paixões por tanto tempo reprimidas:

– Todo o ouro da Dalmácia – gritou – não te comprará uma côdea de pão. Morre de fome, miserável! Teus gemidos na hora da agonia nem sequer despertarão um eco destes vastos recintos; nem o ar revelará um dia como, em tua fome, roeste a carne dos teus ossos, pois assim perecerá o homem que põe em risco e poderia desgraçar Arbaces! Adeus!

– Oh, piedade... misericórdia! Bandido desumano; foi por isso...

O resto da frase não foi ouvido, pois Arbaces já estava voltando pelo mesmo caminho escuro. Um sapo gordo e inchado descansava imóvel à sua frente; a luz da lâmpada caiu sobre aquela asquerosidade disforme, de olhos vermelhos e salientes. Arbaces desviou-se para não pisar nele.

– És repulsivo e obsceno – murmurou –, mas não me prejudicas, por isso ficas a salvo no meu caminho.

Os gritos de Caleno, abafados e contidos pela barreira que o confinava, ainda chegavam debilmente aos ouvidos do egípcio, que parou, escutando com atenção.

– É lamentável – disse consigo mesmo. – Não posso viajar enquanto essa voz não se calar para sempre. Minhas provisões e tesouros não estão guardados naquele calabouço, é verdade, mas na ala oposta. Quando forem transportá-los, meus escravos não devem ouvir sua voz. Mas, por que recear? Em três dias, se ainda estiver vivo, pelas barbas de meu pai, o som estará bem fraquinho! Não conseguirá transpor seu túmulo. Por Ísis, está frio! Preciso tomar um bom gole de falerno com especiarias.

E o implacável egípcio arrepanhou as vestes junto ao corpo e subiu em busca de ar.

14

NÍDIA CONVERSA COM CALENO

Que palavras de horror, e contudo de esperança, Nídia ouvira por acaso! Glauco seria condenado no dia seguinte; no entanto, ali estava alguém que poderia salvá-lo, e condenar Arbaces em seu lugar, e esse alguém ofegava a poucos passos do seu esconderijo! Ouvia seus gritos e urros... suas imprecações... suas súplicas, embora chegassem abafados e fracos aos seus ouvidos. Ele estava preso, mas ela sabia o segredo do seu encarceramento. Se pudesse escapar; se pudesse falar com o pretor, talvez Caleno pudesse ser libertado a tempo de salvar o ateniense. Suas emoções estavam a ponto de sufocá-la; sentia vertigens, parecia que ia desmaiar, mas com um violento esforço conseguiu controlar-se.

Depois de escutar atentamente por vários minutos, até convencer-se de que Arbaces deixara o recinto, arrastou-se, guiada pelo ouvido, até a porta que se fechara atrás de Caleno. Lá, conseguiu captar com mais clareza sua expressão de terror e desespero. Três vezes tentou falar, e três vezes sua voz não conseguiu atravessar a pesada porta. Finalmente, encontrando a fechadura, pôs a boca no pequeno orifício e o prisioneiro ouviu claramente uma voz fraquinha murmurar seu nome.

Gelou-se-lhe o sangue... seus cabelos arrepiaram-se. Que ser misterioso e sobrenatural poderia penetrar naquela terrível solidão?

– Quem está aí? – gritou, assustado. – Que espectro, que larva horrível chama o pobre Caleno?
– Sacerdote – respondeu a tessaliana –, sem Arbaces saber, fui, com a permissão dos deuses, testemunha da sua perfídia. Se eu conseguir escapar dessas paredes, posso salvar-te. Mas fala-me pelo buraco da fechadura para que eu possa ouvir, e responde às minhas perguntas.
– Ah, espírito bendito – disse o sacerdote, animando-se e obedecendo à sugestão de Nídia –, salva-me e venderei até os sagrados vasos do altar para recompensar tua bondade!
– Não quero teu ouro... quero teu segredo. Será que eu ouvi bem? Podes livrar o ateniense Glauco da acusação que pesa sobre ele?
– Posso... Posso! Foi por isso (que as Fúrias fulminem o sórdido egípcio!) que Arbaces me preparou uma cilada e deixou-me aqui para morrer de fome e apodrecer.
– Acusam o ateniense de assassinato. Podes provar a falsidade da acusação?
– Liberta-me, e a mais honrada cabeça de Pompéia não estará tão segura quanto a dele. Vi o crime ser cometido... vi Arbaces desferir os golpes; posso condenar o verdadeiro assassino e absolver o inocente. Mas, se eu morrer, ele também morrerá. Estás preocupada com ele? Ó bendita desconhecida, no meu coração está a urna que pode condená-lo ou libertá-lo!
– E darás pleno testemunho do que sabes?
– Darei! Oh, mesmo que estivesse às portas do inferno, sim! Vingança ao egípcio traidor! Vingança! Vingança!
Como Caleno rangia os dentes ao gritar as últimas palavras, Nídia sentiu que nos piores sentimentos dele residia a certeza da sua justiça para com o ateniense. O coração dela batia forte: seria seu glorioso destino salvar seu idolatrado, seu adorado?
– Basta – disse ela – que os deuses que me trouxeram até aqui me guiem! Sim, sinto que poderei libertar-te. Aguarda com paciência e confiante!
– Mas tem cuidado, sê prudente, gentil desconhecida! Não tentes apelar para Arbaces... ele é duro como o mármore. Procura o pretor... dize-lhe o que sabes... consegue uma ordem

de busca; traze soldados e ferreiros hábeis... estas fechaduras são extremamente reforçadas! O tempo voa... posso morrer à míngua... de fome, se não andares depressa! Vai... vai! Espera... é horrível ficar só! O ar parece sepulcral... e os escorpiões... Ah! e as pálidas larvas... Oh, fica, fica!

– Não – disse Nídia, horrorizada com o pavor do sacerdote, e ansiosa por ordenar seus pensamentos. – Não, para o teu bem, devo ir. Toma a esperança por companheira... adeus!

Dito isso, ela saiu devagar e com os braços estendidos, tateando os pilares do recinto, até chegar à extremidade e à entrada da passagem que levava ao ar livre. Então parou; sentia que estaria mais segura se esperasse algum tempo, até que a noite estivesse tão próxima da madrugada que todos na casa estariam mergulhados no sono e ela pudesse sair sem ser notada. Assim, tornou a deitar-se no chão e ficou contando os tediosos minutos. Em seu coração arrebatado, a emoção que predominava agora era a alegria. Glauco corria um perigo mortal, mas ela poderia salvá-lo.

15

ARBACES E IONE. NÍDIA CHEGA AO JARDIM. CONSEGUIRÁ ESCAPAR E SALVAR O ATENIENSE?

Depois de aquecer o sangue com generosos goles de vinho macerado e perfumado com especiarias, tão apreciado pelos epicuristas, Arbaces sentiu o coração mais animado e exultante do que habitualmente. Há um certo orgulho na ingenuidade triunfante, e talvez não seja menor apesar de seu propósito ser criminoso. Nossa frívola natureza humana congratula-se consigo mesma, segura da sua invejável astúcia e do sucesso conseguido por sua habilidade pessoal. A horrível sensação de remorso vem depois. Mas remorso não era coisa que Arbaces provavelmente viesse a sentir um dia pela sorte do desprezível Caleno. Varreu da memória qualquer pensamento sobre a agonia e a morte lenta do sacerdote; sentia apenas que um grande perigo passara, e um possível inimigo fora silenciado. Agora só lhe restava explicar ao corpo de sacerdotes o desaparecimento de Caleno, mas isso, supunha, não lhe seria difícil. Freqüentemente Caleno fora encarregado por ele de várias missões religiosas em cidades vizinhas. Poderia agora afirmar que fora mandado numa dessas missões, levando oferendas aos santuários de Ísis, em Herculano e Nápoles, para aplacar a ira da deusa pelo assassinato recente do seu sacerdote Apecides. Assim que Caleno morresse, antes da partida do egípcio de Pompéia, o corpo seria atirado nas profundezas do Sarno, e quando o descobrissem provavelmente as suspeitas recairiam sobre os nazarenos ateus, como um ato de vingança pela morte de Olinto na arena.

Depois de uma rápida repassada nesses planos para resguardar-se, Arbaces afastou da mente qualquer lembrança do infeliz sacerdote, e, animado pelo sucesso que ultimamente coroara seus intentos, concentrou todos os seus pensamentos em Ione. Na última vez que a vira, ela o expulsara da sua presença, condenando-o com amargo desprezo, o que seu temperamento arrogante era incapaz de tolerar. Sentia-se agora encorajado a voltar a vê-la, pois sua paixão por ela era igual à de qualquer homem que sentisse a mesma coisa: estava ansioso por sua presença, embora diante dela ficasse irritado e humilhado. Em consideração à sua dor, não tirara suas vestes escuras e discretas, mas, tendo perfumado de novo os cabelos negros e arranjado com cuidado as pregas da túnica, dirigiu-se ao quarto da napolitana. E, aproximando-se da escrava de plantão diante da porta, perguntou-lhe se Ione já se recolhera para descansar; informado de que ela ainda estava de pé, e surpreendentemente calma, arriscou-se a entrar. Encontrou sua bela pupila sentada junto a uma mesinha, com o rosto apoiado em ambas as mãos, em atitude pensativa. Seu semblante, porém, não mostrava o brilho costumeiro e não tinha a encantadora expressão de inteligência igual à de Psique: tinha os lábios entreabertos, os olhos imóveis e desatentos, e os longos cabelos negros, caindo descuidados e desgrenhados pelo pescoço, contrastavam com a palidez das faces, que tinham perdido a suavidade de seus contornos.

Arbaces contemplou-a por um momento antes de aproximar-se. Ela ergueu os olhos, e, quando viu quem era o intruso, fechou-os com uma expressão de dor, mas não se moveu.

– Ah! – disse Arbaces, em tom baixo e apaixonado, enquanto respeitosamente, humildemente, até, adiantou-se sentando-se a pouca distância da mesa. – Ah! Se minha morte pudesse fazer teu ódio desaparecer, de bom grado eu morreria. És injusta comigo, Ione, mas suportarei a injustiça sem um murmúrio sequer; permite apenas que te veja de vez em quando. Censura-me, recrimina-me, despreza-me se quiseres... aprenderei a tudo suportar. Tua palavra mais amarga é para mim mais doce do que a música do mais sonoro alaúde. Quando ficas silenciosa, o mundo parece parar... a imobilidade gela o sangue nas veias da terra; não há terra, não há vida sem a luz do teu olhar e a melodia da tua voz!

– Devolve-me meu irmão e meu noivo! – disse Ione, em tom calmo e súplice, e grossas lágrimas rolaram-lhe silenciosas pelo rosto.

– Ah, se eu pudesse devolver-te o primeiro e salvar o outro! – volveu Arbaces, com aparente emoção. – Sim, para fazer-te feliz eu renunciaria ao meu malfadado amor, e de bom grado uniria tua mão à do ateniense. Talvez ele saia incólume do julgamento (Arbaces impedira que Ione soubesse que o julgamento já tinha começado). Se assim for, estás livre para julgá-lo ou condená-lo tu mesma. E não penses, Ione, que continuarei a perseguir-te com súplicas de amor. Sei que seria em vão. Permite apenas que eu chore... que compartilhe teu luto. Perdoa-me por uma violência de que me arrependi profundamente, e que nunca mais cometerei. Deixa-me ser para ti só o que um dia fui: um amigo, um pai, um protetor. Ah, Ione! Poupa-me e perdoa!

– Perdôo-te. Salva Glauco e renunciarei a ele! Ó poderoso Arbaces, tens poderes tanto para o mal como para o bem! Salva o ateniense, e a pobre Ione nunca mais o verá!

Trêmula e enfraquecida, ela levantou-se e, jogando-se aos seus pés, abraçou-lhe os joelhos.

– Oh, se realmente me amas... se és humano... pensa nas cinzas de meu pai, lembra te da minha infância, recorda-te das horas alegres que passamos juntos, e salva meu Glauco!

Estranhas convulsões sacudiram o corpo do egípcio, suas feições se transformaram assustadoramente. Ele virou o rosto para o lado e disse, com voz abafada:

– Se eu pudesse salvá-lo, faria isso agora mesmo, mas a lei romana é dura e rigorosa. Mas, se eu conseguir... se eu conseguir ajudá-lo e pô-lo em liberdade... serás minha... minha mulher?

– Tua? – repetiu Ione, erguendo-se. – Tua?... Tua mulher? O sangue do meu irmão não foi vingado: quem o matou? Ó Nêmesis, como poderia trocar, pela vida de Glauco, tua grave responsabilidade? Tua... Arbaces? Jamais!

– Ione, Ione! – exclamou Arbaces apaixonadamente. – Que significam essas misteriosas palavras? Por que associas meu nome à morte do teu irmão?

– Meus sonhos o associam, e os sonhos são mandados pelos deuses.

– Tudo fantasias vãs! É por um sonho que queres injustiçar um inocente, e pôr em risco tua única chance de salvar a vida do teu amado?

– Ouve-me! – disse Ione, falando com firmeza, num tom decidido e grave. – Se Glauco for salvo por ti, jamais ficarei presa a esta casa como tua mulher. Nada posso contra alguns rituais horríveis, mas jamais me casarei contigo. Não me interrompas; olha bem para mim, Arbaces! Se Glauco morrer, no mesmo dia frustrarei tuas artimanhas, e teu amor terá apenas meu cadáver. Sim, podes tirar do meu alcance o punhal e o veneno, podes prender-me, podes acorrentar-me, mas a alma corajosa, resolvida a fugir sempre encontra meios. Estas mãos, embora nuas e desarmadas, podem partir os laços da vida. Prende-as com grilhões, e estes lábios resolutos rejeitarão o ar! Tu sabes... deves ter lido sobre como mulheres preferem morrer a ver-se desonradas. Se Glauco morrer, não arrastarei uma existência indigna depois que ele se for. Por todos os deuses do céu, do oceano e da terra, condeno-me à morte! É tudo!

Solene, altiva, parecendo maior do que era, como se estivesse inspirada, a expressão e a voz de Ione golpearam o coração de Arbaces, infundindo-lhe respeito.

– Bravo coração! – disse ele, após uma pausa. – Sem dúvida, és digna de pertencer-me. Oh! Quanto sonhei com alguém assim para partilhar do meu grandioso destino, e jamais encontrei, a não ser em ti. Ione – continuou, entusiasmado –, não vês que nascemos um para o outro? Não vês alguma afinidade entre a tua energia... tua coragem... e esta minha alma independente e altiva? Fomos feitos para unir nossas semelhanças... para soprar um novo alento neste mundo vulgar e tosco... fomos criados para grandes propósitos que minha alma, perscrutando o mistério do tempo, antevê com olhar profético. Com uma firmeza igual à tua, enfronto tua ameaça de um suicídio inglório. Saúdo-te como minha! Rainha de terras ainda não sombreadas pelas asas da águia, não destroçadas por seu bico, curvo-me diante de ti, com reverência e admiração... mas reivindico-te com adoração e amor! Juntos cruzaremos o oceano... juntos descobriremos nosso reino; e épocas remotas reconhecerão a grande dinastia de reis que teve origem no leito nupcial de Arbaces e Ione!

– Deliras! Esse palavreado místico combina mais com uma velha esmirrada e paralítica vendendo encantamentos na praça do mercado do que com o sábio Arbaces. Ouviste a minha decisão... é imutável como o próprio destino. Orco ouviu meu juramento, que está escrito no livro do implacável Hades. Expia, então, Arbaces! Expia o passado, transforma ódio em estima, vingança em gratidão; salva alguém que jamais será teu rival. São atos condizentes com tua antiga índole, que deixa entrever lampejos de algo elevado e nobre. Eles pesam nos pratos da balança dos reis da Morte; são eles que movem a balança no dia em que a alma desencarnada fica trêmula e apavorada entre o Tártaro e o Elíseo; em vida, eles alegram com mais intensidade e por mais tempo do que a satisfação de uma paixão momentânea. Ó Arbaces, ouve-me e cede!

– Chega, Ione! Farei tudo o que puder ser feito por Glauco; mas não me recrimines se eu fracassar. Pergunta até aos meus inimigos se não tentei, se não fiz tudo para desviar a sentença que paira sobre sua cabeça; e julga-me depois. Dorme agora, Ione! A noite se aproxima do fim. Deixo-te para que descanses... e que teus sonhos sejam mais indulgentes com quem não consegue existir sem ti.

Sem esperar resposta, Arbaces afastou-se rapidamente; talvez com medo de ouvir mais uma súplica apaixonada de Ione, que fazia o ciúme torturá-lo, mesmo quando sentia compaixão. Mas até a compaixão chegava tarde. Mesmo que Ione lhe tivesse prometido a mão como recompensa, não poderia agora – com seu testemunho prestado, com o povo excitado – salvar o ateniense. Ainda confiante, por sua energia mental, apostava no futuro e acreditava que poderia vencer a mulher que tanto tinha confundido seus sentimentos.

Quando os servos ajudavam-no a despir-se para dormir, a

lembrança de Nídia surgiu-lhe como um relâmpago. Ocorreu-lhe que Ione jamais poderia tomar conhecimento do delírio do seu amado, para que não visse nisso desculpa para o crime que lhe era imputado; e era possível que as escravas que a serviam a informassem sobre a presença de Nídia debaixo do mesmo teto, e ela quisesse vê-la. Assim que a idéia lhe ocorreu, dirigiu-se ao seu liberto:
– Calias, vai depressa procurar Sosia. Dize-lhe que está proibido, sob qualquer pretexto, de permitir que a escrava Nídia saia do quarto. Mas, espera... primeiro procura as escravas que estão a serviço da minha pupila e avisa-lhes que não devem informá-la de que a ceguinha está nesta casa. Vai... depressa!
O liberto obedeceu prontamente. Desincumbindo-se da sua missão relativa às servas de Ione, foi ao encontro do fiel Sosia, mas não o viu no cubículo que lhe era destinado. Então chamou-o em voz alta, e do quarto de Nídia, ali bem perto, ouviu Sosia responder:
– Ó Calias, és tu que estou ouvindo? Louvados sejam os deuses! Abre a porta, suplico-te!
Calias puxou o ferrolho, e o rosto contrito de Sosia apareceu.
– Como! No quarto com a menina, Sosia! Que vergonha! Com tantas frutas maduras por aqui, precisas mexer nas verdes...
– Não me fales da pequena feiticeira! – interrompeu-o Sosia, nervoso. – Ela será minha ruína!
Confiou então a Calias a história do Demônio do Ar e da fuga da tessaliana.
– Enforca-te, então, pobre Sosia! Acabo de receber uma mensagem de Arbaces para ti; diz que de modo algum deves permitir que ela saia deste quarto, nem por um momento.
– Pobre de mim! – exclamou o escravo. – Que posso fazer? A estas horas, ela já andou por quase metade de Pompéia. Mas amanhã tentarei agarrá-la nos lugares que costuma freqüentar. Mas guarda meu segredo, amigo Calias.
– Como amigo, farei o que puder, desde que não ponha em risco minha própria segurança. Mas tens certeza de que ela saiu desta casa? Ainda pode estar escondida por aí.

– Como é possível? Ela podia chegar ao jardim facilmente; e o portão, como te contei, estava aberto.

– Não, não estava, pois na mesma hora que disseste, Arbaces estava no jardim com o sacerdote Caleno. Fui até lá buscar algumas ervas para o banho do patrão amanhã de manhã. Vi a mesa posta, mas tenho certeza de que o portão estava fechado; podes estar certo de que Caleno entrou pelo jardim e fechou-o atrás de si.

– Mas não à chave.

– Sim, pois zangado com a negligência que poderia deixar os bronzes do peristilo à mercê de algum ladrão, eu mesmo girei a chave, tirei-a da fechadura, e, como não encontrei o escravo a quem devia entregá-la, não quis traí-lo... e a chave, na verdade, está aqui, no meu cinturão.

– Ó misericordioso Baco! Afinal, não te invoquei em vão. Não percamos um momento! Vamos agora mesmo para o jardim... ela pode estar ainda lá!

O bondoso Calias concordou em ajudar Sosia. Depois de procurar, sem sucesso, nos aposentos próximos e nos desvãos do peristilo, foram para o jardim.

Mais ou menos à mesma hora, Nídia decidira deixar seu esconderijo e arriscar-se a chegar à rua. Rápida, trêmula, contendo a respiração, que de quando em quando irrompia em arquejos convulsivos, ora deslizando entre as colunas cobertas de flores que margeavam o peristilo ora escondendo-se do sereno luar que batia em cheio nos mosaicos centrais, ora subindo ao terraço do jardim ora esgueirando-se entre as árvores escuras e imóveis, chegou ao fatídico portão... encontrando-o fechado.

Todos já devem ter visto quando uma expressão de dor, de incerteza, de medo, que uma súbita decepção do tato, se podemos dizer assim, se estampa no rosto de um cego. Mas onde encontrar palavras para descrever a insuportável angústia, o desfalecimento total do coração, agora visíveis no semblante da tessaliana? Mais uma vez, mais outra, as mãozinhas trêmulas percorreram de um lado a outro o inexorável portão.

Pobre infeliz! Foram inúteis toda sua nobre coragem, sua ingênua esperteza, aeus artifícios para fugir do cão do caçador! A poucos passos, estão rindo dos seus esforços, do seu desespero, sabendo que agora está à sua mercê, e aguardando com cruel paciência o momento de agarrar a presa... e não consegue ver seus perseguidores!

– Calma, Calias! Deixemo-la continuar. Vejamos o que fará quando se convencer de que não vai conseguir nada.

– Vê! Ergueu o rosto para o céu... está falando baixinho... caiu desanimada! Não! Por Pólux, ela tem algum novo plano! Não desistirá! Por Júpiter, que espírito indomável! Vê, está se levantando, vai voltar pelo mesmo caminho... está procurando outra saída! Aconselho-te, Sosia, não demores. Agarra-a antes que saia do jardim... agora!

– Ah, fujona! Apanhei-te... eh? – disse Sosia, segurando a infeliz Nídia.

Como o derradeiro lamento da lebre entre os dentes do cão, como a exclamação assustada do sonâmbulo acordado de repente, ecoou o grito da ceguinha quando se sentiu agarrada abruptamente por seu carcereiro. Foi um grito de tamanha angústia, de tal desespero, que poderia soar para sempre nos ouvidos de alguém. Sentiu-se como se lhe tivessem arrancado das mãos a última tábua de salvação de Glauco, que estava se afogando. Houvera uma trégua entre a vida e a morte; agora a morte tinha vencido o jogo.

– Deuses, este grito acordará a casa! Arbaces tem um sono muito leve. Amordaça-a! – gritou Calias.

– Ah! Aqui está o mesmo lenço com que a pequena feiticeira me toldou a razão! Ótimo, agora além de cega estás muda.

E, pegando o leve fardo em seus braços, Sosia logo entrou na casa, chegando ao quarto de onde Nídia fugira. Lá, tirando-lhe a mordaça, deixou-a numa solidão tão angustiante e terrível, que fora do inferno dificilmente existiria tortura maior.

16
O PESAR DE COMPANHEIROS DE FARRA POR NOSSAS ANGÚSTIAS
O CÁRCERE E SUAS VÍTIMAS

Já ia adiantado o terceiro e último dia do julgamento de Glauco e Olinto. Poucas horas depois que a corte se dissolveu e a sentença foi pronunciada, um pequeno grupo de elegantes de Pompéia estava reunido em torno da enfadonha mesa de Lépido.

– Então Glauco negou o crime até o fim! – disse Clódio.

– Sim, mas o testemunho de Arbaces foi convincente; ele viu o golpe ser desferido – disse Lépido.

– Qual teria sido a causa?

– Ora, o sacerdote era um sujeito sombrio e taciturno! Provavelmente repreendeu Glauco severamente por sua vida licenciosa e sua mania de jogar, e finalmente declarou que não consentiria no seu casamento com Ione. Trocaram palavras ásperas; Glauco, subitamente irritado, parecia tomado pelo deus da paixão. A excitação do vinho, o desespero pelo inesperado remorso culminaram no delírio por que passou durante vários dias. Bem posso imaginar que, confuso por tal delírio, ainda não tenha consciência do crime que cometeu. Pobre rapaz! Essa pelo menos é a arguta conjectura de Arbaces, que parece ter sido muito amável e indulgente em seu depoimento.

– Sim, e com isso tornou-se muito popular. Mas, levando em consideração as circunstâncias atenuantes, o Senado poderia ter abrandado a sentença.

– E teriam feito isso se não fosse o povo, que estava furioso. Os sacerdotes não pouparam esforços para excitar as massas que, ferozes e irracionais, diziam que Glauco provavelmente escaparia por ser rico e nobre. Portanto, foram radicais contra ele, o que pesou em dobro na decisão da sentença. Parece que, por um acidente qualquer, ele nunca foi registrado formalmente como cidadão romano. Assim, o Senado não teve poderes para opor-se ao povo, embora no final só houvesse três votos a mais contra ele. Ó assassinos!
– Ele parece muito abatido, mas como está tranqüilo e altivo!
– Ai, veremos se sua firmeza resistirá até amanhã! Mas que mérito há na sua coragem, se Olinto, aquele ateu desprezível, também se mostra igual?
– O blasfemo! Sim – disse Lépido, com fria indignação –, não me admira que um dos decuriões, há dois dias, tenha sido fulminado por um raio, com o céu sereno. Os deuses clamarão por vingança contra Pompéia enquanto o vil profanador estiver vivo entre estes muros.
– O Senado, no entanto, foi tão indulgente que se ele tivesse mostrado arrependimento e espalhasse uns grãos de incenso no altar de Cibele estaria livre. Duvido que, se a religião deles fosse a oficial, esses nazarenos seriam tão tolerantes conosco, supondo-se que tivéssemos derrubado a imagem do seu deus, ultrajado seus ritos e repudiado sua fé.
Considerando as circunstâncias, deram uma chance a Glauco; permitiram que use contra o leão o mesmo estilete com que matou o sacerdote.
– Já viste o leão? Observaste-lhe as presas e as garras? E dizes que lhe deram uma chance? Ora, até espada e escudo seriam meros caniços e papiros diante da investida da enorme fera! Não, acho que a verdadeira clemência seria não fazê-lo esperar por muito tempo. Assim, é melhor para ele que nossas benignas leis sejam lentas para pronunciar a sentença, mas rápidas na sua execução. E, por uma espécie de providência divina, os jogos do anfiteatro tinham sido, há muito, marcados para amanhã. Quem fica esperando a morte morre duas vezes.

– Quanto ao ateu – disse Clódio –, irá enfrentar o tigre feroz desarmado. Bem, esse tipo de luta não tem apostadores. Quem quer apostar?
Gargalhadas mostraram o ridículo da pergunta.
– Pobre Clódio! – disse o anfitrião. – Perder um amigo é uma coisa, mas não achar ninguém que aposte na salvação dele é a pior desgraça para alguém.
– Ora, é irritante! Haveria algum consolo para ele e para mim em pensar que ele fora útil até o fim.
– O povo – disse o solene Pansa – está satisfeitíssimo com o resultado. Todos estavam com receio de que os espetáculos do anfiteatro acontecessem sem um criminoso para as feras; e agora, ter dois criminosos como esses, é uma verdadeira alegria para a pobre gente que trabalha pesad e precisa de um pouco de diversão.
– Falou o popular Pansa, que não anda sem ter atrás de si uma fila de clientes tão longa quanto um cortejo indiano. Sempre preocupado com o povo. Céus! Acabará sendo um outro Graco!
– Com certeza não sou um aristocrata insolente – disse Pansa, com ar de condescendência.
– Bem – observou Lépido –, certamente seria perigoso se houvesse clemência na véspera de um combate com feras. Se eu, embora nascido e criado em Roma, um dia vier a ser julgado, rogo a Júpiter que não haja feras no viveiro ncm abundância de condenados no cárcere.
– E digam-me – falou um do grupo , quc foi feito da pobre moça com quem Glauco ia casar-se? Viúva sem ter sido esposa... é muito duro!
– Oh! – replicou Clódio. – Está a salvo, sob a proteção de Arbaces, seu guardião. Era natural que ficasse com ele, já que perdeu o irmão e o amado.
– Pela doce Vênus! Glauco tinha sorte com mulheres. Dizem que a rica Júlia estava apaixonada por ele.
– Pura invenção, amigo! – disse Clódio, vangloriando-se. – Estive com ela hoje. Se alguma vez sentiu alguma coisa por ele, orgulho-me de tê-la consolado.
– Calma, cavalheiros! – disse Pansa. – Não sabeis que

Clódio está empenhado em acender a tocha nupcial na casa de Diomedes? Já começa a arder, e logo estará brilhando no altar de Himeneu.
– É mesmo? – perguntou Lépido. – Como! Clódio, um homem casado? Fora!
– Não te preocupes – respondeu Clódio –, o velho Diomedes está encantado com a idéia de casar a filha com um nobre, e abrirá mão de grande parte de seus sestércios. Verás que não os deixarei trancados no átrio. O dia em que Clódio se casar com uma herdeira será inesquecível para seus alegres amigos.
– Garantes isso? – gritou Lépido. – Então, vamos lá, um brinde à saúde da bela Júlia!

Enquanto lá a conversa era essa – conversa que em nada destoava do comportamento geral dos libertinos da época e que talvez, há um século, ainda encontrasse eco nos círculos mais dissolutos de Paris —, enquanto, como disse, no pomposo triclínio de Lépido, a conversa era essa, cena bem diferente e assustadora desenrolava-se diante do jovem ateniense.

Depois da condenação, Glauco não fora mais confiado à guarda generosa de Salústio, único amigo em sua angústia. Foi levado através do fórum, até que os guardas pararam diante de uma pequena porta ao lado do Templo de Júpiter. Ainda hoje se pode ver onde ficava. A porta se abriu no centro, de modo singular, girando sobre os gonzos, como um moderno torniquete, de forma a deixar só metade da entrada aberta de cada vez. Então empurraram o prisioneiro por aquela abertura estreita, puseram diante dele um pão e uma vasilha com água e o deixaram no escuro, segundo pensava, sozinho.

Tão súbita e radicalmente mudara sua sorte, jogando-o do florescente apogeu da juventude e do amor triunfante para os mais profundos abismos da ignomínia e do horror da morte mais cruenta, que mal conseguia convencer-se de que não estava sendo vítima de um pesadelo. Sua constituição vigorosa e ágil conseguira vencer os efeitos da poção, de que não bebera a maior parte. Recobrara os sentidos e a consciência, mas uma depressão sombria e nebulosa ainda lhe oprimia os nervos e lhe toldava a mente. Sua natural coragem e a nobre altivez grega fizeram que vencesse qualquer apreensão inoportuna, e que, no tribunal, encarasse sua terrível sorte com ar de tranqüilidade e olhar de desafio. Mas a convicção da sua inocência não bastava para animá-lo, já que não tinha a companhia de outros seres humanos para excitar-lhe a altiva coragem, e estava entregue ao silêncio e à solidão. Sentia a umidade do cárcere penetrando-lhe gelada no corpo enfraquecido. Ele, o enfatuado, o próspero, o elegante; ele, que até então não enfrentara privações nem passara por adversidades. Belo pássaro era! Por que deixara sua terra distante e ensolarada, os olivais das colinas da sua pátria, a música dos regatos imemoriais? Por que dissipara sua brilhante plumagem entre aqueles estrangeiros rudes e cruéis, deslumbrando-lhes os olhos com seus magníficos matizes, encantando-lhes os ouvidos com seu alegre cantar... para ser apanhado de repente, engaiolado no escuro? Vítima e preso, seus alegres vôos seriam proibidos para sempre, seu festivo canto estaria para sempre emudecido!

Pobre ateniense! Quão pouco seus únicos defeitos, fruto da exuberância de um temperamento amável e alegre, o tinham preparado, no curso da vida, para as provações que teria de enfrentar! Os gritos do populacho, entre cujos aplausos tantas vezes guiara seu elegante carro e seus fogosos corcéis, ainda lhe feriam os ouvidos. Os rostos frios e impassíveis dos antigos amigos (companheiros de alegres festins) ainda lhe surgiam diante dos olhos. Agora, nenhum deles estava por perto para consolar, apoiar, o admirado e adulado estrangeiro. Aquelas paredes só se abririam para a terrível arena e para a morte violenta e ignominiosa. E Ione! Dela também nada ouvira; nem uma palavra de encorajamento nem uma mensagem compassiva; ela também o esquecera; considerava-o culpado. E de que crime? Do assassinato do irmão!

Glauco apertou os dentes, gemeu alto; de quando em quando, um medo intenso o afligia. No delírio cruel e feroz que tão inexplicavelmente lhe tomara a alma, que lhe devastara o cérebro confuso, será que, inconsciente, não teria mesmo cometido o crime de que o acusavam? Porém, quando esse pensamento lhe ocorreu, afastou-o de imediato, pois, entre as sombras do passado, parecia-lhe ver claramente o sombrio bosque de Cibele, o rosto pálido do morto voltado para cima, a pausa que

Os Últimos Dias de Pompéia   405

fizera junto ao cadáver, e o súbito empurrão que o jogara por terra. Convenceu-se da sua inocência; e, no entanto, quem, no futuro, quando seus restos estraçalhados se tivessem fundido com os elementos, acreditaria que era inocente, ou reabilitaria seu nome?

Ao lembrar-se da sua conversa com Arbaces, e das causas que haviam provocado o sentimento de vingança no coração daquele homem sombrio e temível, não podia deixar de pensar que estava sendo vítima de uma trama misteriosa e muito bem planejada, da qual não conseguia descobrir o fio da meada. E Ione... Arbaces a amava... será que o rival egípcio fundamentava seu sucesso na ruína dele? Esse pensamento feriu-o mais fundo do que todo o resto; seu nobre coração estava mais ferido pelo ciúme do que abatido pelo medo. Gemeu alto de novo.

Uma voz vinda do meio da escuridão respondeu àquela explosão de angústia.

– Quem me faz companhia nesta hora terrível? – perguntou a voz. – Ateniense Glauco, és tu?

– Assim me chamavam nos tempos de prosperidade. Agora devem chamar-me por outros nomes. E qual é o teu nome, estranho?

– Olinto, teu colega de prisão e de julgamento.

– Como! O mesmo a quem chamam de ateu? Foi a injustiça dos homens que te ensinou a renegar a providência dos deuses?

– Ai! – respondeu Olinto. – És tu, não eu, o verdadeiro ateu, pois não reconheces o único Deus verdadeiro... o Uno desconhecido, a quem teus ancestrais atenienses erigiram um altar. É nesta hora que creio no meu Deus. Ele está aqui no cárcere comigo. Seu sorriso rompe a escuridão. Na véspera da morte, meu coração me fala da imortalidade, e a terra afasta-se de mim apenas para que minha alma exausta se aproxime do Céu.

– Dize-me – falou Glauco abruptamente –, por acaso não ouvi teu nome ligado ao de Apecides no meu julgamento? Considera-me culpado?

– Só Deus lê o coração! Mas minhas suspeitas não recaem sobre ti.

– Sobre quem, então?
– Sobre Arbaces, teu acusador.
– Ah! Isso me conforta; mas por quê?
– Porque conheço o coração perverso daquele homem, e ele tinha motivos para temer quem agora está morto.

Depois disso, Olinto continuou a dar a Glauco detalhes que o leitor já sabe: a conversão de Apecides, o plano traçado por eles para desmascarar as imposturas do egípcio, que se aproveitava da fragilidade do jovem prosélito.

– Portanto – concluiu Olinto –, se o falecido encontrou Arbaces, se lhe recriminou a deslealdade e ameaçou desmascará-lo, o local, a hora, devem ter favorecido a fúria do egípcio, e a paixão, unida à astúcia, sugeriram o golpe fatal.

– Deve ter sido isso! – exclamou Glauco, satisfeito. – Estou feliz.

– No entanto, infeliz, de que te adianta isso agora? Foste julgado e condenado; e morrerás com tua inocência.

– Mas agora sei que sou inocente. Na minha misteriosa loucura, eu tinha dúvidas terríveis, embora passageiras. No entanto, dize-me, homem de estranho credo, achas que por pequenos erros, ou por faltas ancestrais, seremos abandonados e para sempre execrados pelos poderes superiores, seja qual for o nome que lhes dês?

– Deus é justo e não abandona Suas criaturas por meras fraquezas humanas. Deus é misericordioso; só castiga o pecador que não se arrepende.

– Parece-me, no entanto, que fui golpeado pela cólera divina com uma súbita loucura, um delírio grave e sobrenatural, que não foi forjado por mãos humanas.

– Há demônios na Terra – respondeu o nazareno, timidamente –, assim como há Deus e Seu Filho no Céu. Como não reconhecias estes últimos, os primeiros poderiam ter poderes sobre ti.

Glauco não respondeu, e fez-se silêncio por alguns minutos. Por fim, com uma voz diferente, calma, meio hesitante, o ateniense disse:

– Cristão, acreditas, segundo os princípios do teu credo, que os mortos podem ressuscitar, que os que aqui se amaram

ficarão unidos depois; que no além-túmulo nosso nome honrado brilhará livre das brumas mortais que injustamente o toldaram neste mundo mesquinho; e que os regatos que correm separados entre o deserto e o rochedo se encontrarão no solene Hades, e de novo fluirão juntos?
– Acreditar nisso, ateniense! Não, não acredito: eu sei! E é esta bela e abençoada certeza que agora me conforta. Ó Cilene! – continuou Olinto, apaixonadamente. – Esposa do meu coração! Tirada de mim no primeiro mês das nossas núpcias. Por que não posso ver-te agora, sem esperar mais um dia? Bem-vinda, bem-vinda seja a morte que me levará para o Céu e para ti!

Havia algo naquela súbita explosão de ternura humana que fez vibrar uma corda no coração do grego. Pela primeira vez, sentiu que uma afinidade maior do que simples angústia existia entre ele e seu companheiro. Então arrastou-se para perto de Olinto; pois os italianos, violentos em algumas coisas, não eram desnecessariamente cruéis em outras; economizavam celas separadas e grilhões supérfluos e proporcionavam às vítimas da arena o triste consolo da liberdade e do companheirismo que a prisão poderia propiciar-lhes.

– Sim – prosseguiu o cristão, com sagrado zelo –, a imortalidade da alma, a ressurreição, o reencontro dos mortos são os grandes princípios do nosso credo, a verdade sublime pela qual Deus submeteu-se à própria morte, para testemunhá-la e proclamá-la. Não existe o lendário Elíseo nem o poético Orco, mas a límpida e radiante herança do próprio Paraíso é o quinhão dos bons.

– Fala-me, então, da tua doutrina; dize-me o que esperas – disse Glauco, sério.

Olinto não hesitou em atendê-lo. E lá, como tantas vezes nos primeiros tempos do cristianismo, foi na escuridão do cárcere, e com a morte aproximando-se, que o Evangelho nascente espargiu seus suaves e sagrados raios.

17

UMA CHANCE PARA GLAUCO

As horas passavam em lenta tortura para o cérebro de Nídia, desde que fora reconduzida à sua cela.

Sosia, como se receasse ser de novo ludibriado, contivera-se e só fora vê-la na manhã do dia seguinte, já tarde; e mal lhe entregara a periódica cesta contendo comida e vinho, fechando rapidamente a porta. O dia arrastava-se, e Nídia estava enclausurada, entre grades, inexoravelmente confinada, quando aquele era o dia do julgamento de Glauco, e sua liberdade poderia salvá-lo. Mesmo que fosse quase impossível fugir, como lhe parecia, e sabendo que a única chance de vida para Glauco estava em suas mãos, aquela jovem frágil, arrebatada e extremamente sensível, resolveu não se entregar ao desespero, que poderia impedi-la de aproveitar qualquer oportunidade que surgisse. Assim, manteve-se atenta, mesmo quando, sob o turbilhão de pensamentos insuportáveis, tinha vertigens e cambaleava. Ainda mais: comeu e bebeu vinho para manter as forças... para estar preparada! Tramava planos e planos de fuga, mas era obrigada a abandoná-los. Sua única esperança ainda era Sosia, o único instrumento com que poderia contar.

Então cedera à superstição para saber se eventualmente conseguiria comprar sua liberdade. Benditos deuses! Será que não poderia ser conquistado com a tentação de consegui-la?

Ela não era rica o suficiente para comprá-la? Seus braços magros estavam cobertos de braceletes, presentes de Ione; trazia ainda no pescoço a mesma corrente que, devemos lembrar, tinha provocado sua altercação ciumenta com Glauco, e que depois lhe prometera usar para sempre.

    Esperava ansiosamente que Sosia aparecesse de novo. Como, porém, as horas passavam e ele não vinha, começou a impacientar-se. Os nervos pulsavam-lhe febris; já não conseguia suportar a solidão; gemeu, gritou, jogou-se de encontro à porta. Seus gritos ecoaram pela casa, e Sosia, irritado, apressou-se a ir ver o que estava acontecendo e, se possível, fazer a prisioneira calar-se.

    – Ô, ô! Que é isso? – perguntou zangado. – Se continuares berrando assim, vou amordaçar-te de novo. Se meu senhor ouvisse, minhas costas pagariam por isso!

    – Bom Sosia, não ralhes comigo... não agüento ficar mais tempo sozinha – respondeu Nídia. – A solidão me apavora. Senta aqui um pouquinho, por favor. Não, não tenhas medo de que eu tente fugir; põe teu banco na frente da porta. Não tires os olhos de mim... não sairei deste canto.

    Sosia, que era um grande tagarela, comoveu-se com o pedido de Nídia. Ficou com pena daquela criatura que não tinha ninguém com quem falar – e ele também estava na mesma situação. Lastimou-se, e decidiu desabafar também. Aceitou a sugestão de Nídia, pôs um banquinho diante da porta, encostou-se nela, e disse:

    – Podes crer que não gosto de ser grosseiro; e como se trata só de uma conversa amigável, não vejo nada de errado em concordar contigo. Lembra-te, porém: nada de truques, nada de evocar espíritos de novo!

    – Não, não; dize-me, caro Sosia, que horas são?

    – Já está anoitecendo... as cabras estão indo para casa.

    – Ó deuses! E como foi o julgamento?

    – Ambos condenados

Nídia conteve um grito.

    – Bem, bem, achava que seria assim. Quando serão supliciados?

    – Amanhã, no anfiteatro. Se não fosse por tua causa, pequena feiticeira, me deixariam ir com os outros assistir.

Nídia curvou-se por alguns momentos. Não agüentava mais... desmaiou. Mas, na penumbra, Sosia nem percebeu, e estava preocupado com suas próprias privações. Continuou lamentando ter de perder um espetáculo tão maravilhoso e acusando Arbaces por tê-lo escolhido entre seus colegas para ser carcereiro; e antes que terminasse, Nídia, com um profundo suspiro, voltou a si.

– Ceguinha, suspiraste por minha causa? Bem, já é um consolo. Como reconheces o quanto me custa cuidar de ti, procurarei não resmungar. É duro ser maltratado, e ninguém ter pena da gente, ainda por cima.

– Sosia, de quanto precisas para completar o que falta para comprar tua liberdade?

– Quanto? Ora, uns dois mil sestércios!

– Os deuses sejam louvados! Não mais? Estás vendo estes braceletes e esta corrente? Valem bem o dobro dessa quantia. Serão teus se...

– Não me tentes; não posso soltar-te! Arbaces é um senhor severo e implacável. Eu poderia servir de comida aos peixes do Sarno. Ai! Nem todos os sestércios do mundo conseguiriam devolver-me a vida. É melhor um cachorro vivo do que um leão morto.

– Sosia, tua liberdade! Pensa bem! Se me deixares sair uma horinha só! Deixa-me sair à meia-noite... voltarei antes do clarear do dia; melhor ainda, podes acompanhar-me.

Não disse Sosia, inflexível. Uma vez, um escravo de sobedeceu a Arbaces, nunca mais se ouviu falar nele.

– Mas a lei não dá ao senhor poderes sobre a vida do escravo.

– A lei é muito condescendente, mas é mais cortês do que eficiente. Sei que Arbaces sempre tem a lei do seu lado. Além do mais, uma vez morto, que lei poderia ressuscitar-me?

Nídia retorceu as mãos.

– Então não há esperança? – disse, trêmula.

– Ninguém sai enquanto Arbaces não der ordem.

– Bem – disse Nídia, apressada –, então, pelo menos, não te recusarás a levar uma carta minha; teu senhor não te matará

por isso.
— Para quem?
— Para o pretor.
— Para um magistrado? Não... eu não. Podem fazer-me testemunhar na corte, pelo que sei; e a maneira de interrogar escravos é sob tortura.
— Perdão, não quis dizer pretor... a palavra me escapou inconscientemente... referia-me a outra pessoa: o alegre Salústio.
— Oh! E que queres com ele?
— Glauco foi meu senhor; comprou-me de um dono cruel. Só ele sempre foi bondoso comigo. Vai morrer. Não poderia viver satisfeita se não conseguir, nesta hora de provação e desgraça, dizer-lhe que há um coração que lhe é grato. Salústio é amigo dele; levará minha mensagem.
— Tenho certeza de que não fará isso. Glauco tem muito mais em que pensar entre hoje e amanhã, sem preocupar-se com uma ceguinha.
— Homem — disse Nídia, erguendo-se —, queres ser livre? A proposta está feita; amanhã será tarde demais. Nunca houve liberdade comprada tão facilmente. Podes muito bem entrar e sair da casa sem ser visto; não ficarás ausente por mais de meia hora. E abres mão da liberdade por uma ninharia como essa?
Sosia estava muito perturbado. É verdade que o pedido dela era singularmente ridículo; mas que tinha a ver com isso? Tanto melhor. Podia trancar a porta e, se Arbaces viesse a saber da sua ausência, a falta era desculpável e mereceria só uma repreensão. Mas, se a carta de Nídia contivesse algo mais do que ela dissera... se falasse do seu encarceramento, como astutamente imaginava... e daí? Arbaces jamais saberia que fora o portador da mensagem. Na pior das hipóteses, o suborno era enorme... o risco era pequeno... a tentação, irresistível. Não hesitou mais... aceitou a proposta.
— Dá-me as jóias e levarei a carta. Espera... és escrava, não tens direito a esses berloques... são do teu senhor.
— Foram presentes de Glauco; ele é meu senhor. Que chance tem ele de reclamá-los? Quem mais sabe que estão comigo?
— Basta!... vou buscar o papiro.
— Não, papiro não... uma tábua encerada e um estilete.

Nídia, como o leitor deve ter visto, era filha de família nobre. Seus pais haviam feito o possível para amenizar-lhe a desgraça, e sua inteligência ágil correspondera aos esforços. Apesar da cegueira, aprendera na infância, embora imperfeitamente, a arte da escrita com o agudo estilo e tábulas enceradas, no que era auxiliada por seu apurado tato. Quando as tábulas lhe foram entregues, traçou com dificuldade algumas palavras em grego, língua da sua infância, e que se supunha que quase todos os italianos da alta sociedade conheciam. Cuidadosamente, enrolou a epístola numa fita, e lacrou o nó com cera; e antes de entregá-la a Sosia, disse-lhe:

– Sosia, sou cega e estou presa. Podes pensar em enganar-me... podes fingir levar a carta a Salústio... podes não cumprir tua missão, mas aqui solenemente entrego tua cabeça à vingança, tua alma aos poderes infernais, se faltares com a verdade. Peço que ponhas tua mão direita sobre a minha e repitas comigo, sinceramente, estas palavras: "Pela terra que pisamos, pelos elementos que têm vida e podem amaldiçoar a vida, por Orco, o supremo vingador, por Júpiter, que tudo vê, juro que entregarei honestamente o que me foi confiado, e fielmente deporei esta mensagem nas mãos de Salústio! Se eu não cumprir este juramento, caiam sobre mim todas as maldições do Céu e do Inferno!". Chega! Confio em ti... toma tua recompensa. Já escureceu... vai de uma vez.

– És uma pessoa estranha, e me assustaste terrivelmente; mas é tudo muito natural; e se encontrar Salústio lhe entregarei a carta, como jurei. Palavra de honra, posso ter cometido pequenas faltas, mas perjúrio... nunca! Deixo isso para pessoas superiores!

Com isso, Sosia afastou-se, correndo antes os pesados ferrolhos na porta de Nídia, fechando cuidadosamente os cadeados. Guardando as chaves no cinturão, foi para o seu cubículo, envolveu-se dos pés à cabeça num longo manto escuro e saiu furtivamente pelos fundos, sem ser visto ou perturbado.

As ruas estavam escuras e desertas. Logo chegou à casa de Salústio. O porteiro mandou que lhe entregasse a carta e fosse embora, pois Salústio estava tão triste com a condenação de Glauco que não queria que nada o perturbasse.

– Mas jurei que lhe entregaria a carta pessoalmente, e assim devo fazê-lo! – e, sabendo por experiência própria que todo cão gosta de um osso, Sosia deu meia dúzia de sestércios ao porteiro.

– Bem, bem – disse este, cedendo –, podes entrar, se quiseres; mas, a bem da verdade, Salústio está bebendo para afastar a tristeza. É o que sempre faz quando alguma coisa o incomoda. Exige uma excelente ceia, o melhor vinho, e só se refaz quando não pensa em mais nada... só em vinho!

– Excelente solução... excelente mesmo! Ah! Como é bom ser rico. Se eu fosse Salústio, todos os dias teria um ou outro desgosto. Mas, recomenda-me ao mordomo... está vindo aí.

Salústio estava triste demais para receber amigos; triste demais, também, para beber sozinho. Assim, conforme costumava, chamara seu liberto favorito para distraí-lo, e jamais se viu tão estranho banquete. Pois, de quando em quando, o bondoso epicurista suspirava, chorava copiosamente, lamentava-se, e então voltava-se com redobrado apetite para alguma nova guloseima ou para o copo que estava de novo cheio.

– Meu amigo – dizia ao seu companheiro –, foi uma sentença das mais terríveis... Ai de mim!... Este cabrito não está nada mau, eh? Infeliz, querido Glauco! Que mandíbulas tem o leão! Ah, ah, ah!

E Salústio soluçava alto... os soluços só eram interrompidos pela fala entrecortada.

– Bebe mais um copo – disse o liberto.

– Bem gelado; mas como Glauco deve estar gelado agora! Fecha a casa amanhã... nenhum escravo deverá sair... ninguém daqui prestigiará a maldita arena... Não, não!

– Prova o falerno... a aflição te perturba. Pelos deuses, perturba, sim!... Queres uma fatia de torta de queijo?

Naquele momento propício, Sosia foi apresentado ao desconsolado beberrão.

– Olá, quem és tu?

– Um simples mensageiro para Salústio. Trago-te este bilhete de uma jovem. Que eu saiba, não pede resposta. Posso retirar-me? – disse o discreto Sosia, com o rosto oculto pelo manto, e disfarçando a voz para não ser reconhecido depois.

– Pelos deuses, um alcoviteiro! Maldito... desumano! Não

vês minha tristeza? Vai, e que as maldições de Pândaro caiam sobre ti.

Sosia se foi, sem esperar um minuto.

– Vais ler a carta? – perguntou o liberto.

– Carta? Que carta? – balbuciou o epicurista, que já estava vendo tudo em dobro. – Malditas raparigas! Acaso sou homem... (soluço)... de pensar em prazer, quando... quando... meu amigo vai ser devorado?

– Come outro pastelzinho!

– Não, não. A dor me acabrunha!

– Levai-o para a cama – disse o liberto; e carregaram Salústio, com a cabeça agora caída sobre o peito, para seu quarto, ainda murmurando lamentações por Glauco e imprecações sobre convites de prostitutas insensíveis.

Enquanto isso, indignado, Sosia se dirigia para casa.

– Ah, é? Alcoviteiro? – dizia consigo mesmo. – Alcoviteiro! Língua miserável a desse Salústio! Se me tivesse chamado de patife, ou ladrão, poderia perdoá-lo, mas alcoviteiro! Arre! Há qualquer coisa nessa palavra que embrulha o estômago mais forte do mundo. Um patife é patife porque gosta de sê-lo, um ladrão é ladrão para seu proveito próprio, mas há algo honroso e filosófico em ser malandro para o próprio bem: é fazer as coisas com convicção, em grande escala. Mas alcoviteiro é um sujeito que se suja por outrem... uma panela que se leva ao fogo para que outro tome a sopa.. um guardanapo onde todos os convidados limpam as mãos! Até o ajudante de cozinha diz: "Com licença, também vou limpar!". Alcoviteiro! Preferia que tivesse me chamado de parricida. Mas o homem estava bêbado, não sabia o que dizia; e, além disso, eu estava disfarçado. Se tivesse visto que quem lhe falava era Sosia, diria: "Honesto Sosia" e "Honrado homem". Garanto! Apesar disso, ganhei as jóias facilmente... já é um consolo. Ó deusa Ferrônia, logo serei um liberto! Quero ver então quem vai me chamar de alcoviteiro!... A menos, é claro, que me pague muito bem para isso!

Enquanto caminhava, falando sozinho, com tal estado de espírito, nobre e generoso, passava em seu trajeto por uma viela estreita que levava ao anfiteatro e aos palácios adjacentes. De repente, ao dobrar uma esquina, viu-se no meio de uma multidão. Homens, mulheres e crianças corriam, riam, falavam, gesticulavam. Antes que se desse conta do que acontecia, o digno Sosia foi arrastado pela ruidosa corrente.

– Que é isso? – perguntou a um jovem artesão que estava próximo. – Que está acontecendo? Para onde essa boa gente está correndo? Algum rico senhor está distribuindo esmolas, ou comida, hoje à noite?

– Nada disso, homem... é melhor ainda – replicou o artesão –, o nobre Pansa, o amigo do povo, permitiu que o povo vá ver as feras nas jaulas. Por Hércules! Certas pessoas amanhã não as verão com tanta segurança.

– É um belo espetáculo – disse o escravo, seguindo a corrente que o empurrava –, e como amanhã não posso ir aos jogos, posso pelo menos dar uma olhadinha nos animais agora.

– Fazes bem – retrucou seu novo conhecido. – Não é todos os dias que se pode ver um leão e um tigre em Pompéia.

A multidão agora estava entrando num terreno vasto e acidentado onde, como era pouco iluminado, e de longe, tornava-se perigoso o avanço de quem não tinha pernas e ombros acostumados a ser empurrados pelo povaréu. Apesar disso, especialmente as mulheres, muitas com crianças no colo, ou ao peito, abriam caminho decididas, e suas exclamações estridentes de protesto e lamúria ecoavam acima das vozes masculinas, mais joviais. Contudo, entre elas erguia-se uma voz jovem e feminina que parecia provir de alguém feliz demais em sua excitação para preocupar-se com os transtornos daquela aglomeração.

– Ha, ha! – gritava a jovem aos companheiros. – Eu sempre disse... eu sempre disse que conseguiríamos um homem para o leão; e agora temos um para o tigre também. Queria que já fosse amanhã.

Olá, olá! Para o alegre espetáculo,
Com um montão de rostos em cada fila!
Olá! Os gladiadores, valentes como o filho de Alcmena,
Avançam lado a lado sobre a silenciosa arena.
Falai enquanto podeis, contereis a respiração
Quando estiverdes nas garras da fulgurante morte!
Caminham, caminham! Como avançam alegres!
Olá, olá! para o alegre espetáculo!

– Bonita moça! – exclamou Sosia.

– Sim – replicou o artesão, um belo rapaz de cabelos crespos. – Sim – e acrescentou com inveja: – As mulheres adoram um gladiador. – Se eu fosse escravo, já teria procurado o *lanista* para ser meu mestre.

– É mesmo? – perguntou Sosia com menosprezo. – Como as pessoas têm idéias diferentes!

A multidão chegava agora ao seu destino, mas como o recinto onde as feras estavam confinadas era muito exíguo, o tropel dos que desejavam entrar ficou dez vezes mais frenético.

Dois funcionários do anfiteatro, postados à entrada, muito sabiamente evitavam problemas dando só um número limitado de ingressos aos primeiros da fila, e não permitindo a entrada de novos visitantes enquanto os outros não tivessem saciado sua curiosidade. Sosia, que era um sujeito razoavelmente forte e não se preocupava muito com civilidade e boa educação, conseguiu ficar entre os primeiros.

Sem o artesão, seu companheiro, viu-se num cubículo estreito, onde o calor e o ambiente eram sufocantes, iluminado por várias tochas enfileiradas.

Os animais, geralmente mantidos em cubículos diferentes, agora, para maior prazer dos visitantes, estavam num só, mas separados, evidentemente, por jaulas resistentes, reforçadas com barras de ferro.

Lá estavam eles, os ferozes e cruéis nômades do deserto que agora quase se transformaram nos principais personagens desta história. O leão, que por natureza era mais pacífico do que seu companheiro, tivera sua ferocidade incitada pela fome; andava sem parar de um lado para outro da acanhada jaula; raivoso e faminto, seu olhar era ameaçador; e quando, vez por outra, parava olhando ao redor, os espectadores recuavam assustados, respirando ofegantes. O tigre, porém, estava calmo e deitado na jaula, e só ocasionalmente mostrava algum desagrado pelo seu confinamento ou pela multidão que o distinguia com sua presença sacudindo o rabo ou bocejando com impaciência

– Nunca vi animal tão feroz como este leão no anfiteatro de Roma – disse um rapaz enorme e robusto, à direita de Sosia.

Os Últimos Dias de Pompéia 417

– Sinto-me humilhado quando olho para as patas dele – disse à esquerda um outro, mais magro e mais novo, com os braços cruzados sobre o peito.

O escravo olhou para o primeiro, depois para o outro.

– *Virtus in medio!* (a virtude está no meio) – murmurou consigo mesmo. – Bela companhia a tua, Sosia: um gladiador de cada lado!

– Tens razão, Lidon – disse o gladiador mais forte –, sinto a mesma coisa.

– E pensar – observou Lidon, em tom sentido –, pensar que o nobre grego, que há dois dias vimos diante de nós tão cheio de vida, jovem e rico, vai regalar aquele monstro!

– Por que não? – rosnou Níger estupidamente. – Mais de um honrado gladiador tem sido forçado pelo imperador a uma luta igual... por que não pode um rico assassino ser forçado pela lei?

Lidon suspirou, encolheu os ombros e ficou calado. Enquanto isso, os espectadores comuns escutavam, de olhos arregalados e boca aberta. Tanto quanto as feras, os gladiadores também eram objeto de interesse; eram animais da mesma espécie. Assim sendo, o povaréu olhava para uns e outros – os homens e os irracionais – fazendo comentários e previsões para o dia seguinte.

– Bem – disse Lidon, voltando-se –, agradeço aos deuses por não ter de lutar com o leão ou com o tigre; até tu, Níger, és um lutador mais delicado do que eles.

– Mas tão perigoso como eles – disse o gladiador, com uma risada atrevida, e os espectadores, admirando-lhe os membros fortes e a expressão feroz, riram também.

– É o que veremos – retrucou Lidon, despreocupado, e, abrindo caminho entre a turba, deixou o cubículo.

"Bem posso tirar vantagem dos seus ombros", pensou o prudente Sosia, apressando-se a segui-lo. "O povo sempre abre passagem para um gladiador, ficarei logo atrás dele e tirarei partido do seu prestígio".

O filho de Medon avançou entre as pessoas, muitas das quais o conheciam e sabiam qual era sua profissão.

– É o jovem Lidon, bravo rapaz; vai lutar amanhã – disse um.

— Ah! Apostei nele — disse outro —, vejam que andar decidido!

— Boa sorte, Lidon! — exclamou um terceiro.

— Lidon, torço por ti — disse sorrindo, quase num murmúrio, uma bela mulher de classe média. — E, se venceres, poderás conhecer-me melhor.

— Por Vênus, que homem lindo! — exclamou uma jovem adolescente.

— Obrigado — disse Sosia, achando que o elogio era para ele.

Por mais sinceros e fortes que fossem os motivos de Lidon, e embora certo de que jamais teria adotado uma profissão tão sangrenta a não ser na esperança de conseguir a liberdade do pai, ele não estava de todo insensível às atenções que despertava. Esquecia-se de que as vozes que agora o elogiavam poderiam, no dia seguinte, vibrar com sua agonia. Arrebatado e destemido por natureza, bem como generoso e cordial, estava quase imbuído de orgulho por uma profissão que pensava desdenhar, e gostando da companhia de colegas a quem na realidade detestava. Agora via-se como um homem importante; seus passos ficaram mais ágeis e a expressão, mais confiante.

— Níger — disse Lidon, voltando-se de repente, assim que saiu do meio da multidão —, muitas vezes brigamos; não vamos lutar um contra o outro, mas um de nós, pelo menos, poderá tombar... apertemos as mãos.

— Com o maior prazer — disse Sosia, estendendo a mão.

Ah! Quem é esse idiota? Ora, pensei que era Níger quem estava nos meus calcanhares!

— Perdôo-te o engano — replicou Sosia, condescendente. — O erro foi justificado... eu e Níger temos quase a mesma compleição. Não se fala mais nisso.

— Ah! Ah! Essa é muito boa! Se Níger ouvisse isso, te partiria o pescoço.

— Vós, senhores da arena, tendes um modo muito desagradável de falar — disse Sosia. — Mudemos de assunto.

— Ora! — disse Lidon, com impaciência. — Não tenho a menor disposição para falar contigo.

— Sim, realmente, deves ter muitas preocupações sérias

para ocupar-te a mente; amanhã, parece-me, será tua estréia na arena – disse o escravo. – Bem, tenho certeza de que morrerás bravamente. – Que tuas palavras caiam sobre tua própria cabeça! – disse Lidon, supersticiosamente, já que não gostara nem um pouco da praga de Sosia. – Morrer! Não... acredito que minha hora ainda não chegou. – Quem joga dados com a morte deve estar preparado para o lance do cão – replicou Sosia maliciosamente. – Mas és um rapaz valente, desejo-te toda a sorte possível; e então, *vale!*

O escravo girou nos calcanhares e tomou seu caminho para casa.

– Espero que as palavras desse patife não sejam agourentas – disse Lidon, pensativo. – No meu empenho pela libertação de meu pai, e confiado nos meus músculos e nervos, não pensei na possibilidade da morte. Meu pobre pai! Sou teu único filho! Se eu morresse...

Assim que esse pensamento lhe ocorreu, Lidon começou a andar com passos mais rápidos e impacientes, até que de repente, no outro lado da rua, avistou o objeto da sua inquietação. Apoiado em seu bordão, o corpo curvado pela idade e pelas preocupações, com passos trêmulos, o grisalho Medon aproximava-se vagarosamente do gladiador, que se deteve por um momento. Logo adivinhou o motivo que fazia o ancião andar na rua àquela hora tardia.

"Com certeza está à minha procura", pensou o gladiador. "Está horrorizado com a condenação de Olinto... mais do que nunca considera a arena criminosa e hedionda... quer tentar mais uma vez dissuadir-me de lutar. Preciso esquivar-me... não consigo suportar suas súplicas... suas lágrimas".

Esses pensamentos, tão demorados para narrar, passaram pela mente do jovem como um relâmpago. Ele virou-se abruptamente e saiu correndo na direção oposta. Só parou quando, quase sem fôlego e exausto, viu-se no alto de uma pequena encosta que dava para a parte mais alegre e esplêndida daquela cidade em miniatura; e parado lá, olhando as ruas tranqüilas que brilhavam à luz da Lua (que acabava de surgir e clareava em parte e pitorescamente a multidão que em volta do anfiteatro, ao longe, conversava, andando de um lado para outro), a cena o impressionou, apesar da sua índole rude e prosaica.

Ele sentou-se para descansar nos degraus de um pórtico deserto, e a calma daquele momento conseguiu serenizá-lo e revigorá-lo. Em frente, e bem perto dali, brilhavam fracamente as luzes de um palácio, cujo dono estava dando uma festa. As portas estavam abertas para refrescar o ambiente, e o gladiador avistava um grupo enorme e festivo reunido em torno de mesas no átrio; atrás dele, fechando a longa galeria de salas iluminadas, borrifos de uma fonte distante brilhavam ao luar. Guirlandas enfeitavam as colunas do salão... imóveis e numerosas, brilhavam estátuas de mármore... e, entre risadas alegres, irrompeu a música e a canção:

Canção epicurista

Chega de histórias sobre o Hades,
Que os flâmines inventaram para assustar-nos...
Rimos das vossas três Graças,
Das vossas Parcas... do sombrio Cocito.

Pobre Júpiter, tem uma vida difícil, senhor,
Se acreditarmos em vossas histórias...
Fechando-lhe os ouvidos à esposa, senhor,
E abrindo-lhe os olhos para os mortais.

Oh, bendito seja o glorioso Epicuro!
Que nos ensina a rir de tais fábulas;
Queriam amarrar-nos ao Hades,
E sua mão cortou as amarras.

Se, pois, existem Júpiter e Juno,
Não se preocupam conosco, senhor.
E além do mais, se o fizessem, tu e eu sabemos
Que é próprio de um deus viver assim, senhor.

Ora! Pensas que os deuses se divertem
Brincando de vigiar o pecador?
Contando as mulheres que beijamos?
Ou as taças que entornamos no jantar?

> Satisfeitos com os doces lábios que nos querem,
> Com a música, o vinho e a alegria,
> Rapazes, não precisamos de deuses que nos guardem...
> Sabemos que na Terra não há deuses!

Enquanto a piedade de Lidon (que por mais condescendente que fosse, tinha sido perturbada, e não pouco, por esses versos que traduziam a filosofia que estava em moda na época) recobrava-se aos poucos do choque sofrido, um grupinho de homens de classe média, modestamente vestidos, passou pelo lugar onde descansava. Conversavam animadamente, e não pareceu que tivessem notado o gladiador.

– Ó horror dos horrores! – disse um. – Olinto vai ser roubado de nós! Nosso braço direito será cortado! Quando Cristo descerá para proteger os Seus?

– A atrocidade humana não tem limites, chega ao ponto de condenar um inocente à mesma arena a que condenou um assassino – disse outro. – Mas não desesperemos; ainda se pode ouvir o trovão do Sinai, e o Senhor protege Seus santos. O tolo disse no seu íntimo: "Deus não existe".

Naquele momento, do palácio iluminado, de novo ouviu-se o estribilho dos farristas:

> Rapazes, não precisamos de deuses que nos guardem...
> Sabemos que na Terra não há deuses!

Antes que as palavras se dissipassem, os nazarenos, movidos por súbita indignação, abafaram-lhes o eco, cantando bem alto os versos de um dos seus hinos prediletos:

> *Hino de alerta aos nazarenos*
>
> Junto a ti... eternamente junto a ti,
> Deus, o Nosso Deus, te vê e te ouve!
> Em Seu célere carro Ele passa veloz!
> Curvai-vos, ó Céus! Recuai profundezas!
>
> Malditos os soberbos que O desafiam!
> Malditos os levianos que O renegam!

Maldito o pecador, maldito!
As brilhantes estrelas cairão...
O Sol empalidecerá...
O céu se enrugará qual pergaminho...
Os demônios do oceano, desesperados,
Em cada onda levarão uma alma eterna
Para as profundezas!
E então, só uma coisa
Não poderá ressuscitar:
O cadáver gigantesco do Tempo.

Ouvi, é o troar da trombeta!
Vede, a terra se abre!
E à frente, em seu trono angelical,
Eis que Ele chega em meio à escuridão,
O Juiz do Túmulo,
Para chamar e salvar os Seus!
Oh, alegria para os bons, maldição para os maus,
Ele vem para salvar os Seus!

Malditos os soberbos que O desafiam!
Malditos os levianos que O renegam!
Maldito o pecador, maldito!

Diante daquelas palavras ameaçadoras, fez-se súbito e temeroso silêncio no salão do festim. Os cristãos afastaram-se, e logo ficaram fora das vistas do gladiador. Apavorado pelas místicas advertências dos cristãos, sem saber bem por que, após alguns instantes Lidon levantou-se para seguir seu caminho para casa.

Como a luz das estrelas repousava serena sobre aquela adorável cidade diante dele! Como as ruas, com suas colunas, dormiam tranqüilas e seguras! Quão docemente murmuravam as ondas verdes do mar! E, sem nuvens, como se estendia no espaço o céu azul e sonhador da Campânia! No entanto, aquela era a última noite para a alegre Pompéia. Colônia dos veneráveis caldeus! Mítica cidade de Hércules! Encanto dos voluptuosos romanos! Era após era passara, inalterável, despercebida, sobre sua cabeça; e agora os ponteiros davam a última volta no mostrador do seu destino! O gladiador ouviu passos leves atrás de si: um grupo de mulheres seguia para casa depois de visitar o anfiteatro. Ao voltar-se, seu olhar foi atraído por uma súbita e estranha aparição. Do topo do Vesúvio, pouco visível à distância, projetou-se uma claridade tênue, lívida, meteórica; tremeluziu por um momento e sumiu. No mesmo instante em que seus olhos viam aquilo, a mulher mais jovem do grupo começou a cantar, com voz alegre e estridente:

> Caminham, caminham! Como avançam alegres!
> Olá, olá! para o alegre espetáculo!

Este desenho, uma reconstituição, indica como o Templo de Apolo deveria ter sido, antes do desastroso terremoto de 62 d.C.

LIVRO V

1

O SONHO DE ARBACES
UMA VISITA E UM AVISO PARA O EGÍPCIO

A terrível noite que antecedera a arrebatada animação do anfiteatro chegava sombriamente ao fim, e surgia enevoada a madrugada do último dia de Pompéia. O ar estava estranhamente parado e quente, uma névoa tênue e fosca cobria os vales das extensas terras da Campânia. Os pescadores madrugadores notaram, surpresos, que, a despeito da imobilidade extrema do ar, as ondas do mar estavam agitadas e pareciam recuar desordenadamente da praia. Enquanto isso, ao longo do azul e majestoso Sarno, cujo antigo curso de ligação com o mar o viajante hoje procura em vão descobrir, corria um murmúrio rouco e triste à medida que deslizava entre as risonhas planícies e as alegres vilas de cidadãos prósperos. Nítidas, acima da névoa baixa, erguiam-se, marcadas pelo tempo, as torres da imemorial cidade, os telhados vermelhos das casas, as ruas brilhantes, as colunas solenes dos numerosos templos, os portais do fórum, cheios de estátuas, e o Arco do Triunfo. Bem ao longe, o perfil das montanhas elevava-se sobre as brumas, confundindo-se com os cambiantes matizes do céu matinal. A nuvem que por tanto tempo pairara sobre o Vesúvio tinha desaparecido, e o cume pedregoso e altaneiro olhava tranqüilo para o belo cenário aos seus pés.

Embora ainda fosse muito cedo, as portas da cidade já

estavam abertas. Cavaleiros e mais cavaleiros, veículo após veículo entravam rapidamente; e as vozes de numerosos pedestres, vestidos com trajes domingueiros, erguiam-se em alegre excitação. As ruas estavam tomadas por cidadãos e forasteiros vindos das populosas vizinhanças de Pompéia: barulhentos, apressados, desordenados, os variados caudais de vida corriam para o fatídico espetáculo.

A despeito das dimensões enormes do anfiteatro, aparentemente exageradas demais para o tamanho da cidade, e planejado para acomodar quase toda a população de Pompéia, em ocasiões extraordinárias era tão grande o afluxo de forasteiros de todos os pontos da Campânia que o espaço diante dele ficava geralmente apinhado várias horas antes do começo dos jogos, tomado por pessoas que, por sua condição social, não tinham direito a lugares marcados e a cadeiras especiais. E a enorme curiosidade provocada pelo julgamento e condenação de dois criminosos tão excepcionais naquele dia elevara o número de espectadores a um nível sem precedentes.

Enquanto as pessoas comuns, com a animada veemência do seu sangue campânio, se empurravam, se acotovelavam, afobavam-se, e, apesar da sua impaciência, mantinham (como os italianos ainda hoje costumam fazer nessas ocasiões) uma disposição notável e um bom humor indiscutível, uma estranha visita encaminhava-se para a mansão isolada de Arbaces. Ao reparar no seu traje exótico e primitivo, nos seus gestos e no modo de andar impetuosos, os passantes se cutucavam e riam; mas quando olhavam para seu rosto, a alegria sumia de repente, pois parecia o rosto de um morto: em parte porque as feições cadavéricas e as vestes antiquadas da estranha faziam pensar em alguém que, há muito tempo enterrado, tivesse voltado à convivência dos vivos.

Em silêncio e apavorados, os grupos abriam caminho quando passava, e assim ela chegou logo ao largo portal da mansão do egípcio.

O porteiro negro, como todo mundo já de pé numa hora tão incomum, estremeceu quando lhe abriu a porta ante seus chamados.

O sono do egípcio tinha sido profundo durante a noite; à

medida que a aurora se aproximava, porém, foi perturbado por sonhos estranhos e inquietantes, que mais o impressionavam por ter matizes da filosofia específica que abraçava.

Parecia-lhe que fora transportado para as entranhas da terra e estava só numa enorme caverna apoiada por grandes colunas de rocha irregular e primeva que mergulhavam, à medida que subiam, na vastidão de um caminho escuro, em cujo eterno negror jamais penetrara uma réstea de luz. E no espaço entre as colunas, havia rodas enormes que giravam e giravam incessantemente, com um barulho forte e ensurdecedor. Só nas extremidades da caverna, à direita e à esquerda, o espaço entre as colunas estava vazio, e as aberturas desembocavam em galerias, não totalmente escuras, mas vagamente iluminadas por fogos errantes e caprichosos que, como meteoros, ora rastejavam (como fazem as cobras) pelo chão úmido e irregular ora saltavam de cá para lá furiosos, disparando em meio à escuridão, rodopiando desenfreados... desaparecendo de repente, e de repente explodindo dez vezes mais brilhantes e fortes. E enquanto olhava espantado para a galeria à esquerda, vultos tênues, enevoados, etéreos, subiam lentamente; e quando chegavam à caverna, pareciam esvair-se no ar, desapareciam como desaparece a fumaça, na sua subida infinita.

O egípcio voltou-se, assustado, para a extremidade oposta... e eis que, da escuridão, subiam, ligeiras, sombras iguais, que corriam apressadas para a direita, ao longo da galeria, como se empurradas involuntariamente para os lados por algum rio invisível; e o rosto desses espectros era bem diferente do rosto dos do lado oposto: em alguns havia alegria, em outros, tristeza... alguns estavam animados por sonhos e esperança, outros indescritivelmente desalentados pelo medo e pelo horror. E assim continuaram passando, rápidos e sem cessar, até que ele ficou atordoado e com os olhos ofuscados pela sucessão de coisas em constante mutação, impelidas por uma força que, aparentemente, as dominava.

Arbaces desviou o olhar, mas, no fundo da caverna, viu o vulto de uma mulher gigantesca sentada sobre uma pilha de caveiras, tendo as mãos ocupadas com uma trama impalpável e incolor. Ele viu que os fios se comunicavam com as inúmeras rodas, como se comandassem o mecanismo dos movimentos. Sentiu que seus passos, por alguma força desconhecida, estavam sendo dirigidos para junto daquela mulher, e que estava sendo empurrado para a frente, até chegar diante dela, cara a cara. O semblante da gigante era solene e tranqüilo, encantadoramente sereno. Parecia o rosto da colossal escultura da sua esfinge ancestral. Nenhuma paixão, nenhuma emoção humana lhe perturbava a fronte pensativa e sem rugas; nela não havia tristeza nem alegria, nem lembranças, nem esperança; estava livre de tudo o que o rude coração humano sente. O maior dos segredos residia na sua beleza... impunha respeito, mas não assustava: era a encarnação do sublime.

Arbaces sentiu a voz sair-lhe dos lábios sem que os movesse; e a voz perguntou:

– Quem és, e qual é teu ofício?

– Sou alguém que conheceste – respondeu o imponente espectro, sem interromper seu trabalho. – Meu nome é Natureza. Estas são as engrenagens do mundo, e minhas mãos as orientam para que tudo viva.

– E que significam essas galerias que, estranha e caprichosamente iluminadas, levam, de ambos os lados, ao abismo das trevas?

– Aquela – respondeu a maternal gigante – que vês à esquerda, é a galeria dos que não nasceram ainda. As sombras que correm para a frente e para cima, no centro do mundo, são as almas que passam da longa eternidade dos seres para a peregrinação que lhes está destinada sobre a Terra. A que vês à direita, onde as sombras vindas de cima também correm incógnitas e vagas, é a galeria dos mortos.

– E por que – disse a voz de Arbaces – aquelas luzes errantes, que tão desordenadamente rasgam a escuridão, mas só rasgam, nada revelam?

– Ingênuo joguete das ciências humanas! Decifrador dos astros e pretenso intérprete da essência e da origem das coisas! Aquelas luzes são apenas vislumbres do saber outorgado à Natureza para continuar seu trabalho, para reconstituir do passado e do futuro o suficiente para cumprir seus desígnios. Fantoche que és, avalia, então, que luzes estão reservadas para ti!

Arbaces tremia, quando perguntou:
— Por que estou aqui?
— É a avaliação da tua alma... a previsão do teu julgamento iminente... a sombra do teu destino alongando-se rumo à eternidade e diminuindo na Terra.

Antes que conseguisse falar, Arbaces sentiu um vento impetuoso varrer a caverna; parecia o sopro de um deus gigantesco. Arrebatado do chão, e sacudido no alto como uma folha nas tempestades de outono, viu-se entre os espectros dos mortos, correndo com eles em meio à escuridão. Enquanto lutava contra a força que o impelia, desesperado e impotente, pareceu-lhe que o vento se transformava e começava a tomar uma forma definida: o contorno espectral das asas e das garras de uma águia, cujo corpo flutuava no ar, indefinido, e cujos olhos, única coisa que conseguia ver nitidamente, fitavam os seus, impassíveis e implacáveis.

— Quem és tu? — perguntou a voz do egípcio.
— Sou alguém que conheceste — e o espectro deu uma gargalhada. — Meu nome é Necessidade.
— Para onde me levas?
— Para o desconhecido.
— Para a felicidade ou para a desgraça?
— Tal como semeaste, assim colherás.
— Criatura horrível, não é assim! Se quem rege a vida és tu, meus crimes são teus, não meus.
— Sou apenas o sopro de Deus! — respondeu o vento forte.
— Então meu saber é inútil! — gemeu o sonhador.
— O lavrador não culpa o destino quando, tendo semeado cardos, não colhe trigo. Tu semeaste crime, não culpes o destino se não colheres uma seara de virtude.

O cenário mudou de repente. Arbaces estava num lugar cheio de ossadas humanas; e eis que no meio delas havia uma caveira, e a caveira, ainda com carne nas cavidades, foi assumindo lentamente, e na misteriosa confusão do sonho, as feições de Apecides; e das mandíbulas com os dentes arreganhados saltou um pequeno verme que rastejou até os pés de Arbaces. Então tentou pisar nele e esmagá-lo, mas o verme ficou mais comprido e grosso após sua tentativa. Cresceu e inchou até transformar-se numa enorme serpente que se enroscou nas pernas de Arbaces; esmigalhou-lhe os ossos; com olhos chamejantes, ergueu as presas venenosas até alcançar seu rosto. O egípcio contorcia-se em vão; ficou paralisado...ofegava sob o influxo do hálito maléfico... sentia-se vencido pela morte. E então, de dentro do réptil, que calmamente perfurava a caveira de Apecides, saiu uma voz que lhe ecoou nos ouvidos embotados:

"Tua vítima é teu juiz! O verme que quiseste esmagar transformou-se na serpente que te devora!"

Com um grito de raiva, de aflição e desesperada resistência, Arbaces acordou, de cabelos em pé, testa molhada de suor, olhos arregalados e embaçados, tremendo como uma criança, diante da tortura daquele sonho. Tomou consciência, recompôs-se, agradeceu aos deuses, em quem não acreditava, olhou em volta, viu a luz da aurora entrando pela janela estreita e alta... o dia estava clareando... alegrou-se... sorriu; baixou os olhos e viu diante de si o rosto medonho, o olhar inanimado e os lábios lívidos da feiticeira do Vesúvio.

– Ah! – exclamou, tapando os olhos com as mãos, como se para ocultar a horrenda visão. – Estarei ainda sonhando? Estarei entre os mortos?

– Poderoso Hermes, não! Estás com uma criatura cadavérica, mas não morta. Não reconheces tua amiga e escrava?

– Houve um longo silêncio. Aos poucos, os tremores que percorriam os membros do egípcio foram cessando, enfraquecendo, até que ele voltou ao normal.

– Então era um sonho – disse. – Bem... não quero sonhar mais, ou o dia não conseguiria compensar as angústias da noite. Mulher, como entraste aqui e por quê?

– Vim para avisar-te – respondeu a voz sepulcral da Saga.

– Avisar-me? Então o sonho não mentiu? Sobre que perigo?

– Ouve-me. Alguma coisa funesta paira sobre esta malfadada cidade. Foge enquanto há tempo. Sabes que moro naquela montanha sob a qual, reza a velha tradição, ainda ardem os fogos do Rio Flegetonte; e na minha caverna há um abismo profundo onde ultimamente tenho observado uma torrente rubra e escura avançando lentamente, lentamente; e tenho ouvido sons fortes, silvando e rugindo na escuridão. Mas na noite passada, quando fui olhar, vi que a torrente já não estava escura, mas intensa e ameaçadoramente luminosa; e enquanto olhava, o animal que vivia comigo e estava encolhido ao meu lado, deu um uivo estridente, caiu e morreu, babando e espumando. Corri para a minha toca, mas durante toda a noite ouvi claramente as rochas se sacudindo e tremendo; e, embora o ar estivesse abafado e parado, ouvia-se o assobio dos ventos encarcerados e um rangido de engrenagens sob o solo. Então, quando me levantei esta manhã, antes do nascer da aurora, olhei de novo para dentro do abismo e vi enormes pedaços de rocha negra flutuando e sendo arrastados pela medonha torrente que estava mais larga, mais impetuosa, mais vermelha do que na noite passada. Saí e subi no topo do rochedo, e lá encontrei um buraco enorme que nunca tinha notado antes, de onde saía um rolo de fumaça escura e sufocante. O vapor era mortal, e fiquei ofegante, nauseada e quase morri. Voltei para casa. Apanhei meu ouro e minhas poções, e deixei minha morada de tantos anos, porque me lembrei da sombria profecia etrusca que diz: "Quando a montanha se abrir, a cidade cairá... quando a fumaça coroar o monte dos Campos Crestados, haverá desgraça e lágrimas no coração dos Filhos do Mar".

Venerável mestre, antes de deixar estes muros em busca de uma morada mais distante, vim ver-te. Tão certo como estás vivo, sei no fundo do coração que o terremoto que há dezesseis anos abalou esta cidade até seus sólidos alicerces foi apenas o prenúncio de uma catástrofe bem maior. Os muros de Pompéia foram construídos sobre os campos dos mortos e às margens do vigilante inferno. Sê prudente e foge!

– Velha, agradeço-te por tua preocupação com quem não é mal-agradecido. Em cima daquela mesa há uma taça de ouro; leva-a, é tua. Nunca pensei que, fora do corpo sacerdotal de Ísis, vivesse alguém capaz de salvar Arbaces da destruição. Os sinais que viste no leito do vulcão extinto – continuou o egípcio, pensativo – por certo anunciam algum risco iminente para a cidade; talvez um novo terremoto, mais forte do que o último. Seja como for, é mais um motivo para sair daqui depressa. Amanhã farei preparativos para a partida. Filha da Etrúria, para onde vais?

– Hoje irei até Herculano, e, andando depois ao longo da costa, buscarei um novo lar. Não tenho amigos; minhas duas companheiras, a raposa e a cobra, estão mortas. Grande Hermes, me prometeste vinte anos de vida a mais!

– Sim – disse o egípcio –, prometi. Mas, mulher – acrescentou levantando-se e olhando curiosamente para o rosto dela –, dize-me, por favor, para que queres viver? Que doçura podes achar na vida?

– Não é que a vida seja doce, a morte é que é assustadora – replicou a feiticeira, num tom tão pungente e comovedor que tocou vivamente o coração do presunçoso astrólogo, fazendo-o estremecer com a sinceridade da resposta. Não desejando reter por mais tempo aquela companheira pouco atraente, disse: – O tempo voou; preciso aprontar-me para o solene espetáculo de hoje. Adeus irmã! Goza como puderes sobre as cinzas da vida.

A velha, que escondera o valioso presente de Arbaces entre as largas dobras das suas vestes, levantou-se para sair. Ao chegar à porta, parou, voltou-se, e disse:

– Esta pode ter sido a última vez que nos encontramos na Terra, mas para onde voa a chama quando abandona as cinzas? Vagueando de um lado para outro, para cima e para baixo, como uma exalação sobre os pântanos, a chama pode ser vista nos brejos das lagoas do inferno; e a feiticeira e o mago, a aluna e o mestre, o poderoso e a desgraçada, poderão encontrar-se de novo. Adeus!

– Fora, corvo! – resmungou Arbaces, quando a porta se fechou sobre as vestes maltrapilhas da velha feiticeira.

E, irritado com os próprios pensamentos, não recuperado ainda do sonho que tivera, chamou os escravos aos gritos.

Era costume assistir às cerimônias no anfiteatro em trajes festivos, e Arbaces naquele dia vestiu-se com maior apuro do que o habitual. A túnica era de um branco deslumbrante; as várias fivelas eram crivadas das mais preciosas pedras; sobre a túnica, flutuava uma ampla veste oriental, meio toga meio manto, reluzindo com os mais ricos matizes dos corantes da Tíria; as sandálias, que chegavam à metade da perna, eram cravejadas de pedras e marchetadas com ouro.

Com as imposturas inerentes à sua vocação sacerdotal, Arbaces nunca negligenciava, em ocasiões importantes, os artifícios que deslumbravam e ludibriavam o povo. E, naquele dia, quando, com o sacrifício de Glauco, ia ficar livre para sempre do temor de um rival e da possibilidade de uma investigação, sentia-se como se estivesse vestindo-se para um cortejo triunfal ou para uma festa nupcial.

Era costume homens de classe social elevada irem aos espetáculos do anfiteatro acompanhados por uma procissão de escravos e libertos; e a grande "família" de Arbaces já estava enfileirada, aguardando a liteira do seu senhor.

Para seu profundo pesar, só as escravas a serviço de Ione, e o honrado Sosia, carcereiro de Nídia, estavam condenados a ficar em casa.

– Calias – disse discretamente Arbaces ao seu liberto, que lhe estava afivelando o cinturão –, estou farto de Pompéia; tenciono sair daqui em três dias, se o vento for favorável. Conheces o barco que está no porto, e que pertenceu a Narces de Alexandria? Comprei-o. Depois de amanhã começaremos a transportar para lá meus pertences.

– Tão depressa! Está bem. Arbaces será obedecido. E sua pupila, Ione?

– Acompanha-me. Chega! A manhã está bonita?

– Pesada e abafada; provavelmente o calor aumentará durante a manhã.

– Pobres gladiadores, e mais pobres ainda os infelizes condenados! Desce e verifica se os escravos estão em ordem.

Ao ficar só, Arbaces se dirigiu à sua sala de estudos e de lá ao pórtico. Viu a massa humana compacta entrando apressada no anfiteatro, e ouviu os gritos do pessoal e o estalar do cordame ao esticar no alto o enorme toldo sob o qual os espectadores, sem ser molestados pelos desconfortáveis raios do sol, iriam assistir, com agradável comodidade, às agonias dos seus concidadãos. De repente, ouviu-se um som estranho que logo se calou: era o rugido do leão. Fez-se silêncio entre a distante multidão; silêncio que foi seguido por alegres gargalhadas; estavam se divertindo com a famélica impaciência da majestosa fera.

– Estúpidos! – resmungou Arbaces, com desdém. – Sereis menos homicidas do que eu? Eu mato só em legítima defesa; vós fazeis do assassinato um passatempo.

Voltou-se para o Vesúvio, com um olhar preocupado e curioso. Em suas encostas, os verdes e belos vinhedos brilhavam, e o vulto do imponente monte destacava-se, tranqüilo como a eternidade, contra o céu sereno.

– Ainda temos tempo, se o terremoto está se preparando – disse consigo mesmo, e desviou o olhar para a mesa onde estavam seus papiros místicos e cálculos caldeus.

– Venerável arte! – disse. – Desde que superei o perigo e a crise que predisseste, não tenho consultado teus desígnios. Que importa? Sei que daqui por diante tudo será brilhante e fácil no meu caminho. Já não o provaram os acontecimentos? Chega de dúvidas... chega de piedade! Reflete, meu coração... reflete, para o futuro, só duas imagens: meu império e Ione!

2

O ANFITEATRO

Nídia, tranqüilizada pelo relato feito por Sosia ao voltar para casa, e satisfeita por saber que sua carta estava nas mãos de Salústio, de novo encheu-se de esperança. Salústio, por certo, não perderia tempo e iria procurar o pretor... viria à casa do egípcio... a libertaria... arrombaria a prisão de Caleno. Naquela mesma noite, Glauco ficaria livre. Ai! A noite passou... raiou a madrugada, e ela só ouvia os passos apressados dos escravos pelo salão e pelo peristilo, e suas vozes preparando-se para o espetáculo. Logo depois, a voz autoritária de Arbaces soou-lhe aos ouvidos; um floreio musical anunciou alegremente a saída: o longo cortejo estava seguindo para o anfiteatro, onde todos iriam saciar os olhos com a agonia mortal do ateniense.

O cortejo de Arbaces caminhava lentamente, e mais solene do que nunca, até que, chegando ao ponto em que todos que iam em liteiras ou carros deviam descer, ele saiu do seu veículo e dirigiu-se à entrada por onde passavam os espectadores mais ilustres. Seus escravos, misturando-se à multidão mais humilde, eram acomodados por funcionários que recebiam seus ingressos (não muito diferentes dos modernos ingressos para a ópera), na *popularia* (lugares destinados ao povo). E agora, de onde estava sentado, Arbaces observava a multidão enorme e impaciente que enchia o estupendo teatro.

Na arquibancada superior (mas separadas dos espectadores masculinos), sentavam-se as mulheres, que, com seus trajes vistosos, faziam o lugar parecer um belo canteiro de flores. Não é preciso acrescentar que eram a parte mais tagarela da festa; e muitos eram os olhares que se erguiam para elas, principalmente vindos dos assentos ocupados por homens jovens e solteiros. Nas cadeiras inferiores, ao redor da arena, ficavam os visitantes nobres e ricos, os magistrados e os distinguidos com títulos senatoriais ou eqüestres.

As passagens que, através de corredores à direita e à esquerda, davam acesso àqueles lugares, em ambas as extremidades da arena oval, eram também pontos de entrada dos lutadores. Nelas, cercas resistentes preveniam qualquer indesejável excentricidade no comportamento das feras, e as mantinham reservadas às vítimas que lhes estavam destinadas. Em volta do parapeito que se erguia acima da arena, e do qual as arquibancadas subiam gradualmente, havia inscrições sobre os gladiadores e afrescos, típicos dos espetáculos a que o lugar se destinava. Por toda a construção, corriam canos invisíveis, dos quais, à medida que o dia avançava, chuviscos refrescantes e perfumados podiam ser espargidos sobre os espectadores.

Os funcionários do anfiteatro ainda estavam empenhados em fixar o enorme toldo (ou *velaria*) que cobria todo o complexo: invenção confortável que os habitantes da Campânia atribuíam a si. Era tecido com a mais branca lã da Apúlia e enfeitado com largas tiras vermelhas. Mas, em razão da pouca experiência dos operários ou de algum defeito nas engrenagens, naquele dia, o toldo não estava colocado tão bem como habitualmente. Na verdade, a enorme extensão da circunferência tornava aquela tarefa sempre difícil e exigia muita habilidade, tanto que raramente se tentava estendê-lo quando fazia mau tempo ou ventava. Aquele dia, porém, estava tão excepcionalmente calmo que os espectadores não encontravam desculpas para a inépcia dos mecânicos; e quando ainda se via uma grande brecha no toldo, pela obstinada recusa de uma parte da *velaria* em juntar-se ao resto, foram gerais os brados de descontentamento.

O edil Pansa, às cujas expensas acontecia a exibição, parecia particularmente aborrecido com a falha, e prometia vingar-se amargamente do diretor do espetáculo, que, esfalfando-se, bufando, transpirando, dava ordens inúteis e fazia ameaças vãs.

De repente, a algazarra cessou... os operadores desistiram... a multidão silenciou... a brecha no toldo foi esquecida, pois agora, com um floreio alto e marcial das trombetas, os gladiadores, enfileirados em cerimoniosa procissão, entravam na arena: andaram em volta do espaço oval, lenta e cadenciadamente, de modo a permitir que os espectadores admirassem calmamente a confiante serenidade das suas feições, seus membros musculosos e suas diferentes armas, bem como para conseguir os apostadores que a excitação do momento poderia inspirar.

– Oh! – exclamou a viúva Fúlvia, dirigindo-se à mulher de Pansa, quando, dos seus bancos no alto, olhavam para a arena.
– Estás vendo aquele gladiador gigantesco? Que jeito esquisito de vestir-se!

– Sim – respondeu a esposa do edil, com complacente autoridade, pois sabia os nomes e as características de cada lutador. – É um *retiarius*, ou lançador de rede; só está armado, vês, com uma lança de três pontas, como um tridente, e uma rede; não usa armadura, só uma faixa em volta da cabeça e a túnica. É um homem forte e vai lutar com Sporo, aquele gladiador atarracado que está com o escudo redondo e a espada desembainhada, mas sem armadura também. Agora está sem o elmo, para que possam ver-lhe o rosto... como é destemido! Depois vai lutar com a viseira baixada.

– Mas com certeza a rede e a lança são armas insignificantes contra o escudo e a espada.

– Isso mostra como és ingênua, cara Fúlvia. Geralmente quem leva a melhor é o *retiarius*.

– Mas quem é aquele belo gladiador, quase nu... não é meio indecente? Por Vênus! Que corpo bem proporcionado!

– É Lidon, um jovem inexperiente. Tem o atrevimento de enfrentar aquele outro gladiador, igualmente vestido, ou melhor, despido: Tetraídes. Primeiro vão lutar à moda grega, com o cesto; depois põem suas armaduras e competem com espada e escudo.

– Belo homem, esse Lidon! Tenho certeza de que as mulhe-

res estão do seu lado!
– Mas não os apostadores experientes. Clódio oferece três por um contra ele!
– Ó Júpiter! Que coisa linda! – exclamou a viúva, quando dois gladiadores, armados da cabeça aos pés, deram uma volta na arena montados em ágeis e fogosos corcéis. Mais pareciam combatentes nos torneios da Idade Média: usavam lanças e escudos caprichosamente marchetados; suas armaduras eram urdidas com lâminas de ferro tramadas, mas só lhes cobriam as coxas e o braço direito; mantos curtos, que chegavam até às selas, davam um toque pitoresco e elegante às suas vestimentas; tinham as pernas nuas, exceto pelas sandálias, amarradas logo acima dos tornozelos.
– Oh, que beleza! Quem são? – perguntou a viúva.
– Um chama-se Berbix... já venceu doze vezes; o outro, arrogantemente, diz chamar-se Nobilior. Ambos são gauleses.
Enquanto conversavam, as primeiras formalidades do espetáculo chegaram ao fim. Seguiu-se a elas um combate simulado com espadas de madeira, com os vários gladiadores enfrentando-se entre si. A perícia de dois gladiadores romanos, contratados para a ocasião, foi a coisa mais admirada; e depois deles, o lutador mais elegante era Lidon. Essa luta fictícia não durou mais do que uma hora, nem realmente provocou grande interesse, exceto entre aficcionados da arena, que preferiam a arte a uma excitação mais vulgar. A maioria dos espectadores ficou feliz quando acabou, e a brincadeira deu lugar ao terror. Os lutadores agora estavam dispostos aos pares, como previamente combinado; suas armas foram examinadas; e as lutas sérias do dia começaram em meio ao mais profundo silêncio, rompido apenas pelo excitante floreio introdutório de uma música marcial.

Costumava-se quase sempre começar os jogos pelo mais cruel de todos, e algum *bestiarius* (ou gladiador destinado às feras) era chacinado primeiro, como um sacrifício iniciatório. No caso presente, porém, o experiente Pansa achou melhor que o interesse pelo drama sanguinário aumentasse, em vez de declinar, e, portanto, a execução de Olinto e Glauco fora reservada para o final. Ficara estabelecido que os dois cavaleiros ocupariam a arena em primeiro lugar; que os gladiadores a pé, aos pares, poderiam depois entrar em cena indiscriminadamente; que Glauco e o leão desempenhariam a seguir seu papel no sangrento espetáculo; e o tigre e o nazareno seriam o *gran finale*.

    E, quanto aos espetáculos de Pompéia, o leitor da história romana deve conter sua imaginação, não esperando encontrar as grandes e magníficas exibições de carnificina geral com que Nero, ou Calígula, regalavam os habitantes da cidade imperial. Os espetáculos romanos, que açambarcavam os mais famosos gladiadores e a maioria das feras vindas do exterior, eram na verdade a principal razão por que, nas cidades menores do Império, os jogos do anfiteatro eram comparativamente mais humanos e raros; e neste, como em outros pontos, Pompéia era apenas a miniatura, o microcosmo de Roma. Ainda assim, era um espetáculo impressionante e imponente, com o qual, felizmente, os tempos modernos nada têm que se compare: um enorme teatro, subindo arquibancada após arquibancada, apinhado de gente, de quinze a dezoito mil pessoas, concentradas não em representações fictícias, não em tragédias encenadas, mas numa vitória ou numa derrota real, na vida exultante ou na morte sangrenta, de todos os que entravam na arena.

    Os dois cavaleiros estavam agora nas extremidades opostas da liça (se podemos chamá-la assim), e, a um sinal de Pansa, os lutadores precipitaram-se ao mesmo tempo, como se fossem colidir de frente, cada qual protegendo-se com o escudo, equilibrando no alto seu dardo leve, embora forte. Mas a três passos do adversário, o corcel de Berbix de repente estacou, rodou, e quando Nobilior passou voando por ele, atacou-o. O escudo de Nobilior, rápida e habilmente estendido, aparou o golpe, que de outro modo seria fatal.

    – Muito bem, Nobilior! – exclamou o pretor, dando lugar a uma explosão de entusiasmo popular.

    – Golpe magnífico, caro Berbix! – rebateu Clódio.

    E um murmúrio arrebatado, seguido por vários gritos, ecoou de lado a lado.

    As viseiras de ambos os cavaleiros estavam completamente fechadas (como as dos cavaleiros que viriam tempos depois),

mas a cabeça, apesar disso, continuava a ser o ponto principal de ataque; e Nobilior, manobrando seu cavalo com uma perícia não inferior à do seu oponente, apontou-lhe o dardo direto no elmo. Berbix ergueu o escudo para proteger-se, e o sagaz antagonista, baixando de repente sua arma, cravou-a no peito dele. Berbix vacilou e caiu.
– Nobilior! Nobilior! – gritava o populacho.
– Perdi dez mil sestércios – disse Clódio entre os dentes.
– *Habet*! Perdeu! – disse Pansa, circunspecto.

O povo, ainda não afeito à crueldade, fez o sinal de misericórdia, mas, quando os auxiliares da arena se aproximaram, viram que o gesto bondoso chegara tarde demais: o coração do gaulês fora trespassado e seus olhos estavam mortalmente fechados. Seu sangue escorria escuro sobre a areia e a poeira da arena.

– Pena que tenha acabado tão depressa... foi muito rápido para chegar a comover alguém! – disse a viúva Fúlvia.

– É... não tenho pena de Berbix. Todo mundo viu que Nobilior estava só fintando. Olha, estão fixando o gancho mortal no corpo... vão arrastá-lo para o *spoliarium*; estão espalhando areia limpa no chão. O que Pansa mais lamenta é não ser rico o suficiente para cobrir a arena com bórax e cinábrio, como Nero costumava fazer.

– Bem, já que a luta foi rápida, logo virá outra. Olha, meu belo Lidon está na arena... ai!... e o lançador de rede também, e o outro, com a espada! Que maravilha!

Agora estavam na arena seis lutadores: Níger e sua rede contra Sporo, com seu escudo e uma pequena espada de lâmina larga; Lidon e Tetraídes, nus, tendo apenas uma faixa na cintura, ambos armados só com o cesto, a pesada manopla grega; e dois gladiadores romanos, com couraças de aço, e ambos munidos com enormes escudos e espadas aguçadas.

Como a luta entre Lidon e Tetraídes era menos mortal do que as outras, entre os demais contendores, mal os dois caminharam para o meio da arena, como se de comum acordo, os outros recuaram para assistir à decisão daquele embate e aguardar que armas mais violentas substituíssem o cesto, aguardando sua vez de começar as hostilidades. De pé, apoiados em suas armas, e separados uns dos outros, assistiam ao espetáculo que, embora não suficientemente sangrento para agradar em cheio ao populacho, ainda assim gostavam de apreciar, pois era originário da sua Grécia ancestral.

Ninguém, ao primeiro olhar, deixaria de perceber o grande desequilíbrio entre os dois antagonistas. Tetraídes, embora não mais alto do que Lidon, era consideravelmente mais pesado; a natural opulência dos seus músculos parecia maior, aos olhos do povo, pela fartura de carnes rijas, pois, como se tinha noção de que, na luta com o cesto, o mais encorpado levava vantagem facilmente, Tetraídes fomentara ao máximo sua predisposição hereditária à corpulência: tinha ombros largos e as pernas atarracadas, com juntas grossas, eram levemente arqueadas; tinha o tipo de constituição que não favorece à beleza, mas acrescenta muito à força.

Lidon, porém, salvo o fato de ser esbelto, quase magro mesmo, era bela e harmoniosamente proporcionado; e os conhecedores poderiam notar que, embora a massa muscular fosse bem menor do que a do adversário, a sua era mais temperada – férrea e compacta. E também, na mesma proporção que lhe faltavam carnes, sobrava-lhe agilidade; e um sorriso confiante no rosto decidido, que contrastava com a robusta obtusidade do seu inimigo, transmitiam segurança aos que o observavam com um misto de esperança e piedade. Assim, apesar da disparidade aparente de forças, as exclamações da multidão eram quase iguais, tanto para um como para outro.

Quem está familiarizado com os modernos ringues de boxe, quem já viu os golpes pesados, capazes de derrubar alguém, que um soco humano habilmente dirigido consegue desfechar, facilmente entenderá quanto essa habilidade seria aumentada por uma faixa amarrada ao braço, chegando à altura do cotovelo, cheia de tiras de couro pendentes e terrivelmente reforçada nas juntas dos dedos com chapas de ferro, e às vezes com bolas de chumbo. Entretanto, aquilo que se destinava a aumentar o interesse pelo combate, talvez até o diminuísse, pois forçosamente encurtava-lhe a duração. Pouquíssimos golpes, aplicados calculadamente e com sucesso, bastavam para encerrar a disputa; e, no entanto, esta raramente permitia que

Os Últimos Dias de Pompéia   443

a energia, a coragem e a persistência obstinada, a que tecnicamente chamamos decisão, tivessem oportunidade de aparecer, e não poucas vezes a mediocridade derrotava a mais refinada perícia, o que fazia que o interesse pela luta e a simpatia pelos bravos levassem o espectador aflito ao auge da excitação.

– Em guarda! – rosnou Tetraídes, aproximando-se cada vez mais do adversário, que se esquivava, mas não recuava. Lidon não respondeu, só o encarou desdenhoso, com seu olhar rápido e atento. Tetraídes arremeteu... ouviu-se um som igual à pancada de um ferreiro na bigorna; Lidon de repente caiu de joelhos, o golpe passou-lhe sobre a cabeça. A desforra de Lidon não foi tão sem conseqüências; levantou-se rapidamente e acertou o cesto em cheio no largo peito do antagonista. Tetraídes cambaleou... o populacho gritava.

– Estás sem sorte hoje – disse Lépido a Clódio. – Já perdeste uma parada... vais perder outra.

– Pelos deuses! Se isso acontecer, meus bronzes irão a leilão. Empenhei nada menos do que cem mil sestércios em Tetraídes. Ah, ah! Vê como está se reanimando! Deu um golpe de mestre; esmagou o ombro de Lidon. Vai, Tetraídes! Vai, Tetraídes!

– Mas Lidon não desistiu. Por Pólux! Como continua disposto. Vê com que destreza evita aqueles punhos que mais parecem malhos! Esquiva-se de lá para cá, salta, dando voltas em torno do outro. Ah, pobre Lidon! Levou mais um.

– Continua três por um em Tetraídes. Que dizes, Lépido?

– Bem, nove sestércios contra três. Fechado! Como! De novo, Lidon? Parou... está ofegante. Pelos deuses, caiu! Não, está outra vez de pé. Bravo, Lidon! Tetraídes ficou animado... está rindo... avança sobre ele!

– Louco... o sucesso cega-o... deve ter cuidado. Lidon tem olhos de lince – disse Clódio, entre os dentes.

– Ah, viste aquilo, Clódio? Teu homem está cambaleando! Mais um soco e ele caiu... caiu!

– E a terra o reanima. Levantou-se de novo; mas há sangue escorrendo-lhe pelo rosto.

– Por Júpiter! Lidon está vencendo. Vê como o acossa! Aquele soco na têmpora derrubaria um touro! E derrubou

Tetraídes. Está no chão de novo... não consegue mover-se... *habet!... habet!*
— *Habet* — repetiu Pansa. — Levem-nos e dêem-lhes as armaduras e as espadas.
— Nobre *editor* — disseram os funcionários —, receamos que Tetraídes não se recupere a tempo; mesmo assim, tentaremos.
— Fazei isso.
Minutos depois, os funcionários que tinham arrastado para fora o atordoado e inerte gladiador voltaram com uma expressão pesarosa. Temiam pela vida de Tetraídes, que decididamente não tinha condições de voltar à arena.
— Nesse caso — disse Pansa —, usaremos Lidon como substituto; e quando o primeiro gladiador for derrotado, que ele ocupe seu lugar e enfrente o vencedor.
O povo aplaudiu em altos brados a decisão; depois, todos mergulharam de novo em profundo silêncio. A trombeta soou. Os quatro combatentes que restavam ficaram frente a frente, firmes e decididos.
— Conheces os romanos, caro Clódio? Estão entre os famosos ou são apenas medíocres?
— Eumolpo é um bom espadachim de segunda classe, caro Lépido. Nepimo, o menor deles, nunca o vi antes, mas é filho de um dos *fiscales* imperiais, e foi educado numa escola excelente. Sem dúvida, ambos farão uma bela exibição, mas não tenho mais ânimo para apostas; não posso recuperar meu dinheiro... estou perdido. Maldito Lidon! Quem poderia imaginar que fosse tão hábil e tivesse tanta sorte?
— Bem, Clódio, estou com pena de ti, aceito tuas condições quanto a esses romanos.
— Dez iguais em Eumolpo, está bem?
— Como? Com Nepimo sendo inexperiente? Não, não; assim não vale.
— Bem... dez contra oito?
— Fechado!
Enquanto a luta na arena começara com esse diálogo entre Clódio e Lépido, havia alguém numa das arquibancadas, bem no alto, para quem a luta realmente passara a ter um interesse doloroso, pungente. O velho pai de Lidon, não obstante seu

Os Últimos Dias de Pompéia   445

horror cristão pelo espetáculo, na imensa aflição pelo filho, não conseguira resistir à ânsia de acompanhar de perto a sua sorte. Só, entre uma violenta multidão de estranhos, entre a ralé do povo, o ancião nada sentia, nada percebia, só tinha olhos para a silhueta, para o porte do seu corajoso filho! Quando por duas vezes o vira cair na arena, nenhum som lhe escapara dos lábios; só empalidecera, e suas pernas tremeram. Mas gritou baixinho quando o viu sair vitorioso, ignorando, coitado!, a luta mais feroz da qual sua vitória fora somente o prelúdio.

– Meu bravo menino! – disse ele, e enxugou os olhos.

– É teu filho? – perguntou um rapaz musculoso, sentado à direita do velho cristão. – Lutou bem. Veremos como se sai daqui a pouco. Força! Ele vai lutar com o primeiro vencedor. Agora, meu velho, pede aos deuses que o vencedor não seja um dos romanos. Nem o gigante Níger!

O velho sentou-se de novo e cobriu o rosto. Pouco lhe importava o embate que estava acontecendo. Lidon não era um dos lutadores. Mas... mas... – o pensamento ocorreu-lhe de repente —, a luta era de uma importância vital: o primeiro que tombasse seria substituído por Lidon. Então ele parou, olhou para baixo, apertando as mãos, atento ao combate.

O interesse maior estava concentrado no encontro entre Níger e Sporo, pois aquele tipo de luta, pelo final nefasto a que normalmente chegava, e pela grande perícia que exigia dos antagonistas, sempre deixava os espectadores excitados.

Os dois mantinham uma distância considerável entre si. O estranho elmo que Sporo usava, cuja viseira estava baixada, escondia-lhe o rosto, mas as feições de Níger atraíam o temeroso interesse de todos pela sua contida e vigilante ferocidade. Ficaram assim por alguns minutos, olhando um para o outro, até que, devagar, cautelosamente, Sporo começou a avançar, mantendo a espada apontada, como um esgrimista moderno, para o peito do adversário.

Níger recuava, segurando a rede na mão direita, sem desviar os olhos faiscantes dos movimentos do espadachim, que continuava avançando. De repente, quando Sporo chegou quase ao alcance da mão, o *retiarius* deu um passo à frente e jogou a rede. Uma rápida curvatura do corpo salvou o gladiador da cilada mortal. Ele deu um grito estridente, de alegria e raiva, e avançou para Níger, mas este já tinha recolhido a rede e estava com ela nos ombros correndo em torno da arena com tal rapidez que seu perseguidor tentava em vão alcançá-lo. O povo ria e gritava em altos brados, vendo os infrutíferos esforços do espadaúdo gladiador para alcançar o gigante em fuga, quando, de repente, sua atenção voltou-se para os dois lutadores romanos que estavam frente a frente, em guarda, mantendo a mesma distância que os atuais esgrimistas. Mas a extrema cautela que demonstravam antecipava que não haveria uma luta excitante, deixando que os espectadores ficassem à vontade para apreciar a disputa entre Sporo e seu adversário.

Agora os romanos inflamavam-se numa luta empolgante e feroz: atacavam... retrocediam... avançavam... recuavam, ambos com a cautelosa, embora quase imperceptível prudência que caracteriza os homens experientes e com igual habilidade. Naquele momento, Eumolpo, o gladiador mais velho, num contragolpe ágil, considerado muito difícil de evitar, feriu Nepimo no flanco. O povo gritou; Lépido empalideceu.

— Oh! — exclamou Clódio. — A disputa está quase no fim. Mesmo que Eumolpo se limite a movimentos discretos, o outro se esvairá em sangue.

— Mas, graças aos deuses! Ele não vai contemporizar. Vê! Está atacando firme. Por Marte! Nepimo o dominou! Está vibrando de novo! Clódio, vou ganhar!

— Por que eu não aposto só nos dados? — rosnou Clódio para consigo. Por que não se pode trapacear com um gladiador?

— Bravo, Sporo! — gritou o populacho quando Níger, tendo parado de repente, atirara outra vez sua rede, de novo sem sucesso.

Só que agora não tinha recuado com suficiente habilidade: a espada de Sporo ferira seriamente sua perna direita, e, incapacitado de fugir, estava acossado pelo bravo espadachim. Contudo, sua altura e o comprimento do braço continuavam a dar-lhe uma vantagem nada desprezível; e, sustentando seu tridente firme diante do rosto do adversário, manteve-o afastado por vários minutos. Sporo tentava, com grande rapidez de movimentos, andar em volta do antagonista, que forçosamente, com dor, se deslocava muito lentamente. Ao fazê-lo, descuidou-se, aproximou-se demais do gigante, ergueu o braço para golpear, e recebeu em cheio, no peito, as três pontas do tridente, caindo de joelhos. Um segundo depois, a rede fatal estava estendida sobre ele, que lutava em vão contra as malhas. De novo... outra vez... mais outra, e contorceu-se sem um gemido sob novos golpes do tridente; o sangue escorria rápido através da rede, tingindo a areia de vermelho. Então baixou os braços, reconhecendo sua derrota.

O *retiarius* vencedor recolheu a rede, e, apoiado no tridente, olhou para a assistência, aguardando a decisão. No mesmo instante, o gladiador vencido correu lentamente os olhos turvos e desesperados pelo anfiteatro. De fila a fila, de uma arquibancada a outra, só via olhares cruéis e implacáveis.

O barulho do povo baixara, era um murmúrio apenas. O silêncio era terrível, pois não se via compaixão; mão alguma – nem mesmo a mão de uma mulher – dava o sinal de misericórdia e vida. Sporo nunca tinha sido popular na arena, e, agora, o interesse pela luta exaltara-se pelo ferimento de Níger. O povo estava excitado pelo sangue... a luta de pantomimas perdera a graça; o interesse transformara-se em desejo de sacrifício e sede de morte.

O gladiador sentiu que sua sorte estava selada; não fez uma súplica... não deu um gemido. O povo deu o sinal de morte. Com uma submissão obstinada e torturante, curvou o pescoço para receber o golpe fatal. E então, como o tridente de Níger não era arma que infligisse morte instantânea e segura, entrou na arena um vulto lúgubre e fatídico, brandindo uma espada curta e aguçada, tendo o rosto completamente oculto pela viseira. Com passos lentos e calculados, o sombrio carrasco aproximou-se do gladiador, que continuava de joelhos, pôs-lhe a mão esquerda sobre a cabeça humilhada, aproximou-lhe a lâmina do pescoço e olhou para o povo em volta, temendo que, no último momento, alguém pudesse sentir remorso. Mas o terrível sinal continuava inalterado; a lâmina reluziu no ar... caiu... o gladiador rolou na areia e seus membros estremeceram... imobilizaram-se... Sporo estava morto.

O corpo foi arrastado imediatamente para fora da arena,

pela porta dos mortos, e jogado no lúgubre cubículo tecnicamente denominado *Spoliarium*. E nem bem chegara ao seu destino, quando a contenda entre os lutadores remanescentes foi decidida. A espada de Eumolpo ferira mortalmente o gladiador menos experiente. Uma nova vítima foi acrescentada ao receptáculo dos chacinados.

Pela enorme assistência passava agora uma excitação geral; o povo respirou mais aliviado e todos voltaram a sentar-se. Dos canos ocultos, agora caía sobre as arquibancadas agradável chuvisco. Com refrescante e voluptuoso prazer, todos comentavam o último espetáculo sangrento. Eumolpo tirou o elmo e enxugou o suor do rosto; seu cabelo crespo, cortado curto, suas nobres feições romanas e os olhos escuros e brilhantes provocaram a admiração geral. Estava bem-disposto, sem ferimentos, não demonstrava cansaço.

Pedindo silêncio, Pansa proclamou em voz alta que, como a ferida de Níger o impossibilitava de voltar à arena, Lidon seria o sucessor do massacrado Nepimo e o novo adversário de Eumolpo.

– No entanto, Lidon – acrescentou –, se quiseres recusar-te a combater com alguém tão valente e experimentado, tens plena liberdade de fazê-lo. Eumolpo não é o adversário que originalmente te estava destinado. Sabes muito bem até que ponto podes medir-te com ele. Se fracassares, tua sorte será uma morte honrosa, se venceres, da minha própria bolsa dobrarei o prêmio estipulado.

O povo aplaudiu, aos gritos. Lidon parou na arena, olhou em volta; bem no alto avistou o rosto pálido e o olhar aflito do pai. Irresoluto, voltou-se por um minuto. Não! Ter vencido com o cesto não era suficiente; ainda não ganhara o prêmio da vitória; seu pai continuava sendo um escravo.

– Nobre edil! – replicou em tom firme e decidido. – Não me esquivo da luta. Pela glória de Pompéia, acho que alguém que foi treinado por seu famoso lanista deve lutar com este romano.

O povo gritou ainda mais alto.

– Quatro a um contra Lidon! – disse Clódio a Lépido.

– Não aceitaria nem vinte a um! Ora, Eumolpo é um verdadeiro Aquiles, e esse pobre rapaz é só um principiante! Eumolpo olhou firme no rosto de Lidon; sorriu, mas o sorriso foi seguido por um suspiro leve e quase inaudível: um vislumbre de piedosa comoção que o hábito reprimiu no momento em que o coraçãc o percebeu.

A agora ambos, com suas armaduras completas, espadas desembainhadas, viseiras baixadas – os dois últimos combatentes (pelos menos antes dos homens destinados às feras) – estavam frente a frente.

Exatamente naquele momento uma carta foi entregue ao pretor por um dos funcionários do anfiteatro; este removeu a fita que a cingia, concentrou-se nela por instantes, mostrando no semblante surpresa e perplexidade. Releu-a, e murmurando exclamou: – Ora! Não é possível! O homem deve estar bêbado a esta hora da manhã, para imaginar uma tolice dessas! – jogou-a de lado despreocupadamente e tornou a aprumar-se, voltando sua atenção para o espetáculo.

O interesse do público crescera enormemente. Eumolpo, a princípio, conquistara a simpatia de todos, mas a bravura de Lidon e sua oportuna alusão ao bom nome do lanista pompeiano logo deram-lhe a preferência popular.

– Olá, meu velho! – disse o vizinho de Medon. – Teu filho está bem arranjado; mas não temas, o edil não permitirá que seja morto... não, nem o povo. Ele se portou com muita valentia para merecer isso. Ah! Foi um golpe de mestre! Bem desviado, por Pólux! Em cima dele de novo, Lidon! Pararam para respirar. Que estás resmungando, meu velho?

– Orações! – respondeu Medon, com um semblante mais calmo e esperançoso do que mostrara até então.

– Orações! Bobagem! O tempo em que os deuses arrebatavam os homens numa nuvem já se foi. Ah! Júpiter! Que golpe! Teu flanco... teu flanco! Cuidado com teu flanco, Lidon!

Um tremor convulsivo perpassou a assistência. Um forte golpe de Eumolpo caiu em cheio no elmo de Lidon, que dobrou os joelhos.

– *Habet*! Perdeu! – gritou uma voz feminina estridente.
– Perdeu! – era a voz da moça que tão ansiosamente antecipara o sacrifício de algum criminoso às feras.

– Cala-te, menina! – disse a esposa de Pansa com altivez.
– *Non habet*! Ele não está ferido!
– Gostaria que estivesse, mesmo que fosse só para magoar Medon, aquele velho malcriado – murmurou a moça.

Enquanto isso, Lidon, que até então se defendera com grande habilidade e bravura, começava a ceder diante das vigorosas investidas do experiente romano; seu braço estava ficando cansado, os olhos turvos, respirava com dificuldade. Ambos pararam de novo para tomar fôlego.

– Jovem – disse Eumolpo, em voz baixa –, desiste. Vou ferir-te de leve... baixa então os braços; conquistaste as graças do *editor* e do povo... serás honrosamente salvo!

"E meu pai continuará sendo escravo", Lidon pensou consigo mesmo. "Não. A morte ou a liberdade dele!"

A esse pensamento, e vendo que, como suas forças não se equiparavam às do romano, tudo dependia de um súbito e desesperado esforço. Então atirou-se decidido sobre Eumolpo. O romano recuou cautelosamente... Lidon atacou de novo... Eumolpo saltou de lado... a espada roçara-lhe a couraça... o peito de Lidon estava desprotegido... o romano mergulhou a espada nas junções da armadura, não desejando, porém, causar um ferimento profundo. Lidon, fraco e exausto, caiu para a frente, direto sobre a ponta, que o atravessou de lado a lado, até às costas. Eumolpo retirou a lâmina. idon ainda fez um esforço para voltar a equilibrar-se... e a cspada caiu-lhe da mão... Maquinalmente avançou para o gladiador com a mão nua, e caiu prostrado na arcna.

O *editor* e a assistência, unânimes, fizeram o sinal de misericórdia... os funcionários da arena se aproximaram... tiraram o elmo do vencido, que ainda respirava; seus olhos oscilantes fixaram-se no adversário; a selvageria adquirida na sua profissão brilhava-lhe no olhar e franzia-lhe a testa já anuviada pelas sombras da morte. Então, com um gemido convulsivo, com um estremecimento, ergueu os olhos; não para o *editor* nem para os rostos penalizados dos seus compadecidos juízes. Não os enxergava; era como se aquele recinto enorme estivesse desolado e vazio. Um rosto desesperado foi tudo o que conseguiu divisar... o grito de um coração dilacerado foi tudo o que, entre os murmúrios e gritos do populacho, chegou-lhe aos ouvidos. A ferocidade sumira-lhe do semblante; uma expressão terna, de santificado mas desesperançado amor, pairou-lhe no rosto... empalideceu... apagou-se! De repente, sua expressão tornou-se dura, implacável, reassumindo seu antigo ímpeto. Caiu por terra.

– Cuidado com ele – disse o edil –, cumpriu seu dever!

Os funcionários o arrastaram para o *spoliarium*.

– Verdadeiro exemplo da glória e do seu destino final! – murmurou Arbaces consigo mesmo, e seu olhar, correndo pelo anfiteatro, mostrava tanto desprezo, que quem o encontrasse ficaria de repente com a respiração suspensa e as emoções geladas, com uma sensação de depressão e medo.

Novamente espargiram ricos perfumes pelo anfiteatro; os funcionários espalharam areia limpa na arena.

– Trazei o leão e Glauco, o ateniense – disse o *editor*.

E um silêncio ansioso e profundo, de excitadíssimo interesse, e de intenso – embora, por estranho que pareça, prazenteiro – terror, como um sonho impressionante e medonho, caiu sobre a assistência.

3
SALÚSTIO E A CARTA DE NÍDIA

Três vezes Salústio acordara do seu sono matinal, e três vezes, lembrando-se de que seu amigo iria morrer naquele dia, voltara, com um profundo suspiro, a buscar o esquecimento. Seu único objetivo na vida era evitar desgostos; ou, quando não podia evitá-los, pelo menos esquecê-los. Por fim, não conseguindo mais afogar a consciência no sono, ergueu-se da sua posição reclinada e viu seu liberto favorito sentado ao lado da cama, como de hábito, pois Salústio, que, como já mencionei, tinha um gosto refinado pelas belas letras, gostava que lhe lessem, por mais ou menos uma hora, antes de levantar-se pela manhã.

– Nada de livros hoje! Chega de Pindaro! Pindaro! Ai, ai! O simples nome lembra os jogos de que nossa arena é a brutal sucessora. Será que já começou... no anfiteatro? O cerimonial já teve início?

– Há muito tempo, Salústio! Não ouviste as trombetas e o tropel dos passos?

– Ai, ai; mas os deuses sejam louvados, eu estava sonolento, e bastava virar-me para dormir de novo.

– Os gladiadores devem estar na arena há muito tempo.

– Desgraçados! Do meu pessoal, ninguém foi ao espetáculo?

– Certamente não; tuas ordens foram bem claras.

– Está bem... quem dera o dia já tivesse passado! Que carta é aquela em cima da mesa?

— Aquela! Oh, é a carta que te trouxeram ontem à noite, quando estavas... muito... muito...

— Bêbado para lê-la, suponho. Não importa, não deve ser coisa séria.

— Posso abri-la para ti, Salústio?

— Faze-o; qualquer coisa serve para distrair-me o pensamento. Pobre Glauco!

O liberto abriu a carta.

— Como! Grego? — disse. — Imagino que seja de uma mulher culta. — correu os olhos pela carta, e por alguns instantes as linhas irregulares traçadas pela mão da ceguinha o deixaram confuso. De repente, porém, seu rosto mostrou emoção e surpresa. — Bons deuses! Nobre Salústio! Que fizemos não lhe dando atenção antes? Ouve o que vou ler:

> Nídia, a escrava, para Salústio, o amigo de Glauco!
> Estou presa na casa de Arbaces. Corre ao pretor! Consegue libertar-me e ainda poderemos salvar Glauco do leão. Há outro prisioneiro entre estas paredes, cujo testemunho pode livrar o ateniense da acusação contra ele; alguém que viu o crime, que pode apontar como criminoso um canalha até agora insuspeito. Corre! Apressa-te! Rápido! Rápido! Traze contigo homens armados, para que não haja resistência, e um ferreiro hábil e engenhoso, pois a porta do cárcere do meu companheiro de prisão é forte e espessa.

Oh! Pela tua mão direita e pelas cinzas do teu pai, não percas um minuto!

– Grande Júpiter! – exclamou Salústio, sobressaltado. – E neste dia... não, talvez a esta hora, ele vá morrer. Que se pode fazer? Irei agora mesmo à casa do pretor.

– Não, isso não. O pretor, assim como Pansa, que é o *editor*, gosta do populacho, e este não quer ouvir falar em atraso; ninguém quer ser desapontado no momento de maior expectativa. Além do mais, a divulgação do apelo alertaria o astuto egípcio. É evidente que ele tem interesse em manter essas pessoas ocultas. Não; felizmente teus escravos estão em casa.

– Percebo tua intenção – interrompeu-o Salústio. – Arma os escravos imediatamente. As ruas estão desertas. Correremos à casa de Arbaces e soltaremos os prisioneiros. Depressa! Depressa! Quero Davo aqui! Minha toga e as sandálias, papiro e um cálamo. Vou escrever ao pretor, suplicando-lhe que retarde a execução da sentença de Glauco, porque, dentro de uma hora, provaremos que é inocente. Assim está bem. Corre com isso, Davo, entrega ao pretor no anfiteatro. Cuida que a entreguem em mãos. Agora, então, ó deuses!, cuja providência Epicuro renegou, ajudai-me, e chamarei Epicuro de mentiroso!

Os Últimos Dias de Pompéia 455

4

MAIS UMA VEZ O ANFITEATRO

Glauco e Olinto tinham sido postos na cela estreita e escura onde os criminosos aguardavam sua última e terrível luta na arena. Seus olhos, nos últimos tempos acostumados à escuridão, perscrutavam-se mutuamente o rosto naquela hora trágica; e, naquela claridade, a palidez que expulsara os naturais matizes das faces de ambos, assumira uma brancura cinérea e cadavérica. Contudo, mantinham a fronte erguida e altiva; não lhes tremiam as pernas; os lábios estavam apertados e decididos. A religião de um, o orgulho do outro, a consciência que ambos tinham da sua inocência, e talvez o apoio surgido da mútua companhia transformavam as vítimas em heróis.

– Escuta! Estás ouvindo os gritos? Estão clamando por sangue humano – disse Olinto.

– Estou ouvindo; meu coração está angustiado; mas os deuses me dão coragem.

– Os deuses! Ó jovem temerário, admite nesta hora só o único Deus! Não te falei no cárcere, não chorei por ti, não orei por ti? No meu zelo e na minha angústia, não pensei mais na tua salvação do que na minha?

– Bravo amigo! – respondeu Glauco, com gravidade. – Eu te ouvi com respeitoso temor, com assombro, e com uma secreta inclinação a convencer-me. Tivessem nossas vidas sido poupadas, eu poderia aos poucos afastar-me dos princípios da minha fé, inclinando-me para a tua; mas, nesta hora final, seria uma covardia, e uma torpeza, admitir, diante do terror, o que deveria ser resultado de exaustiva meditação. Se eu abraçasse teu credo e ignorasse os deuses de meus pais não o faria seduzido por tua promessa de paraíso, ou apavorado com tuas ameaças de inferno? Não, Olinto! Pensemos um no outro com a mesma boa vontade: eu dignificando tua sinceridade; tu lamentando minha cegueira, ou minha coragem obstinada. Tal como foram meus atos, assim será minha recompensa; e o poder, ou poderes, do Alto não julgarão implacavelmente os erros humanos, quando associados à honestidade de propósitos e à sinceridade de coração. Não falemos mais nisso. Escuta! Não ouves arrastarem um corpo pesado pelo corredor? Logo nosso corpo também o será.

– Ó Céus! Ó Cristo! Já vos vejo – exclamou o fervoroso Olinto, erguendo as mãos para o céu. – Não tremo... alegro-me porque as cadeias logo serão rompidas.

Glauco curvou a cabeça, em silêncio. Sentia a diferença entre sua coragem e a de seu companheiro de sofrimento. O pagão não tremia; mas o cristão exultava.

A porta correu para trás, rangendo; lanças brilharam ao longo das paredes.

– Ateniense Glauco, tua hora chegou – disse uma voz clara e alta –, o leão te espera.

– Estou pronto – disse o ateniense. – Irmão e companheiro, um último abraço. Abençoa-me e... adeus!

O cristão abriu os braços, apertou o jovem pagão contra o peito, beijou-lhe a fronte e as faces... soluçou alto... lágrimas quentes correram sobre o rosto do seu novo amigo.

– Oh! Pudesse eu ter-te convertido, não choraria. Oh! Pudesse eu dizer-te: Esta noite ambos cearemos no Paraíso!

– Ainda pode acontecer – disse o grego, com voz trêmula. – Aqueles a quem a morte não separa, podem um dia encontrar-se no além-túmulo. Na terra, na bela, na amada terra, adeus para sempre! Ilustre oficial, estou às suas ordens.

Glauco precipitou-se para fora, e quando chegou ao ar livre, embora não houvesse sol, um bafo quente e seco golpeou-o impiedosamente. O corpo, que ainda não se recuperara dos efeitos da poção fatal, encolheu-se e estremeceu. Os funcionários o ampararam.

— Coragem! — disse um. — És jovem, altivo, bem constituído. — Deram-te uma arma! Não te desesperes, podes até vencer.

Glauco não respondeu. Envergonhado com sua debilidade, fez um esforço desesperado e violento, e recuperou a energia. Untaram-lhe o corpo, totalmente nu, tendo apenas uma faixa em volta dos rins; puseram-lhe o estilete (arma inútil!) na mão, e levaram-no para a arena.

E agora, quando via os olhos de milhares e dezenas de milhares postos nele, o grego já nem sentia que era humano. Qualquer sinal de medo — o medo em si — desaparecera. Um rubor desdenhoso espalhou-se-lhe sobre a palidez do rosto e ergueu-se firme em toda sua soberba estatura. Na beleza de seus membros e corpo ágeis, na fronte atenta e lisa, na altivez sobranceira e na alma indômita que visivelmente respirava, inequivocamente falava, por meio da sua atitude, dos lábios, do olhar, parecia a própria encarnação, vívida e corpórea, do valor da sua pátria... das divindades do seu culto — um herói e um deus ao mesmo tempo!

O murmúrio de ódio e horror pelo seu crime, que o acolhera na entrada, morreu num silêncio de involuntária admiração e respeito quase compassivo; e com um suspiro rápido e convulsivo, que pareceu mover toda a massa humana como se fosse um único corpo, o olhar dos espectadores desviou-se do ateniense para um singular objeto no centro da arena. Era a jaula gradeada do leão!

— Por Vênus, como está quente aqui! — disse Fúlvia. — E não há sol. Aqueles estúpidos marinheiros bem poderiam ter fechado aquela fenda no toldo.

— Oh! Está quente mesmo. Estou me sentindo mal... vou desmaiar! — disse a esposa de Pansa, com seu traquejado estoicismo sucumbindo ante a luta que iria travar-se.

O leão ficara sem comer nas últimas vinte e quatro horas, e durante toda a manhã o animal demonstrara sem cessar uma estranha inquietação, que o guardador atribuíra aos tormentos da fome. No entanto, sua aparência era mais de medo do que de raiva; seus rugidos eram angustiosos e aflitos; erguia a cabeça, farejava o ar através das grades, deitava, levantava de novo e outra vez soltava seus rugidos selvagens e retumbantes.

E agora estava estirado na jaula, imóvel e mudo, com as ventas dilatadas forçando as grades e, com sua respiração forte, revolvendo a areia que cobria a arena.

Os lábios de Pansa tremeram, seu rosto ficou pálido; olhou em torno, ansioso; hesitou... retardou; a multidão começava a ficar impaciente. Vagarosamente, deu o sinal; o guardador, que estava atrás da jaula, ergueu a grade com cuidado, e o leão saltou para fora com um rugido forte e satisfeito de alívio. O guardador recuou rápido, entrando na passagem gradeada que levava para fora da arena, deixando o rei da floresta e sua presa.

Glauco dobrara as pernas de maneira a firmar-se bem diante do esperado ataque do leão, com sua insignificante e reluzente arma erguida, na leve esperança de que um golpe bem desferido (pois sabia que só teria tempo para um) pudesse penetrar por um olho até o cérebro do inimigo. Mas, para indizível espanto de todos, a fera nem parecia notar a presença do condenado.

Logo que se viu em liberdade, parou abruptamente na arena, soergueu-se, farejando o ar com suspiros impacientes; então, saltou de repente, mas não sobre o ateniense. A meia velocidade, correu e voltou a correr ao redor da arena, virando a cabeça enorme para todos os lados, com um olhar ansioso e inquieto, como se procurasse uma passagem para fugir. Uma ou duas vezes tentou subir no parapeito que o separava do público, e, não conseguindo, deu mais um uivo atarantado do que um rugido solene e real. Não mostrava sinais de raiva ou de fome; arrastava a cauda na areia em vez de fustigar seus flancos ossudos; e o olhar, embora às vezes passasse por Glauco, logo afastava-se dele, indiferente. Por fim, como se cansado de tentar fugir, entrou vagarosamente na sua jaula e deitou-se de novo para descansar.

A surpresa inicial da assistência diante da apatia do leão logo se transformou em ressentimento por sua covardia; e o populacho já confundia sua piedade pela sorte de Glauco com uma indignada compaixão por seu próprio desapontamento.

Pansa chamou o guardador.

– Que é isso? Pega o aguilhão, faze-o sair, e fecha depois a porta da jaula.

Quando o homem, meio assustado e mais atônito ainda, se preparava para obedecer, ouviu-se um grito forte numa das entradas da arena. Houve confusão, tumulto... exclamações de protesto, logo silenciadas por uma resposta. Todos os olhares se voltaram espantados para o ponto onde acontecia a agitação; o povo abriu caminho, e de repente Salústio surgiu nas arquibancadas senatoriais, com os cabelos em desalinho, ofegante, esbaforido, exausto. Olhou impetuosamente ao redor da arena.

– Tira o ateniense daí! – gritou. – Depressa... ele é inocente! Prende Arbaces, o egípcio! Ele é o assassino de Apecides!

– Estás louco, Salústio! – exclamou o pretor, levantando-se. – Que significa esse disparate?

– Tira o ateniense! Depressa, ou seu sangue cairá sobre a tua cabeça. Demora-te, pretor, e responderás diante do imperador com tua própria vida! Trago comigo a testemunha ocular da morte do sacerdote Apecides. Afastai-vos! Recuai! Abri caminho! Cidadãos de Pompéia, mantende os olhos fixos em Arbaces... está sentado ali! Deixai o sacerdote Caleno passar!

Pálido, desfigurado, recém-libertado das garras da fome e da morte, o rosto encovado, os olhos iguais aos de um abutre, o corpo forte parecendo um esqueleto, Caleno, amparado, foi até a arquibancada onde Arbaces estava sentado. Seus libertadores tinham-lhe dado pouca comida, mas o principal alimento que lhe dava forças às pernas enfraquecidas era a vingança.

– O sacerdote Caleno! Caleno! – gritava a multidão. – Será ele? Não... é um cadáver!

– É o sacerdote Caleno – disse o pretor, com gravidade. – Que tens a dizer?

– Arbaces do Egito é o assassino de Apecides, o sacerdote de Ísis; estes olhos viram-no desferir o golpe. É do cárcere onde me enterrou... é da escuridão e do horror da morte por fome... que os deuses me livraram para proclamar seu crime! Libertai o ateniense... ele é inocente!

– Então foi por isso que o leão o poupou. Milagre! Milagre! – exclamou Pansa.

– Milagre, milagre! – gritou o povo. – Retirai o ateniense... Arbaces para o leão!

E aquele brado ecoou por montes e vales... da costa até o mar: Arbaces para o leão!

– Guardas, retirai o acusado Glauco; retirai-o, mas guardai-o! – ordenou o pretor. – Os deuses prodigalizaram suas maravilhas neste dia.

Quando o pretor deu a ordem de livramento, ouviu-se um grito de alegria – de voz feminina, quase infantil. Era um grito de júbilo! Como uma corrente elétrica, vibrou em todos os corações; era tocante, era sagrada aquela voz de criança. E o populacho devolveu-lhe o eco em compassiva congratulação.

– Silêncio! – disse o circunspecto pretor. – Quem é?

– Nídia, a ceguinha – respondeu Salústio.– Foi a mão dela que tirou Caleno do túmulo e livrou Glauco do leão.

– Depois trataremos disso – falou o pretor. – Caleno, sacerdote de Ísis, acusas Arbaces do assassinato de Apecides?

– Acuso.

– Viste a ação?

– Pretor, com estes olhos...

– Por enquanto, basta; os detalhes devem ser reservados para uma ocasião e um lugar mais adequados. Arbaces do Egito, ouviste a acusação contra ti; ainda não falaste; que tens a declarar?

A atenção do povo, que se voltara para Arbaces ante sua perplexidade com a investida de Salústio e a entrada de Caleno, não se desviava dele. Diante do brado "Arbaces para o leão!" ele realmente tremera e o bronzeado escuro do seu rosto dera lugar a um tom desbotado. Mas logo tinha recobrado a altivez e o autodomínio. Arrogante, devolvera a mirada colérica dos milhares de olhos à sua volta; e agora, ao responder à pergunta do pretor, disse no tom singularmente calmo e autoritário que lhe caracterizava a inflexão:

– Pretor, esta acusação é tão insensata, que nem sequer merece resposta. Meu primeiro acusador é o nobre Salústio, o mais íntimo amigo de Glauco; o segundo é um sacerdote; respeito-lhe as vestes e o ofício... mas, povo de Pompéia, conheceis de certo modo o caráter de Caleno... ele é avarento e proverbialmente louco por ouro; o testemunho de um homem como ele pode ser comprado. Pretor, sou inocente!

– Salústio – perguntou o magistrado –, onde encontraste Caleno?

– Nas masmorras de Arbaces.

– Egípcio – disse o pretor, franzindo a testa –, então ousaste encarcerar um sacerdote dos deuses... e por quê?

– Ouvi-me! – respondeu Arbaces, levantando-se calmamente, mas com agitação estampada no rosto. – Esse homem foi ameaçar-me de que faria contra mim a acusação que fez agora, a menos que eu lhe comprasse o silêncio com metade da minha fortuna; censurei-o... em vão. Silêncio, não permitais que o sacerdote me interrompa! Nobre pretor... e vós, ó povo! sou estrangeiro aqui... sei que não cometi crime algum, mas o testemunho de um sacerdote contra mim poderia destruir-me. Na minha perplexidade, eu o atraí até a cela de onde foi libertado, sob o pretexto de que era a caixa-forte do meu ouro. Resolvi detê-lo até que a sorte do verdadeiro criminoso estivesse selada, e as ameaças dele já não importassem; mas não pensei no pior. Posso ter errado, mas quem de vós não reconhece o direito à preservação da própria vida. Fosse eu culpado, por que esse sacerdote ficou calado e não falou durante o julgamento? Na ocasião, eu não o tinha detido nem escondido ainda. Por que não proclamou minha culpa quando eu proclamei a de Glauco? Pretor, isso exige resposta. Quanto ao resto, submeto-me às vossas leis. Peço vossa proteção. Levai daqui o acusado e o acusador. Voluntariamente submeto-me, e de bom grado aceitarei a decisão do tribunal legítimo. Aqui não é lugar para maiores considerações.

– Ele está certo – disse o pretor. – Guardas, levai Arbaces e mantende Caleno sob guarda! Salústio, decidimos que és responsável por tua acusação. Que o espetáculo prossiga!

– Como! – exclamou Caleno, olhando para o povo ao redor. – Ísis será assim tão menosprezada? O sangue de Apecides continuará a clamar por vingança? A justiça pode ser retardada agora, para ser frustrada depois? O leão será logrado por sua legítima presa? Um deus! Um deus! Sinto um deus afluir-me aos lábios! Ao leão... ao leão com Arbaces!

O corpo extenuado do sacerdote não conseguiu suportar-lhe por mais tempo a ira feroz. Então ele caiu por terra em violentas convulsões, com a boca espumando; era realmente um homem tomado por um poder sobrenatural. O povo viu, e estremeceu.

– É um deus que está inspirando o santo homem! Ao leão com o egípcio!

Quando esse grito ecoou, milhares e milhares se levantaram, precipitaram-se do alto, correram na direção do egípcio. Em vão o edil dava ordens; em vão erguia a voz e invocava a lei. O povo já embrutecido pelo espetáculo sangrento... queria mais sangue... e a superstição coadjuvava a crueldade.. Açulados, excitados pela visão das vítimas, todos ignoravam a autoridade dos seus governantes. Era uma das terríveis convulsões populares comuns em turbas totalmente ignorantes, meio livres meio servis, e que a singular constituição das províncias romanas exibia com tanta freqüência.

A autoridade do pretor comparava-se a um caniço em meio ao furacão. Mesmo assim, a uma ordem sua os guardas tinham-se postado ao longo das arquibancadas inferiores, onde as classes mais elevadas sentavam-se, separadas da gentalha. Formavam apenas uma barreira frágil; as vagas daquele mar humano pararam por um momento, permitindo que Arbaces calculasse o exato momento da sua sentença! Desesperado, com um pavor que quebrantava qualquer orgulho, olhava para a multidão que avançava encapelada... quando, bem acima dele, pela brecha que ficara no toldo, avistou uma aparição estranha e aterradora; considerou, e a astúcia devolveu-lhe a coragem.

O egípcio apontou para o alto; na fronte altiva e no rígido semblante surgiu uma indescritível e solene expressão de autoridade.

– Vede! – gritou com voz de trovão, que calou o rumor da multidão. – Vede como os deuses protegem o inocente! Os fogos do Orco vingador irrompem contra o falso testemunho dos meus acusadores!

Todos os olhares acompanharam o gesto do egípcio, e viram, com indizível terror, uma intensa fumaça saindo do cume do Vesúvio, na forma de um gigantesco pinheiro; o tronco, negror... os ramos, fogo! Fogo que saltava, mudava de intensidade a todo momento; ora muito brilhante ora vermelho escuro e agonizante, para arder de novo com um clarão insuportável.

Fez-se um silêncio mortal e profundo, em meio ao qual, de repente, irrompeu o rugido do leão, respondido lá de dentro pelos urros mais agudos e fortes do seu feroz companheiro, o tigre. Ambos temíveis perscrutadores do peso da atmosfera, e profetas selvagens da iminente catástrofe.

Então, subiram em coro os gritos estridentes das mulheres; os homens entreolhavam-se espantados e estupidificados. Naquele instante, sentiram a terra tremer-lhes sob os pés; as paredes do anfiteatro oscilaram; e ao longe, distantes, ouviram o estrondo de telhados caindo; um instante mais, e uma nuvem gigantesca pareceu correr na direção deles, escura e veloz, como uma torrente; ao mesmo tempo, do seu seio choveram cinzas misturadas com grandes estilhaços de rocha incandescentes. Sobre os vinhedos esmagados... sobre as ruas desertas... sobre o próprio anfiteatro... por toda parte... rugindo como ondas debatendo-se no mar agitado... desabou a tremenda chuva.

Ninguém mais pensava em justiça ou em Arbaces; salvar-se era o único pensamento de todos. Cada qual procurava fugir, precipitando-se, empurrando, pisando uns sobre os outros. Passando sem piedade sobre os caídos, entre gemidos, e pragas, e súplicas, e gritos, a turba enorme saía aos borbotões pelas várias passagens. Para onde fugir? Alguns, prevendo um novo terremoto, corriam para casa a fim de carregar consigo seus bens mais valiosos, e escapar enquanto dava tempo; outros, com medo da chuva de cinzas que agora caía intensa, pancada após pancada, sobre as ruas, apinhavam-se nas casas mais próximas, ou nos templos, ou alpendres – em qualquer espécie de abrigo – para proteger-se dos terrores de fora. Mas a nuvem acima deles espalhava-se mais negra, mais extensa e mais impressionante. Era uma noite repentina e cada vez mais espectral caindo sobre o reino do dia!

5

A CELA DO PRISIONEIRO E O CUBÍCULO DOS MORTOS
SENSAÇÃO INSTINTIVA DE HORROR

Assombrado por ter escapado da morte, duvidando de que estava acordado, Glauco fora levado pelos guardas da arena para uma pequena cela dentro do anfiteatro. Atiraram-lhe uma veste larga sobre o corpo e juntaram-se em torno dele, felicitando-o, assombrados. Fora da cela ouviu-se um grito impaciente e irritado; os guardas abriram caminho, e a ceguinha, guiada por mão generosa, atirou-se aos pés de Glauco.
– Fui eu quem te salvou – soluçou ela. – Agora posso morrer!
– Nídia, minha menina! Minha salvadora!
– Oh, deixa-me sentir teu toque... tua respiração! Sim, sim, estás vivo! Não chegamos tarde demais! Aquela porta horrível, achei que nunca cederia! E Caleno... sua voz parecia o vento sumindo entre os túmulos... tivemos de esperar... deuses! Parecia que muitas horas se passavam enquanto lhe davam comida e vinho para devolver-lhe um pouco de força. Mas estás vivo! Ainda estás vivo! E eu... eu te salvei!
A cena comovente foi logo interrompida pelo acontecimento recém-descrito.
– A montanha! O terremoto! – ecoou por todos os lados. Os guardas fugiram com o resto do povo; deixaram Glauco e Nídia para que se salvassem como pudessem.
Assim que o ateniense tomou consciência do perigo que os rodeava, seu coração generoso voltou-se para Olinto. Ele tam-

bém tivera sua execução suspensa pela mão dos deuses; poderia deixá-lo entregue à morte não menos irrevogável na cela vizinha? Pegando Nídia pela mão, Glauco arremessou-se pelos corredores, chegou ao cárcere do cristão e encontrou Olinto de joelhos, rezando.
— Levanta-te! Levanta-te, amigo! — gritou. — Livra-te, e foge! Vê! A natureza é tua implacável libertadora.

Glauco puxou para fora o perplexo cristão e apontou para uma nuvem que avançava cada vez mais escura, vomitando uma chuva de cinzas e pedra-pomes, e mandou que ele escutasse os gritos e o tropel da multidão em fuga.
— É a mão de Deus... Deus seja louvado! — disse Olinto, piedosamente.
— Foge! Vai em busca dos teus irmãos! Combina tua fuga com eles. Adeus!

Olinto ficou calado, sequer olhou para o vulto do amigo que se afastava. Pensamentos elevados e solenes tomavam-lhe o espírito; e no entusiasmo do seu coração ardente, mais exultava pela misericórdia de Deus do que tremia ante a evidência do Seu poder.

Finalmente, ergueu-se e correu, mal sabia para onde.

No seu caminho, surgiu de repente a porta aberta de um cubículo escuro, desolado; na escuridão, lá dentro, tremeluzia e esvoaçava a claridade de uma lâmpada; viu então três corpos medonhos e nus estendidos no chão, mortos. Deteve-se imediatamente; em meio ao horror daquele triste recinto — o *spoliarium* da arena —, ouviu uma voz débil invocando o nome de Cristo.

Não pôde hesitar diante daquela invocação; entrou no cubículo, com os pés chapinhando nos fios de sangue que escorriam dos corpos sobre a areia.
— Quem — perguntou o nazareno — clama pelo filho de Deus?

Não houve resposta, mas, olhando ao redor, Olinto viu, à luz precária da lâmpada, um homem grisalho sentado no chão, amparando no colo a cabeça de um dos mortos. Seu semblante estava firme e rigidamente imobilizado no sono derradeiro, mas nos lábios perpassava-lhe um sorriso atrevido... não o sorriso cristão de esperança, mas uma obscura expressão escarninha de ódio e desafio. O rosto ainda guardava o belo contorno da mocidade; o cabelo encaracolado, farto e brilhante, caía-lhe sobre a testa sem rugas; e o buço da idade viril sombreava-lhe de leve a face marmórea e descorada, sobre a qual curvava-se alguém com tamanha tristeza, com tão compassiva ternura e tão profundo e amoroso desespero! As lágrimas do ancião caíam quentes e sem parar, mas ele não as sentia; e quando seus lábios se moveram, e ele maquinalmente murmurou uma prece da sua indulgente e esperançosa fé, nem o coração nem a consciência reagiram às palavras; só a incontida emoção tirava-lhe a mente da letargia. Seu menino estava morto, e tinha morrido por ele! E o coração do velho estava partido.

– Medon – disse Olinto, penalizado –, levanta-te e foge! Deus está chegando nas asas dos elementos. A nova Gomorra está condenada. Foge, antes que os fogos te consumam!

– Era tão cheio de vida!... Não pode estar morto! Vem cá! Põe-lhe a mão no coração! Não está batendo ainda?

– Irmão, a alma se foi. Vamos lembrá-la em nossas orações. Não podes reanimar o corpo sem vida. Vem, vem... ouve, enquanto falo, aquele estalar de paredes!... Ouve, aqueles gritos de agonia! Não há um momento a perder. Vem!

– Não ouço nada – disse Medon, meneando a cabeça grisalha. – Pobre filho, seu amor o matou!

– Vem! Vem! Esquece esses sentimentos afetuosos.

– Como! Quem pode separar o pai do seu filho? – e Medon abraçou-se firme ao corpo, cobrindo-o com beijos ardentes. Vai! – disse, erguendo o rosto por um instante. – Vai! Queremos ficar sozinhos!

– Ai! – disse o piedoso nazareno. – A morte já vos separou! O ancião sorriu, com ar sereno.

– Não, não, não! – murmurou, com a voz enfraquecendo a cada palavra. – A morte foi mais compassiva.

E sua cabeça curvou-se sobre o peito do filho... os braços afrouxaram o aperto. Olinto tomou-lhe a mão, o pulso parara de bater. As últimas palavras do pai expressavam a verdade: a morte fora mais compassiva.

Enquanto isso, Glauco e Nídia atravessaram rápidos as

ruas perigosas e medonhas. O ateniense ficara sabendo por Nídia que Ione ainda estava na casa de Arbaces e voou para lá a fim de libertá-la... salvá-la! Os poucos escravos que o egípcio deixara na mansão, quando partira com o longo cortejo para o anfiteatro, não tinham conseguido opor resistência ao bando armado de Salústio. E depois, quando o vulcão explodiu, tinham-se amontoado, atônitos e apavorados, no mais profundo recesso da casa. Até o avantajado etíope deixara seu posto junto à porta; e Glauco, deixando Nídia do lado de fora (a pobre Nídia, de novo com ciúme, mesmo numa hora como aquela!), atravessou o enorme salão sem encontrar alguém que lhe indicasse onde era o quarto de Ione.

Enquanto seguia, porém, a escuridão que toldava o céu aumentou tão rapidamente que ele andava com dificuldade. As colunas cobertas de flores pareciam oscilar e tremer; a todo instante ouvia as cinzas caindo crepitantes no peristilo descoberto. Correu para os aposentos superiores... ofegante, seguiu em frente gritando alto o nome de Ione; finalmente ouviu uma voz no fundo da galeria – a voz dela, respondendo surpresa! Correr para lá... arrombar a porta... tomar Ione nos braços... fugir da mansão, pareceu-lhe obra de segundos! Mal chegou ao lugar onde estava Nídia, ouviu passos avançando na direção da casa e reconheceu a voz de Arbaces, que voltara para buscar sua fortuna, e Ione, antes de fugir da condenada Pompéia. Mas tão denso estava agora o ar enfumaçado, que os inimigos, embora tão próximos, se avistavam apenas vagamente. No escuro, Glauco percebia traços das alvas vestes do egípcio.

Os três saíram de lá correndo. Ai! Para onde? Não viam um passo à frente; a escuridão agora era total. Estavam cheios de dúvidas e pavor, e a morte de que escapara parecia a Glauco só ter mudado de forma e aumentado o número de vítimas.

6

CALENO E BURBO
DIOMEDES E CLÓDIO
A MOÇA DO ANFITEATRO E JÚLIA

A repentina catástrofe, que, como vimos, tinha abalado as próprias relações sociais e deixara prisioneiros e carcereiros igualmente livres, logo deixou Caleno a salvo dos guardas a cuja responsabilidade o pretor o confiara. E quando a escuridão e o povo o separaram dos seus vigias, o sacerdote, com passos trêmulos, seguiu apressado para o templo de sua deusa. Arrastando-se pelo caminho, e antes que a escuridão fosse total, de repente sentiu que lhe agarravam as vestes, e uma voz lhe murmurava ao ouvido:
– Psiu! Caleno! Que hora terrível!
– Ai! Pela cabeça de meu pai! Quem és tu? Não distingo teu rosto, e tua voz é estranha.
– Não reconheces teu amigo Burbo? Que vergonha!
– Deuses! Como a escuridão está aumentando! Oh, olha! Naquela montanha pavorosa... clarões súbitos, parecem relâmpagos! Como explodem e vibram! Hades está solto na Terra!
– Cala-te! Não acreditas nessas coisas, Caleno! Chegou a hora de fazer fortuna.

— Ah!
— Ouve! Teu templo está cheio de ouro e objetos preciosos. Carreguemo-los todos, fujamos para o mar e embarquemos! Ninguém jamais pedirá contas do que aconteceu hoje.
— Tens razão, Burbo! Apressa-te, segue-me até o templo. Quem vai se preocupar agora... quem vai ver agora se és um sacerdote ou não? Segue-me e dividiremos tudo!

No recinto do templo, muitos sacerdotes estavam reunidos em torno dos altares, orando, lamentando-se, prostrando-se no pó. Impostores quando em segurança, eram, no entanto, supersticiosos diante do perigo. Caleno passou por eles e entrou no aposento que ainda pode ser visto no lado sul do pátio. Burbo o seguia... o sacerdote acendeu uma lâmpada. Vinho e iguarias estavam espalhados sobre a mesa: restos de um festim sacrificial.

— Um homem que passou fome durante quarenta e oito horas — murmurou Caleno — até numa ocasião como esta tem apetite.

Agarrou alguns bocados e devorou-os gulosamente. Talvez nada conseguisse ser mais monstruosamente chocante do que a egoística torpeza daqueles canalhas, pois não há nada mais repulsivo do que a valentia do avarento. Rapina e sacrilégio, quando os pilares do mundo ameaçavam ruir! Quanto os vícios do homem podem aumentar os horrores da natureza!

— Nunca vais te fartar? — perguntou Burbo, impaciente.
— Já estás com o rosto vermelho e os olhos esbugalhados.
— Não é todos os dias que se pode comer assim. Ó Júpiter! Que barulho é esse? É o barulho de água fervendo. Como?! A nuvem está despejando água e fogo ao mesmo tempo? Ah, gritos? E, Burbo, como tudo agora ficou em silêncio! Espia lá fora!

Entre outros terrores, a importante montanha agora vomitava jatos de água fervente. Misturadas e amalgamadas com as cinzas ainda ardentes, as torrentes desciam como lama fervente sobre as ruas, a intervalos regulares. E onde os sacerdotes de Ísis amontoavam-se em torno dos altares, sobre os quais tentavam em vão acender fogos e esparzir incenso, uma das mais violentas daquelas torrentes mortais, cheia de enormes fragmentos de escória, concentrara sua fúria. Arremessara-se sobre os corpos dos sacerdotes prostrados; o grito tinha sido de agonia... o silêncio era o da eternidade! As cinzas... as torrentes tenebrosas salpicaram os altares, cobriram o pavimento, e quase esconderam os cadáveres estertorantes dos sacerdotes.

– Estão mortos – disse Burbo, pela primeira vez apavorado, voltando apressado para a cela. – Não pensei que o perigo estivesse tão próximo e fosse tão fatal.

Os dois miseráveis encaravam-se de olhos arregalados; conseguia-se ouvir-lhes as batidas do coração. Caleno, o menos corajoso por natureza, mas o mais cobiçoso, recobrou-se primeiro.

– Temos que pôr mãos à obra, e fugir! – disse num sussurro, assustado com a própria voz.

Então dirigiu-se à porta, parou, caminhou sobre o pavimento quente e sobre seus irmãos mortos até a capela sagrada e mandou que Burbo o seguisse. Mas o gladiador tremeu, e recuou.

– Tanto melhor – murmurou Caleno –, maior será minha pilhagem.

Rapidamente, apanhou os tesouros mais fáceis de carregar; e, não pensando mais no companheiro, fugiu daquele lugar sagrado. Um repentino clarão que explodiu na montanha revelou a Burbo, que continuava imóvel junto à porta, o vulto fugitivo e carregado do sacerdote. Ele criou coragem e já corria para alcançá-lo, quando uma tremenda chuvarada de cinzas caiu-lhe bem aos pés. O gladiador de novo recuou. A escuri dão o envolvia. Mas a chuva continuava firme... firme; montes erguiam-se altos, expelindo vapores fumegantes, sufocantes, mortais.

O desgraçado arquejava em busca de ar. Desesperado, de novo pensou em fugir; as cinzas tinham bloqueado a entrada; gritou ao retirar os pés da lama fervente. Como poderia fugir? Não era possível chegar lá fora. Não, mesmo que fosse possível, não conseguiria enfrentar aquele horror. Era melhor ficar na cela, protegido, pelo menos, do ar fatídico. Sentou e cerrou os dentes. Aos poucos, o ar vindo de fora, sufocante e venenoso, começou a entrar na cela. Não conseguia mais resistir.

Perscrutando ao redor, ansiosos seus olhos detiveram-se num machado sacrificial que um dos sacerdotes esquecera lá; apanhou-o. Num esforço desesperado do braço gigantesco, tentou abrir caminho através das paredes.

As ruas já estavam desertas àquela hora; a multidão dispersara-se correndo em busca de abrigo; as cinzas começavam a encher as partes mais baixas da cidade. Aqui e ali, porém, ouviam-se passos de fugitivos andando cautelosamente, ou viam-se rostos lívidos e desvairados ao clarão azulado dos relâmpagos ou à luz vacilante de tochas com que tentavam orientar os passos. Mas, a todo momento, a água fervente, ou as cinzas dispersas, ventos misteriosos e borrascosos, que se levantavam e morriam de repente, apagavam aquelas luzes errantes, e com elas a última esperança de vida para quem as levava.

Na rua que conduzia à porta de Herculano, Clódio, desorientado e hesitante, decidia sobre o caminho a seguir.

– Se conseguir chegar ao campo aberto – dizia ele –, sem dúvida haverá vários veículos além da porta, e Herculano não fica tão longe assim. Graças, Mercúrio! Pouco tenho a perder, e esse pouco está comigo!

– Oh! Socorro... socorro! – bradou uma voz queixosa e assustada. – Caí, minha tocha sumiu, meus escravos me abandonaram. Sou Diomedes... o rico Diomedes... dez mil sestércios a quem me ajudar!

No mesmo instante, Clódio sentiu que lhe agarravam os pés.

– Má fortuna para ti... deixa-me, louco! – disse o jogador
– Oh, ajuda-me a levantar! Dá-me tua mão!
– Toma... levanta!
– É Clódio? Reconheço a voz! Para onde estás fugindo?
– Para Herculano.
– Benditos sejam os deuses! Então nosso caminho é o mesmo, até a porta. Por que não te refugias na minha vila? Conheces a longa fila de adegas subterrâneas sob os alicerces. Que chuva pode penetrar naquele refúgio?

– Dizes bem – replicou Clódio, considerando. E abastecendo as adegas com víveres, podemos até passar lá vários dias, se estas horríveis tempestades durarem tanto assim.

– Oh, bendito seja quem inventou portas nas cidades! – exclamou Diomedes. – Olha! Puseram uma luz sob aquela arcada; por ela guiaremos nossos passos! O ar agora serenou por alguns minutos. A luz na porta brilhava clara, ao longe. Os fugitivos avançavam correndo, chegaram à porta e passaram pela sentinela romana. Os relâmpagos chispavam sobre seu rosto lívido e o elmo polido, mas suas feições enérgicas permaneciam impassíveis mesmo no terror! Continuava ereto e imóvel em seu posto. Nem aquela hora conseguia fazer que aquele autômato submisso à majestade de Roma se transformasse num homem capaz de raciocinar e agir por vontade própria. Estava lá de pé, entre os elementos que estrondeavam: não recebera permissão para abandonar seu posto e salvar-se.

Diomedes e seu companheiro corriam quando, de repente, um vulto feminino atravessou seu caminho. Era a moça cuja voz pressaga tantas vezes e com tanta alegria se levantara antecipando "o alegre espetáculo".

– Ó Diomedes! – gritou ela. – Abriga-me! Abriga-me! Vê! – apontou para uma criança que apertava ao peito. – Vê este pequeno! É meu! Filho da vergonha! Nunca o confessei. Mas agora lembro-me que sou mãe! Arranquei-o do berço da sua ama; ela fugiu! Quem pensaria no bebê numa hora dessas, a não ser quem o pariu? Salva-o! Salva-o!

– Maldita seja essa tua voz estridente! Fora, meretriz! – murmurou Clódio rangendo os dentes.

– Não, jovem – disse Diomedes, mais humano –, segue-me se quiseres. Por aqui... por aqui... para os subterrâneos!

De novo correram; chegaram à casa de Diomedes; riram alto quando transpuseram a porta, pois supunham que o perigo tinha passado.

Diomedes ordenou que os escravos levassem para a galeria subterrânea, antes descrita, uma profusão de víveres e óleo para as lâmpadas; e lá Júlia, Clódio, a mãe e seu bebê, a maioria dos escravos, alguns visitantes assustados e clientes das redondezas buscaram abrigo.

7

O AVANÇO DA DESTRUIÇÃO

A nuvem que espalhara tamanho terror sobre o dia agora se transformara em massa compacta e impenetrável. Parecia menos a densa escuridão da noite, ao ar livre, do que o negror cerrado, compacto, de algum cubículo estreito. Mas, à proporção que a escuridão se concentrava, os relâmpagos em torno do Vesúvio aumentavam seus clarões vívidos e abrasadores. Sua horrível beleza não se limitava aos matizes habituais do fogo; nenhum arco-íris jamais igualou seu colorido variegado e rico: ora de um azul brilhante, como o mais intenso azul do céu meridional, ora de um verde lívido e serpenteante, dardejando sem cessar por todos os lados, como as voltas de uma cobra enorme, ora de um sinistro e intolerável vermelho, derramando-se sobre as colunas de fumaça, distantes e extensos, e clareando toda a cidade, de uma arcada a outra, então subitamente agonizando numa palidez doentia, como o fantasma da sua própria existência.

Nas pausas entre os aguaceiros, ouviam-se estrondos no fundo da terra e o gemido das ondas no mar revolto; ou, bem mais baixo, mas audível na vigília do intenso terror, o murmúrio rangente e os assobios dos gases saindo pelas fendas da montanha distante. De quando em quando, a nuvem parecia desfazer sua massa compacta e, ao clarão dos relâmpagos, assumia enormes e estranhas formas humanas ou monstrengas que se deslocavam no escuro, umas esbarrando nas outras, e sumindo de repente no turbulento abismo das sombras. Assim, na imaginação dos fugitivos apavorados, os vapores impalpáveis pareciam inimigos gigantescos de carne e osso – agentes do terror e da morte.

Em muitos pontos, as cinzas já chegavam à altura dos joelhos; e as pancadas de chuva fervente, que vinham do hálito fumegante do vulcão, abriam caminho para dentro das casas, trazendo consigo um vapor quente e sufocante. Em alguns lugares, imensos pedaços de rocha, arremessados sobre os telhados, escorregavam ao longo das ruas enchendo-as de montes de ruínas, que cada vez mais, a toda hora, obstruíam a passagem. E, à medida que o dia avançava, sentia-se mais claramente o movimento da terra: o chão parecia deslizar e mover-se lentamente e nenhum carro ou liteira podia ficar equilibrado, mesmo nos lugares mais planos.

Às vezes, chocando-se ao cair, as pedras maiores partiam-se em inúmeros fragmentos, arremessando faíscas que incendiavam tudo o que de combustível estivesse ao seu alcance. Ao longo das planícies, além da cidade, a escuridão agora diminuía consideravelmente, pois várias casas e até vinhedos estavam em chamas; e, de tempos em tempos, fogueiras erguiam-se repentinas e fortes na densa escuridão. Para aumentar a trégua parcial do negrume, aqui e ali, em muitos lugares públicos, como nos pórticos dos templos ou nas entradas do fórum, os cidadãos tentavam colocar filas de tochas, mas as chuvas e o vento apagavam-nas. A súbita escuridão em que se transformava a rápida duração da luz tinha em si algo duplamente terrível, dando, diante da impotência das esperanças humanas, uma lição de desespero.

Freqüentemente, à luz momentânea daquelas tochas, grupos de fugitivos se encontravam, uns correndo para o mar, outros fugindo do mar, de volta à terra, pois o oceano recuara subitamente da praia; uma profunda escuridão caíra sobre ele; e sobre as ondas, que gemiam e rolavam, a tormenta de cinzas e pedras desabava, sem a proteção que as ruas e os telhados propiciavam à terra. Desenfreados, desvairados, lívidos, com um terror sobrenatural, esbarravam uns nos outros, mas sem tempo para falar, para se consultar, para se aconselhar, pois agora as pancadas de chuva eram freqüentes, embora não continuadas, apagando as tochas que mostravam a cada bando os rostos agoniados do outro, todos correndo em busca de refúgio na cobertura mais próxima. Todas as noções fundamentais de civilização tinham caído por terra. Aqui e além, entre luzes vacilantes, viam-se ladrões passar correndo pelas mais solenes autoridades legais, carregados, e exultantes com o produto dos ganhos inesperados. Se naquela escuridão a esposa fora separada do marido, ou os pais dos filhos, vã era a esperança de voltar a reunir-se. Todos fugiam às cegas e desordenadamente. Da heterogênea e complicada engrenagem da vida social nada restara, exceto a lei primordial da autopreservação.

Acompanhado por Ione e pela ceguinha, Glauco abria caminho com dificuldade em meio ao terrível cenário. De repente, um bando de umas cem pessoas a caminho do mar passou voando por eles. Nídia foi arrancada do lado de Glauco que, com Ione, saíra rápido da frente delas; e quando a multidão (cujos rostos não viram, tão intensa era a escuridão) se afastou, Nídia continuou afastada deles. Glauco gritou, chamando-a. Não teve resposta. Voltaram para trás... inutilmente; não conseguiram encontrá-la. Era evidente que fora arrastada em direção oposta pela torrente humana. Sua amiga, sua salvadora, estava perdida! E até então Nídia tinha sido sua guia. Só ela, cega, estava habituada àquele cenário. Acostumada, numa noite perpétua, a andar pelos meandros da cidade, ela os guiava sem errar, rumo à praia, por onde tinham resolvido arriscar-se a fugir. Agora, em que direção seguiriam? Tudo estava escuro; labirinto sem uma pista sequer. Exaustos, desanimados, desnorteados, mesmo assim continuavam andando, com cinzas caindo-lhes sobre a cabeça, fragmentos de pedras precipitando-se faiscantes aos seus pés.

— Ai! Ai! — murmurou Ione. — Não consigo mais andar; meus pés estão se enterrando nas cinzas quentes. Foge, querido! Meu amado, foge! Deixa-me entregue à minha sorte!

— Não fales! Minha prometida! Minha noiva! A morte junto a ti é mais doce do que a vida sem ti. Mas, para onde... oh!

para onde caminhar nesta escuridão? Parece-me que estamos andando em círculos e voltamos ao mesmo lugar que deixamos há uma hora.
– Ó deuses! Aquela rocha... vê, partiu o telhado ali à frente. É um suicídio andar pelas ruas!
– Bendito relâmpago! Olha, Ione, olha! O pórtico do Templo da Fortuna está diante de nós. Corramos para lá, ele nos protegerá da chuva.

Glauco tomou a amada nos braços e com dificuldade e esforço chegou ao templo. Carregou-a para o ponto mais remoto e abrigado do pórtico, e curvou-se sobre ela para protegê-la com o próprio corpo dos relâmpagos e da chuva. A beleza e o altruísmo do amor santificavam até mesmo aquela hora sombria.
– Quem está aí? – perguntou a voz trêmula e abafada de alguém que os precedera em busca de refúgio. – Mas que importa isso? A queda do mundo em ruínas impede-nos de ter amigos ou inimigos.

Ao som daquela voz, Ione voltou-se e, com um gesto sufocado, encolheu-se de novo entre os braços de Glauco. E ele, olhando na direção da voz, percebeu a causa do seu susto: através da escuridão brilhavam dois olhos chamejantes; um relâmpago explodiu e iluminou o templo, e Glauco, estremecendo, viu o leão a que tinha sido condenado deitado entre os pilares... e ao seu lado, inconsciente da vizinhança, jazia o corpo de quem lhes dirigira a palavra: Níger, o gladiador ferido.

O relâmpago mostrara-os um ao outro, a fera e o homem. No entanto, o instinto de ambos estava embotado. E mais, o leão arrastou-se para bem perto do gladiador, como se buscasse companhia; e o gladiador não recuou, nem tremeu. A revolução da natureza fizera que pequenos medos e crenças arraigadas desaparecessem.

Enquanto estavam tão terrivelmente protegidos, um grupo de homens e mulheres, levando tochas, passou pelo templo. Eram da congregação dos nazarenos; sua emoção sublime e extraterrena não conseguira, na verdade, apagar seu temor respeitoso, mas tinha separado o temor do medo. Há muito acreditavam, segundo a opinião errônea dos primeiros cristãos, que o Juízo Final estava próximo. Agora achavam que o

Os Últimos Dias de Pompéia 477

dia tinha chegado.

— Ai de vós! Ai de vós! — bradava com voz aguda e penetrante o mais velho à frente deles. — Vede! O Senhor desce para o julgamento! Faz cair fogo do céu como um aviso para os homens! Ai de vós! Ai de vós! Ó fortes e poderosos, ai de vós, com vossas insígnias e púrpuras! Ai de vós, idólatras e adoradores de animais! Ai de vós que derramais o sangue dos santos, e assistis com maligna satisfação à agonia dos filhos de Deus! Ai de vós, prostitutas do cais! Ai de vós! Ai de vós!

E em coro, o grupo repetia, num tom alto e sincero, em meio aos terríveis horrores do dia:

— Ai de vós, prostitutas do cais! Ai de vós! Ai de vós!

Com suas tochas ainda tremulando na tempestade, os nazarenos passaram. Suas vozes erguiam-se ao longe em ameaças e solenes advertências, até que, perdendo-se entre as ruas, a escuridão e o silêncio mortal, de novo caíram sobre o cenário.

Houve então uma das contínuas pausas entre as chuvaradas, e Glauco encorajou Ione para voltar a andar. Exatamente quando estavam parados no último degrau do pórtico, hesitantes, um velho, com uma bolsa na mão direita, e apoiado num jovem, passou trôpego. O jovem levava uma tocha. Glauco os reconheceu: pai e filho — o avarento e o pródigo.

— Pai — disse o jovem —, se não conseguires andar mais depressa, devo deixar-te, ou ambos morreremos.

— Foge, rapaz, foge então e deixa teu pai!

— Mas não posso fugir para morrer de fome; dá-me tua bolsa de ouro. — E empurrou o velho.

— Miserável! Queres roubar teu pai?

— Ai! Quem quer saber disso numa hora como esta? Morre, miserável!

O rapaz atirou o velho ao chão, tirou-lhe a bolsa da mão frouxa e fugiu, dando uma gargalhada.

— Ó deuses! — exclamou Glauco. — Vós também ficais cegos no escuro? Crimes como esse bem podem confundir inocentes com culpados diante de uma desgraça. Vamos, Ione, vamos!

8

ARBACES ENCONTRA GLAUCO E IONE

Avançando como homens tateando em busca de uma saída num cárcere, Ione e Glauco continuavam em seu caminho incerto. Às vezes, quando as explosões vulcânicas clareavam as ruas, conseguiam, sob aquela luz medonha, orientar e dirigir o avanço. No entanto, o panorama que divisavam pouco os animava ou encorajava a prosseguir. Em pontos onde as cinzas estavam secas e não se haviam misturado com a água fervente que caía da montanha em intervalos variáveis, a superfície da terra exibia uma brancura morfética e fantasmagórica. Em outros, cinzas e pedras amontoavam-se, e debaixo delas apareciam pernas e braços de algum fugitivo esmagado e estraçalhado. Os gemidos dos agonizantes eram abafados por gritos desvairados de mulheres, ora próximos ora distantes, que, ouvidos na escuridão, eram duplamente aterradores, pela esmagadora sensação de desamparo e pelo desconhecimento dos perigos que os rodeavam. E claros, nítidos, por toda parte, ouviam-se os impressionantes ruídos da montanha fatal: seus ventos furiosos; suas torrentes turbilhonantes; e, de tempos em

tempos, o estrondo e o rugido de uma explosão mais violenta e causticante. E quando os ventos uivantes varriam as ruas, traziam consigo lancinantes torrentes de cinzas ardentes e vapores nauseabundos e venenosos que, num instante, tolhiam a respiração e a consciência, seguindo-se uma súbita reação da circulação sangüínea interrompida e uma angustiante sensação de formigamento que fremia em cada nervo, em cada fibra do corpo.
– Glauco! Meu amado! Meu querido! Toma-me nos braços! Abraça-me! Deixa-me sentir teus braços me apertando... e nesse abraço deixa-me morrer. Não agüento mais!
– Por mim, pela minha vida... coragem ainda, doce Ione; minha vida está presa à tua; vê... tochas... lá! Olha, como desafiam o vento! Ah! Vivem entre a tormenta... por certo fogem para o mar! Vamos ao encontro delas.
Os ventos e a chuva fizeram súbita pausa, como se para ajudar e reanimar os amantes. O ar estava completamente parado; a montanha parecia descansar, talvez reunindo forças para uma fúria renovada na próxima explosão. Os portadores das tochas caminhavam apressados.
– Estamos nos aproximando do mar – disse, em tom calmo, a pessoa que os dirigia. – Liberdade e riquezas para todo escravo que sobreviver a este dia! Coragem! Digo-vos que os próprios deuses me garantiram a libertação. Adiante!
Rubras e firmes as tochas lampejaram em cheio nos olhos de Glauco e Ione, que trêmula e exausta agarrava-se ao peito do amado. Vários escravos, à luz das tochas, carregavam cestos e cofres abarrotados. À frente deles, com uma espada desembainhada na mão, erguia-se o vulto altivo de Arbaces.
– Pelos meus pais! – exclamou o egípcio. – A sorte me sorri mesmo entre esses horrores. Em meio à terrível visão de desgraça e morte, prenuncia-me felicidade e amor. Fora grego! Exijo minha tutelada, Ione!
– Traidor e assassino! – gritou Glauco, olhando para o inimigo com ar feroz. – Nêmesis encaminhou-te à minha vingança! Um merecido sacrifício às sombras do Hades, que agora parecem desencadeadas sobre a terra. Aproxima-te... ousa tocar a mão em Ione, e tua arma valerá tanto quanto um caniço! Vou

despedaçar-te membro a membro! De repente, enquanto falava, tudo foi iluminado por um sinistro e intenso clarão. Brilhante e gigantesca na escuridão, que se adensava em torno dela como as paredes do inferno, a montanha resplandeceu: era uma coluna de fogo! Seu cume parecia partido ao meio; ou melhor, acima da sua superfície pareciam erguer-se dois vultos monstruosos, como demônios disputando o mundo. Eram de um fogo vermelho sanguíneo, que iluminava todo o espaço; mas abaixo, a parte inferior da montanha continuava escura e encoberta, exceto em três pontos por onde fluíam, serpeantes e irregulares, rios de lava líquida vermelho-escuros que corriam lentamente, entre a profunda escuridão das suas margens, parecendo dirigir-se à cidade condenada. Sobre o mais largo, parecia elevar-se um escabroso e estupendo arco, do qual, como das fauces do inferno, jorravam as fontes do inusitado Flegetonte. E no ar imóvel, ouvia-se o estrépito dos fragmentos de rocha, chocando-se um contra o outro, ao cair sobre as escaldantes cachoeiras; escurecendo, por instantes, o ponto onde caíam, tingindo-se a seguir com os tons lustrosos da corrente ao longo da qual iam flutuando.

O escravos gritaram e, encolhendo-se, taparam o rosto. O próprio egípcio se deteve, petrificado, com o clarão iluminando-lhe as feições autoritárias e as vestes recamadas de jóias. Atrás dele, solene, erguia-se uma coluna sobre a qual estava a estátua de Augusto; e a imagem imperial parecia transformada num fantasma de fogo.

Com a mão esquerda em volta da cintura de Ione, e a direita erguida ameaçadora, segurando o estilete que seria sua arma na arena, e que felizmente levava consigo, Glauco encarava o egípcio com a testa franzida, de lábios abertos e a fúria e a ameaça das paixões humanas, como por encanto, estampadas no rosto.

Arbaces desviou os olhos da montanha, e pousou-os em Glauco. Ficou calado por um momento.

– Por que – murmurou entre os dentes – estarei hesitando? Os astros não predisseram a única crise de perigo iminente a que eu estava exposto? E aquele perigo já não passou? – depois gritou bem alto: – A alma pode arrostar a destruição dos mundos e a ira dos deuses imaginários. Por essa alma, serei vencedor até o fim! Avançai, escravos! Tenta impedir-me, ateniense, e teu sangue cairá sobre tua própria cabeça. E então, recuperarei Ione.

Avançou um passo... e foi o último sobre a terra! O chão tremeu com uma convulsão que derrubou tudo em volta. Um estrondo simultâneo ressoou em toda a cidade, enquanto desabavam telhados e colunas. Um relâmpago, como se atraído pelo metal, pairou por um instante sobre a estátua imperial... então, bronze e coluna estraçalharam-se. Os restos caíram, ecoando ao longo da rua, rachando o sólido pavimento onde se espatifaram. Cumprira-se a profecia dos astros!

O estrondo e o choque atordoaram o ateniense por alguns momentos. Quando se recobrou, a luz ainda iluminava o cenário; a terra ainda deslizava e tremia. Ione jazia sem sentidos no chão, mas ele não a viu logo; seus olhos estavam fixos no rosto espectral que parecia emergir, sem membros nem tronco, dos enormes pedaços da coluna destroçada: um retrato de dor indizível, de agonia e desespero. Os olhos abriam-se e fechavam-se rápidos, como se a consciência não tivesse fugido de todo; os lábios tremiam e apertavam-se; então, uma repentina imobilidade escureceu-lhe as feições que ainda mantinham a expressão de horror que jamais seria esquecida.

Assim morreu o sábio mago – o grande Arbaces... o Hermes do Cinturão Flamejante... o último membro da realeza do Egito!

9
O DESESPERO DOS AMANTES
A CONDIÇÃO DO POVO

Glauco, pálido e agradecido, mas apavorado, tomou Ione de novo nos braços e fugiu pela rua ainda intensamente iluminada. Mas, de repente, uma sombra mais escura pairou no ar. Instintivamente, olhou para a montanha e viu! Uma das duas arestas gigantescas em que o cume se dividira balançava e oscilava de um lado para outro; e então, com um estrondo cuja intensidade não há palavras que possam descrever, caiu da sua base incandescente, e uma avalanche de fogo precipitou-se montanha abaixo. Ao mesmo tempo, expelia rolos da mais negra fumaça, que revoluteava no ar, sobre o mar, e sobre a terra.

E outra... e outra... e mais outra saraivada de cinzas, mais fortes do que as anteriores, espalharam nova desolação pelas ruas. De novo a escuridão os envolveu como um véu. Glauco, com o intrépido coração finalmente sufocado e desesperado, caiu sobre a cobertura de uma arcada, e, apertando Ione contra o peito – uma noiva num leito de ruínas – resignou-se a morrer.

Enquanto isso, Nídia, depois que fora separada de Glauco e Ione, tentava em vão encontrá-los. Inutilmente gritava o lamentoso apelo tão peculiar aos cegos; o lamento se perdia entre milhares de gritos de terror mais egoísta. Voltou, e tornou a voltar ao lugar onde tinham sido separados... para procurar seus companheiros sumidos, parando todos os fugitivos para perguntar por Glauco, e ver-se empurrada para o lado, impaciente e aturdida.

Quem numa hora daquelas se preocupava com o próximo? Talvez nada seja mais terrível, em quadros de horror coletivo, do que o monstruoso egoísmo que trazem à tona. Finalmente ocorreu a Nídia que, como ficara decidido procurar a praia para fugir, sua chance mais provável de encontrar os companheiros seria continuar naquela direção. Então, orientando os passos com o bordão que sempre levava consigo, continuou, com incrível destreza, a evitar os montes de destroços que atulhavam o caminho, atravessando ruas e, sem errar (abençoada naquela hora a habitual escuridão, tão aflitiva na vida comum!), seguir o itinerário mais curto até a praia.

Pobre menina! Que coragem admirável! E o destino parecia ajudar alguém tão desprotegido! As torrentes de água escaldante não a tocavam, só poucas gotas da chuva que as acompanhava; os enormes pedaços de escória despedaçavam o calçamento à frente e atrás dela, mas poupavam-lhe o corpo frágil, e quando cinzas diminutas caíam-lhe em cima, ela as jogava no chão com uma leve sacudidela, e decidida seguia seu caminho.

Fraca, desprotegida, embora sem medo, animada por um único desejo, era a personificação de Psique em suas andanças; da Esperança vagueando pelo Vale das Sombras; da própria Alma, só, mas indômita entre os perigos e ciladas da vida!

Seu avanço, no entanto, era interrompido constantemente pelas massas que ora andavam tateando na escuridão ora corriam durante o rápido clarão dos relâmpagos. Por fim, um grupo carregando tochas esbarrou em cheio contra ela, que foi jogada ao chão com violência.

– Como! – disse uma voz no meio deles. – É a valente ceguinha! Por Baco, não podemos deixá-la aqui entregue à morte! Coragem, tessaliana! Isso... isso. Estás ferida? Está bem! Vem conosco! Vamos para a praia!

– Ó Salústio, é a tua voz! Graças aos deuses! Glauco! Glauco! Glauco! Viste-o?

– Eu não. Deve estar fora da cidade a estas horas, sem

dúvida. Os deuses que o salvaram do leão o salvarão da montanha ardente.

Tendo confortado Nídia, o bondoso epicurista levou-a consigo em direção ao mar, sem dar atenção às suas veementes súplicas para que fosse à procura de Glauco. Contudo, em tom de desespero, ela continuava gritando aquele nome amado que, em meio ao troar da fúria dos elementos, soava-lhe como música no coração.

A súbita claridade, as explosões de torrentes de lava e o terremoto, que já descrevemos, aconteceram quando Salústio e seu grupo mal tinham tomado o caminho que levava direto ao porto; e então foram parados por uma imensa multidão, mais da metade da população da cidade. Milhares e milhares de pessoas espalhavam-se pelos campos fora dos muros, sem saber para onde fugir. O mar recuara para longe da praia, e os que tinham corrido para lá ficaram tão aterrados com a agitação e o recuo sobrenatural das águas, com os arquejantes corpos de estranhos seres marinhos que as ondas haviam jogado na areia, e com o rumor das pedras enormes arremessadas pela montanha nas profundezas, que tinham voltado para a terra, como se esta mostrasse um aspecto menos terrível.

Assim, duas correntes de seres humanos, uma correndo para o mar, a outra voltando, se encontraram, sentindo um triste consolo por ser tantos, parados juntos, desorientados e em pânico.

– O mundo vai ser destruído pelo fogo – disse um velho com longas e amplas vestes, um filósofo da escola estóica. Tanto o saber estóico como o epicurista estão de acordo quanto a essa profecia: e a hora chegou!

– Sim, a hora chegou! – gritou uma voz forte, grave, mas não assustada.

Todos se voltaram apavorados. A voz vinha do alto. Era a voz de Olinto que, rodeado por seus amigos cristãos, estava de pé sobre um monte escarpado onde os antigos colonizadores gregos tinham erigido um templo a Apolo, agora carcomido pelo tempo e meio em ruínas.

Enquanto falava, houve o súbito clarão que anunciara a morte de Arbaces, brilhando sobre aquela multidão enorme,

aterrada, encolhida, ofegante – jamais na terra o rosto dos homens parecera mais desvairado! Nunca um agrupamento de seres se vira tão oprimido pelo horror e pela sublimidade do medo. Nunca, até soar a trombeta final, se verá de novo uma aglomeração como aquela. E, no alto, a silhueta de Olinto, de braço estendido e olhar profético, rodeado por tochas acesas... A multidão reconheceu o rosto do homem que tinha condenado às garras da fera – antes vítima... agora admoestador do povo! E no silêncio que se fez, ouviu-se de novo sua voz funesta:
– A hora chegou!
Os cristãos repetiram o brado, que foi ouvido longe, que ecoou por todos os lados. Mulheres e homens, crianças e velhos repetiram, não em voz alta, mas num lúgubre e fraco murmúrio:
– A hora chegou!
Naquele momento, um rugido bravio explodiu no ar... e, só pensando em fugir, sem saber para onde, o terrível tigre do deserto pulou no meio da multidão, e correu entre as torrentes que recuaram. E então sobreveio o terremoto, e a escuridão de novo caiu sobre a terra.
Chegavam mais fugitivos. Agarrados aos tesouros que já não se destinavam mais ao seu senhor, os escravos de Arbaces juntaram-se à turba. Só uma de suas tochas ainda tremeluzia. Era levada por Sosia, e sua luz caiu sobre o rosto de Nídia, e ele reconheceu a tessaliana.
– De que te vale agora a liberdade, ceguinha? – perguntou o escravo.
– Quem és tu? Podes dizer-me alguma coisa sobre Glauco?
– Sim, vi-o há poucos minutos.
– Abençoada seja tua cabeça! Onde?
– Encolhido sob a arcada do fórum... morto, ou agonizante! Indo ao encontro de Arbaces, que já se foi!
Nídia ficou calada, esgueirou-se do lado de Salústio; silenciosamente, passou pelas pessoas atrás dela e voltou para a cidade. Chegou ao fórum... à arcada; parou, tateou ao redor, gritou o nome de Glauco.
Uma voz fraca respondeu:
– Quem me chama? Será a voz das sombras? Vamos! Estou

pronto!

– Levanta-te! Segue-me! Toma a minha mão! Glauco, serás salvo!

Surpreso, e de repente esperançoso, Glauco se levantou.

– Nídia de novo? Ah, então estás salva!

A terna alegria da sua voz penetrou o coração da pobre tessaliana, e ela o abençoou por ter pensado nela.

Meio guiando meio carregando Ione, Glauco seguiu sua guia. Com admirável discernimento, Nídia evitou o caminho que levava à aglomeração que há pouco deixara, e, por outro trajeto, seguiu em direção à praia.

Depois de muitas paradas e incrível perseverança, chegaram ao mar, juntando-se a um grupo que, mais corajoso do que o resto, resolvera arriscar-se a enfrentar qualquer perigo em vez de continuar num cenário como aquele. Na escuridão, puseram-se ao mar, mas, à medida que se afastavam da terra e tinham uma nova perspectiva da montanha, torrentes de fogo líquido espalhavam um clarão vermelho sobre as vagas.

Totalmente extenuada e abatida, Ione dormia no peito de Glauco, e Nídia deitou-se aos seus pés. Enquanto isso, chuvas de poeira e cinzas ainda caíam no mar, espalhando-se esbranquiçadas sobre o convés. Levadas pelos ventos por toda parte, as chuvas caíam nas regiões mais remotas, surpreendendo até a negra África, e revoluteando ao longo do antigo solo da Síria e do Egito.

10

A MANHÃ SEGUINTE. O DESTINO DE NÍDIA

E mansa, suave, bela, finalmente rompeu a aurora sobre o mar! Os ventos estavam descansando... a espuma morria no azul brilhante daquelas águas encantadoras. No lado do nascente, a tênue neblina refletia os róseos matizes que anunciavam o amanhecer. A luz ia reconquistar sua soberania. No entanto, a distância, escuros e maciços, ainda se estendiam pedaços da nuvem destruidora, dos quais riscas vermelhas, brilhando cada vez mais indistintas e fracas, denunciavam os fogos que ainda rolavam da montanha dos Campos Crestados. Os muros brancos e as colunas reluzentes que enfeitavam aquela costa adorável já não existiam. Sombrias e tristes estavam as praias, há pouco tempo dominadas pelas cidades de Herculano e Pompéia. As amadas do mar tinham sido arrancadas dos seus braços! Século após século, a grande Mãe lhes estenderia seus braços azuis, sem reconhecê-las... gemendo junto aos Sepulcros das Desaparecidas!

Não houve gritos entre os marujos à luz da aurora; ela viera tão devagarzinho, e eles estavam cansados demais para súbitas explosões de alegria. Mas ouviu-se um profundo murmúrio de gratidão entre os que haviam velado durante a longa noite. Olhavam-se e sorriam; criavam coragem; de novo sentiam que havia um mundo ao seu redor, e um Deus acima deles. E com a sensação de que o pior tinha passado, aquela gente exausta deitou-se e placidamente caiu no sono. À luz crescente dos céus, fez-se o silêncio que faltara à noite, e o barco vogava tranqüilo para o seu porto.

Alguns outros barcos, levando fugitivos como eles, podiam ser vistos na imensidão, aparentemente imóveis, mas também deslizando em frente.

Aqueles mastros elegantes, com suas velas brancas, transmitiam uma sensação de segurança, de companheirismo e de esperança. Quantos amigos queridos, perdidos e separados pelas trevas, não estariam eles levando, em busca de abrigo e segurança!...

Em meio ao silêncio do sono geral, Nídia levantou-se devagar, inclinou-se sobre o rosto de Glauco, aspirou-lhe a respiração profunda do sono pesado... e, tímida e tristemente, beijou-lhe a testa... os lábios. Tateou, procurando-lhe a mão... mas estava agarrada à de Ione. Então suspirou fundo, e seu rosto anuviou-se. Beijou-lhe de novo a testa, e com os cabelos enxugou-lhe a umidade da noite.

– Que os deuses te abençoem, ateniense! – murmurou.
– Que sejas feliz com tua amada! Que te lembres de vez em quando de Nídia! Ai! Ela não serve mais para nada na Terra!

Com essas palavras, afastou-se. Lentamente, arrastou-se ao longo do convés até o ponto mais remoto do barco, e, parando, debruçou-se sobre a mar. Respingos frios borrifaram-lhe a testa febril.

– É o beijo da morte – disse. – Bem-vinda sejas!

O ar suave brincava em seus cabelos revoltos, e ela afastou os do rosto e ergueu os olhos – aqueles olhos tão ternos, embora tão sem luz – para o céu, cuja face doce jamais enxergara.

– Não, não! – disse a meia voz, em tom melancólico. – Não consigo suportar. Este amor ciumento e exigente despedaça-me a alma de tanta tristeza! Poderia fazer-lhe mal de novo... miserável que fui! Salvei-o; duas vezes salvei-o... feliz pensamento. Por que não morrer feliz? É o único pensamento belo que um dia tive. Ó mar sagrado, ouço tua voz sedutora, fazendo-me um convite insistente e alegre! Dizem que há infâmia em teu abraço... que tuas vítimas não cruzam o Estige fatal... Que seja! Não quero encontrá-lo no mundo das sombras, porque ainda o encontraria com ela. Morte, morte, morte! Não há outro Elíseo para um coração como o meu! Um marinheiro, cochilando no convés, ouviu uma leve pancada na água. Ergueu os olhos, sonolento, e atrás do barco, que alegremente vogava, pensou ver uma coisa branca sobre as ondas, mas logo desapareceu. Deitou-se de novo e sonhou com sua casa e seus filhos. Quando os apaixonados despertaram, a primeira preocupação foi de um com o outro... depois com Nídia. Ela não estava à vista; ninguém a vira desde o anoitecer. Todos os cantos do barco foram revistados... mas nem sinal! Misteriosa do começo ao fim, a tessaliana cega sumira para sempre do mundo dos vivos. Em silêncio, imaginaram seu fim. E, aproximando-se mais (um vendo no outro seu mundo), Glauco e Ione esqueceram a própria salvação e choraram-na como uma irmã falecida.

A trágica erupção do Vesúvio no ano 79 d.C. impressionou muitos artistas que visitaram Pompéia no século XIX. Aqui se vê um óleo sobre tela de K. Brullow (1799-1852).

Último capítulo

CARTA DE GLAUCO PARA SALÚSTIO DEZ ANOS DEPOIS DA DESTRUIÇÃO DE POMPÉIA

Atenas...

Glauco ao seu querido Salústio: saudações e saúde! Pedes-me que te visite em Roma; não, Salústio, vem antes ver-me em Atenas! Repudiei a cidade imperial, seu tumulto enorme e seus falsos prazeres. Viverei para sempre na minha terra. O fantasma da nossa grandeza perdida é-me mais caro do que a faustosa vida em vossa vulgar prosperidade. Para mim, há um encanto que nenhum outro lugar pode proporcionar-me nos pórticos ainda santificados por sombras sagradas e veneráveis. Nos bosques de oliveiras do Ilisso ainda ouço a voz da poesia... nos picos de File. Contudo, as nuvens do crepúsculo parecem véus ocultando a liberdade perdida... arautos... arautos do amanhã que virá! Ris do meu entusiasmo, Salústio! É melhor estar acorrentado e esperançoso do que conformado com o brilho das correntes. Dizes que tens certeza de que não posso gozar a vida neste melancólico refúgio de uma majestade decaída. Falas com entusiasmo dos esplendores romanos, dos luxos da corte imperial. Caro Salústio, *non sum qua-*

lis eram, não sou mais o que fui! Os incidentes da minha vida sossegaram-me o sangue arrebatado da juventude. Minha saúde jamais recobrou a costumeira agilidade de antes, depois que sofri as angústias da doença e definhei na umidade do cárcere. Minha mente jamais se livrou da sombra tenebrosa do último dia de Pompéia... do horror e da desolação daquela tragédia! Nossa amada, nossa inesquecível Nídia!... Ergui um túmulo à sua alma, e, da janela do meu escritório, olho para ele todos os dias. Ele mantém viva em mim uma terna lembrança – uma melancolia não desagradável – que é apenas uma justa homenagem à sua fidelidade e ao mistério da sua morte prematura. Ione colhe as flores, mas minha mão entrelaça as guirlandas com que enfeito o túmulo todos os dias. Ela merecia um túmulo em Atenas!

Falas do crescimento da seita dos cristãos em Roma. Salústio, a ti posso confiar meu segredo: refleti muito sobre essa crença... e adotei-a. Após a destruição de Pompéia, encontrei Olinto mais uma vez... salvo, ai! por um dia, tornando-se em seguida mártir, pela indomável energia do seu zelo. Na minha preservação do leão e do terremoto, ele me ensinou a ver a mão do Deus desconhecido! Ouvi... acreditei... adorei! Minha querida, minha mais do que nunca amada Ione, também abraçou o credo. Um credo, Salústio, que, espargindo luz sobre este mundo, concentra seu esplendor, como um pôr-do-sol, sobre o próximo. Sabemos que estamos unidos em espírito, como na carne, por toda a eternidade! Podem os tempos passar, nosso próprio pó desaparecer, a terra enrugar-se qual um pergaminho, mas, em círculos, a engrenagem da eternidade gira a roda da vida – imperecível, ininterruptamente! E como a Terra faz com o Sol, a imortalidade extrai felicidade da virtude, que é o sorriso na face de Deus! Vem visitar-me, então, Salústio! Traze contigo os eruditos papiros de Epicuro, Pitágoras, Diógenes; arma-te para a derrota; e, entre os bosques de Academo, sob uma orientação mais confiável do que a que foi concedida aos nossos pais, discutiremos o grande problema da verdadeira finalidade da vida e da essência da alma!

Ione – a este nome meu coração ainda vibra! –, Ione está ao meu lado enquanto escrevo. Levanto os olhos e encontro seu sorriso. A luz do Sol palpita sobre o Himeto, e no meu jardim ouço o zumbido das abelhas do verão. Perguntas-me se estou feliz. Oh, que pode Roma me dar que se compare ao que possuo em Atenas? Aqui, tudo desperta a alma e inspira afetos: as árvores, as águas, os montes, os céus são os de Atenas! Linda – embora triste –, mãe da poesia e da sabedoria do mundo. Na parede, vejo os rostos marmóreos de meus ancestrais. No *Ceramicus,* vigio-lhes os túmulos! Na rua, vejo a mão de Fídias e a alma de Péricles. Harmódio, Aristógito estão por toda a parte, em nossos corações! No meu, pelo menos, não morrerão! Se algo me faz esquecer que sou ateniense e não sou livre, é até certo ponto a meiguice, o amor atento, ardente, desvelado de Ione, um amor que adquiriu novo significado em nossa nova crença, um amor que nenhum dos nossos poetas, por mais inspirado que fosse, sequer conseguiu esboçar em suas descrições; porque, fundindo-se com religião, ele faz parte da religião; está impregnado de pensamentos puros e espirituais; é o que esperamos levar para a eternidade, mantendo-o, portanto, digno e imaculado, para que não precisemos corar ao confessá-lo ao nosso Deus! É o verdadeiro símbolo da melancólica fábula do nosso Eros grego e de Psique; é, na realidade, a alma adormecida nos braços do amor.

E se assim nosso amor me fortalece em parte contra a febre do desejo de liberdade, minha religião me fortalece ainda mais, porque quando desejo agarrar a espada e fazer o escudo retinir e arremessar-me numa nova Maratona (mas Maratona sem vitória) sinto que meu desespero ante o arrepiante pensamento da importância do meu país, do peso esmagador do jugo romano, é aliviado, pelo menos, com a idéia de que a Terra é só o começo da vida, que a glória de alguns anos pouco importa na vasta extensão da eternidade, que não há liberdade perfeita enquanto as cadeias do corpo não desoprimirem a alma, e o espaço inteiro, e o tempo, se transformarem em sua herança e sua propriedade.

No entanto, Salústio, um pouco do afável sangue grego ainda se mistura com a minha fé. Não consigo partilhar do zelo dos que vêem crime e condenação eterna em homens que não pensam como eles. Não me horrorizo diante da crença dos outros. Não me atrevo a amaldiçoá-los; rogo ao Grande Pai que os converta. Essa complacência me expõe a suspeitas entre os cristãos, mas eu os perdôo; e, sem afrontar abertamente os preconceitos do povo, tenho condições de proteger meus irmãos dos perigos da lei e das conseqüências do seu próprio zelo. Se a moderação me parece fruto natural da benevolência, ela propicia também um alcance maior à beneficência. Esta, pois, Salústio, é a minha vida; estas sãos as minhas opiniões. Assim saúdo a existência e aguardo a morte. E tu, alegre e bondoso discípulo de Epicuro, tu... Mas vem até aqui, e vê quais são nossos divertimentos e esperanças... e nem o esplendor de banquetes imperiais, nem os gritos do circo apinhado, nem o ruidoso fórum, nem o brilhante teatro, os jardins luxuriantes ou os voluptuosos banhos de Roma te parecerão constituir uma vida de tão intensa e contínua felicidade como a que tão absurdamente lamentaste como sendo a existência de Glauco, o ateniense! Adeus.

Quase dezesseis séculos tinham se passado quando a cidade de Pompéia foi desenterrada da sua silenciosa tumba, clara, com suas cores vivas; as paredes frescas, como se pintadas na véspera: nem uma cor desbotada nos ricos mosaicos dos pisos; no fórum, as colunas inacabadas, como se recém-deixadas pelas mãos dos operários; nos jardins, a trípode sacrificial; nas salas, a arca do tesouro; nos banhos, a esponja; nos teatros, o guichê de entrada; nos salões, os móveis e a lâmpada; nos triclínios, restos do último banquete; nos toucadores, perfumes e ruges das beldades desaparecidas; e, por todo o lado, ossos e esqueletos daqueles que, outrora, moviam as correntes daquela minúscula e alegre engrenagem de prazer e vida.

Na casa de Diomedes, nas galerias subterrâneas, vinte esqueletos (um de um bebê) foram descobertos perto de uma porta, coberta por uma fina camada de cinzas que evidentemente fora soprada pelo vento através das frestas, até encher todo o espaço. Havia jóias e moedas, candelabros para uma luz inútil, e vinho solidificado nas ânforas, para o prolongamento da vida agonizante. A areia, consolidada pela umidade, tomara a forma dos esqueletos, como se moldada; e o viajante ainda pode ver a impressão deixada pelo pescoço e o seio de uma mulher jovem e bem torneada – vestígios da malfadada Júlia!

Aos pesquisadores, parece que o ar gradualmente se transformou em vapor sulfuroso; os companheiros dos subterrâneos correram para a porta, encontrando-a fechada e bloqueada pela escória, pelo lado de fora, e morreram sufocados tentando forçá-la. No jardim, foi achado um esqueleto com uma chave na mão descarnada, e, perto dele, um saco de moedas. Julga-se que tenha sido o dono da casa, o infeliz Diomedes, que provavelmente tentou fugir e foi morto, ou pelos vapores ou por algum estilhaço de rocha. Ao lado de uns vasos de prata, jazia outro esqueleto, talvez de um escravo.

As casas de Salústio e de Pansa, o Templo de Ísis, com impostores disfarces atrás das estátuas – esconderijos secretos dos seus sagrados oráculos – estão hoje postos a nu, ante os olhos dos curiosos. Numa das celas do templo, foi encontrado um esqueleto avantajado, com um machado ao lado: duas paredes tinham sido esburacadas, mas a vítima não conseguira ir adiante. No centro da cidade, outro esqueleto foi achado, tendo perto de si um monte de moedas e muitos dos místicos ornamentos do Templo de Ísis. Em sua cupidez, deparara com a morte, e Caleno e Burbo pereceram ao mesmo tempo. Quando os escavadores transpuseram os montões de ruínas, acharam o esqueleto de um homem literalmente partido ao meio por uma coluna tombada: o crânio tinha uma conformação tão surpreendente, tão acentuadamente marcante, tanto em suas protuberâncias intelectuais como nas piores características físicas, que provocou constantes conjecturas de todo visitante seguidor das teorias de Spurzcin que conseguiu examinar aquela estrutura mental destruída. Depois de tanto tempo, o viajante ainda pode observar a arcada oca em cujas galerias e câmaras intrincadas outrora pensou, raciocinou, sonhou e pecou o espírito de Arbaces, o egípcio.

Considerando os vários testemunhos de um sistema social para sempre extinto no mundo, um estrangeiro, da remota e bárbara Ilha, cujo nome um romano imperial não pronunciava sem tremer, parou entre os encantos da amena Campânia e escreveu esta história!

Os Últimos Dias de Pompéia

Glossário

Adônis (Mit. grega) – Adolescente belíssimo, amado por Afrodite (Vênus). Nascido da união incestuosa entre Cíniras, rei de Chipre, e sua filha Mirra.

Aedepol – Exclamação com o mesmo significado de "por Pólux!".

Afrodite – V. Vênus.

Aglaé – V. Graças.

Alcibíades (Hist.) – General e estadista ateniense (450 – 404 a.c.) que, levado pela ambição, passou à História como traidor e principal responsável pela ruína de Atenas. Morreu assassinado na Frígia.

Alcmena (Mit. grega) – Mãe de Hércules.

Amazonas (Mit. grega) – Raça de mulheres guerreiras que excluíam os homens do seu convívio. Lutaram contra Hércules.

Amor – V. Cupido.

Anacreôntico – Pertencente ou relativo ao poeta grego Anacreonte (c. 570 – 485 a.C.).

Anúbis (Mit. egípcia) – Deus considerado protetor dos mortos. Era filho de Ísis e Osíris.

Apeles – Pintor grego (séc. IV a.C.).

Ápis (Mit. egípcia) – Touro sagrado dos egípcios, adorado em Mênfis como a encarnação de Osíris.

Apolo (Mit. grega) – Filho de Zeus e Leto, irmão de Diana, deus da poesia, da música, das artes em geral. Como mensageiro de Júpiter, era considerado também o deus dos vaticínios e, como tal, teve em Delfos o mais célebre oráculo da Antigüidade.

Aqueronte (Mit. grega) – Rio, em parte subterrâneo, cujas águas as almas deviam atravessar para chegar aos Infernos, conduzidas pelo barqueiro Caronte.

Aquiles (e Briseida) (Mit. grega) – Herói lendário da guerra de Tróia. Quando criança, a mãe mergulhou-o no Estige para torná-lo imortal. As águas tornaram-lhe o corpo invulnerável, menos o calcanhar por onde a mãe o segurou. Lutou com Agamenão, que lhe tomou a escrava Briseida, e morreu ferido por Páris com uma flechada que lhe atingiu exatamente o calcanhar.

Areópago (Hist.) – Prolongamento da parte ocidental da colina da Acrópole de Atenas, onde, dizia-se, Ares (Marte) tinha sido julgado por homicídio, e onde também se reunia o tribunal de justiça ateniense, que mais tarde passou a ter atribuições de caráter religioso e moral.

Argos (Mit. grega) – Gigante de cem olhos, dos quais cinqüenta ficavam abertos enquanto os outros cinqüenta repousavam. Diz a lenda que Hera, com ciúme e não querendo que a ninfa Io se aproximasse de Zeus, mandou Argos vigiá-la. Zeus encarregou Mercúrio de fazê-lo adormecer ao som da sua flauta e decepou-lhe a cabeça quando fechou todos os olhos. Hera, amargurada, espalhou os cem olhos sobre a cauda do seu pavão sagrado.

Ariadne (Mit. grega) – Filha de Minos, rei de Creta. Apaixonada por Teseu, deu-lhe um novelo de linha que lhe permitiu sair do labirinto de Dédalo, depois de matar o Minotauro. Teseu raptou-a, abandonando-a depois na ilha de Naxos, onde Baco a desposou.

Aristógito – Cidadão ateniense que ajudou Harmódio a matar o tirano Hiparco (V. Harmódio).

Arúspice – Na antiga Roma, sacerdote que se supunha adivinhar o futuro, mediante o exame das entranhas de animais vítimas de sacrifícios, principalmente do fígado, que era alvo de um exame minucioso.

Aspásia – Cortesã grega que viveu no séc. V a.C., famosa por sua beleza e inteligência, em cuja casa reuniam-se os nomes mais famosos de Atenas, entre eles Sócrates e Alcibíades.

Astíanax (Mit. grega) – Filho de Heitor e Andrômaca.

Atena ou **Palas Atena** (Mit. grega) – Filha de Zeus, deusa da guerra, da sabedoria e das artes.

Augusto – Título dos imperadores romanos, significando: magnífico, majestoso, sublime etc.

Aululária (Lit.) – Uma das obras do comediógrafo romano Plauto (254 – 184 a.C.), considerado o maior autor cômico latino.

Aurora (Mit. grega) – Irmã do Sol e da Lua, era filha de Hiperião.

Austro – Vento sul, também conhecido como Noto, portador de nevoeiros e chuvas.

Bacante – Sacerdotisa de Baco.

Baco (Mit. grega) – Para os gregos, era Dioniso, filho de Zeus e Sêmele. Era o deus do vinho e da alegria.

Báquico – Relativo aos deus Baco.

Brômio (Mit. grega) – Nome dado a Dioniso, principal deus do teatro de máscaras.

Bruto (Lúcius Júnio) – Político romano que tramou a queda da realeza (séc. VI a.C.).

Caco (Mit. lat.) – Filho de Vulcano.

Calígula – Imperador romano.

Calírroe (Mit. grega) – Filha de Aquelôo, esposa de Alcmeão.

Campânia (Geogr.) – Região da Itália meridional, cuja capital é Nápoles.

Caos (Mit. grega) – Matéria primitiva, não ordenada, que, segundo a mitologia grega, deu origem ao mundo. Segundo Hesíodo, primeiro surgiu o Caos, e a seguir Gê (a Terra), Tártaro (o Inferno) e Eros (o Amor).

Cário – Natural da ou relativo à Cária, antigo país da Ásia Menor cuja capital era Halicarnasso. Foi uma das principais cidades gregas na Ásia.

Caronte (Mit. grega) – Barqueiro dos Infernos, conduzia os mortos através do rio Estige.

Castor e Pólux (Mit. grega) – Filhos gêmeos de Zeus e Leda, irmãos de Helena de Tróia e Clitemnestra, rainha de Micenas. Chamados *dioscuros* (gêmeos), são os gêmeos da constelação do zodíaco.

Cécrope (Mit. grega) – Primeiro rei da Ática, um dos fundadores de Atenas e da civilização grega. Acreditava-se que tinha nascido da Terra, metade homem, metade serpente.

Cecrópico – Relativo a Cécrope.

Céfiso – Nome de vários rios da Grécia, sendo mais conhecido o da Ática.

Ceres (Mit. lat.) – Deusa da colheita e da agricultura.

Cibele (Mit. grega) – Filha de Urano e Géia. Irmã de Oceano e Cronos. Gerou Júpiter e o manteve escondido em Creta para que Saturno não o devorasse. É conhecida também como Réia, Ope, Vesta, Boa Deusa e Mãe dos Deuses.

Cícero (Marco Túlio, séc. I a.C.) – Orador e escritor romano.

Cipriota – Natural da ilha de Chipre.

Circe (Mit. grega) – Célebre feiticeira que vivia na ilha de Aéia cercada por lobos e leões que eram pessoas transformadas por ela em animais. Apaixonou-se por Ulisses e, para mantê-lo junto de si, deu aos seus companheiros um licor mágico, transformando-os em porcos.

Cítara (Mús.) – Antigo instrumento de cordas, forma aperfeiçoada da lira.
Citera (Mit. grega) – Ilha grega onde havia um santuário dedicado a Afrodite. Por extensão, a própria Afrodite.
Cloé (Mit. grega) – Nome pelo qual se chamava Deméter durante as festas da primavera. Era considerada esposa de Zeus por Homero.
Clóris (Mit. grega) – Nome dado pelos gregos a Flora, mulher de Zéfiro e deusa das flores.
Cocito (Mit. grega) – Um dos reis dos Infernos.
Coríntio – De, ou relativo, ou pertencente a Corinto (Grécia).
Creso (Hist.) – Último rei da Lídia (595 – 546 a.C.), famoso por sua fabulosa fortuna. Foi destronado por Ciro.
Cupido (Mit. lat.) – Divindade do amor entre os romanos, é o Eros dos gregos, filho de Marte e Vênus. É representado por um menino alado que fere com setas o coração dos mortais.
Curcílio – Personagem das comédias de Plauto.
Danaides (Mit. grega) – As cinqüenta filhas de Dânao. Em luta contra Egipto, seu irmão gêmeo, e com medo dos cinqüenta filhos deste, refugiou-se com suas filhas em Argos. À frente de um exército, os filhos de Egipto sitiaram Argos, exigindo a mão das Danâides. Como presente de núpcias, Dânao deu a cada filha um punhal, exigindo que matassem seus maridos. Só uma, Hipermnestra, desobedeceu e poupou seu marido, Linceu, que matou as outras, precipitando-as nos Infernos, onde foram condenadas a encher de água tonéis sem fundo.
Delfos (Geogr. e Mit. grega) – Cidade da antiga Grécia, situada na Fócida, famosa pelo célebre oráculo de Apolo. No centro do seu templo, havia um local a que os consultantes não tinham acesso e onde ficava o *omphalos* (umbigo), pedra sagrada que os gregos diziam indicar o centro do mundo. Uma profetisa (pítia ou pitonisa) formulava os oráculos junto a uma trípode e os sacerdotes se incumbiam de interpretá-los, já que eram expressos em termos vagos e obscuros e, por isso mesmo, prestavam-se a várias interpretações.
Diana (Mit. lat.) – Filha de Júpiter e Latona e irmã de Apolo, identificada pelos romanos como a Ártemis dos gregos. Simbolizava a fecundidade da natureza.
Diógenes (Biogr.) – Filósofo grego da escola dos Cínicos (413 – 327 a.C.), famoso pelo desprezo que votava às coisas e bens materiais.
Dório (Hist.) – Um dos três principais grupos em que se dividiam os gregos antigos. Os dórios, que habitavam o Peloponeso, possuíam seu dialeto próprio, sua música e sua poesia, sendo notável sua peculiar arquitetura.
Dracma – Moeda e unidade de peso da Grécia antiga.
Éfeso (Geogr.) – Cidade da Ásia Menor, na costa do mar Egeu, fundada

no séc. XII a.C. pelos gregos.

Egle (Mit. grega) – Ninfa belíssima que zombava dos sátiros e dos pastores. Também é o nome dado à mais bela das náiades, conhecida como mãe das Graças, e que foi amada por Apolo. Egle seria ainda uma corruptela de Aglaia, ou Aglaé, uma das Graças.

Elegia (Lit.) – Composição lírica inspirada por sentimentos tristes, ou ternos e delicados.

Elêusis (Hist.) – Antiga cidade da Ática, ligada a Atenas pela "estrada sagrada", e onde o culto a Deméter era celebrado com os famosos "Mistérios de Elêusis".

Elísio (Mit. grega) – Também conhecido como Campos Elísios era, na mitologia, parte dos Infernos, onde reinava eterna primavera, e a paz e a felicidade recompensavam os que tinham vivido virtuosamente.

Endimião (Mit. grega) – Jovem pastor, de beleza excepcional, que se atreveu a amar Juno e por isso Júpiter condenou-o a dormir eternamente numa caverna onde Selene (a Lua) ia beijá-lo todas as noites.

Éolo (Mit. grega) – Senhor dos ventos que morava numa ilha, a Eólia, no meio do mar, e comandava os ventos à sua vontade.

Epicurista - Seguidor da filosofia de Epicuro; pessoa dada aos prazeres da mesa e do amor.

Epicuro - Filósofo materialista grego (341 – 270 a.C.).

Epimênides – Filósofo e poeta cretense (séc. VII a.C.).

Epirota – Natural de, ou relativo a Épiro, região que na Antigüidade designava a parte noroeste da Grécia e hoje abrange uma parte da Albânia.

Érebo (Mit. grega) – Entidade que existia antes da Criação, era companheiro da Noite (Nox) no seio do Caos; pai de Caronte.

Ereteu (Mit. grega) – Segundo rei de Atenas, filho de Efesto e Altida, conhecido como "o verdadeiro homem da terra", era considerado o modelo do homem nascido no solo pátrio.

Erínias – V. Fúrias.

Eros – V. Cupido.

Ésquilo – Poeta grego dramático (525 – 456 a.C.).

Estige (Mit. grega) – Um dos rios dos Infernos, na Arcádia, que sumia sob a terra. Dizia-se que dava volta nos Infernos e as almas dos mortos o atravessavam levadas pelo barqueiro Caronte.

Estrabão – Geógrafo grego (58 – 21/25 a.C.) que em sua *Geografia* descreveu as relações entre os homens e o meio.

Etna – O maior vulcão ativo da Europa, situado na Sicília.

Eurídice (Mit. grega) – Formosa ninfa, esposa de Orfeu. Ao fugir da perseguição de Aristeu, morreu picada por uma serpente. Orfeu desceu aos Infernos para buscá-la; achou-a, mas não poderia olhar para trás enquanto não saísse das regiões infernais. Voltou-se para olhar para Eurídice e perdeu-a para sempre.

Euro (Mit. grega) – Vento que sopra do leste. Vem da Etiópia e é representado como um ser de pele escura e alado, portador de tempestades.

Europa (Mit. grega) – Filha de Agenor, rei da Fenícia, e irmã de Cadmo. Apaixonado por ela, Zeus (Júpiter) transformou-se em touro, raptou-a e levou-a para Creta, onde teve dois filhos, Minos e Radamante.

Êxedra – Pórtico circular com assentos, onde os antigos filósofos se reuniam para discutir.

Faetonte (Mit. grega) – Filho de Hélio (o Sol) e da ninfa Climene. Um dia quis guiar o carro do pai e, não conseguindo frear os cavalos que estavam se aproximando muito da Terra, crestou-a e secou os rios. Júpiter o fulminou com seus raios e jogou-o no rio Pó.

Falerno – Vinho famoso produzido com uvas especiais dos vinhedos da Campânia (Itália).

Fasces – Na Roma antiga, feixe de varas com que os lictores acompanhavam os cônsules, representando o direito que estes tinham de punir.

Fauno (Mit. lat.) – Espírito e deus dos bosques e rebanhos, representado com pêlo, chifres e pés de bode, irmão e marido de Vesta. Confunde-se com o Pã dos gregos.

Febo (Mit. greco-romana) – Deus do Sol para os romanos, identificado a Apolo.

Ferrônia (Mit. lat.) - Antiga divindade romana, a quem se ofereciam os primeiros frutos dos pomares.

Fíbula – Fivela ou broche usado por gregos e romanos para prender as vestes ao ombro.

Fídias – Famoso escultor grego nascido em Atenas no princípio do séc. V a.C. Morreu por volta de 431 a.C.

File – Monte da Grécia.

Fílis (Mit. grega) – Bela jovem apaixonada pelo rei de Atenas. Desesperada porque o noivo não chegou na data marcada para o casamento, enforcou-se e foi transformada em amendoeira.

Flâmine – Sacerdote da antiga Roma dedicado ao serviço de uma divindade e sujeito a várias proibições e obrigações rituais.

Flegetonte (Mit. grega) – Rio dos Infernos que, ao juntar-se com o Cocito, dava origem ao Aqueronte.

Flegreus, Campos (Geogr.) – Região vulcânica montanhosa na Campânia. Significa Campos Crestados.

Flora (Mit. lat.) – Esposa de Zéfiro e deusa das flores, conhecida na Grécia como Clóris. Segundo os romanos, protegia as plantações de cereais

Os Últimos Dias de Pompéia   501

na época da floração.

Fortuna (Mit. lat.) – Divindade cega, representada sempre com asas nos pés, um dos quais pousado sobre uma roda girando velozmente, outro no ar. Era considerada a deusa do acaso.

Frígia (Geogr.) – Região da Ásia Menor cujos limites variaram muito nas diversas épocas da sua história. Foi dominada pelos romanos no ano 103.

Fúrias (Mit. greco-romana) – Eram três: Aleto, Tisófone e Megera, filhas da Noite e de Aqueronte, o barqueiro do Inferno. Representadas com serpentes na cabeça e nas mãos, castigavam os que tinham vivido mal e zombado da justiça. Eram conhecidas também como Erínias, Diras ou Eumênides.

Graças (Mit. lat.) – Assim eram conhecidas Eufrosina, Aglaia (ou Aglaé) e Tália, filhas de Zeus e Eurínome. Eram as deusas da beleza e do encanto, que espalhavam alegria entre os mortais e até mesmo entre os deuses. Entre os gregos eram conhecidas como Cárites.

Hades (Mit. grega) – Um dos doze deuses do Olimpo, filho de Cronos e Réia. Quando o Universo foi partilhado entre Zeus (Júpiter), Posêidon (Netuno) e Hades (Platão), este ficou com as profundezas da Terra, os Infernos. Reinava sobre os mortos e presidia ao tribunal que julgava as almas que, se condenadas, eram jogadas no Tártaro; quando absolvidas, seguiam para os Campos Elísios, em eterna bem-aventurança. Hades é também o nome dado aos Infernos.

Harmódio (Hist.) – Cidadão ateniense que, para vingar injúrias, tramou com Aristógito a morte do filho de Pisístrato, mas acabaram matando o tirano Hiparco.

Harpócrates (Mit. egípcia e grega) – Divindade egípcia chamada Horpa-Khered (Hórus menino), venerada pelos gregos como deus do silêncio. É representado em várias estátuas como um menino nu, com o dedo na boca.

Hécate (Mit. grega) – Deusa da obscuridade e filha dos titãs Perses e Astéria. Era também deusa da feitiçaria e da magia, especialmente venerada por magos e bruxas.

Heitor (Mit. grega) – Filho mais velho do rei Príamo e da rainha Hécuba, de Tróia, esposo de Andrômaca e pai de Astíanax.

Helena (Mit. grega) – Lendária princesa grega, filha de Zeus e Leda, famosa por sua beleza. Seqüestrada por Teseu quando criança, foi resgatada por Castor e Pólux, seus irmãos gêmeos. Levada para Esparta, desposou Menelau; foi seqüestrada novamente por Páris, filho de Príamo, que a levou para Tróia. Helena foi a causa direta da famosa guerra de Tróia.

Hércules (Mit. grega) – Filho de Zeus e de Alcmena, deus do vigor físico, entre os gregos chamava-se Héracles. Hera, esposa de Zeus, para vingar-se do marido infiel impôs a Hércules uma longa servidão. Este serviu a Euristeu, que o obrigou a executar os "doze trabalhos". Casado com

Mégara, num acesso de loucura matou a esposa e os filhos. Desposou depois Dejanira que, com ciúmes de uma rival, acabou sendo a causadora involuntária da sua morte, após a qual Hércules foi admitido entre os deuses e casou-se com Hebe, a eterna juventude.

Hespérides (Mit. grega) – Ninfas filhas da Noite. Habitavam a parte mais ocidental do globo, que delimitava as terras do outro mundo. Em seu maravilhoso jardim, possuíam árvores que davam frutos de ouro e que vigiavam ajudadas por um dragão.

Hierática – Papiro finíssimo que só era usado na escrita hierática (sagrada).

Hierático – Relativo às coisas sagradas; diz-se do traçado cursivo que os antigos egípcios davam à escritura hieroglífica.

Himeneu – Casamento, matrimônio; festa de núpcias.

Himeto – Monte da Grécia, na Ática, perto de Atenas.

Homero – Poeta épico da antiga Grécia, autor da *Ilíada* e da *Odisséia*, famosas epopéias. Embora haja muitas suposições, sua vida é desconhecida. Dizem alguns que teria nascido em Quíos, mas outras cidades, como Atenas, Argos e Ítaca consideravam-se sua terra natal.

Horácio – Poeta latino (65 – 8 a.C.), autor de *Odes, Sátiras* e outras obras, considerado um dos maiores do século de Augusto.

Horas (Mit. grega) – Filhas de Zeus e de Têmis, encarregadas de controlar o curso das estações. Seus nomes eram: Eunomia (boa ordem), Dice (justiça) e Irene (paz).

Hórus (Mit. egípcia) – Deus solar do antigo Egito. Simbolizava o poder divino do faraó e era representado por um homem com cabeça de falcão.

Íbis (Zool.) – Ave ciconiforme, comum na África e tida como sagrada pelos antigos egípcios.

Ilisso (Geogr.) – Rio da Grécia, no vale do mesmo nome.

Ísis (Mit. egípcia) – Divindade egípcia considerada a deusa do culto aos mortos, da medicina e da magia. Era também reverenciada como protetora dos marinheiros.

Jasão (Mit. grega) – Filho de Esão, rei de Iolco, foi educado pelo centauro Quíron. Auxiliado por Medéia, de quem se tornara amante, conseguiu apoderar-se do velo de ouro depois de matar o dragão que o guardava.

Jônia – Nome dado na Antigüidade à parte da Ásia banhada pelo mar Egeu.

Juno (Mit. lat.) – Filha de Saturno e Réia, esposa de Júpiter. Era a primeira das deusas do Panteão romano. O mesmo que Hera na mitologia grega.

Júpiter (Mit. Lat.) – Nome latino de Zeus. Filho de Saturno e Réia, era a principal divindade da mitologia romana; era o soberano supremo dos Céus e do mundo.

Juvenal – Poeta satírico latino, nascido em c. 60 d.C. e morto por volta do ano 130. Combateu a sociedade do seu tempo com suas *Sátiras*, que tinham títulos como: *Os hipócritas*, *Os parasitas*, *O remorso*, e outros.

Laís – Cortesã grega que, por volta de 422 a.C., foi assassinada na Tessália pelas mulheres da região, que tinham inveja da sua beleza.

Lares (Mit. lat.) – Divindades romanas protetoras da casa e da família. Eram veneradas no recesso dos lares, onde lhes prestavam homenagens e lhes faziam oferendas.

Leda (Mit. grega) – Mulher de Tíndaro, rei de Esparta. Foi mãe de dois pares de gêmeos: Castor e Pólux e Helena e Clitemnestra, saídos de dois ovos fecundados por Zeus, que se transformara em cisne para aproximar-se dela.

Lena – Amante de Aristógito que heroicamente cortou a língua com os dentes para que a dor não a deixasse trair o segredo da trama do amante e de Harmódio contra o filho de Pisístrato.

Lésbia – Mulher romana que inspirou a Catulo suas mais apaixonadas elegias.

Lésbio – Natural ou habitante da ilha de Lesbos; dialeto falado em Lesbos.

Letes (Mit. grega) – Um dos rios dos Infernos cuja água fazia que quem a bebesse esquecesse o passado.

Libação – Entre os pagãos, ritual religioso que consistia em derramar um líquido de origem orgânica (vinho, óleo, leite etc.) como oferenda a uma divindade; ato de beber por prazer, saboreando.

Lictor – Na antiga Roma, oficial que acompanhava os magistrados com um feixe de varas e uma machadinha para as execuções da justiça.

Lídia – Antiga região da Ásia Menor que se estende a oeste até o mar Egeu. Teve intensa atividade por situar-se estrategicamente na rota entre a Grécia e o Oriente.

Lieu (Mit. lat.) – Apelido dado a Baco em razão do poder de conjurar tristezas e pesares que lhe atribuíam.

Lira (Mús.) – Dos antigos instrumentos de corda, é o mais conhecido. Diz a lenda que Hermes (Mercúrio) o teria feito com a carapaça de uma tartaruga, os chifres de um carneiro e os tendões de um boi que roubou de Apolo. Era usado no Egito, na Mesopotâmia e principalmente na Grécia, para acompanhar a declamação de poesias, o que deu origem ao gênero *lírico*.

Lúculo – Nome dado a um cidadão romano famoso por apreciar a boa cozinha. Hoje, o termo Lúculo designa o gastrônomo que oferece aos seus convidados verdadeiros banquetes.

Maia – Na filosofia hinduísta, a aparência, ilusória, da diversidade do mundo, que oculta a verdadeira unidade universal.

Manes (Mit. lat.) – Para os romanos antigos, as almas dos ancestrais, que não eram invocadas como deuses, mas honradas. Mais tarde, sob influência dos filósofos gregos, passaram a ser consideradas entidades protetoras, às vezes até vingadoras.

Maratona, batalha de (Hist.) – Famosa batalha ocorrida em 490 a.c. na localidade de Maratona, na Ática, entre os atenienses e os persas, e vencida pelos primeiros. Conta-se que a notícia da vitória foi levada a Atenas por Filípedes, um soldado que morreu pouco depois por causa do esforço dispendido na corrida. Para lembrar o feito, introduziu-se nas modernas competições de atletismo a *maratona*, corrida disputada na mesma distância percorrida por Filípides (42,192 km).

Marte (Mit. lat.) – Filho de Júpiter e Juno. Era o Ares dos gregos. A princípio deus da primavera, da fecundidade, do solo e da prosperidade dos rebanhos, tornou-se mais tarde conhecido como deus da guerra.

Medéia (Mit. grega) – Famosa feiticeira, filha de Eeta, rei da Cólquida, e de Hécate, apaixonou-se por Jasão, ajudando-o a conquistar o Velo de Ouro. Abandonada por ele, vingou-se matando os filhos de ambos.

Medusa (Mit. grega) – Uma das três górgonas, filhas de Forco e Ceto, das quais só ela era mortal. Tendo ousado comparar-se a Minerva, esta transformou-lhe os cabelos em serpentes e deu-lhe um olhar tão medonho que petrificava quem a encarasse. Teve a cabeça cortada por Perseu. Suas irmãs chamavam-se Esteno e Euríale.

Mercúrio (Mit. lat.) – Mensageiro dos deuses, representado com asas nos pés. Era o Hermes dos gregos, e conhecido também como o deus do comércio, da esperteza e dos ladrões.

Minerva (Mit. lat.) – Filha de Júpiter, deusa da inteligência, da sabedoria e da justiça. Correspondia a Palas Atena na mitologia grega.

Minos (Mit. grega) – Filho de Zeus e de Europa, lendário rei de Creta, era um soberano justo e virtuoso. Presidia ao tribunal de Hades, juntamente com Éaco e Radamanto. Sua mulher, Pasífae, apaixonou-se por um touro imponente, saído do mar, e, com a ajuda de Dédalo, concebeu do touro uma criança monstruosa, o Minotauro, que vivia no Labirinto construído pelo próprio Dédalo, onde foi morto por Teseu.

Mirra – Resina aromática, extraída de árvores da família das burseráceas, originárias da África, que era queimada para aromatizar ambientes e usada também em perfumes, ungüentos etc.

Miseno (Geogr.) – Cabo da Itália, na região da Campânia.

Moloch – Erradamente considerado uma divindade, o termo tem origem na palavra *molk*, que designava os sacrifícios humanos, principalmente de crianças, oferecidas pelos cartagineses ao deus Baal Amon e à deusa Tanit.

Moréia (Ictiol.) – Peixe da família dos anquilídeos (enguias), encontrado nas costas do Mediterrâneo e do Atlântico, apreciado desde a Antigüidade por sua carne saborosa.

Musas (Mit. grega) – Filhas de Zeus e Mnemósine, eram as nove deusas inspiradoras das Ciências e das Artes. *Calíope* era a deusa da poesia épica e da eloqüência, *Melpômene,* da tragédia, *Tália,* da comédia, *Polímnia,* da retórica, *Erato,* da poesia lírica e erótica, *Clío,* da história, *Euterpe,* da música, *Terpsícore,* da dança e *Urânia,* da astronomia.

Náiades (Mit. grega) – Divindades mitológicas inferiores que presidiam às águas. Eram as ninfas dos rios e das fontes.

Napéias (Mit. grega) – Ninfas dos bosques e dos prados.

Nêmesis (Mit. grega) – Na Grécia antiga, personificação da vingança divina, presidia à ordem moral das coisas, fiscalizando e punindo qualquer violação do equilíbrio natural.

Nerêidas (Mit. grega) – As cinqüenta filhas de Nereu e Dóris, ninfas dos mares, moravam com o pai no fundo das águas e ajudavam os marinheiros em perigo.

Netuno (Mit. lat.) – Filho de Saturno e Réia e irmão de Plutão. Na distribuição do Universo, coube-lhe a soberania dos mares. Era o Posêidon da mitologia grega.

Ninfas (Mit. grega) – Divindades menores ou espíritos da natureza que vivem em rios, bosques, fontes, montes, árvores, pradarias e mares.

Nox (Mit. grega) – A remota noite, que existia antes da Criação, companheira de Érebo.

Olíbano – Resina usada como incenso, extraída de árvores da família das burseráceas, das quais também se obtém a mirra.

Olimpo (Mit. grega) – Ponto mais alto da cadeia montanhosa que separa a Tessália da Macedônia. Morada dos deuses, segundo a mitologia. Banhado sempre por luz muito viva, sem sofrer alterações com o ciclo das estações, Olimpo significa "todo resplendente".

Orco (Mit. lat.) – Nome que os romanos davam ao rei do inferno (região dos mortos).

Oréades (Mit. grega) – Ninfas dos bosques.

Orestes (Mit. grega) – Filho de Agamenão, rei de Micenas, e de Clitemnestra. Era criança quando a mãe e seu amante, Egisto, assassinaram Agamenão. Quando adulto, matou a mãe para vingar-se da morte do pai.

Orfeu (Mit. grega) – Poeta, músico e cantor mítico, cantava tão bem que amansava animais selvagens. Era marido de Eurídice, a quem foi buscar nos Infernos, perdendo-a por ter-se voltado para trás. Continuou então vagueando pela Trácia, chorando a amada, sem olhos para as outras. Considerando-se desprezadas, as mulheres da Trácia o atacaram, estraçalhando-o. As musas colocaram a lira de Orfeu entre as constelações.

Osíris (Mit. egípcia) – Filho de Geb e de Nut, era um dos deuses principais do Egito. Era irmão e marido de Ísis. Foi morto e despedaçado por seu irmão Seth, mas Ísis recolheu os pedaços do corpo e o fez reviver. Considerado deus da água e da vegetação, mais tarde passou a ser também deus dos mortos.

Pã (Mit. grega) – Deus dos bosques, dos campos e da fertilidade, filho de Hermes. É representado com chifres, patas e orelhas de bode. Tocava flauta, assustando os viajantes. Achando que fora ele o causador do pânico entre os persas na batalha de Maratona, os atenienses instituíram seu culto na Acrópole.

Pafos (Geogr.) – Cidade da costa sudoeste de Chipre. Era centro do culto de Afrodite.

Papiro – Planta herbácea (*Cyperus papyrus*) que chega a atingir três metros de altura. Nascia com abundância nas margens do rio Nilo, e da sua medula extraíam-se fibras que permitiam a fabricação de um papel de excelente qualidade. Graças ao papiro, chegaram até nós textos bíblicos e relatos históricos conservados em rolos encontrados em escavações arqueológicas.

Parcas (Mit. grega) – Três deusas que presidiam aos destinos humanos. *Cloto* tramava o fio da vida; usava uma túnica azul; *Láquesis* determinava a qualidade e a destinação do fio e usava uma túnica rosa: *Átropos*, com uma tesoura, cortava o fio inexoravelmente, e sua túnica era negra. Eram filhas de Zeus e Têmis.

Páris (Mit. grega) – Segundo filho de Príamo, rei de Tróia, e de Hécuba. Como antes do seu nascimento o oráculo profetizara que seria causador de desgraças, foi levado para o monte Ida e entregue a pastores para que o criassem. Indicado para decidir qual das três deusas, Afrodite, Hera ou Atena, era a mais bela, escolheu a primeira, tornando-se alvo da ira das outras. Raptou, depois, Helena, mulher de Menelau, rei de Esparta, o que provocou a guerra de Tróia, durante a qual foi morto. Era também chamado Alexandre.

Paros (Geogr.) – Ilha grega que faz parte das Cíclades, no mar Egeu.

Pártia (Hist.) – Império fundado pelos partos na Mesopotâmia (Ásia Menor), cuja capital era Ctesifonte.

Penates (Mit. lat.) – Deuses domésticos dos antigos romanos. Eram representados por estatuetas colocadas junto à lareira.

Penteu (Mit. grega) – Rei de Tebas que, por ter querido proibir o culto a Dioniso (Baco), foi morto pelas bacantes.

Péricles (Biogr.) – Estadista ateniense (490 - 429 a.C.). Chegando ao poder, fez uma série de reformas. Reduziu a autoridade do Areópago, admitindo testemunhas nos julgamentos. Lutou contra os persas e chefiou a guerra do Peloponeso. Estimulou as Letras e as Artes e a cultura ateniense desenvolveu-se tanto que seu tempo ficou conhecido como "Século de Péricles".

Peristilo (arquit.) – Galeria de colunas em volta de um pátio ou de um edifício.

Píndaro (Biogr.) – Poeta lírico grego (522 – 443 a.C.).

Pirro Hist.) – Rei de Épiro. Comandou uma expedição à Itália e tentou conquistar a Sicília.

Pitágoras (Biogr.) – Filósofo e matemático grego. Nasceu em Samos na primeira metade do séc. VI a.C. Estudou em Tebas com os sacerdotes egípcios. Atribuem-se a ele a doutrina da metempsicose e a afirmação de que a vida terrena se destina à purificação da alma.

Platão (Biogr.) – Filósofo grego (428 – 347 a.C.) considerado até hoje um dos maiores. Platão (ombros largos) era seu apelido; o verdadeiro nome era Aristocles. Culto, e de origem aristocrática, aos 20 anos conheceu Sócrates e dedicou-se inteiramente à filosofia. A influência de Platão foi e continua sendo enorme. Segundo ele, a idéia suprema é a idéia do Bem, que é o fundamento da vida moral. Os escritos de Platão compõem-se de 28 diálogos e cartas, como: *Fédon*, *Banquete*, *A República* etc.

Platéia, batalha de (Hist.) – Batalha ocorrida em 479 a.C., em Platéia, na Beócia, entre os gregos e os persas, em que os primeiros saíram vencedores.

Plauto, Tito Maccius (Biogr.) – Famoso comediógrafo romano ao qual se atribuem mais de 130 peças, entre as quais *Aulularia* e *Curculio*.

Plínio, o Velho (Biogr.) – Escritor, historiador e naturalista romano (23 – 79). Morreu durante a erupção do Vesúvio, em Stabia, quando tentava o salvamento dos habitantes.

Plutão (Mit. lat.) – Deus dos Infernos, o Hades dos gregos.

Praxíteles (Biogr.) – Escultor grego do séc. IV a.C., considerado o maior da sua época. Notabilizou-se por suas estátuas de Vênus, Hermes, Apolo e outros deuses.

Príamo (Mit. grega) – Último rei de Tróia. Foi pai de 50 filhos, entre os quais o grande guerreiro Heitor e a profetisa Cassandra. Quando jovem, lutou ao lado dos frígios contra as Amazonas. Morreu assassinado por Neoptolemo, filho de Aquiles.

Psique (Mit. grega) – Jovem belíssima, amada por Cupido (Eros). Segundo os gregos, era a personificação da alma humana.

Púrpura – Corante vermelho-escuro extraída de um molusco, sendo famosa a chamada púrpura de Tiro, usada para tingir tecidos com que eram confeccionados principalmente mantos usados pela realeza, pelos cônsules romanos e altas autoridades. A púrpura era símbolo de riqueza e dignidade.

Questor – Título de uma classe de magistrados na Roma antiga. Com atribuições criminais, a princípio, os questores passaram depois a cuidar das finanças da comunidade.

Questura – Cargo de questor.

Quíos (Geogr.) – Ilha grega do mar Egeu, situada a pequena distância da Ásia Menor.

Ramsés (Biogr.) – Nome de vários faraós do antigo Egito. O mais notável foi Ramsés II (1292 – 1225 a.c.), cujo império marcou o apogeu da civilização egípcia.

Rômulo – Personagem lendário, primeiro rei de Roma. Diz a lenda que seu padrasto, o rei de Alba, com medo de ser destronado, mandou afogá-lo no Tibre, juntamente com seu irmão gêmeo, Remo. Uma onda os levou para a margem, onde foram amamentados por uma loba. Mais tarde, ambos mataram o padrasto e, a seguir, Rômulo matou Remo e fundou Roma sozinho.

Safo (Biogr.) – Poetisa grega (c. 612 – c. 560 a.C.). Passou a maior parte da vida na ilha de Lesbos, onde ensinava música, poesia e dança às moças.

Saga – Entre os romanos, bruxa ou feiticeira.

Samaria (Hist.) – Antiga cidade da Palestina, capital do reino de Israel e considerada sagrada pelos samaritanos.

Satã – Satanaz, demônio, inimigo.

Sátiros (Mit. grega) – Divindades secundárias semelhantes aos faunos, com chifres e pés de bode, considerados companheiros de Dioniso (Baco).

Saturno (Mit. lat.) – Deus identificado com Cronos, da mitologia grega.

Semíramis (Mit.) – Rainha lendária da Assíria, a quem se atribui a construção do palácio e dos jardins suspensos da Babilônia.

Sesóstris – Lendário rei do Egito que teria introduzido no país o sistema de castas. Alguns o identificam com Ramsés II.

Sestércio – Antiga moeda romana de cobre.

Sibarita – Diz-se da pessoa dada aos prazeres ou à indolência, por alusão à antiga cidade italiana de Sibaris, fundada por colonos gregos, e cujos habitantes caracterizavam-se por sua riqueza e voluptuosidade.

Sileno (Mit. grega) – Deus frígio, filho de Pã (ou Hermes) educador e companheiro de Dioniso. Andava sempre embriagado e era motivo de riso no Olimpo.

Sísifo (Mit. grega) – Rei de Corinto, considerado por Homero o mais ardiloso dos homens. Por suas artimanhas, foi condenado a fazer subir pela encosta de uma montanha uma pedra enorme que rolava montanha abaixo quando estava chegando ao cume, e todo o trabalho devia ser repetido. Tornou-se símbolo do trabalho árduo, repetido e em vão.

Sócrates (Biogr.) – Filósofo grego (c. 470 - 399 a.C.) condenado à morte por suas idéias. Bebeu cicuta diante de seus discípulos, após ter-se negado a fugir. Não deixou escritos, mas Platão, em seus diálogos, nos dá um retrato do mestre.

Sofistas (Filos.) – Pensadores gregos contemporâneos de Sócrates, participantes de um movimento intelectual ocorrido na segunda metade do séc. V a.C., em Atenas, e que se caracterizou por uma crítica social e cultural da época.

Sombra – Assim era conhecido um companheiro de nível inferior que concordava com tudo o que alguém dizia, fazendo-lhe elogios sempre que possível.

Spurzheim (1758 – 1828) – Cientista alemão seguidor da *frenologia*, disciplina que liga cada função mental a uma região do cérebro, sustentando que até a forma e tamanho do crânio podem indicar o estado de desenvolvimento das faculdades mentais.

Tântalo (Mit. grega) – Filho de Zeus e da ninfa Plota. Matou Pélope, seu próprio filho, cozinhou-o e ofereceu-o aos deus num banquete. Diz a lenda que revelou aos homens os segredos dos deuses e também roubou deles o néctar e a ambrosia. Nos Infernos, teve um castigo exemplar (conhecido hoje como *suplício de Tântalo*): foi amarrado a uma árvore e mergulhado até o pescoço em água, sem poder bebê-la, e acima da sua cabeça pendiam frutos que não conseguia alcançar.

Tarpéia (Hist.) – Jovem romana filha do comandante da fortaleza existente numa rocha na extremidade meridional do monte Capitólio, na Roma antiga, também chamada Tarpéia. Conta-se que a jovem concordou em abrir as portas da fortaleza aos sabinos, desde que lhe entregassem tudo o que levavam nos braços, e acabou sepultada com os pesados braceletes e escudos que estes lhe atiraram.

Tártaro (Mit. grega) – A região mais baixa dos Infernos. Segundo Hesíodo e Virgílio, o Tártaro é fechado por portas de ferro e está tão abaixo do mundo subterrâneo de Hades quanto a Terra está em relação ao céu.

Téia (Mit. grega) – Nome de um dos Titãs.

Termópilas (Hist.) – Desfiladeiro da Grécia antiga, entre a Tessália e a Grécia Central, tornado famoso pela defesa heróica de Leônidas que, em 480 a.C., com seus trezentos espartanos derrotou o exército persa comandado por Xerxes.

Teseu (Mit. grega) – O herói mais popular das lendas atenienses, filho de Egeu, rei de Atenas, ou de Posêidon, deus do mar, e de Etra, filha de Piteu, rei de Trezena. Entre suas proezas estão a morte do Minotauro, a caça ao javali de Cálidon e a participação na expedição dos Argonautas na busca ao Velocino de Ouro.

Téspis (Biogr.) – Poeta grego (séc. VI a.C.) nascido na Icária. Diz a tradição que foi o fundador da tragédia propriamente dita, ao modificar a forma habitual dos cantos trágicos.

Tessália (Geogr.) – Região da Grécia situada ao sul da Macedônia, na costa do mar Egeu, onde fica o monte Olimpo.

Tíbia - Flauta de pastor.

Tíbulo (Biogr.) – Poeta romano (c. 54 – 19 a.C.).

Tibur (Geogr.) – Nome antigo da cidade de Tívoli (Itália).

Tifão (Mit. grega) – Filho de Tártaro e Géia (Terra), era um com cem cabeças de dragão. De tamanho descomunal, era maior do que todas as montanhas, e quando abria os braços uma das suas mãos tocava o Oriente e a outra o Ocidente. Atena e Zeus o enfrentaram, e este conseguiu esmagá-lo com seus raios, enterrando-o ainda vivo sob o monte Etna.

Tíndaro (Mit. grega) – Lendário rei de Esparta, casou-se com a bela Leda, filha do rei Téstios. Diz que foi pai de Castor, Pólux, Timandra, Helena, Clitemnestra e Filônoe.

Tiro (Hist.) – Cidade fenícia fundada no terceiro milênio a.c. pelos habitantes de Sídon. Era famosa por suas indústrias de vidro, de cerâmica, de ourivesaria e, principalmente, pela sua púrpura, considerada a melhor do mundo. É a atual cidade de Sur, no Líbano.

Titãs (Mit. grega) – Assim eram chamados os doze filhos gigantes de Urano e Géia, considerados como a mais antiga geração de deuses. Quando Zeus destronou Cronos, os titãs revoltados empilharam montanhas tentando chegar aos Céus. Zeus, com um raio, precipitou-os nas profundezas do Tártaro.

Trípode – Recipiente antigo, de três pés, onde se queimavam incenso, olíbano e mirra, e diante do qual a pitonisa proferia seus oráculos.

Tucídides (Biogr.) – Historiador grego (c. 460 – 400 a.C.).

Ulisses (Mit. grega) – Filho de Laertes, rei de Ítaca, e herói da *Odisséia* e da *Ilíada*, de Homero. Por sua habilidade e astúcia, teve papel destacado na guerra de Tróia. Foi ele quem sugeriu o famoso cavalo de madeira.

Vênus (Mit. lat.) – Deusa do amor e da beleza, era a Afrodite dos gregos. Segundo a tradição grega, nasceu da espuma do mar.

Zéfiro (Mit. grega) – Deus do vento oeste. Era filho do titã Astreu e de Eos, a deusa da aurora. Seus irmãos eram Bóreas e Noto, respectivamente deuses dos ventos norte e sul.

Zêuxis (Biogr.) – Famoso pintor grego, nascido em Heracléia no séc. V a.C. Entre seus quadros mais conhecidos estão: *Penélope*, *Hércules menino estrangulando as serpentes*, *Eros coroado de rosas*, e outros.

Zoroastro ou **Zaratustra** (Biogr.) – Nome do fundador da mais conhecida religião da Pérsia, o *masdeísmo*, que teria vivido no séc. VII ou VI a.C. Os gregos o consideravam um mago inspirado, capaz das mais variadas revelações. Segundo consta, teria morrido assassinado.

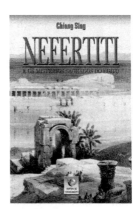

Nefertiti e os Mistérios Sagrados do Egito
CHIANG SING
ISBN 85-7618-065-0 • Formato 14 x 21 cm • 352 pp.

N*efertiti e os mistérios sagrados do Egito* não é uma obra a mais sobre a terra dos faraós; é uma contribuição séria e importante para aqueles que desejam penetrar no âmago da história do antigo Egito e desvendar os sagrados mistérios de seu povo, seus costumes, seus deuses e seus governantes. O leitor pode aceitar ou não as conclusões que Chiang Sing apresenta, porém é incontestável a seriedade dos seus documentos e a inegável honestidade das fontes que ela utilizou como alicerce para a confecção desta obra histórica. Inspirada nos papiros, Chiang Sing preferiu adotar a versão de que Nefertiti é quem foi a incentivadora do culto a Aton no Egito, contribuindo para a transformação das idéias religiosas de seu esposo, o faraó Akhnaton. "Que cada um escolha a sua própria versão. A verdadeira talvez nunca venha a ser conhecida", afirma o diplomata egípcio Mohamed Salah El Derwy admirador e amigo da autora.

OS ÚLTIMOS DIAS DE POMPÉIA
foi confeccionado em impressão digital, em junho de 2025
Conhecimento Editorial Ltda
(19) 3451-5440 — conhecimento@edconhecimento.com.br
Impresso em Luxcream 70g, StoraEnso